Advanced Public Finance III

高级财政学III：量化税收政策评估

一般均衡框架下中国未来税制改革的前沿问题

朱　军　李建强／著

立足中国　借鉴国外　面向未来
基础理论　应用前沿　量化评估
CGE模型　DSGE模型　中国情景

上海财经大学出版社

图书在版编目(CIP)数据

高级财政学. Ⅲ,量化税收政策评估:一般均衡框架下中国未来税制改革的前沿问题 / 朱军,李建强著. —上海:上海财经大学出版社,2022.11
ISBN 978-7-5642-4091-2/F·4091

Ⅰ.①高… Ⅱ.①朱… ②李… Ⅲ.①公共财政学—研究 Ⅳ.①F810

中国版本图书馆 CIP 数据核字(2022)第 212914 号

□ 责任编辑　徐　超
□ 联系信箱　1050102606@qq.com
□ 封面设计　张克瑶

高级财政学Ⅲ：量化税收政策评估
——一般均衡框架下中国未来税制改革的前沿问题

朱　军　李建强　著

上海财经大学出版社出版发行
(上海市中山北一路 369 号　邮编 200083)
网　　址:http://www.sufep.com
电子邮箱:webmaster @ sufep.com
全国新华书店经销
上海华业装璜印刷厂有限公司印刷装订
2022 年 11 月第 1 版　2022 年 11 月第 1 次印刷

787mm×960mm　1/16　23.75 印张　466 千字
定价:98.00 元

序　一

中国共产党成立百年以来,党领导下的税收在革命、建设、改革各个历史时期都做出了突出的贡献。税收在国家治理中具有基础性、支柱性、保障性作用,在实现"两个一百年"奋斗目标过程中始终服从和服务于社会主义现代化国家建设,在深度融入国家治理中发挥着越来越重要的作用。全面建设社会主义现代化国家,离不开税收的支撑和保障!未来中国需要加快建立现代税收制度,让税收在社会主义现代化建设中发挥更大作用。而深化对中国现代税收制度和理论体系的科学认识,有助于构建中国自己的税收话语体系,从而实现扎根中国历史和实践要求的税收理论自觉和道路自信。

习近平总书记指出:"新时代新阶段的发展必须贯彻新发展理念,必须是高质量发展。"而在当前,我国经济正处在转变发展方式、优化经济结构、转换增长动力的攻关期,实现高质量发展还有许多短板弱项。加快建设现代税收制度,有助于转变发展方式、优化经济结构、转换增长动力。进一步完善税收制度、提高管理水平,能够为高质量发展提供创新动力和重要支撑,促进产业结构优化,保障国家重大战略任务实施。并且,在近几年来,通过减税降费、便民办税春风行动等措施为市场主体纾困减负,完善税收营商环境,优化税收优惠政策的落实,可以发挥税收体制机制改革对市场经济发展的突破性、先导性作用,发挥税收优惠政策激发市场活力的作用。

另一方面,随着人工智能和数字经济的深入发展,税收制度也面临深化改革的现实需求。习近平总书记关于税收工作的重要论述中,"政府要有税收。政府必须提供外部性强的公共服务、基础设施""财税体制改革不是解一时之弊,而是着眼长远机制的系统性重构"等重要论断和要求,对改革和完善中国税收制度提出了明确的要求,需要我们结合中国国情、当前发展进行理论阐述和学术思考。然而,目前的税收学教研工作还未能完全跟上时代的步伐,需要加快构建形成具有中国特色的税收学教研体系。同时,也迫切地需要一本高质量、适用于中国情景的税收理论专著作引领。

从中国高级税收理论的著作来看,目前还有很多改进的空间。部分教材和著作的理论性有待进一步提升,应用现代经济学的方法需逐步增强。特别是应用现代经济学方法、结合中国税收现实问题、系统展望未来税制改革的专著,还需累积。对此,南京财经大学财政与税务学院朱军教授等著写的这本适用于博士生和高级研究人员的理论著作,作为学科范式的成果非常具有时代性,能够满足现实的迫切需求。

这本学科引领范式的专著立足于国际学术前沿,融入国内外最新的税收前沿理论,同时立足于中国现实、总结出中国经验、服务于中国发展,具有较高的学术价值。具体而言:(1)借鉴西方、立足中国,思考和研究税收制度建设面临的新形势、新问题和新矛盾,突出了中国特色。(2)通过阅读大量文献,梳理了税收理论与政策的前沿方法。在此基础上,积极吸收国内外税收理论中对中国有应用价值的前沿理论成果,借鉴其原理和方法分析中国的现实问题,力求体现实用性。(3)基于可计算一般均衡模型(CGE)和动态随机一般均衡模型(DSGE)来研究税收政策,对改革的预期效果进行量化评估,提出了很多解决中国经济发展中实践问题的税收政策改革思考。(4)不仅考虑到教学和研究的应用性,而且构建了系统的税收学知识结构,是学习税收前沿理论的重要指南。

总之,该专著构架完备、内容新颖、方法前沿,立足于实现国家治理现代化对税收政策进行系统的论证。该专著将前沿的研究方法进行"本土化"应用,为后续中国税收的理论研究奠定了坚实的基础,为培养一流人才和推进理论创新发挥了积极的作用。相信该专著的出版能够为中国税收高端人才的培养做出突出的贡献!

中 国 财 政 学 会 副 会 长
中国法学会财税法学研究会副会长　马海涛
中央财经大学党委副书记、副校长

序 二

　　党的十八大以来,中国高度重视税收制度的建设和完善。税收制度改革关系到国家治理体系和治理能力现代化的建设,是立足全局、着眼长远的重要制度改革。特别是进入中国特色社会主义建设的新时代,习近平总书记围绕税收领域若干重大问题进行了系统性思考、规律性探究和原创性回答,深化了对税收本质的认识。税收制度是中国特色社会主义制度的有机组成部分,在国家治理中应起到基础性、支柱性、保障性作用。这更加凸显了建立现代税收制度是优化资源配置、维护市场公平、促进社会和谐、实现国家长治久安的重要制度保障,也要求我们要更深入地思考如何将税收制度建设嵌套在国家治理现代化的框架之内,使其更好地服务于国家政治经济社会大局。

　　立足新发展阶段、贯彻新发展理念、构建新发展格局,发展是第一要义。在新冠肺炎疫情冲击和外部环境压力变大的情况下,发挥我国大国经济的内循环优势,需要制度要素的改革和创新。在促进经济内循环、提高资金流转效率、完善收入分配体系等方面,都需要不断探索完善税收制度、优化税收营商环境,进而更好地促进高质量发展。展望未来,简并增值税税率、优化个人所得税制度、完善房产税制度、探索碳税开征的可行性、进一步优化激励创新的税收制度等,都对税收理论研究工作提出了新的要求,需要我们思考税收政策的新问题、新举措,形成更多的顶层战略思考。

　　当前,中国的税收理论研究越来越多地采用现代经济学方法构建理论模型、开展实证研究。这既是现代经济学进一步发展的必然趋势,也顺应现实需求,促进了国际同行间的交流。在研究过程中,我们特别需要面向未来,结合中国经济背景、税种改革特征设计理论模型,探讨改革的政策效果。将科学方法和现实问题相结合,研究税收政策调整的具体内容、税收政策实施的预期效果对于我们形成科学的决策也十分必要。我们急需一本关注中国现实问题、理论性强、应用前沿方法、展望未来的税收理论著作,在理论上为建立中国现代税收制度做出贡献。为此,南京财经大学朱军教授牵头著写的"高级财政学系列"第三部——《高级财政学Ⅲ:量化税收政策评估》,对税收政策进行量化评估,思考新时代中国现代税收制度改革的重要问题。

朱军教授和李建强研究员著写的这本《高级财政学Ⅲ：量化税收政策评估》具有以下几个方面的鲜明特征：

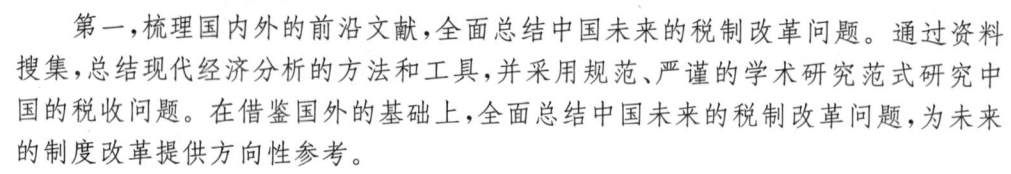

第一，梳理国内外的前沿文献，全面总结中国未来的税制改革问题。通过资料搜集，总结现代经济分析的方法和工具，并采用规范、严谨的学术研究范式研究中国的税收问题。在借鉴国外的基础上，全面总结中国未来的税制改革问题，为未来的制度改革提供方向性参考。

第二，从整个经济系统的视角思考税收改革问题。这本专著对中国税收制度改革所处的背景进行了详细的介绍，在"系统平衡财政观"的指引下对税收政策进行量化评估。细化、深入的探讨之后，这本专著最后上升到站在整个经济系统的高度总结政策。这可以对中国税收问题有一个更为全面和深入的了解，具有一定的理论贡献和应用价值。

第三，框架结构完整，内容丰富，拥有可复制的模型程序。整本书框架完整、内容丰富，系统地阐述了税制改革的理论问题，引导读者在高级阶段研究现实税收问题。此外，这本专著不仅介绍了税制改革的背景、模型建构过程，分析了税收政策的模拟效果，还提供了可以复制的模型程序，方便读者自主学习。

总体而言，这本专著遵循"繁荣和发展具有中国气派、中国品格、中国话语体系的当代中国哲学社会科学的重大理论和实践问题"的精神，很好地体现了"借鉴西方、立足中国，把握当代、展望未来"的思路，突出地将科学方法和现实问题完美地结合。其中立足于政策模拟得出的税收政策结论对于政府部门的税收决策具有重要的理论意义，对于进一步研究中国的税制改革问题提供了很好的框架思考。这本专著也能让更多的学者认识到财税理论研究拥有雄厚的方法论基础和丰富的研究工具，是广大财政学、税收学博士生以及经济学研究者很好的参考书。

清华大学经济与管理学院经济学系主任
教 育 部 " 长 江 学 者 " 特 聘 教 授　　陆　毅

目 录

第一章 税收理论与政策研究的前沿方法与文献/1
  第一节 税收理论与政策研究的前沿方法/1
  第二节 文献视角的税收前沿问题/7
  第三节 当前研究中国税收理论的困惑与难点/53
  本章附录 加州大学伯克利分校的系统税收文献摘录/57

第二章 中国未来税制的改革、挑战与展望/84
  第一节 中国未来税制改革的顶层设计/84
  第二节 中国未来税制改革的前沿问题/86
  第三节 数字经济、新经济等对税制改革的挑战/94
  第四节 未来中国税制改革的整体性展望/101

第三章 增值税并档与产业结构的优化
       ——基于投入产出表和 CGE 模型的实证分析/107
  第一节 改革背景与现实意义/107
  第二节 置入增值税的可计算一般均衡模型/110
  第三节 政策模拟与政策分析/126
  第四节 相关程序代码/129

第四章 税率、劳动力供给与税收收入
       ——基于实际经济周期模型的分析/137
  第一节 改革背景与现实意义/137
  第二节 含税收的实际经济周期模型/140

第三节　政策模拟与政策分析/144

第四节　相关程序代码/156

本章附录　模型系统中所有一阶均衡方程/164

第五章　个人所得税、收入分配与共同富裕
　　——基于异质动态随机一般均衡模型的视角/165

第一节　改革背景与现实意义/165

第二节　异质动态随机一般均衡模型/168

第三节　政策模拟与政策分析/176

第四节　相关程序代码/182

本章附录　模型系统中所有一阶均衡方程/192

第六章　房产税、收入分配与金融稳定
　　——含房产交易和租赁的动态随机一般均衡模型/194

第一节　改革背景与现实意义/194

第二节　含房产交易和租赁的动态随机一般均衡模型/198

第三节　政策模拟与政策分析/208

第四节　相关程序代码/212

本章附录　模型系统中所有一阶均衡方程/224

第七章　碳交易、碳税与碳强度管控：孰优孰劣
　　——基于环境动态随机一般均衡模型/226

第一节　改革背景与现实意义/226

第二节　环境动态随机一般均衡模型/230

第三节　政策模拟与政策分析/239

第四节　相关程序代码/244

本章附录　模型系统中所有一阶均衡方程/254

第八章　数字税收、价格黏性与货币政策有效性
　　——含线上企业与数字税的动态随机一般均衡模型/256

第一节　改革背景与现实意义/256

第二节　含数字税的动态随机一般均衡模型/265

第三节　政策模拟与政策分析/274

第四节　相关程序代码/279

本章附录　模型系统中所有一阶均衡方程/287

第九章　税收激励、研发补贴与企业创新
　　　　——置入创新激励的动态随机一般均衡模型/289

第一节　改革背景与现实意义/289

第二节　置入创新激励的理论模型/297

第三节　政策模拟与政策分析/308

第四节　相关程序代码/313

本章附录　模型系统中所有一阶均衡方程/328

第十章　政策效应预测与评估的其他方法/330

第一节　税收收入的预测方法之一
　　　　——TaXSiM模型下含糖饮料消费税的收入预测/330

第二节　计量实证视角的税收政策评估/334

参考文献/351

后　记/366

第一章 税收理论与政策研究的前沿方法与文献

税收事业是党和国家事业的重要组成部分。党的十八大以来,以习近平同志为核心的党中央高度重视税收工作。税收在国家治理中具有基础性、支柱性、保障性作用,总结税收理论、提供前沿的政策思考具有重要的战略意义。随着经济的发展、经济理论的演进和计算机技术的迭代更新,税收理论的研究逐渐从规范分析拓展到实证分析、政策模拟和政策实验研究等多个方面。

第一节 税收理论与政策研究的前沿方法

国内外越来越多的税收理论研究采用现代经济学方法讨论税收问题。新方法的应用不断提升税收理论研究的水平,也为中国的税收教学和研究提供了新的思路和路径。朱军和吴健(2018、2019)编著的《中国税制》本科教材开篇就系统总结和概要了这些方法,为基础的本科生学习提供了走向高级研究阶段的路径指引。而总结现有的文献,关于税收理论与政策问题研究的主要方法包括以下几个。

一、基于数据回归的实证分析

计量经济学的出现特别是和公共经济学的结合有效地推动了税收学的发展。基于时间序列、截面数据、面板数据乃至网络爬虫数据的计量经济学方法,能够有效地分析公共经济学领域的经济现象。这一方面的集中性研究成果是 A. F. 奥特(A. F. Ott)和 R. J. 塞布拉(R. J. Cebula)于 2006 年编著的《埃尔加公共经济学指南:经验公共经济学》(*The Elgar Companion to Public Economics: Empirical Public Economics*)。国际上,对经济政策进行量化评估的做法已经相当普遍。政策(或项目)评估计量经济学(Econometrics of Program Evaluation)的出现拓宽了计量经济学研究的领域。所谓政策评估计量经济学,是应用计量经济学方法与工具,在经济数据的基础上,对社会经济政策进行量化分析,其主要目的是测度某个政策实施后对某个群体、某个行业或某个地区的"因果"影响(洪永森,2015)。

政策评估计量经济学已被广泛应用于经济学和社会科学很多领域,包括劳动经济学、产业组织、发展经济学、社会学等领域(洪永森,2015)。在税收方面也有很多的国内外研究,譬如采用双重差分模型,Jukka 和 Selin(2011)实证考察了 1993 年芬兰的双重所得税改革效应。又如利用双重差分模型,Cawley 和 Frisvol(2017)估计了美国加州伯克利对含糖饮料征税的税负转嫁效应。

常见的政策评估方法有工具变量法(Instrumental Variable,IV)、双重差分法(Difference-in-Differences,DID)、合成控制法(Synthetic Control Method,SCM)、断点回归法(Regression Discontinuity Design,RDD)、倾向匹配法(Propensity Matching,PM)、聚束分析法(Bunching)。山东大学经济学院陈强教授编著的《高级计量经济学及 Stata 应用(第二版)》对于系统掌握计量经济学方法并上机实践具有较好的路径引导作用。

工具变量法:工具变量法的基本思想是,当某个解释变量与随机扰动项相关时,选择一个与此解释变量强相关而与相应的随机扰动项又不相关的前定变量作为工具,来达到消除该解释变量与随机项之间依赖关系的目的,这是标准的计量经济学提供的一种处理内生性问题的方法。Angrist(1990)和 Angrist 等(1991)分别用工具变量法研究了参加越战对老兵收入的影响和教育背景对收入的影响,从而充分显现了运用工具变量法进行因果推断的价值。工具变量法存在的局限是:一方面,找出满足条件的工具变量并不简单。在实践中,许多研究都使用因变量的滞后期作为工具变量,但这同样会引发相关性问题,并不能从根本上解决问题。另一方面,只有当个体对政策反应的异质性不影响参与决策时,工具变量才能识别平均处理效应(Average Treatment Effect)和受处理人群的平均处理效应(Average Treatment Effects on Treated)。这是一个很强的假定,导致许多研究不得不忽略研究对象的异质性(Heckman,1997)。

双重差分法:双重差分法近年来应用于计量经济学中对公共政策或项目实施效果的定量评估。双重差分法处理选择偏差的基本思想是:允许存在不可观测因素的影响,但假定它们是不随时间变化的。这放松了政策评估的条件,使得政策评估应用更接近于经济现实。同时,双重差分法也存在局限性:一是对数据要求更苛刻,双重差分法以面板数据为基础,不仅需要横截面数据,也需要研究个体的时间序列数据,特别是政策实施前的数据;二是个体时点效应未得到控制,在政策实施前后,实验组和控制组的个体行为结果并不平行,双重差分估计容易出现系统性误差;三是未考虑个体环境对个体的异质影响,实际上,实验组和控制组个体可能因为某些不可观测因素的影响,使其在受到相同环境冲击时做出不同反应。因此,在具体操作中,现有研究也对双重差分法模型进行了相应的扩展,一种是放松双重差分法的适用条件,如强度双重差分模型、多期双重差分模型等;另一种是与匹配等其他政策评估计量方法结合,如 Bell 等(1999)考虑了个体所处的环境对个体的不同影响提出了经趋势调整的估计量。Heckman 等(1997)提出条件双重差分(Conditional DID),将匹配与双重差分结合,降低选择偏差,提供估计的可信度。

经过多年应用研究,双重差分法得到了广泛的应用,在税收政策评估中的使用也较为广泛。

合成控制法:该方法适用于处理组数量较少时,将未实施某项政策的地区进行加权后合成为一个更为良好且合理的控制组。这个控制组优于主观选定的控制组,可有效克服处理组和控制组之间存在的差异问题。对于对比一项政策在地区间实施与否的评价,该方法具有较好的可操作性。

断点回归法:断点回归法的主要思想是,设定一个临界值,当个体的某一选定变量高于临界值时,相当于个体接受了政策影响,而低于临界值时,相当于个体不接受政策影响。一般而言,个体在接受干预的情况下,无法观测到其没有接受干预的情况。在断点回归中,小于临界值的个体可以作为一个很好的控制组来反映个体没有接受干预时的情况,尤其是在变量连续的情况下,临界值附近样本的差别可以很好地反映干预和结果变量之间的因果联系。实际上,这是一种类似于随机实验的方法,也是准实验方法中最具有可信性的方法。在随机实验不可得的情况下,断点回归能够避免参数估计的内生性问题,从而真实反映出变量之间的因果关系(Lee,2008)。断点回归的关键假设是要求在断点附近的个体的特征相同,这一假设可以通过统计分析得到检验。因此,这种方法的吸引力不仅在于它的实验性,而在于它的因果推断可以方便地得到检验。

倾向匹配法:匹配是一种非实验方法,是对于一些没有采用或不方便采用实验方法区分实验组和控制组的数据采用的一种近似实验的方法。匹配方法假定,控制协变量之后,具有相同特征的个体对政策具有相同的反应。换句话说,不可观测因素不影响个体是否接受政策干预的决策,选择仅仅发生在可观测变量上。因此,对每一个实验组个体而言,可以根据可观测特征为其选择一个控制组个体构成反事实。在实证分析中,根据选择控制组时匹配方法的不同,倾向匹配法又可分为协变量匹配(Covariant Matching, CVM)和倾向得分匹配(Propensity Score Matching, PSM)等。倾向匹配法作为非参数方法,不需要对可观测因素的条件均值函数和不可观测因素的概率分布进行假设,相比参数方法具有优势,但也有局限性。局限性主要表现为:一是要求极强的前提假设,必须满足条件独立假设(Conditional Independence Assumption)。二是不能为所有的实验组个体找到控制组个体。三是要求较大的数据量。为保证条件独立假设成立,需要尽可能多搜集协变量信息,将混杂因素分离出来。四是估计结果稳健性受多种因素干扰,譬如干预分配机制设定、匹配算法选择等。

聚束分析法:通过对制度断点中个体的群聚式分布的研究揭示政策对个体行为的影响。这一方法在近年来逐渐兴起,出现在税收、劳动经济学等应用经济学领域中,其为税收的政策分析提供了更多的微观经验。该方法中有拐点型(Kint)和断点型(Notch)两类基本条件下的聚束分析法的运用。

关于这些方法的具体内涵和编程实现,本专著在第十章第二节进行了详细的介绍。关于中国税收政策的评估方面,有较多的文献采用以上方法进行了实证分析。

二、基于一般均衡的政策模拟

宏观经济模型起源于1939年,是一种对宏观经济进行建模、预测的经济分析工具,它在经济决策中扮演重要的角色。第一个宏观经济模型是由丁伯根(Tinbergen)和克莱因(Klein)两位经济学家建立,丁伯根和克莱因并因此获得了诺贝尔经济学奖。20世纪70年代以来,宏观经济模型的各种理论和应用得到了充足的发展。20世纪80年代以后出现了向量自回归(Vector Auto-regression,VAR)模型和可计算一般均衡(Computable General Equilibrium,CGE)模型,同时理性预期思想在宏观经济建模中也得到了广泛应用,即动态随机一般均衡(Dynamic Stochastic General Equilibrium,DSGE)模型得到了高度的重视。[①]

不同于自然科学实验,在计算模拟出现之前,经济政策优劣评估都是基于历史经验,通过观点输出与碰撞对其进行深入分析和探讨。随着计算技术的发展和计算能力的增强,要求强有力的科学支持,通过多情景分析,对不同政策的实施效果进行定量化评估。这一点在气候变化谈判、贸易自由化谈判等国际议题中表现得尤为突出,各国往往通过各自量化研究谋求最优解,制定出符合自身利益的政策方案,并极力强调研究过程的科学性。正因如此,基于一般均衡理论刻画系统中各变量的相互作用,模拟政策效果,捕捉变量间、系统间的作用机制,从根本上反映社会经济系统的整体性、开放性、动态演化性、不确定性等复杂性特征,已成为目前政策评估的前沿方法。具体来看,有两个发展方向:一是主要基于国民经济投入产出表编制社会核算矩阵,结合对经济主体行为外生设定,利用计算机求解供求双方共同决定的可计算方程组,分析政策与经济之间的相互作用。二是从微观基础解析宏观结构,根据微观层面的代表性家庭、厂商、金融机构等经济主体的行为构建方程,加入中央银行、政府部门及各类宏观经济政策,进行宏观经济政策量化模拟和评估。

可计算一般均衡模型: 法国经济学家里昂·瓦尔拉斯(Léon Walras)在1874年就创立了一般均衡理论,该理论对于认识经济系统本质具有基础性意义。但是,直到计算机技术足够成熟的20世纪60年代,一般均衡理论才发展为可计算一般均衡(CGE)方法。此后,CGE模型及模拟平台不断涌现,被智库广泛用于经济政策评估研究中。基于投入—产出表的社会核算矩阵是构建和应用可计算一般均衡

[①] 本部分内容根据朱军、吴健《中国税制》(南京大学出版社2019年版)第一章中的部分内容整理形成,有修订和不同。

模型的关键,社会核算矩阵为政策分析提供了全面的数据基础。美国托莱多大学张欣教授于2017年出版的《可计算一般均衡模型的基本原理与编程(第二版)》,对于掌握该方法具有重要的路径引导作用。这一方法在税收政策分析方面具有较强的适用性,特别是对于行业、产业部门之间的关联关系方面,采用可计算一般均衡模型可以模拟不同政策的效果。该方法在讨论资源税改革、"营改增"效应、税收的收入分配问题、房地产税的政策效应等方面得到了广泛的应用。

动态随机一般均衡模型:现有宏观经济的研究和预测普遍依赖于计量经济学模型。但是,无论是单变量的自回归移动平均过程还是VAR模型,在面对随机的外生冲击时,其预测效果往往非常差,难以有效地进行政策指导。这源于时间序列计量模型缺乏一定的经济理论依据,难以纳入更多的"元素"刻画宏观经济环境的变化及其所需的适应性。相比之下,动态随机一般均衡模型有多个优势:第一,动态随机一般均衡模型拥有依据现代宏观经济理论进行建模的理论依据,并可以进行不同政策和理论的对比及"反事实仿真"研究;而对于一般的计量模型而言,只能够进行因果关系分析,不能够进行"反事实"仿真研究。第二,从经济政策制定者的角度来讲,动态随机一般均衡模型使政策制定者可以进行一致的政策分析,从而避免政策的动态不一致性。一般的计量模型难以避免"卢卡斯批判"。"卢卡斯批判"是指公众是有理性的,他们能够对政府的经济政策和其他经济信息作出合理的反应并相应地调整他们的经济行为。作为政府制定经济政策依据的凯恩斯经济学,没有考虑到公众的理性预期,因而制定的经济政策难以取得理想的效果。[①] 第三,一般的计量模型难以解决内生性问题,因此最后在对接现实世界的相关关系、因果关系方面容易含糊不清。结构模型则可以避免内生性的问题,避免"卢卡斯批判"。第四,可计算一般均衡模型在多行业、多部门之间进行政策分析具有优势,动态随机一般均衡模型则对多结构、多模块、根据现实需要抽象新增模块方面具有优势——譬如置入金融摩擦因素、置入房地产抵押因素等。可计算一般均衡模型已经发展了半个多世纪,相对较为成熟。对应的,动态随机一般均衡模型因为兴起的时间比较晚,在2010年之后才逐渐成为宏观经济学的主流,从而在讨论税收政策方面相对较少,而在讨论宏观财政、金融政策方面相对较为成熟。对此,南京财经大学财政与税务学院朱军教授在2019年出版的《高级财政学II——DSGE的视角及应用前沿:模型分解与编程》系统总结了宏观财政政策的分析范式和评估问题。对于税收政策,相应的研究文献还比较少,[②]这也是形成本专著的初衷。

因而采用动态随机一般均衡模型研究税收政策问题也是可行的,并且由于以

[①] 本部分内容根据朱军《高级财政学II》(上海财经大学出版社2019年版)第一章中的部分内容整理形成,有修订和不同。

[②] 这也是因为准确、合理使用该方法具有一定的门槛。

上的优势,这将成为面向未来的政策研究的重点方向和重要举措。譬如采用DSGE模型,Alves(2018)就专门分析了税收的宏观经济效应。特别地,除了采用动态随机一般均衡模型进行短期的政策冲击效应、长期波动分析、长期增长效应分析之外,我们可以优化对动态随机一般均衡模型的使用进行政策的福利比较分析。通过扩展应用,我们可以比较不同政策措施的效果——譬如不同的税收政策规则。这个方面,朱军、李建强和张淑翠(2018),朱军、李建强和张淑翠(2019),李建强、朱军和张淑翠(2020),朱军、李建强和陈昌兵(2020)最早进行了开创性的探索。后续很多研究都参考了这一范式,突破了DSGE模型的研究局限于单一一个模型、围绕一个政策的框架。

三、基于博弈论的机制设计

博弈论是研究理性的不同利益主体之间冲突与合作的理论,它重视不同利益主体行为特征和规律的分析,特别是不同利益主体之间的相互作用、利益冲突与一致、竞争与合作等方面的研究。从税收角度来看,政府课税会直接减少纳税人的既得利益,税款缴纳、税款征收一定程度上是纳税人与税务机关的税收博弈行为。

那么如何界定税收博弈?由于在税收博弈中,纳税人损失的一部分既得利益被税务机关获得,从这个角度来看,税收博弈属于零和博弈。博弈双方的损失和收入之和为零。税收博弈同样是非对称信息博弈。纳税人的全部信息不会也不可能被税务机关全部掌握,而税务机关的政策方针由于税收固定性的原因都要向纳税人公开。从这个角度看,税收博弈属于非对称信息博弈。[①]

而与博弈论较为密切的机制设计理论也是研究税收问题的重要方面,这在最优资本税理论方面已有相应的文献。机制设计就是考虑构造什么样的博弈范式,使得这个博弈的解最接近那个社会目标。在税收政策方面,其应用之一就是设计什么样的税制使纳税人自愿缴纳更多的税收,而政府付出的成本较小。

从博弈论和机制设计的角度来看,基于征纳双方的关系、基于稽查双方的关系、基于税收遵从与否的关系、基于优化税制的设计,都是研究的重要议题。

四、基于实验的行为经济研究

实验经济学方法在微观经济领域的广泛应用,使得实验经济学逐渐独立成为一个经济学的分支[②]。弗农·史密斯(Vernon Smith)教授作为实验经济学的重要

[①] 本部分内容根据朱军、吴健《中国税制》(南京大学出版社2019年版)第一章中的部分内容整理形成,有修订和不同。

[②] 相关讨论参见朱军《财税理论的前沿发展及其对中国启示》,《税收经济研究》2014年第4期。

创始人之一,其 2002 年在《实验经济学》(Experimental Economics)发表的《实验经济学方法论》(Method in Experiment: Rhetoric and Reality)为实验经济学的发展提供了重要的指引。作为经济学的基础方法论分支之一,实验经济学的研究视域也自然会延伸到财政与税收领域。以实验财政学为例,实验财政学所涉及的税收问题,可以考虑一项具体的手段或是措施对于税收征纳双方的影响,譬如审计函、催缴提醒、随机约谈督查等实验行为对纳税遵从度的影响,这其中也包括税收的微观制度设计问题。

行为经济学将心理学原理应用于经济决策,促进相关的社会科学重新整合。毫无疑问,这是一门交叉学科。行为经济学旨在用心理学来增强经济分析的基础,在经济学分析框架内开辟新的视角。这一方法在财政与税收方面的探讨自然就会形成较多的讨论。其中税收遵从的特征、税收的信任博弈问题是重要的方面。当然,这也同样是税收的微观制度设计问题,探讨的是如何优化、评估相应的税收政策设计。

当然,随着理论和计量方法的多样化,研究税收问题也趋于多元化、科学化。而科学、合理地运用上述税收理论研究方法,可以更直观、深入、全面地分析税收政策效果。通过反复的政策模拟和实验,运用各种模型,用定量逻辑、政策比较的方式可以使税收改革的决策者更具信心。同时,这也有利于对税收政策进行科学、规范的分析和预测,使得财税专业和学科建设更加科学化、规范化和国际化。

第二节 文献视角的税收前沿问题

2022 年 4 月 27 日,中共中央办公厅印发《国家"十四五"时期哲学社会科学发展规划》,要求"哲学社会科学工作要坚持立足中国、借鉴国外,挖掘历史、把握当代,关怀人类、面向未来"。在借鉴国外方面,首先需要知悉国际上的税收前沿理论。

关于税收理论与实证的前沿问题,美国普林斯顿大学和加州大学伯克利分校的公共经济学文献最为系统,且对外公布开放的信息较多。普林斯顿大学经济系欧文·齐达尔(Owen Zidar)教授主导的公共经济学硕博课程涵盖的内容如表 1-1 所示。

表 1-1 美国普林斯顿大学公共经济学课程文献框架(2018—2019 学年)

基本模块	细分内容
模块一:内容总览 (Overview Material)	1. 公共财政总览(Overview of Public Finance) 2. 税负总览(Incidence)

基本模块	细分内容
模块二：空间财政学 （Spatial Public Finance）	1. 空间财政总览、Rosen Roback 模型（Overview of Spatial Public Finance & the Rosen Roback Model） 2. 地区导向政策：理论分析（Place-based Policies：Theory） 3. 地区导向政策：实证分析（Place-based policies：Evidence） 4. 地区选择与财政联邦主义（Sorting, Fiscal Federalism）
模块三：资本税主题 （Capital Taxation）	1. 资本税总览、实施和理论（Capital Taxation：Overview, Facts, and Theory） 2. 遗产税（Henrik Kleven on "Wealth and Bequest Taxation"） 3. 资本税：公司税收问题（Capital Taxation：Corporate Taxation）
模块四：对企业和高收入者征税 （Taxing Firms and Top Earners）	1. 公司、税收、融资政策（Firms, Taxes, and Financial Policy） 2. 投资的税收问题（Investment） 3. 企业、创新和高收入者的税收问题（Entrepreneurship, Innovation, and Top Earners）

相对而言，加州大学伯克利分校四位教授主持的公共经济学硕博课程涵盖的税收理论问题更加细致。

以公共财政研究基础扎实的加州大学伯克利分校为例，其博士生开设 1 年 4 个模块的内容，如表 1-2 所示。

表 1-2　美国加州大学伯克利分校公共经济学课程文献框架（2019—2020 学年）

基本模块	细分内容
模块一：公共财政、公共选择和税收理论（Public Finance, Public Choice and Theory of Taxation） 由艾伦·奥尔巴克（Alan Auerbach）讲授	1. 公共财政和政府的作用（Public Finance and the Role of Government） 2. 公共选择（Public Choice） 3. 税收理论（Theory of Taxation）
模块二：资本税、社会保险和空间公共经济学（Capital Taxation, Social Insurance, and Public Economics Across Space） 由丹尼·亚甘（Danny Yagan）讲授	1. 最优资本税（Optimal Capital Taxation） 2. 实际资本税：投资（Actual Capital Taxation：Investment） 3. 实际资本税：储蓄（Actual Capital Taxation：Savings） 4. 社会保险（Social Insurance） 5. 地方财政（Local Public Finance） 6. 针对特定地区的政策（Place-Based Policies）
模块三：劳动收入税和再分配（Labor Income Taxation and Redistribution） 由伊曼纽尔·萨伊斯（Emmanuel Saez）讲授	1. 最优收入税和再分配：理论层面（Theoretical Aspects：Optimal Income Taxation and Redistribution） 2. 对税收和转移支付的反应：实证层面（Empirical Aspects：Behavioral Responses to Taxes and Transfers） 3. 社会保险和劳动供给（Social Insurance and Labor Supply）

续表

基本模块	细分内容
模块四：财富不平等和资本税（Wealth Inequality and Capital Tax） 由加布里埃尔·朱克曼（Gabriel Zucman）讲授	1. 结构不平等、税收和转移支付（The Structure Inequality, Taxes, and Transfers） 2. 资本税：历史视野（Capital Taxation：a Historical Perspective） 3. 累进财富税（Progressive Wealth Taxation） 4. 国际税收竞争（International Tax Competition） 5. 全球利润转移和税收天堂（Global Profit Shifting and Tax Havens） 6. 逃税：信息、供给和规范（Tax Evasion：Information, Supply, Norms）

具体包括艾伦·奥尔巴克、丹尼·亚甘、伊曼纽尔·萨伊斯、加布里埃尔·朱克曼四位教授，其通过系统的文献引导作为培养硕博士研究学术规范的内容。本节具体以加州大学伯克利分校的系统税收文献介绍国际前沿的税收理论与实证问题。①

一、艾伦·奥尔巴克的税收理论与实证前沿文献

艾伦·奥尔巴克关于税收理论的专题，其主要内容引入了税收理论的基本问题。专题共概括为两个方面，一是无谓损失与最优税收理论，二是税收归宿问题。

（一）无谓损失与最优税收理论（Deadweight Loss and Optimal Tax Theory）

关于无谓损失和最优税收理论的研究，引述如下：

通过对最优商品税的特点、最优线性/非线性所得税的特点和无谓损失测度方法理论与实践的回顾，Auerbach 和 Hines（2001）分析了税收造成的扭曲，以及将这种扭曲最小化的税收制度的特点（以实现其他政府目标为前提）。随后他们将该框架扩展到其他经济环境中，譬如存在外部性和公共产品的情景。

Feldstein（1999）研究发现：传统所得税扭曲效应的分析方法低估了总的无谓损失，因为传统的方法忽视了较高的所得税税率对避税的影响。避税可以通过改变补偿形式（如雇主支付的医疗保险）和消费模式的变化（例如，业主的自住住房）来体现。因此在研究中考虑这些因素，那么实际的净损失将会远远大于这些传统的估计数。

利用易贝（eBay）的详细数据，Einav、Knoepfle、Levin 和 Sundaresan（2014）使用了基于个体层面不利的税收"意外"设计，研究发现：每增加一个百分点的消费税，

---

① 具体文献和课程 PPT、教学资料可以在相应学者的个人网站下载。Alan Auerbach, https://eml.berkeley.edu/~auerbach/index.shtml, Danny Yagan, http://dannyyagan.com/, Emmanuel Saez, https://eml.berkeley.edu/~saez/, Gabriel Zucman, http://gabriel-zucman.eu/。由于学者个人网站内容时常更新变动，为方便读者对照查阅，本章附录列出了本节介绍的具体文献书目。

感兴趣买家的购买量就会下降大约2%。并且基于税收和网上交易流量(eBay)之间的关系,他们发现:一个州的消费税每增加一个百分点,该州居民在其他州的网上购物就会增加近2%,而在本州的销售商处的网上购物就会减少3%—4%。

基于一个家庭内部组织变化的劳动力供给弹性模型,Alesina、Ichino和Karabarbounis(2011)研究了基于性别的税收。他们研究发现:男性在劳动力市场上的工作对家庭责任的替代性更低,劳动力供给对市场工资变化的反应也更小。当社会能够通过"基于性别的一次性转移支付"有效地解决其分配问题时,对(单身和已婚)男性征收更高边际税率的性别税收是最优选择。

利用尼尔森家庭调查数据和一项专门设计的测量营养知识和自我控制的调查结果,Allcott、Lockwood和Taubinsky(2019)估计了含糖饮料的最优税收(全国性的)。他们对弹性、偏好异质性、错误信念和自我控制的实证估计研究发现:伯克利、旧金山和其他地方当前的市级税收实际上低于社会最优的水平。

(二)税收归宿(Tax Incidence)

税收归宿的引述文献包括:

Fullerton和Metcalf(2002)从静态模型分析开始,接着分析一个简单的部分均衡模型,最后进入一般均衡模型进行分析。他们研究发现:一般均衡模型中的结果不可能出现在部分均衡模型中,他们的税收归宿分析可以被更广泛地应用。

利用双重差分模型,Cawley和Frisvold(2017)估计了在多大程度上美国加州伯克利征收的含糖饮料税能以更高价格的形式转嫁给消费者。他们研究发现:在所有被调查的品牌和产品规格中,有43.1%(95%的置信区间:27.7%—58.4%)的含糖饮料征税转嫁给了消费者(基于加州伯克利的案例)。

基于企业层面数据的双重差分模型,Benzarti和Carloni(2019)估计了减税对四个群体的影响:雇员、企业所有者、制造业的消费者和原材料供应商。研究发现:(1)对消费者的影响是有限的;(2)制造业的雇员和原材料供应商获得了总收益的25%和16%;(3)改革最大的受益者是企业所有者,他们获得了减税的41%。

利用行政管理数据分析瑞典由雇主负担的年轻劳工工资税减税计划(employer-borne payroll tax cut for young workers),Saez、Schoefer和Seim(2019)研究发现:相对于年龄稍大的未享受过优惠的工人,享受优惠的年轻工人的税后工资没有受到影响,但是青年就业率增加2—3个百分点。

在哈伯格(Harberger)的模型之上,Auerbach(2006)梳理了税收归宿的文献,并启发我们向前和向后的思考。向前,考虑以前没有研究过的问题;向后,重建股东税收归宿方法的相关性。

利用企业所得税和分摊规则的变化,Serrato和Zidar(2016)建立一个空间均衡模型(带有不完全流动的企业和工人)来估计所得税改变对工人、土地所有者和企业所有者收益的影响。该研究推翻了工人承担所得税减税100%归宿的观点,指出企业所有者承担了相当大的比例。

美国有一个财政分析法——一个全生命周期的消费平滑计划，考虑剩余生命周期的资源、借贷约束和所有联邦和州的税收与转移支付项目。通过这一财政分析法，Auerbach、Kotlikoff 和 Koehler（2019）研究发现：财富和收入的不平等夸大了剩余的余生支出中的不平等；不论年龄大小，组内的不平等与全体人口的不平等有很大差别。

二、丹尼·亚甘的税收理论与实证前沿文献

丹尼·亚甘所作的关于税收理论的文献课程，我们也按其主要内容分为三个大类进行综述。其分别是：(1) 最优资本税；(2) 实际资本税：投资；(3) 实际资本税：储蓄。

（一）最优资本税问题（Optimal Capital Taxation）

关于最优资本税的问题，21世纪以来在纯理论领域受到了较多的关注，形成了"新动态公共财政理论"的新学派观点。朱军（2010b）对此还行了系统的综述。相关文献研究如下：

利用企业层面的增加值、资本、技术水平和宽带采用等信息，Akerman、Gaarder 和 Mogstad（2013）估算了企业通过宽带互联网改变技术的生产函数。通过使用生产函数估计值来构建企业水平的生产率测度指标，他们研究发现：宽带互联网占了企业全要素生产率标准差的几个百分点，提高宽带普及率的政策可以提高企业的生产率。

基于利他主义模型，Altonji、Hayashi 和 Kotlikoff（1992）在收入动态的专题研究中利用父母及其成年子女的匹配数据进行了检验。研究发现：在控制了大家庭成员资源有助于"预测家庭自身永久收入"这一事实之后，大家庭成员资源对家庭消费最多只有适度的影响。

采用收入转移的导数估计方法，Altonji、Hayashi 和 Kotlikoff（1997）利用扩展家庭的 PSID 数据（美国收入动态面板调查数据库）来检验父母向子女的生前赠予是否受到利他主义的驱动。考虑家庭间未观察到的利他主义程度的异质性，该研究结果强烈否定了利他主义假说。

通过比较27个经济发展水平差异较大的国家从事相同工作的工人的基本工资率，Ashenfelter 和 Jurajda（2001）研究发现：在不同经济发展水平的国家，从事相同工作的工人的工资水平存在着巨大的差异；在一些国家集团内部，如西欧、美国和日本，在工资率方面有惊人的相似，不论是以共同货币衡量还是以调整的购买力来衡量。

使用静态一般均衡模型和跨期增长模型，Atkinson 和 Sandmo（1980）的模型方法既借鉴了现代税收最优分析，也借鉴了经济增长理论，集中讨论税收对资源利

用效率和消费跨期分配的影响。他们研究认为：如果未干预的资本存量与其"最优"水平不同，则可能需要对资本收入征税或补贴，最优的资本税取决于储蓄的反应和政府目标的性质。

Atkinson和Stiglitz(1976)研究了如消费税、所得税等特定税种的最优结构，考虑不同税种之间的相互作用。一方面，他们的研究扩展了经典的拉姆齐(Ramsey)公式，研究指出税收结构的设计可以评估不同税基的适用性，并将这一框架应用于传统的直接税收与间接税收使用问题。另一方面，除了统一的一次总和税之外，任何形式的税收都是必要的。因为个人有不同的特点（禀赋或偏好），这个结果强调了不同税收之间相互作用的重要性。

利用一个简单易操作的"纳什讨价还价模型"，Aura(2004)研究了未亡配偶的"收益保护型"投资的家庭内部决策问题。这一研究分析了法律变化对幸存者年金和人寿保险持有量选择的具体影响，法律变更是改变配偶的相关外部选择的原因。该模型预测，法律的改变将增加幸存者年金的选择，并增加大多数家庭的人寿保险持有量。

关于如何对资本收入进行征税，Banks和Diamond(2008)研究发现：对资本收入或财富征税确实是最优征税的一部分；依赖年龄的劳动所得税带来的收益可能不是微不足道的，详细的分析可以探索这些收益可能有多大。

Bernheim、Shleifer和Summers(1985)建立了一个战略遗赠的简单模型讨论遗赠的动机。在该模型中，遗嘱人通过持有可遗赠形式的财富以及根据受益者的行为分配遗产，以此来影响受益人的决定。他们的研究认为，遗赠往往被用来补偿受益人提供的服务。

针对终生收入水平较高的家庭（"富人"）的终生储蓄率较高这一事实，Carroll(1998)研究认为：只有最简单的模型能够拟合所有事实，即财富或者作为奢侈品直接进入效用函数，或者产生了一系列服务——这些服务以某种形式进入效用函数。

在次优的一般均衡模型中，Chamley(1986)分析了资本收入的最优征税模型问题，发现：当个人拥有无限的生命和一个一般形式的效用函数时，资本收入的最优税率在长期内确实趋于零。

使用最优税收的原始方法，Chari和Kehoe(1999)的研究为政策决策获得了四个实质性的经验：资本所得税最初应该很高，然后降到大致为零；对劳动力和消费的税率应大致保持不变；国家应对资产征收"或有税"来为不利冲击提供保险；货币政策应保持名义利率接近于零。

使用两种类型、不对称信息的非线性所得税模型，Christiansen和Tuomala(2008)讨论了劳动力收入的非线性征税和资本收入的线性征税。该研究发现：随着初始禀赋的变化，在储蓄模型中，即使没有收入转移，也存在资本税的情况；但是收入转移会削弱这种情况，因为储蓄较多者将"没有足够的动力赚取额外的劳动收入"作为资本收入报告。税收转移与劳动力供给之间的相互作用是一个关键因素。

在均衡的一些假设下,不考虑能力和贴现因子之间的相关性,Diamond 和 Spinnewijn(2009)发现:对高收入者征收小额储蓄税和对低收入者给予小额储蓄补贴,都会增加福利。

通过建立一个具有利他父母和异质生产力的模型,Farhi 和 Werning(2010)推导出遗产税应该是累进的,边际遗产税应该是负的,这样所有的父母都将面临遗产的边际补贴。当施加一个特殊的约束时,要求边际遗产税是非负的,最优税收从零增加到一个特殊的水平,且是累进的。

在莫里斯(Mirrlees)范式的私人信息框架中,Farhi 和 Werning(2011)提供了一种简单的方法来评估扭曲储蓄的数量重要性。他们研究认为:"逆欧拉方程"适用于新的最优分配,并提供了一种计算福利收益和最优分配的简单方法,在某些情况下可以得到封闭形式的解。结果发现:福利收益在部分均衡中可能是相当显著的,但是在一般均衡框架中会显著降低。

Feldstein(1978)在文章中首先检验了四个错误的假设,然后发展了税收影响劳动力供给和消费时机的框架。研究发现:对资本收入征收补偿税实际上可能会增加储蓄。

统计证据表明:投资组合偏好和制度僵化阻碍了长期资本在各国之间的流动,国内储蓄的增加将主要反映在额外的国内投资上。对此,Feldstein 和 Horioka(1980)发现:主要工业国家国内储蓄率的国际差异,导致其国内投资率几乎有同等的相应差异。

使用英国一家大型保险公司的年金市场数据,Finkelstein 和 Poterba(2004)对"不对称信息模型"中的两个预测进行检验。他们研究了不同年金产品的定价差异,发现年金契约的各种特征定价与在研究死亡率时所发现的自我选择模式一致。

Finkelstein 和 Poterba(2002)探讨了英国自愿和强制个人年金市场中的逆向选择。两个经验规律支持逆向选择的标准模型:第一,年金使用者比相应非年金使用者的寿命更长。第二,每个年金市场中不同类型年金产品的定价与个人对产品的选择是一致的。

消费者如何权衡当下的成本和不确定的未来收益,Giglio、Maggiori 和 Stroebel(2015)对其进行了直接的估计。通过探索英国和新加坡房地产市场的特征,他们研究发现:长期贴现率很低,这意味着长期无风险利率和风险溢价都很低。

Golosov、Kocherlakota 和 Tsyvinski(2003)在动态经济背景下重新检验了零资本税和统一商品税定理。他们研究发现:从长远来看,政府将资本所得税税率设置为零是最优的。

Golosov 和 Tsyvinski(2006)分析了一个作为税收竞争均衡的最优残疾保险制度的实施。通过"资产检查"对残疾系统实施最优方案——在该系统中,只有当消费者的资产低于规定的最大值时,才支付残疾转移。他们研究发现:对于一个校准模型的经济体,资产检查带来的福利收益是显著的。

Golosov、Troshkin和Tsyvinski(2011)研究了具有特殊冲击的生命周期模型中的最优劳动力和储蓄扭曲,通过估计技能分布及其在一生中的演变来校准模型。根据不可分离的偏好,他们导出储蓄扭曲的一般形式。结果表明,在某些条件下,对于足够高的技能,劳动楔子(劳动扭曲税)趋于零。

基于一个两阶段经济的模型,Golosov、Tsyvinski和Werning(2006)研究发现:最好是在储蓄中引入一种积极的扭曲,这种扭曲隐含着不鼓励储蓄;当工人的技能由于不可公开观察的冲击而随机发展时,他们的劳动所得税率受到总冲击的影响。

公共财政中较多的已有文献认为:较高的个人税率会减少报告的劳动收入。而"较高的公司税率会减少报告的公司收入"这个解释是不完整的,因为公司税基和个人税基之间存在收入转移(Gordon和Slemrod,1998)。他们研究发现:即使在控制了债务融资的使用和公司资产的数量之后,公司税率相对于个人税率的增加也会导致"报告的个人收入增加"和"报告的公司收入下降"。

在一个资本形成的跨期优化模型中,Judd(1985)研究了资本税的再分配潜力,研究发现:在资本积累的效用最大化模型中,从长期来看通过资本所得税进行再分配可能是无效的;在任何趋同的再分配税收政策下,要使"帕累托"社会目标最大化,资本所得税将收敛到零。

在存在最优非线性所得税的情况下,Kaplow(2006)证明:无论所得税是否最优,差别商品税都不是最优的;在任何商品税和所得税制度下,差别商品税都可以通过"帕累托"改进的方式消除。此外,差别商品税可以通过按比例减少,产生"帕累托"改进。

Karabarbounis和Neiman(2013)采用一个新的数据集来测度劳动份额。他们研究发现:投资商品相对价格的下降,通常归因于信息技术和计算机时代的进步,促使企业从劳动力转向资本投入。投资相对价格的下降大致解释了劳动力份额下降一半的原因。

King(1980)研究了支持和反对"支出税"效率的论点,并计算了"最优"税率。基于生命周期储蓄模型,支出税最强有力的论据是未能对通货膨胀的所得税基数进行指数化,以及存在无准备金的养老金计划。

通过研究最优税收和最优楔子之间的联系,Kocherlakota(2004)得出:当消费者可以完美地预期自己未来的技能时,拥有跨期楔子并不是社会最优的。这种零楔子直接转化为一个关于税收的结果:在对储蓄不征税的经济体系中存在最优的税收制度。

通过构建跨期迭代模型以及运用年长老人的资产和健康动态调查(AHEAD)

数据进行实证分析，Kopczuk 和 Lupton(2007)研究发现：约有近一半的单身老人具有遗产捐赠的动机。

通过构建理论模型以及运用时间序列的方法，Kopczuk 和 Slemrod(2001)研究发现：遗产税税率结构的概括性度量通常与相对于国家财富的顶级房产报告的净值呈负相关。

基于生命周期模型，Kotlikoff(1988)研究了代际转移与储蓄之间的关系，研究发现：代际转移会对家庭储蓄产生很大的影响。

Kotlikoff 和 Summers(1981)利用美国的历史数据来直接估计代际转移对总资本积累的贡献。他们研究发现：代际转移占美国总资本形成的绝大部分；在实际资本积累中，只有一小部分可以归因于"生命周期"考虑或"驼峰"形态的储蓄。

通过随机调查实验，Kuziemko、Norton、Saez 和 Stantcheva(2013)分析了美国的再分配弹性。他们研究发现：信任的减少对再分配支持的减少有因果效应。更多的信息可以增加受访者对问题的关注，但不一定会增加他们对可能改善问题政策的支持。

利用美国成熟女性和年轻女性的纵向调查数据，Light 和 McGarry(2004)通过实证研究发现：不同母亲家庭内部的遗产转移动机不同（诸如利他主义、交换和对亲生子女的偏爱）。

通过构建一个新的跨期框架，Mankiw(2000)研究发现：消费者行为存在巨大异质性。有些人的眼光很长，重视财富的高度集中和遗产在总资本积累中的重要性。还有一些人考虑的时间跨度很短，体现为消费平滑的失败、许多净资产接近零的家庭。

Modigliani(1988)通过利用不同方法对储蓄和遗产转赠进行了估计，结果表明：遗产激励转移只在收入和财富最高的阶层中发挥重要作用。对于低收入阶层的遗赠，并非纯粹出于遗赠动机，而是出于一种预防动机。

通过对受访者进行调查分析，Norton 和 Ariely(2011)发现尽管在影响财富分配的政策（如税收和福利）方面存在许多分歧，但美国人可能拥有一个普遍认可的财富分配"规范性"标准。美国人对经济不平等的态度与其自身利益和公共政策偏好之间普遍存在脱节。

Piketty(2011)研究发现：在合理的假设下，到2050年，法国的遗产流量可能达到国民收入的20%—25%。过去的财富和继承势必对总的财富积累量和终身不平等的结构起关键作用，但现代经济增长并不会阻止遗产继承。

将人口分为"继承者"与"白手起家者"，Piketty、Postel-Vinay 和 Rosenthal(2014)研究发现：1872—1937年的巴黎看起来像一个"继承者社会"。继承者只占巴黎人口的10%，却拥有总财富的70%。顶级继承人通过消费部分所继承财富的收益，可以过上远远超出劳动收入所允许的生活水平。

通过构建随机均衡模型，Piketty 和 Saez(2013)推导出最优的遗产税公式。在所有情况下，最优遗赠税率随所得遗赠集中度的增大而增大，随累计遗赠对税率的弹性而减小。这为法国和美国提出了一种使用微观数据校准的思路。基于现实的最优遗产税税率可能高达 50%－60%，甚至更高。

运用八个发达经济体 1970—2010 年的国家资产负债表，Piketty 和 Zucman(2014)研究了财富和资本产出比率是如何演变的——结果是上升的。这个研究结果对资本税收和监管具有重要意义，并对财富的变化本质、生产函数的形状和资本份额的上升提供了新的解释。

Piketty 和 Zucman(2014)对财富与继承长期演化的实证和理论研究进行了概述。他们认为：由于人口和生产率增长的放缓，以及吸引资本的国际竞争加剧，目前财富收入比和财富不平等的上升趋势可能会在 21 世纪继续下去。

Pirttila 和 Selin(2011)实证考察了 1993 年芬兰的双重所得税改革，研究发现：改革从根本上降低了一些纳税人资本收入的边际税率，改革对总应税收入产生了较小的积极影响，但部分积极反应可能被个体经营者之间的收入转移所抵消。

在一个永续生命周期模型中，Saez(2013)分析了最优的累进资本所得税。研究发现：当跨期替代弹性不太大，且初始财富分配分布的上尾足够厚且无穷大时，最优的"豁免阈值"收敛到一个有限的极值上。其结果是，最优的税收制度将所有的巨额财富推到一个有限的水平，并产生一个被截断的长期财富分配。

通过构建标准的跨期迭代模型(OLG)，Saez(2002)研究发现：当偏好是异质的时候，最优的非线性所得税是存在的。如果高收入者对某种商品有相对较高的偏好，或者这种商品的消费随休闲而增加，那么对某种特定商品征收少量的税是可取的。

在一个有内生企业形成的私有信息经济体中，Scheuer(2014)分析了利润和劳动收入的"帕累托"最优非线性税收问题。研究发现：受限的"帕累托"最优政策可能会涉及针对高收入者的低边际税率；以及如果可能的话，还涉及进入税——扭曲企业进入选择的税收。

通过构建新的理论模型，Straub 和 Werning(2014)推翻了资本不应该被征税这个结论。他们证明：当跨期替代弹性低于 1 时，长期资本税为正且显著。对于更高的弹性，税收趋近于零，但在经历了几个世纪的高资本税之后，可能会以较低的速度趋近于零。

利用一组以联邦遗产税申报表为中心的新数据，Wilhelm(1996)检验了遗产赠予中"利他转移"的经济理论。研究结果几乎无法找到对遗赠利他主义理论的支持。

（二）投资视角的实际资本税(Actual Capital Taxation：Investment)

关于投资视角的实际资本税问题，Abel(1982)将霍尔-乔根森(Hall-Jorgenson)

税收政策分析与 q 投资模型相结合，在一个优化框架下分析永久性政策和临时性政策的动态效应。研究发现：由于暂时性投资税收抵免而导致的投资率增长至少与由于相同规模的永久性税收抵免而导致的增长相同；但对于规模报酬不变的竞争性公司来说，相同规模的临时性和永久性投资税收抵扣对投资有相同的刺激作用。

Auerbach(1989)采用可调整成本的生产函数的标准模型，测度推动税收改革和调整成本对投资和市场价值的影响。研究发现：税收政策的变化会影响投资行为，预期的税收变化也会影响投资行为，且预期的未来税收变化的影响可能会推动当前的投资偏离长期影响趋势的方向。

Auerbach(1979)通过构建一个在离散时间内的无限期模型来考虑竞争性公司的行为。研究发现：在对股息和资本利得差异征税的情况下，财富最大化并不意味着公司市场价值最大化，股权融资的来源并不无关紧要。

Auerbach(1992)通过构建一个家庭行为的模型来评估税制改革的有效性。研究发现：(1) 通过对增值资产征税来消除"锁定"效应会导致国民储蓄下降。(2) 简单地降低资本利得税率就会减少国民储蓄，即使是在非常高的跨期替代弹性情况下也是如此。

通过考察从事战略避税活动较多的投资者是否对税率有不同的反应，将资本收益实现行为的理论与实证研究更紧密地联系起来。Auerbach 和 Siegel(2000)研究发现：与其他投资者相比，这些投资者对永久性税率变化的反应要小得多。

通过推导并估计当前和未来税收条件直接影响投资动机的非住宅投资行为模型，Auerbach 和 Hassett(1992)研究发现：税收在影响战后美国投资行为方面发挥了独特的作用，尤其是在机械和设备方面的投资。

Auerbach 和 Hassett(2003)针对股息税提出新观点，认为新投资项目的边际融资来源是留存收益；此时，使用留存收益带来的税收利益恰恰抵消了后续股息的双重征税。征收股息税对使用留存收益作为边际资金来源和用剩余现金流支付股息的公司在投资激励方面没有影响。该研究的进一步实证分析认为，股息税的这种效应具有异质性，仅对一部分企业成立。

假设政府仅对公司分配给股东的股息征税，但不征收股息税以外的其他税。Bradford(1981)通过理论模型研究发现：税收没有替代效应，尤其是对公司在债务和股权（通过留存收益）融资之间的选择没有影响。通常得出的"双重征税导致扭曲"的论点基本上是在同一背景下提出的，所要求的是对分配征收额外的税，其他税种的存在与否对结论没有影响。

Chetty 和 Saez(2005)利用 2003 年的"股息税"减税政策来估计"股息税"对上市公司股利支付的影响。研究发现：在 2003 年税制改革后的六个季度里，上市公司的季度股息支付总额激增了约 50 亿美元，增幅达 20%。

关于股利税对公司行为影响的证据与新古典股利理论和公司税不一致。

Chetty 和 Saez(2010)开发了一个简单的代理模型发现：股息税诱使管理者通过保留收益来进行非生产性投资，并产生一阶的无谓损失。

Hall 和 Jorgenson(1967)利用新古典主义最优资本累积理论研究税收政策与投资支出之间的关系。研究发现：税收政策在改变投资支出的水平和时间方面非常有效。此外，税收政策对投资的构成有着重要的影响。

通过一个简单的经典动态新古典主义投资模型，Hassett 和 Hubbard(2002)研究发现：个人和企业税收对投资和长期资本积累具有重要影响。

通过一个临时投资税收激励措施的均衡效应模型，House 和 Shapiro(2008)揭示了投资商品的影子价格与临时投资税收激励措施的规模之间的简单关系。研究发现：观察临时税收激励后的价格上涨并不能证明投资供应相对没有弹性。临时投资的税收补贴即使大大提高了投资的价格，但也会大幅影响投资。

通过对英国自 1950 年以来的实证研究，Poterba 和 Summers(1985)研究发现：股息税减少了企业投资，并加剧了资本在部门间分配和跨期分配的扭曲。在经济意义上，股息被双重征税，降低股息税率将增加股息支付和企业投资，并降低企业的资本成本。

基于詹姆斯·托宾的 q 投资理论，Summers(1981)分析了税收政策对资本积累和估值的影响，研究发现：最理想的投资激励措施是那些通过降低新资本产品有效的购买价格来运作的投资激励措施。

Yagan(2015)检验了 2003 年的股息税设计和 1996—2008 年的美国公司税申报表——美国资本税率最大改革之一——是否刺激了企业投资和增加了劳动力收入。Yagan(2018)研究发现：减税并没有引起 C 型公司投资或员工薪酬的变化，外部效度仍然是一个悬而未决的问题。

通过分析一些跨国公司逃税避税的行为和一些关于遏制国际避税逃税的政策，Zucman(2014)提出建立世界金融登记处。这样一个登记处既可以弥补公司税的漏洞，也可以使个人逃税更加困难。

利用加速折旧设计和政策转变，Zwick 和 Mahon(2014)估计了临时税收激励对设备投资的因果关系，他们发现：首先，红利折旧在 2001 年至 2004 年期间使投资平均增加了 17.3%，在 2008 年至 2010 年期间提高了 29.5%。其次，融资受限公司的响应程度大于不受约束的公司。最后，当政策立即产生现金流时，公司反应强烈；但当政策只使他们未来受益时，公司则不会反应强烈。

（三）储蓄视角的实际资本税(Actual Capital Taxation：Saving)

对于储蓄视角下的实际资本税，Bernheim(2002)采用生命周期理论和行为理论，研究了税收政策对个人储蓄的影响，研究发现：资本所得税率对储蓄的影响受到储蓄对利率弹性的约束，而遗产动机、流动性约束、预防性储蓄等条件也都会改变税收政策对储蓄的影响力。

Campbell(2006)在研究家户金融时讨论了税收问题。该研究认为,在研究家户投融资时要分析其所面临的复杂的税收规定,比如不同投资项目的税收政策不同,一些项目有税收优惠,另一些项目会被课征重税,再比如名义税率与实际税率不同,还比如税收实际缴纳的时间是否可递延等。这些问题都需要在研究中加以考虑。

对401(k)计划注册机制进行建模分析,Carroll、Choi、Laibson、Madrian和Metrick(2009)研究发现:在默认注册、默认未注册、无默认强制选择三种注册机制中,当消费者强烈倾向于拖延、储蓄偏好具有高度异质性时,无默认强制选择的注册机制是最优的。

基于丹麦的4 100万储蓄样本,Chetty、Friedman、Leth-Petersen和Nielsen(2014)研究发现:退休储蓄政策的财富积累效应取决于人们对改变储蓄率的积极或消极态度。

采用共同基金流量来衡量不同股票的个人投资者情绪并展开实证研究,Frazzini和Lamont(2008)研究发现:高涨情绪预示着低未来回报。

利用独特的面板数据集,Johannesen和Zucman(2014)评估金融危机期间G20国家迫使避税天堂签订的双边条约如何影响其银行存款账户。研究发现:逃税者没有将资金汇回国内,而是将存款转移到未与母国签订反避税协议的避税天堂。逃税打击行动导致存款转移,反而有利于最不合规的避税天堂。

通过研究一家大型美国公司员工在公司401(k)计划发生某项变化前后的401(k)储蓄行为,Madrian和Shea(2001)研究发现:默认注册制下401(k)计划的参与度要高得多,且公司在默认注册制下选择的默认缴费率和投资分配对401(k)计划参与者的储蓄行为有很大影响。

采用许多不同的非参数方法来控制个人储蓄行为的异质性,Poterba、Venti和Wise(1996)研究发现:个人退休账户和401(k)计划对新储蓄的形成做出很大的贡献。

通过总结税收对家庭投资决策的现有研究并进行讨论,Poterba(2002)研究发现:税收会对家庭的风险偏好和资产结构施加系统性影响。

Saez和Zucman(2014)将所得税申报表与宏观经济家庭资产负债表相结合,对美国自1913年以来的财富分配进行了估计。他们研究发现:过去100年的财富集中度从20世纪初开始下降,从1979年开始回升,而最高收入的激增和储蓄率不平等的加剧是财富集中度上升的主要原因。

基于增加资本所得税能够提高资产价格波动性的假设,Stiglitz(1983)构建一般均衡模型研究发现:在短期内,资本所得税减税能够提高收入和消费,但是消费的提高会导致储蓄的降低,从而使得减税对长期收入的影响为负。

Yagan(2014)以固定收益率年金这种非流动且享有税收优惠的资产为研究对

象,验证家户是否仅使用流动资产来追逐股市收益。该研究发现:当股市回报不佳时,家庭反而开始抛售股票购入固定年金。这一结果与家庭将近期股市回报率推断为长期回报率的结果一致。

使用证券投资头寸的系统性不一致和独特的瑞士数据,Zucman(2013)研究了家庭的离岸财富。该研究发现:全球8%的家庭金融财富是在海外持有的,其中至少有6%没有记录,大部分投资于共同基金,大多数瑞士账户属于欧洲人。

三、伊曼纽尔·萨伊斯的税收理论与实证前沿文献

伊曼纽尔·萨伊斯的税收专题课程集中于最优劳动收入税和最优资本收入税问题的探讨。具体的七个方面如下:

(一)引言与路线图(Introduction and Road Map)

Alvaredo、Atkinson、Piketty 和 Saez(2013)研究发现:税收政策、劳动力市场、资本收入导致收入分配最高阶层的收入份额不断增长。在美国和其他国家,特别是在欧洲大陆,这些因素的作用程度可能不同。

世界财富和收入数据库(WID.world)结合了历史统计,以一致和完全透明的方式,填补了关于"不平等"民主辩论中的一个空白。Alvaredo、Atkinson、Piketty、Saez 和 Zucman(2018)利用该数据库研究发现:在全球范围内,自1980年以来,收入排在全球前1%的群体其收入占全球总收入的比例从16%上升到2007年的22%,然后在2016年下降到20.4%。同一时期,收入排在全球后50%的群体其收入份额维持在9%左右。也就是说,前1%群体的总收入是后50%群体收入的两倍左右。如果按群体人数等比例换算,则这个差距实际为100倍。与此同时,无论是2000年以来新兴国家的高增长,还是2008年的全球金融危机,都没有阻止全球收入不平等的加剧。

利用所得税统计数据,Atkinson、Piketty 和 Saez(2011)研究认为:从总体不平等和公共政策设计的角度来看,对最高收入的研究是重要的,工资收入在最高收入中所占的比例比过去更大。

Chetty、Hendren、Kline 和 Saez(2014)使用4 000多万儿童及其父母收入的行政记录来描述美国代际流动的三个特征,提出了按地区划分的新的代际流动公开统计数据。他们的研究表明:美国不同地区的代际收入流动性差异很大。代际流动的空间变异与五个因素密切相关:(1)居住隔离;(2)收入不平等;(3)学校质量;(4)社会资本;(5)家庭结构。

税收和经济政策研究所(Institute on Taxation and Economic Policy,ITEP)(2018)评估了每个州税收制度的公平性,衡量2007年不同收入群体缴纳的州税和地方税(包括截至2009年10月颁布的税收变化的影响)在每个州和哥伦比亚特区的收入份额。该项研究发现:在几乎每个州和地方的税收体系中,从中低收入家庭

获得的收入份额都比从富人那里获得的要大得多。

应用社会保障管理局纵向收益的微观数据，Kopczuk、Saez 和 Song(2010)用 1937 年以来的数据分析了美国不平等和流动性的演变。他们研究发现：短期流动性的变化并没有实质性地影响不平等的演变，年度收入不平等的增加几乎完全是由永久性收入不平等的增加所驱动的，而短期收入的波动幅度要小得多。

利用大型公开的纳税申报数据，Piketty 和 Saez(2007)估计了美国联邦税制的现行累进性（主要包括个人和企业所得税、遗产税和工资税）。他们研究发现：(1) 自 20 世纪 60 年代以来，处于收入分配顶端的美国联邦税制的累进性急剧下降。(2) 最引人注目的变化是联邦税收制度的累进性总是发生在收入最高的 1% 以内，而在收入最高的 1% 以下发生相对较小的变化。

结合税收、调查和国民账户数据来估计美国自 1913 年以来的国民收入分配，Piketty、Saez 和 Zucman(2018)对比了税前和税后收入，研究了不同收入阶层的生产要素份额差异，模拟税收和转移支付改革对经济增长和分配的影响。

利用国家资产负债表，Piketty 和 Zucman(2014)报告了每个经济部门（家庭、政府和公司）以及世界其他地区持有的所有非金融/金融资产和负债的市场价值。他们研究发现：近几十年来，每个国家的财富收入比都在逐步上升，从 1970 年的 200%—300% 上升到 2010 年的 400%—600%。实际上，尽管财富的性质发生了相当大的变化，但今天的财富收入比似乎正在恢复到 18 世纪和 19 世纪欧洲观察到的高值水平，即 600%—700%。

Saez 和 Zucman(2016)将所得税申报表与宏观经济家庭资产负债表相结合，对美国自 1913 年以来的财富分配进行了估计。他们认为：(1) 美国的财富不平等程度很高，而且增长很快，最高的 0.1% 的份额已从 20 世纪 70 年代末的 7% 增加到 2012 年的 22%。(2) 中产阶级的财富份额在 20 世纪经历了一个倒 U 形的演变，如今所占份额并不比 1940 年高。(3) 收入增长和储蓄率不平等的结合正在加剧财富不平等。

Saez 和 Zucman(2019)研究得出：普遍认为外部性或技术限制使税收不可能公正的观点是错误的，经济学家可以帮助我们更具体地了解未来的多样性。

Tiebout(1956)研究发现：根据提供的特定的一揽子公共产品，存在一些最佳的社区规模——可以提供最低成本的这类公共产品。如果市民完全可以流动（他们可以随心所欲地流动），超大城市的一些人就会迁往规模不足的城市。

（二）最优劳动收入税与转移支付(Optimal Labor Income Taxes and Transfers)

Akerlof(1978)采用 Mirrlees(1971)和 Fair(1971)最优所得税的框架，建立了有标签和无标签两种情况下的最优再分配系统问题，研究发现：标签制度（针对特定人群的福利补贴政策称为标签制度）允许相对较高的福利金和相对较低的边际税率。

采用经典的拉姆齐最优消费税公式，Atkinson 和 Stiglitz(1976)研究发现了长期存在的直接税和间接税的问题，以及这些税与效率、纵向公平和横向公平目标之间的关系。

Besley 和 Coate(1992)研究发现：工作福利制（要求受助对象付出一定的劳动）有助于为贫困救济的接受者提供"适当的激励"。①

利用人口现状调查(CPS)数据，Blau 和 Kahn(2007)研究发现：从 1980 年到 2000 年，女性自身的工资弹性下降了 50% 到 56%，而她们的交叉工资弹性绝对值下降了 38% 到 47%。

Boskin 和 Sheshinski(1983)研究发现：美国目前的收入分割制度，即丈夫和妻子面临相同的边际税率，是不合理的。家庭中的"主要收入者"将面临比"次要收入者"更高的最优税率，因为主要工人的劳动力供给弹性相对较小。

采用最优莫里斯税收模拟，Brewer、Saez 和 Shephard(2010)研究发现：美国整体家庭支持项目(Integrate Family Support program, IFS)成功的关键在于：它设法在对总收入和总净税收影响最小的情况下，成功地实现了收入的再分配，其目标是针对个人工作激励的净减税。

采用一个一般的家庭劳动力供给"集体"模型，Chiappori(1992)研究发现：如果我们将家庭模型化为一对个体——具有休闲和消费的特定效用函数，那么"帕累托"效率本身就产生了一套可检验的劳动力供给限制，这些限制与传统条件无关（但并非不相容）。

在存在外部性时重新审视最优的税制设计问题（收入和商品），Cremer、Gahvari 和 Ladoux(1998)研究发现：(1) 环境税（线性或非线性）与庇古税在公式上的不同之处在于私人物品的最优税收表达式。(2) 外部性不会影响私人产品的商品税公式。(3) 如果商品税是非线性的，外部性不影响所得税结构；如果商品税是线性的，则影响所得税结构。(4) 如果不同类型的个人具有相同的边际替代率，一般所得税加上严格意义上的庇古税就足以实现有效税收。

Deaton(1981)研究发现：理解偏好结构和最优税率分配之间的关系非常重要；至关重要的是，为评价最优税收公式提供参数的实证工作应该采用足够通用的函数形式，以便能够进行计量，而不是假设来确定税收的结构。

Diamond(1975)以多人经济的拉姆齐规则为基础（包括消费税和人头税）进行研究，发现：在莫里斯的两级模型中，收入的社会边际效用较低的阶层中的个人，他们缴纳更多的消费税。

通过对莫里斯模型的推广，Diamond(1980)研究发现：有些工人对小额税收变

---

① 工作福利制可以是生产性的，也可以是非生产性的——譬如参与政府部门的工作、参加社区活动才可以获得补助，降低受助者受歧视的心理压力。

化进行了小规模的调整,而其他工人则进行大规模调整。

采用莫里斯具有准线性偏好的最优所得税模型,Diamond(1998)研究发现:在逐步取消福利的情况下,相当大的隐含边际税率与边际税率的U形模式一致,很可能是最优的。

通过对单一和多个消费者经济中的商品税进行研究,Diamond和Mirrlees(1971)发现了最优税收政策的规则,并证明在存在最优税收的情况下,总的生产效率是可取的。

采用最优所得税理论,Diamond和Saez(2011)研究发现:(1)高收入者应该接受对收入征收高额且不断上升的边际税率;(2)应该补贴低收入家庭的收入,然后通过高隐性边际税率逐步取消这些补贴;(3)应该对资本收入征税。

Duflo(2003)评估了南非一个大型现金转移项目对儿童营养状况的影响,并调查接受者的性别是否会影响这一结果。研究发现:女性领取的养老金对女孩的人体测量状况(身高体重和年龄身高)有很大影响,但对男孩的影响很小。

对于纯粹的税收问题,Edgeworth(1897)研究认为:应该为穷人的利益而对富人征税,直到达到财富完全平等的程度。

采用NBER的微观经济学TaXSiM模型,Feldstein(1999)研究发现:税率变化所导致的应税收入变化提供了评估所得税无谓损失所需的所有信息。

采用局部均衡分析,Guesnerie和Roberts(1984)分析了政策工具在次优经济中的有用性。他们研究发现:在非最优经济的环境下,强烈支持使用数量控制方法;即使是在存有最优商品税的经济中,也支持使用数量控制方法。

通过构建一个实际的所得税调整模型,Kaplow(2006)研究发现:无论所得税是否最优,在存在最优非线性所得税,并且个人的效用函数在劳动和商品之间弱分离的情况下,社会福利最优不包含差别商品税。

在社会福利职能中纳入一些额外的效用因素——公平或正义,Kaplow和Shavell(2001)重新考虑了非福利主义的总体情况。他们研究发现:对于任何非福利主义的政策评估方法都违反了"帕累托"原则。

拓展Mirrlees(1971)模型,Kleven、Kreiner和Saez(2009)研究发现:如果第二收入者(夫妻双方之间)的劳动力参与是夫妻生活富裕的一个信号(如第二收入者的进入反映了劳动力市场的高度机会),最优税收计划显示第二收入者的税率为正、夫妻共同收入的税率为负,从而一个人的税率随配偶的收入减少。

将失业保险的贝利-切蒂(Baily-Chetty)模型嵌入具有一般生产函数、工资机制和匹配函数的匹配模型中,Landais、Michaillat和Saez(2010)研究发现:失业保险的最优替代率是传统的贝利-切蒂率和修正项的总和。

根据法国数据开发的劳动力供给模型,Laroque(2005)研究发现:税收计划很少受到效率考虑的限制。经济学家应该提供这一界限的衡量标准。

采用 Atkinson 和 Stiglitz(1976)模型，Laroque(2005)研究发现：当非线性所得税在一个每个人对商品都有相同偏好的经济体中存在时，间接税是没有用的。

采用最优税收理论文献中的标准社会福利框架，Leea 和 Saez(2012)研究发现：第一，如果政府重视对低工资工人的再分配，最低工资引发的失业首先冲击工资最低的冗余工人，那么有约束力的最低工资仍然是可取的。第二，当劳动力供给反应只是沿着广义边际时，低技能工作者的最低工资与正税率并存总是"帕累托"无效的。

Lehmann、Simula 和 Trannoy(2014)推导出均衡状态下的最优边际所得税税率。研究发现：移民的半弹性水平和斜率对于得出最优边际所得税的形状至关重要。

利用 20 世纪 70 年代英国的一项政策变化——政府向妻子转移支付大额的子女津贴，Lundberg、Pollak 和 Wales(1997)设计了一项准自然实验分析家庭收入来源的变化对家庭支出构成的影响。该研究使用家庭支出调查数据发现强有力的证据表明，与男性服装支出的变化相比，女性服装和儿童服装支出的增加与收入再分配相吻合。

Mankiw 和 Weinzierl(2010)采用维克里-莫里斯(Vickrey-Mirrlees)框架来探索另一个变量(即纳税人的"身高")的潜在作用。他们研究发现：一个人的纳税义务应该是他身高的函数。也就是说，有一定收入的高个子应该比同样收入的矮个子缴纳更多的税。

Mirrlees(1971)在研究的模型中通过引入一个依赖于工作时间(y)和劳动收入(z)的税率表，研究发现：(1) 一个近似线性的所得税表具备相应的所有行政管理的优势；(2) 所得税减少的不平等远不如人们想象的有效；(3) 最好是设计补充所得税的税种，以避免税收面临的困难。

为了讨论当人们可以移民时对国内经济收入和国外收入的最优征税，Mirrlees(1982)研究发现：相对于在本国同样劳动的投入，在国外工作缴纳更高的税收。

通过设计转移支付方案，Nichols 和 Zeckhauser(1982)使某些社会福利功能最大化。他们研究发现：一个最优的转移支付方案一般必须牺牲"生产效率"来达到"目标效率"。

Piketty 和 Saez(2013)研究了真实实践和理论预测之间的联系，特别是理论和实证工作在解决关于最优劳动所得税和转移支付的政治辩论中的局限性。

通过劳动供给、避税和补偿谈判三个渠道，Piketty、Saez 和 Stantcheva(2014)导出了高收入者纳税的最优最高税率公式。他们研究发现：当存在"零和补偿"讨价还价效应时，最优最高税率增加，最高税率的削减与最高 1%的税前收入份额增加有关，但与更高的经济增长无关。

采用莫里斯的劳动模式和谢辛斯基(Sheshinsk)的教育模式，考虑经典的总效用问题(即可加总的社会福利函数)和罗尔斯的极大极小准则,Sadka(1976)结合起来研究了其中的最优收入税问题。

采用 Mirrlees(1971)最优所得税框架,Saez(2001)研究发现:最优税收公式和收益弹性之间存在一个简单的联系,直接利用弹性来推导最优所得税率是获得最优所得税新结果的有效方法。

Saez(2002a)研究发现:如果高收入者对某种商品的偏好相对较高,或者这种商品的消费随休闲而增加,则对这种商品征收少量税是可取的。

通过分析低收入者的最优转移支付,Saze(2002b)研究认为:当行为反应集中在工作强度时,最优转移方案是一个经典的负所得税方案,提供可观的收入保障并大幅度地逐步取消税率。然而,当行为反应集中在参与劳动力时,最优转移方案类似于低收入者的税收抵扣——具有负边际税率和小额保障的收入。

通过简化对税收行为反应的若干假设,Saez(2004)研究发现:收益的最优税率与贡献商品的价格弹性无关,如果收益对税收的反应不是很灵敏,并且再分配偏好很强,那么最优税率可能会很高。

关于应纳税所得额响应边际税率弹性的研究,基于纳税申报表数据,Saez、Slemrod 和 Giertz(2012)批判性地综述了大量的文献。他们研究发现:在某些假设下,所有对所得税率变化的行为反应都是低效率的表现,所有这些反应都被应税收入的弹性所捕获。

采用"广义社会边际福利权重"将不同个人的货币计量损失和收益相加来评估税收改革,Saez 和 Stantcheva(2016)研究发现:广义边际社会福利权重的概念是扩展标准福利主义最优税收理论的有效途径,使用适当的广义社会福利权重有助于丰富传统的福利主义方法。

将最优税收理论与"间接税抵消负外部效应的分析"相结合,Sandmo(1975)研究发现:即使在一个扭曲性税收的世界里,价格体系的配置功能与其对分配的影响是分不开的;根据庇古原则,对产生外部性的商品征税也应留有余地。

Seade(1977)较早得到了一个税目表两端"边际税率为零"的理论情景。

Stiglitz(1982)研究认为:如果税率可以随机化,则应在多种情况下进行。如果高能力和低能力个人的相对工资取决于劳动力的相对供给,那么最优的税收结构就意味着高能力个人的边际税率为负,低能力个体的边际税率为正(其大小取决于替代弹性)。

(三)劳动力供给对税收和转移支付的反应(Labor Supply Responses to Taxes and Transfers)

在讨论该话题时,首先介绍了实证检验中的双重差分文献,包括 Abramitzky(2018)、Abramitzky 和 Lavy(2014)等。在具体的税收方面包括:

采用实证研究法,Alesina、Glaeser 和 Sacerdote(2005)研究发现:欧洲的较高税率只是美国和欧洲之间工作时间差异的一小部分因素,劳动法规和工会政策才是两国产生工作时间差异的主要原因。

采用实验研究法、非参数估计法、定量分析等方法,Ashenfelter 和 Plant(1990)研究发现:负所得税计划对劳动供给的激励效应会影响转移支付的成本。

采用实证分析法、动态分析法,Bachas 和 Soto(2018)研究发现:企业所得税作为提高税收的一种手段存在局限性,其最优税制的设计可能与 OECD 成员国的最优税制设计大不相同。

采用聚类方法、实证分析法,Bastani 和 Selin(2014)研究发现:即使当税收收入效应相对于补偿弹性很大时,群聚估计量在很大程度上也不会受到收入效应的影响。

采用最小二乘法,Bertrand、Duflo 和 Mullainathan(2004)研究发现:由于序列相关性,通常执行的差异估计会严重低估围绕估计干预效果的标准误差。

采用实证分析方法,Best 和 Kleven(2017)研究发现:交易税对房价的影响很大,交易税变动的动态调整速度很快,且交易税对购房时间和购房量也会产生很大的影响。

采用最小二乘法,Bianchi、Gudmundsson 和 Zoega(2001)研究了减税对于劳动力供给的上限效应。

采用分位数处理效应方法,Bitler、Gelbach 和 Hoynes(2006)研究发现:福利改革的影响可能比人们所认识到的更多样、更广泛,"分位数处理效应方法"在评估福利改革效果方面可以发挥非常有用的作用。

采用定量分析法、个案研究法,Bitler 和 Hoynes(2010)研究发现:福利改革后,随着失业率的上升,出现了更多的贫困人群;福利改革并没有对食品消费、食品不安全、医疗保险、家庭拥挤或健康的周期性反应产生显著影响。

采用估计方法、动态分析法,Blau 和 Kahn(2007)研究发现:美国已婚妇女的劳动力供给能力在 20 世纪 80 年代急剧右转,而在 20 世纪 90 年代几乎没有变化。

Blomquist(1995)针对一些批判极大似然估计方法的文献——它们认为极大似然估计在扭结点(kink points)处机械地强加了斯拉茨基条件(Slutsky condition)——进行了反驳,认为极大似然估计方法下劳动力供给函数的线性设定并不会对消费者偏好施加额外的限制。

采用聚束方法,Blomquist 和 Newey(2017)研究发现:当异质性分布不受限制时,结点或缺口处的聚束数量不能反映应税收入弹性的大小,凸预算集的整个应税收入分布也不能反映应税收入弹性的大小;当对异质性分布施加先验限制时,结点就可以提供关于弹性大小的信息。

采用统计分解的方法,Blundell、Bozio 和 Laroque(2013)研究发现:广泛和密集的劳动力供给边际对于解释美国、英国和法国这三个国家在 1977 年至 2007 年劳动力供给的长期变化都很重要。

采用实证分析法、最小二乘法，Blundell、Duncan 和 Meghir(1998)研究发现：福利效应是不可忽视的，税制改革应该考虑行为效应。

采用双重差分法、自然实验法、替代方法、分段线性化法、实证分析法，Blundell 和 Macurdy(1999)研究发现：劳动力供给模型的设计在评估政策改革、工作时间变化以及劳动力市场等方面十分重要，而我们目前最大的困难是建模参与。

采用准实验方法、实证分析法，Brown(2013)研究发现：符合退休条件的个人会在短期内多工作不到一个月，在长期内多工作不到半年，且他们工作的经济回报会增加10%。

采用生命周期法，Camerer、Babcock、Loewenstein 和 Thaler(1997)研究发现：采用劳动力供给的生命周期模型，工时供给和工资的暂时变化之间存在正相关关系。

采用实证分析法，Card、Chetty、Feldstein 和 Saez(2010)研究发现：行政数据对于前沿的实证研究，尤其是可信的公共政策评估至关重要，发展和扩大直接、安全的行政微观数据访问应该是国家科学基金会的首要任务。

采用实证分析法，Card、Chetty 和 Weber(2007)研究发现：一次性支付相当于两个月收入的遣散费平均会降低8%—12%的求职率；将失业津贴的潜在期限从20周延长到30周同样会降低前20周的求职成功率5%—9%。

采用实验分析法、实证分析法，Card 和 Hyslop(2005)研究发现：在自给自足项目(SSP)中，计量经济模型中出现的大约一半的峰值影响归因于建立激励。尽管自给自足项目产生了额外的工作努力，但该计划对工资没有持久的影响，对福利参与的影响很小或没有长期影响。

采用实证分析法，Cesarini、Lindqvist、Notowidigdo 和 Ostling(2017)研究发现：中奖会适度减少劳动收入，且无论中奖者的性别如何，中奖者的收入反应要比其配偶的收入反应大得多。

采用结构化生命周期法、自然实验法，Chetty(2006)提出了一种利用劳动力供给行为数据估计风险规避的新方法。在劳动力供给行为的曲率约束下，检验风险偏好的替代模型将是进一步研究的有趣方向。

采用替代方法、实证研究法，Chetty(2012)研究发现：微小的摩擦可以解释微观和宏观弹性、广泛和密集的边际弹性以及其他不同研究发现之间的差异。

采用德尔塔(Delta)方法，Chetty、Guren、Manoli 和 Weber(2013)研究发现：不可分割的劳动力供给不能完全解释经济周期中总工时的波动，可以建立模型将劳动力供给边际与其他波动来源结合起来。

采用实证分析法，Chetty、Friedman、Olsen 和 Pistaferri(2011)研究发现：税收对劳动力供给的影响是由"工人的调整成本和企业设定的工时限制之间"的相互作用形成的。宏观劳动力供给弹性可能远远大于使用标准微观经济计量方法得出的估计值。

采用实证分析法，Chetty、Friedman 和 Saez(2013)研究发现：劳动所得税抵扣制度对工资收入有显著影响，特别是在劳动所得税抵扣申请者较多的地区。

采用实验分析法、直接置换法，Chetty 和 Saez(2013)研究发现：提供关于边际所得税激励的信息在短期内不会对收入产生系统性的影响，但是税务人员可能会通过提供如何应对税收优惠的建议来影响纳税人的收入决策。

在经验分析和参考依赖性偏好理论的基础上，Crawford 和 Meng(2008)提出了一个出租车司机的劳动供给模型，该模型以出车工时与收入为目标函数，且后者由理性预期决定。引入数据对该模型进行估计后，论文的主要结论是：出租车司机打烊的概率与出车工时显著正相关而与收入无关。该结论不仅与文献中工时负工资弹性的结论相适应，且产生了有用的劳动供给模型。

采用基准的实证模型分析的方法，Dahl、Kostol 和 Mogstad(2014)研究发现：福利改革可以对项目参与产生持久的影响。因为任何对当代人的原始影响都可以通过改变他们子女的参与行为而得到加强，一代人的福利收入会影响下一代人的福利参与。

采用 OLS 回归模型的分析方法，Davis 和 Henrekson(2005)研究发现：对劳动收入和消费支出征收较高的税率会导致经济中工作时间的减少，家庭部门的工作时间增加，地下经济规模扩大，以及高度依赖低工资、低技能劳动力投入行业的附加值和就业份额的减少。

采用聚类分析方法，Devereus、Liu 和 Loretz(2014)研究发现：企业应税收入的弹性与企业适用的税率有关，特别是取决于企业的规模，并且收入越低的公司弹性越大。

采用实证分析法(准实验法和简化模型)，Eissa 和 Hoynes(2004)研究发现：劳动所得税抵免的扩大减少了已婚夫妇家庭劳动的总供给。已婚妇女劳动参与率随着税收所得税抵免的增加而降低，并且其劳动参与率的下降超过了配偶劳动参与率的上升。

通过构建相关参数方程并进行差值估计，Eissa 和 Liebman(1996)研究发现：劳动所得税抵免的扩大增加了劳动参与，使得税后劳动收入明显高于以往；并且未婚母亲相对劳动参与率会提高。

采用跨期效用函数和劳动力供给实证分析法，Farber(2005)研究发现：出租车司机的劳动供给行为符合标准的新古典模型；出租车司机累计工作时间是决定是否停止工作的主要决定因素。

通过建立一个包含参照依赖偏好的劳动供给实证模型，Farber(2008)研究发现：出租车司机收入与持续和停止概率之间的关系比"依赖参考的偏好"的重要作用更加平滑。

采用构建模型法(一个是具有跨时期偏好溢出的修正的新古典模型,另一个是具有参照依赖的损失厌恶偏好的模型),Fehr 和 Goette(2007)研究发现:工资的增加导致了整个劳动供给的增加,这种巨大的影响完全是由工作时间的增加所驱动的。

采用拓展的自然实验法,将收益检验产生的分段线性预算约束纳入劳动力供给的计量模型,Friedberg(2000)研究发现:人们对收益检验的反应是在结点处聚集大量数据,收益测试导致一些受益者压低了他们的劳动力供给,并且收入测试规则的实质性变化在暴露潜在的劳动力供给偏好方面是有用的。

采用构建虚拟变量或平均效应模型的方法,Greenberg 和 Halsey(1983)研究发现:参与者对工作努力的系统错误报告会导致该实验对工作努力的估计效果的夸大,那些可以得到实验性报酬的人通过可预估的数额减少了他们的工作量,普遍减少了可观的收入和就业。

采用分析法和蒙特卡罗方法,Hausman(1981)研究发现:高边际税率对劳动力供给的影响明显大于低边际税率,减税对妻子劳动力供给产生的影响比对丈夫的影响大。

采用计量经济学模型(凸和非凸预算集模型)、非线性预测方法,Hausman(1987)研究发现:税收会对劳动力供给和经济福利产生影响。其一,税收制度的累进效应导致高工资个人在无税情况下比低税个人减少更多的劳动力供给;其二,由于所得税的累进性,产生的无谓损失(超额负担)比取得的税收收入更多;其三,高收入人群的劳动供给行为与中等收入人群的劳动供给行为没有太大差异。

总结过去二十年对劳动供给函数研究的相关文献,Heckman(1993)研究发现:工资和非劳动收入对劳动供给最强有力的实证效应出现在边际(即进入和退出的边际),边际效应的弹性绝对不是零。

采用构建静态和动态劳动力供给模型的方法,Heckman 和 Killingsworth(1986)研究发现:女性劳动者有补偿和无补偿的工资弹性与男性的差别不大,事实上,女性的劳动供给相对于工资的未补偿弹性很低或者是负的,即使隐含的补偿弹性在某些情况下也是负的。

采用跨期效用函数和回归函数法,Imbens、Rubin 和 Sacerdote(2001)研究发现:非劳动收入会降低劳动收入,男女性之间没有明显的差别,对 55 岁至 65 岁的人影响更大,该年龄段内劳动者收入减少得最多,即减少劳动力供给(提前退休)。

采用准实验分析、理论建模和校准相结合的方法,Jakobsen、Jakobsen、Kleven 和 Zucman(2018)研究发现:财富税对应税财产有相当大的影响,财富积累的变化可能对资产价格和工资率有影响,使一般均衡效应不同于局部均衡效应。

通过构建面板回归模型,Jones(2010)研究发现:优先劳动所得税抵免的参与率低不仅因为信息缺乏、行政成本高或长期强制储蓄动机,还因为担心必须在年底偿还付款和/或存在短期强迫储蓄的动机。

采用静态模型、动态(或生命周期)劳动力供给模型、简化形式和结构动态模型,以及自然实验方法,Keane(2011)研究发现:男性的劳动力供给比传统观点认为的更有弹性,女性的劳动力供给弹性非常大,劳动力供给的长期弹性不是固定不变的,平均为 3.6。

采用实证分析,Kleven(2014)研究发现:斯堪的纳维亚人的税收系统对第三方信息报告的覆盖非常广泛,完善的信息追踪确保了低水平的逃税,现代税收制度的执行和管理在很大程度上依赖于来自雇主和金融部门的第三方信息。

采用差异分析方法,Kleven(2019)研究发现:除 1993 年改革外,劳动所得税抵免对广义劳动力供给没有影响,广义边际劳动供给对劳动所得税抵免的弹性实际上为零。

通过描述聚束效应分析方法的基础理论、经验实践和挑战,Kleven(2016)研究发现:近年来,使用聚束方法的应用工作激增,这与管理数据可用性的增加密切相关。在一些决策环境中(特别是决策变量可以在没有太多摩擦的情况下不断调整的环境),聚束效应分析方法可能更适合于揭示结构参数和用于福利分析的充分统计数据。

采用回归分析的实证方法,Kleven、Landais、Posch、Steinhauer 和 Zweimüller(2019)分析了不同国家的父母在生育子女前后收入差异问题。研究发现:各国女性在生育后其收入的降幅都比男性大,这种定性的差异在不同国家间惊人地相似,但影响的程度也有很大差异。

采用非参数优化模型,Kline 和 Tartari(2016)研究发现:女性对福利改革的政策激励做出了不同程度的反应,一部分产生劳动供给的密集边际效应,另一部分导致劳动力供给的广泛边际效应。

通过构建一个均衡的讨价还价模型,Kopczuk 和 Munroe(2015)研究发现:对于不连续性的本地交易,税收的负担落在卖方身上,并且可能会超过税收的价值,但不能用逃税来解释(尽管供应方质量调整可能起作用)。

采用理性模型、调度模型、计量经济学模型、算法歧视模型方法,Liebman 和 Zeckhauser(2004)研究发现:针对不同条件分别制定定价计划可能是一种常见的经济行为形式,它出现在经济决策的实质性的重要领域。

采用准实验性方法、聚束估计法,Londoño-Vélez 和 Avila(2018)研究发现:纳税人会把自己的财富集中在相应的税率档次之下,以减轻他们的财富税负担。其主要是通过人为地夸大他们的债务,以及少报第三方报告所不及的资产。纳税人还会将他们的财富转移到邻近的避税港,以躲避税务机关。

通过构建劳动力供给的结构性生命周期模型,MaCurdy(1981)研究发现:在一个完全可预见的经济周期内,跨期弹性决定了劳动力供给工资增长和变动导致的工资变化的反应;无补偿和补偿弹性决定了工作时间对工资变化的反应。

通过设置消费者对消费和劳动跨期选择的理论模型,同时置入所得税和不确定的未来因素,MaCurdy(1983)研究认为:税收的存在扭曲了相对价格。

在对男性劳动力供给反应的调查中,对使用各种估计方法获得的替代影响和收入影响的估计存在分歧。MaCurdy、Green 和 Paarsch(1990)研究发现:对于非线性预算集的消费者的选择问题,极大似然估计依赖于不等式约束的满足。这些隐含的约束能够解释不同文献在分析男性劳动力供给时出现的估计差异。

采用瑞士的一项不寻常的税收政策变化的事实,Martinez、Saez 和 Siegenthaler(2018)估计了跨期劳动力供给的替代弹性。他们研究发现:劳动力供给的替代弹性对收益的反应显著但数量上较小,总体波动弹性为 0.05。一些群体,如高工资收入者,特别是个体经营者,表现出更大的反应,弗里希弹性为 0.1 和 0.27。

Meyer 和 Rosenbaum(2001)研究表明:在 1984—1996 年期间,政府改变了福利和税收政策,以鼓励单身母亲工作;单身母亲的就业机会和工作时间出现了前所未有的增加,单身母亲工作的增加很大程度上可以归因于劳动所得税抵免(EITC)和其他税收变化,福利削减、福利减免、培训项目和儿童保育项目的份额较小。

采用两项全国代表性家庭调查的数据并调查了单身母亲及其家庭的消费模式,Meyer(2004)研究发现:近年来,未婚母亲的物质状况都没有下降,无论是绝对的,还是相对于单身无子女妇女或已婚母亲。

采用劳动力供给反应的动态模型方法,Moffitt(2003)研究发现:长期以来,福利计划的劳动力供给和其他工作激励影响一直是经济研究的核心问题。

利用 1996 年至 2014 年间的 2.58 亿张纳税申报表,Morteneon 和 Whitten(2016)探讨了美国所得税的混乱局面,认为几乎所有问题都发生在税收抵免最大化的问题上。

对用于控制劳动力自我选择的 Tobit 假设和关于妻子工资率和劳动力市场经验是外生的这两个假设进行系统分析,Mroz(1987)研究发现:Tobit 模型夸大了收入和工资的影响。

通过采用 20 世纪 60 年代末和 70 年代赞助的四次大规模的社会实验,Munnell(1986)研究发现:尽管"负所得税"本身已不受欢迎,但在这些实验中研究的劳动力供给问题和其他基本问题仍然与当前的社会福利争论相关。

Nichols 和 Rothstein(2015)研究发现:劳动所得税抵免在许多方面是美国最重要的转移支付手段,过去 20 年的研究已经证明,劳动所得税抵免对低收入家庭的净收入产生了巨大的正面影响,而且这些家庭的儿童福利水平也得到了显著提高。

利用体育场比赛期间产品需求条件的可观察变化来估计体育场供应商的劳动力供给(参与)弹性,Oettinger(1999)研究发现:需求状况和供应商劳动力供给决策共同决定供应商工资的估计值。

利用增加了劳动收入和消费支出税的新古典主义增长模型,Ohanian、Raffo和Rogerson(2008)研究发现:税率的时期差异、跨国差异解释了不同时期、不同国家工作时间的差异。

对劳动供给的标准静态模型进行修正,Pencavel(1986)研究发现:男性工作时间与工资之间的弹性非常小。在应用静态劳动力供给模型的情况下,在许多情况下工作时间的收入补偿工资弹性估计为负。

Pencavel(2002)使用队列分析方法讨论男性工作时间与工资之间的关系。该研究使用1967—1998年的人口调查数据衡量跨期工资弹性和无偿工资弹性,认为工资反应更接近于衡量跨期工资弹性,而不是无偿工资弹性。

Prescott(2004)研究发现:劳动收入有效边际税率的差异解释了相对劳动力供给在时间点上的差异以及其随时间发生的巨大变化。

Ramey和Francis(2009)开发了更全面、更好的非休闲时间和潜在劳动力的测量方法,研究发现:20世纪工作时间的下降幅度较小,人均工作时间减少的一半被在校时间的增加所抵消。

Rees(1974)总结了劳动力供给的分级工作激励实验结果,研究发现:越高的税率将导致劳动力供给减少得越多,也将导致更高的社会保障。

Rees-Jones和Taubinsky(2016)认为:"人工智能算法"更容易被人接受,"人工智能算法"对社会福利具有正向影响,但由于边际税率和平均税率存在差异,"人工智能算法"会增加个人成本,导致产生巨大的税收楔子。

通过建立一个包含劳动强度和劳动强度变化的劳动力供给的生命周期模型,Rogerson和Wallenius(2009)研究发现:税收的变化对工作时间有很大的影响。

通过模拟劳动所得税抵免的经济发生率,Rothstein(2010)研究发现:劳动所得税抵扣导致的劳动力供给增加可能会压低工资。

Saez(1999)研究发现:纳税人的纳税义务聚集在纳税义务开始的第一个税级起征点,而且所得税抵免所产生的边际税率的大幅跃升,对工薪阶层不会产生冲击,但对自营职业者却会产生实质性的影响。

利用简单的逃税模型,Saez(2010)研究发现:自营职业者的纳税义务聚集在所得税抵免的第一个拐点附近,而且在第一个所得税等级的起征点,纳税义务开始;但没有证据表明会在任何其他结点聚集。

Saez、Slemrod和Giertz(2012)研究发现:劳动所得税不是一个不变的参数,劳动所得税可以受到政府政策的影响,对于那些有更多机会回避(包括可扣除费用)的高收入个人,劳动所得税更高。

以瑞典为例,利用制度环境的特点,Seim(2017)研究发现:增加年度财富税可能会刺激逃税,而不是减少储蓄。

从数字化工资单中构建一个收入和工作时间的新的全人口数据集,Sigurdsson(2019)研究发现:调整摩擦和家庭的相互依赖降低了减税对总劳动力供给的影响。

Steinhauer(2018)研究发现:德国出生的女性做母亲的可能性比法国出生的女性低15%—25%,保持无子女状态的可能性比法国出生的女性高20%。

Tazhitdinova(2019)研究发现:(1)兼职的参与弹性比初次就业的参与弹性大好几倍。(2)尽管存在巨大的潜在储蓄,但个人并不能用兼职工作收入代替主要收入。(3)德国一项独特的改革后低收入就业岗位迅速增加,并没有造成低收入者劳动力供给减少的情况。(4)时间限制和工作机会是兼职的关键决定因素。

基于阿根廷的情况,Tortarolo、Cruces和Castillo(2019)研究发现:(1)将所得税暂时削减至0%不会释放出上层工薪阶层的巨大供给反应;(2)工人们似乎不能仅仅靠自己对税收作出反应,这需要两个人(或更多人)才能做出反应。

(四)应税收入的弹性(Taxable Income Elasticities)

利用美国和欧洲专利局的专家组数据,研究了自1977年以来最高税率对"超级明星"发明家国际流动性的影响。Akcigit、Baslandze和Stantcheva(2016)研究发现:如果一个发明家的公司在所在国家的研究中占有更高的份额,那么他对税收的敏感度就越低,流动性也会降低。

采用20世纪最新的数据分析个人所得税与企业所得税对发明家以及从事研发的公司的影响,Akcigit、Grigsby、Nicholas和Stantcheva(2018)研究发现:高税收一直对个人发明家和公司产生负面影响。

对于慈善事业的理论基础以及实证和政策研究,Andreoni(2006)通过理论模型表明,政府补助和慈善筹款很可能是共同决定的;政府补助会挤出私人捐赠。

通过构建20多个国家长期最高收入份额时间序列,Atkinson、Piketty和Saez(2011)研究发现:人均总经济增长率和基尼不平等指数对排除或包括最高收入很敏感。而且,与过去相比,工资收入占最高收入的比例更大。

通过研究《1986年税收改革法案》对税收和各种非税收因素产生的作用,Auten和Carroll(1999)研究发现:在20世纪80年代末,税率和非税率因素都会促进相对收入增长。

Break(1957)研究发现:所得税对工作激励状况的抑制力在减弱。在美国,所得税税率可以大幅度提高,特别是在中等和中等偏上收入的范围内,提高所得税税率不会过度降低劳动力的总供给。

通过建立模型分析丹麦的税收记录,Chetty、Friedman、Olsen和Pistaferri(2011)研究发现:税收对劳动力供给的影响是由工人的调整成本和企业设定的工时约束相互作用决定的。

采用差异识别法和三步截尾分位数回归法，Fack 和 Landais(2010)研究发现：慈善捐款的价格弹性相对较小，但往往随着捐款水平的增加而增加。

通过研究 1951—1990 年高收入纳税申报表中调整后的总收入（AGI）所占比例的上升情况，Feenberg 和 Poterba(1993)研究发现：在较高收入水平上所报告收入的迅速增加，并不是一个扩大的收入分布的一部分。它可能反映了其他因素，包括在激励方面税收引起的变化——高收入家庭面临报告税收收入。

通过比较纳税人在 1986 年税制改革前后相同个人纳税人纳税申报表的数据，Feldstein(1995)研究发现：应纳税所得额相对于边际净税率的弹性至少为 1，而且可能会大幅度提高。

将避税纳入衡量所得税的无谓损失范畴内，并采用微观经济分类模型评估所得税，Feldstein(1999)研究发现：提高现行税率造成的相对无谓损失更大。

通过对 1991 年至 1995 年几千名企业高管薪酬数据进行实证，Goolsbee(2000)研究发现：短期内应纳税所得额的大幅降低，是因为高收入高管在预期利率上涨时大幅增加股票期权，而只有传统形式薪酬的高管对税收变化反应不大。

采用时间序列分析方法，Gordon 和 Slemrod(1998)研究发现：公司税率相对于个人税率提高，会导致个人收入增加，公司收入减少。

通过研究应税收入的总体弹性，Gruber 和 Saez(2002)研究发现：高收入纳税人对税收的反应特别敏感。最优的税收结构可能包括严格针对低收入纳税人的转移支付政策，以及针对中高收入纳税人的"边际税率结构"保持不变或者有所降低。

采用具有刚性劳动力需求的移民和税收模型分析，Kleven、Landais 和 Saez(2013)研究发现：低税率吸引高能力球员取代低能力球员，以及对外国人的低税率会吸引外国人取代国内球员。

通过匹配摩擦模型分析丹麦所得税优惠政策对高收入者的国际移民和收入的影响，Kleven、Landais、Saez 和 Schultz(2014)研究发现：所得税平均税率降低会对外国移民个人的个人税前收入产生负面影响。

通过面板回归方法，Kleven 和 Schultz(2014)研究发现：尽管丹麦存在非常高的边际税率，但其应税收入弹性相当低，这表明丹麦的制度提供了很少的避税和逃税机会。

非线性定价和税收通过为同一商品创造多重边际价格使经济决策复杂化。对此，Ito(2014)研究发现：消费者对平均价格有反应，而不是边际价格或预期边际价格。

通过创建基准的收入分配来描述没有税收变化情况下预期的美国人对于个人税率降低的反应水平，Lindsey(1987)认为纳税人行为的变化会弥补因税率降低而造成的损失。税率约为 35% 时，联邦所得税收入会最大；税率约为 40% 时，总所得税收入会最大。

通过量化明星科学家的移民对各州个人和商业税收差异变化的敏感性，Moretti和Wilson(2017)研究发现：明星科学家流动性相对于个人和企业所得税弹性较大，税收提高，流动性增加；投资税收抵免弹性为负，税收抵免越多，流动性越小。

Moretti和Wilson(2019)研究发现：2001年后，与非遗产税州相比，遗产税州的福布斯美国400富豪榜人数下降了35%；亿万富翁对遗产税的敏感性随着年龄的增长而显著增加，且亿万富翁的地理位置与遗产税高度相关。

利用1913年至1998年美国个人所得税申报数据，Piketty和Saez(2003)提出了一个新的收益率的同质序列。数据表明资本所有者在金融危机期间经历的巨大冲击和第二次世界大战对顶级资本收入产生了永久影响。

通过劳动供给、避税和补偿谈判三个渠道，Piketty、Saez和Stantcheva(2014)提出最高税率的削减与最高1%的税前收入份额增加有关，但与更高的经济增长无关。

Rauh和Shyu(2019)研究了加州个人所得税对家庭区位选择和税前收入的影响。他们研究发现：超过基准税率0.8%的纳税人选择离开了加州。

研究1960年至2000年的所得税申报数据，Saez(2004)研究发现：只有收入最高的1%的人表现出对税收的行为反应。随着时间的推移，人们对税收变化的反应规模呈现出明显的异质性。

针对2013年美国增税前后的税收行为反应，Saez(2017)研究发现：2013年税收改革预计的税收增长中，最多有20%是通过行为反应损失的，2013年的增税是一种提高收入的有效方式。

采用美国《收入统计年鉴(SOI)》的面板数据和税收估算模型，Saez(2012)估算了应税收入的弹性与边际税率，这种弹性可以作为效率和最优税收分析的充分统计数据。

通过重构行为反应理论研究税收的行为反应，Slemrod(1995)研究发现：高收入人群对1986年税改的大部分行为反应可能更多地表现为收入转移，而不是劳动力供给意义上的收入创造。这些行为反应会在一定程度上抵消低利率带来的收入损失。

通过列举各州百万富翁数据矩阵，构建原始移民数据的对数线性重力模型等方法，Young、Varner、Lurie和Prisinzano(2016)研究发现：美国对最高收入者征收"百万富翁税"正在发生，长期来看百万富翁会有州际迁移。

（五）税收执法(Tax Enforcement)

在最优税收理论框架内对逃税问题进行研究，Allingham和Sandmo(1972)研究发现：为了促进资源的有效配置，应主要对需求或供应缺乏弹性的商品征税。

Alm、Jackson 和 Mckee(1992)在可获得的财政参数内引入不确定性,研究发现:增加财政不确定性水平是一种风险工具,会导致合规性的提高,即更大的不确定性增加税收遵从。

Andreoni、Erard 和 Feinstein(1998)研究认为:非经济因素能减少不合规行为;另外,应该更加重视动态和复杂的税收遵从制度框架,例如多项收入的报告。

利用一个典型的内战模型,Besley 和 Persson(2008)将冲突的发生率与环境、制度(税收)和基础经济和政治的特征联系起来,研究发现:出口商品和进口商品的较高世界市场价格是国内内战发生率较高的重要预测因素。

对明尼苏达州收入实验的一部分进行研究——找到替代执法策略的有效性,Blumenthal、Christian 和 Slemrod(2001)研究发现:两封包含不同的"规范性呼吁"的信件被发送给两大组纳税人,这些信件似乎确实影响了某些纳税人群体的遵守行为。

对挪威税收居民的纳税遵从进行研究,Bott、Cappelen、Sorensen 和 Tungodden(2020)研究发现:即使在税收主体自我报告其收入的情况下,也可以以具有成本效益的方式提高税收遵从性。

使用 1945 年至 2006 年间覆盖 103 个发展中国家的新数据集,Cagé 和 Gadenne(2012)研究发现:在贸易冲击下,更具包容性的政治制度和更具税收友好性的经济环境会恢复得更迅速。

在鼓励超额支付的税制下进行研究,Dwenger、Kleven、Rasul 和 Rincke(2016)研究发现:在没有遵从的特定动机的情况下,有 20% 的人在基准情形中至少缴纳了真实的欠税;"威慑和奖励激励"对遵从行为有显著的影响,但边际激励的影响较小。

Hallsworth、List、Metcalfe 和 Vlaev(2014)研究认为:在标准的纳税提醒信中纳入社会规范和公益信息,可以大幅提高纳税的遵从性。

美国国内收入署(IRS,2012)研究发现:五年来,税收差距的增长主要集中在"漏报和少付"的违规形式上。这两种形式共同造成了超过九成的税收差距。

政策制定者的传统观点是,G20 避税天堂打击行动是成功的。Johannesen 和 Zucman(2014)提出的证据挑战了这一观点。到目前为止,条约已导致银行存款在避税天堂之间转移,但并未引发大量资金的遣返。

Keen(2007)认为,关税只会导致不必要的生产效率低下,所以应该避免。增值税的局限性在于,它对非正规投入品征税的税率与对最终销售征税的税率相同,这可能不是完全最优的。

通过分析丹麦的一个税收执法现场试验,Kleven、Knudsen、Kreiner、Pedersen 和 Saez(2011)研究发现:利用基准的审计数据,第三方报告收入的逃税率接近于零,但自我报告收入的逃税率却很高;通过随机执行,先前审计和"审计函"威胁对自我报告收入有显著影响,但对第三方报告收入没有影响。

通过建立委托—代理模型,将其嵌入到一个宏观模型中,Kleven、Kreiner 和

Saze(2016)研究发现:模型中员工数量随着发展而增长,税收收入在第三方信息变化的驱动下呈S形发展。

采用观察法,通过观察美国国内收入署发布的联邦所得税申报表,Kopczuk和Pop-Eleches(2007)研究发现:电子文件的引入导致了劳动所得税抵扣参与率的增加;随着电子申报的扩大,不愿提交纳税申报单的客户更容易被捕捉。

通过对美国国内收入署真实的税务审计数据进行分析,Luttmer和Singhal(2014)研究影响税收士气的因素发现:逃税的程度可以受到标准税收执法行动以外的政策影响,即税收士气可以影响税收遵从行为。

采用实验研究法对智利40多万家公司进行两个随机实验,Pomeranz(2015)分析了信息和第三方文件跟踪在税务方面的作用。研究发现:在增值税的缴纳过程中,额外监督对交易的影响较小,书面材料更具预防性的威慑效果。

采用实证分析法,Sanchez de la Sierra(2015)将计量经济学和最优税收理论运用在国家起源的解释之中。这些发现为国家形成的冲突理论提供了支持,在这种冲突理论中,国家结构是通过强制手段出现的,以增加掠夺。

通过分析英国税收体系的管理和执行相关的问题,Shaw、Slemrod和Whiting(2009)认为:避税行为往往集中在税收体系中不同活动、产品、纳税人和税收司法管辖区之间划定界限的部分。

利用最优税收制度的一般理论,Slemrod和Yitzhaki(2002)将模型预测的行为与逃税、逃税的程度以及它如何对税收执行政策的反应联系起来。该研究认为:目前在纳税人和税务机构行为的理论模型中缺乏增加更多的实证内容,将公共选择的考虑纳入分析也将对税收现实有更完整的理解。

Slemrod、Blumenthal和Christian(2001)认为审计的威严性增加了中低收入纳税人的报告收入和纳税责任,特别是那些有更大机会逃税的纳税人。由于审计不会自动发现和惩罚所有逃税行为,所以高收入纳税人的收入报告可能比以前更少,而且最终结果可能受到最初报告的收入的影响。

为探讨在员工和老板之间影响税收合作的决定因素,Yaniv(1992)研究认为:政府税收不仅取决于税收和执法参数,还取决于征税方式。

Zucman(2013)认为"由贫到富的资本流动"可能是各国净资产状况趋同而不是分歧的一个因素。该研究认为:大多家庭选择将财富存放在避税天堂,从而导致美国资产减少,因此各国应交换有关家庭持有的海外投资组合证券的数据,改变富裕国家的国际投资地位。

Zucman(2014)研究认为:公司应进行改革,公司应推动条约规则的协调化,放弃公平定价,并基于来源征税,并促进银行信息的自动交换,使得财务信息更加透明以防止通过转移利润来进行避税的行为。

（六）资本收入税问题（Capital Income Taxation）

通过收入动态面板研究数据、对父母及其成年子女利他行为的模型进行检验，Altongi、Hayashi 和 Kotlikoff(1992)研究发现：在大家庭中，消费的分配并不独立于资源的分配。

利用多家族的 PSID 数据，Altongi、Hayashi 和 Kotlikoff(1997)检验了从父母到子女的无偿转让是否受到利他主义的激励，研究结果强烈反对"利他主义"假说。

利用跨期增长模型，Atkinson 和 Sandmo(1980)认为：最优税收理论忽略了问题的重要特征，并且最优税收依赖于政府其他的政策工具和政府为达到满意的跨期分配的能力。

通过评价特定类型税收的最优结构（设置独立的最优商品税率和最优收入税税目），Atkinson 和 Stiglitz(1976)提供了一个更广泛的框架，该框架考虑了不同税种之间的相互作用。

利用动态模型，Auerbach 和 Kotlikoff(1987)得出赤字最有可能导致短期的挤入和较低的短期利率，以及投资激励对资本家不利、企业减税可能是自我融资等结论。

利用一个简单易行的纳什—协商模型，Aura(2005)研究了家庭内部关于未亡配偶收入保护投资的决策问题。该研究发现：美国抚恤金法的一项变化之后，联合年金的选择将增加。

通过研究各种不同税收结构的经济后果，Banks 和 Diamond(2009)得出资本收入不应该被征税的结论。

通过战略遗赠模型，Bernheim、Shleifer 和 Summers(1985)得出遗赠经常被用作受益人所提供服务的补偿的结论。

通过对几种可供选择的解释分析，Carroll(1998)研究发现：富人的储蓄行为不能够被这一模型解释——财富积累的唯一目的是为未来的消费融资。财富的积累或源于一系列的服务需求（如权力或社会地位）。

采用一般均衡模型分析资本收入的最优征税问题，Chamley(1986)得出最优的资本收入税税率是零的结论。

对个人存活两期的两类模型中线性资本所得税和非线性劳动所得税进行研究，Christiansen 和 Tuomala(2008)得出：在没有收入转移的情况下，禀赋变动会引发资本所得税；而只有工资率变动的情况下，资本所得税就不会存在。

在工资不确定性的条件下，Cremer 和 Gahvari(1995)检视了存在线性所得税的最优商品税收理论。该研究认为：最优税收可以是差别商品税的综合和统一的一次总和税。

通过总结一些国家财富分配的现有证据，Davies 和 Shorrocks(2000)证实了众所周知的事实，即财富的分配比收入的分配更不平等，并指出 20 世纪大部分时间中财富不平等呈长期下降趋势。

采用对大多数人都愿意接受的论证方法，DeLong(2003)的总结认为：大多数经济学家在谈到遗产时，认为它们是一种影响力，但不是财富积累的决定性因素；这种影响力不是财富不平等的决定性因素；遗赠制度主要受到个人希望看到子女——所有子女——过上更好生活的愿望的驱动。

通过研究单周期、两周期和连续时间模型的最优社会保险政策，Diamond 和 Mirrlees(1978)得出：在一些合理的条件下，最优选择的消费者对工作或不工作并不关心，消费者会在有能力时工作。

通过对比最优税收机制设计（"新动态公共财政"）方法，Diamond 和 Saez(2011)将最优所得税理论用于评估现行政策，并获得了三项政策建议：（1）非常高的收入者应该受到高且不断上升的收入边际税率的约束。（2）低收入家庭的收入应该得到补贴，然后这些补贴应该随着高隐性边际税率逐步取消。（3）应该对资本收入征税。

建立每个收入水平上具有异质性偏好的理论模型，Diamond 和 Spinnewijn(2009)研究发现：在一些均衡假设下，对高收入者征收小额储蓄税和对低收入者提供小额储蓄补贴都能增加福利，而且不需要考虑能力和贴现因子之间的相关性。

通过利他父母和异质性生产力模型，Farhi 和 Werning(2010)研究发现：遗产税应该是累进的，这样遗赠较高的父母就会面临较低的遗赠净回报；边际遗产税应该是负的，让所有父母都面对遗赠的边际补贴，遗赠税与所得税是分开征收的，这两种财产都可以通过对遗赠征收简单的非线性税来实现。

具有私人信息的经济体为资本征税提供了理论基础。在一种具有特质不确定性和不完全市场的标准一般均衡模型中，Farhi 和 Werning(2011)发现了一般均衡是重要的，其大大减少了计算的福利收益。

通过对资本所得税的四个错误命题进行批判性的考察，Feldstein(1978)得出：当税收影响劳动力供给和消费时机时，可以提供一种正确的方法——用以评估资本收入的替代税收处理的福利成本。

通过对数据集来测试逆向选择，Finkelstein 和 Poterba(2004)得出：退休后死亡率与年金特征之间存在系统关系。

通过逆向选择的标准模型，Finkelstein 和 Poterba(2002)研究发现："养老金领取者"比"非养老金领取者"寿命更长。

通过生命周期模型，Gale 和 Scholz(1994)研究发现：经典的生命周期储蓄动机忽略了或低估了资本积累的一些重要组成部分。

通过零资产所得税率的理论分析，Golosov、Kocherlakota 和 Tsyvinski(2003)证明：一个人投资资本的边际效益超过其投资资本的边际成本是典型的"帕累托"最优。这一楔子与对资本收入征收正的税收是一致的。

通过研究生命周期模型中的最优劳动力和储蓄扭曲，Golosov、Troshkin 和 Tsyvinski(2011)得出：在某些条件下，对于足够高技能的劳动者，劳动楔子应该趋于零。

Golosov 等(2013)讨论了在具有异质贴现因素的环境中，对资本所得征税是好还是坏的问题。该研究指出，征收资本所得税的理论基础源于对高能力者偏好的商品所征收的商品税，都是通过对高能力个人征税，然后向低能力个人重新分配收入。该研究通过数值模拟得到了个人能力与商品偏好之间的关系，并以此为依据对未来消费(储蓄)形成最优的征税方案。该研究表明，跨期替代弹性对最优资本税收有实质性影响，但最优资本税的福利收益很小。

与静态方法相比，新动态公共财政解决了最优政策中更广泛的问题。Golosov、Tsyvinski 和 Werning(2006)研究认为：(1) 在储蓄中引入一种积极的扭曲，与在拉姆齐环境下获得的结果形成对比；从长远来看，资本应该免税。(2) 当工人的技能因不可公开观察的冲击而随机演变时，他们的劳动所得税税率会受到总冲击的影响。(3) 时间一致性问题的性质与拉姆齐设置中出现的问题截然不同。

基于时间序列的分析，Gordon 和 Slemrod(1998)得出：自 1965 年以来，美国实际已经发生了数额可观的收入转移——公司所得税率相对个人所得税率的增加，导致报告的个人收入增加和报告的公司所得税减少。

通过研究人们在继承前后的劳动行为的纳税申报数据，Holtz-Eakin、Joulfaian 和 Rosen(1993)得出：大量遗产会降低一个人的劳动参与率。

在一个资本形成的跨期优化模型中，Judd(1985)研究了资本税的再分配潜力，研究发现：在资本积累的效用最大化模型中，从长期来看通过资本所得税进行再分配可能是无效的；在任何趋同的再分配税收政策下，要使"帕累托"社会目标最大化，资本所得税将收敛到零。

将评估赠与税和遗产税的许多标准明确地与"标准福利经济框架"联系起来，Kaplow(2001)研究发现：一方面，这表明赠与往往涉及积极的外部因素。另一方面，受赠人的受赠可能会对受赠人的劳动供给产生影响，在标准情况下会减少受赠人的劳动供给，从而产生负的税收外部性。

通过论证的方法，Kaplow(2006)研究发现：在存在最优非线性所得税(假定劳动和所有消费品之间的效用弱可分性)的情况下，差别商品税不是最优的。

对消费者财务调查(SCF)的数据进行分析，利用所开发的度量方法，Kennickell(2009)发现：中产阶层和顶层人群的收入明显增加，不平等加剧的情况更为明显。

在一个非常简单的模型中，King(1980)探讨支出税的效率论据，推导出最优税率的公式，并且认为"取消资本所得税将带来巨大的福利收益"。

通过重新审视三个动态经济体中税收和楔子之间的联系，Kocherlakota

(2004)研究发现:消费者都有关于他们自身技能的私人信息,并且可以从一个时期保存到下一个时期。

在动态的莫里斯经济模型中,实施劳动收入非线性、财富线性的税收制度,Kocherlakota(2005)认为:一定时期的财富税取决于个人在该时期和以前的劳动收入。然而,在任何时期,代表性消费者在下一时期的财富税率预期为零。

计算资金边际成本来确定保险效应的定量重要性,Kopczuk(2003)认为:遗产税在理论上可以起到保险作用,遗产税为纳税人带来年金,从而降低了遗产税的纳税成本。

Kopczuk(2013)研究发现:遗产税的遗赠动机和反应的实证证据是零散的,还需要进一步研究。在遗产税造成的扭曲方面,避税、死亡遗产等对税率十分敏感。同时,将遗产税激励政策与财富积累相联系也十分困难。

利用面板数据以及老年家庭财富状况,Kopczuk 和 Lupton(2007)研究发现:大约75%的老年人口有遗赠动机,并且有遗赠动机的家庭的个人支出平均减少了25%。如果遗赠是仅仅由于寿命不确定,遗产税可能对储蓄没有直接影响。

利用遗产税纳税申报数据,Kopczuk 和 Saez(2004)研究分析美国的财富集中度,发现:自1916年以来,二战、新政和大萧条的冲击对顶级财富分配份额造成了极大的负面影响,并且这种影响主要针对于百分位数的上0.1%,对于前1%的低财富群体影响较小。

通过研究遗产税的报税数据,Kopczuk 和 Slemrod(2001)研究发现:房地产税率结构的汇总指标通常与最高遗产相对于国家财富的净资产呈负相关,遗产税可以达到减少财富积累或诱导避税的目的。并且,房地产的估计弹性为正(即相对于税率本身为负值),以此认为对于具有遗赠动机的老人而言,确实存在行为反应。

通过分析代际转移与储蓄相关数据并构建模型,Kotlikoff(1988)研究发现:代际转移在美国的财富积累中有着关键的影响。在没有运作良好的私人年金市场或此类市场的密切替代品的情况下,生命周期模型也可能出现重大的代际转移。

通过统计分析,Kotlikoff 和 Summers(1981)认为:生命周期驼峰储蓄并不是美国经济资本积累的主要决定因素,决定美国财富积累最主要的因素还是代际转移,虽然代际转移财富存量的估计相当大。

通过对 mTurk 的随机在线调查[①],分析有关不平等和税收的信息对再分配偏好的影响,Kuziemko、Norton、Saez 和 Stantcheva(2013)研究发现:提供有关不平等加剧的信息,对受访者是否将不平等视为一个重要问题有很大影响;同时,信息对遗产税的影响非常大,当受访者被告知遗产税只影响前千分之一最富有家庭时,

---

① Amazon Mechanical Turk (MTurk) 就是其中的典型代表。MTurk 作为一个众包 (crowdsourcing) 平台,提供了一种发布任务并收集数据的新途径,起初主要被用于训练人工智能,后来也越来越广泛地被应用于定量研究、市场调查等领域。

会大大增加对其的支持度。

通过局部均衡模型，Laroque(2005)认为：当所有消费者对商品具有相同的偏好，并且收入税可能是非线性的状况下，无论劳动力的供应如何，此时的间接税都是不必要的。

利用美国国家长期调研数据(NLS)，Light 和 McGarry(2004)研究发现：约75%的父母向子女转移不平等财产。即使在遗产分配平等的情况下，也有多达20%的父母不平等地对待自己的孩子。

通过利用不同方法对储蓄和遗产转赠进行估计，Modigliani(1988)研究发现：遗产激励转移只在收入和财富最高的阶层中发挥重要作用。对于低收入阶层的遗赠，并非纯粹出于遗赠动机，而是出于一种预防动机。

通过估计当前美国的财富分配状况以及构建一个理想的不平等分配程度模型，Norton 和 Ariely(2011)研究发现：所有的人群，包括一些通常与财富分配无关的人群，都希望得到更为公平的财富分配。不同群体在理想财富分配与实际财富不平等水平之间的差距问题上达成了共识，但是更多的美国低收入者不主张财富的更大再分配。

通过建立跨期迭代的异质消费者模型，Park(1991)研究发现：天生能力的不均匀会导致高消费率和高工资所得税，以及高的一次性转移支付收入。劳动力工作越多，工资收入的最优税额越高；个人偏好的显著差异导致低消费税和工资所得税率，以及高利息所得税率；然而在相同偏好下，利息所得税率为零。

Piketty(2000)研究发现：发达国家的总收入和劳动收入的代际相关系数似乎非常相似，移动率似乎差别不大。继承会导致几代人生活水平的不平等永久化，征收遗产税以缓解不平等会对受代际利他主义驱动的遗赠造成扭曲。

通过使用所得税申报表、工资纳税申报表和遗产税申报表的数据，Piketty(2001)研究发现：法国的工资不平等状况从长远来看是极其稳定的。收入长期下降很大程度上是一种资本收入现象。这可能是因为累进税对资本积累和税前收入不平等的动态影响。

Piketty(2003)使用所得税、工资税和遗产税申报数据，计算20世纪法国在收入、工资和财富上的年度不平等性。该研究的主要结论是，20世纪上半叶法国收入不平等现象的缓解主要是偶然的。工资不平等从长期来看是极其稳定的，收入不平等的长期下降主要是因为累进税率对资本积累与税前收入的调节。

通过利用国民收入、财富账户和遗产的数据，Piketty(2011)研究发现：1820年—2010年的财富积累呈"U形"模式。在合理的估计下，到2050年资本化遗赠份额在总财富积累中远远超过100%。

通过将研究对象划分为"食利者(靠资本获息的人)"和储蓄者，并将该分割应用于一个独特的关于继承和婚姻财产制度的微观数据集，Piketty、Postel-Vinay 和

Rosenthal(2014)研究发现:从1872年至1927年巴黎是一个"食利者社会"。食利者占巴黎人口虽然比例小,但拥有了巴黎绝大部分的财富。当私人财富的回报率大于增长率时,食利者社会就快速发展。

通过建立动态的储蓄和遗赠模型,Piketty和Saez(2012)得出了最优税率公式,长期最优税率随着遗产向产出的总稳态流动而增加,随遗产净税率的弹性而降低,随着对留下遗产的偏好强度而降低。

通过建立动态随机模型,Piketty和Saez(2013)得出了最优的遗产税公式。在税率、分配参数和社会再分配偏好方面,总收益和遗赠弹性可以表达长期最优遗产税率。如果遗产对税率的弹性较低,遗赠的集中度较高,社会主要关心那些很少继承的人,此时最优税率是正数且数值较大的。

运用八个发达经济体1970—2010年的国家资产负债表,Piketty和Zucman(2014)研究了财富和资本产出比率是如何演变的——结果是上升的。这个研究结果对资本税收和监管具有重要意义,并对财富的变化本质、生产函数的形状和资本份额的上升提供了新的解释。

参考历史资产负债表,Piketty和Zucman(2014)研究发现:在21世纪,由于人口和生产率的增长放缓,以及吸引资本的国际竞争日益激烈,财富收入比率上升和财富不平等的趋势仍在继续。

利用个人的纳税信息,Pirttila和Selin(2011)研究发现:芬兰双重所得税改革意味着劳动收入继续按累进税率征税,而资本收入实行统一税率。该改革从根本上降低了部分纳税人的资本收入边际税率。

通过构建永续期模型,Saez(2013)研究发现:在基本的最优动态资本所得税模型中引入累进税制可以影响政策规定,尤其是长期分配结果。在线性税收的标准模型中,资本所得税在一定时间后为零——不能从根本上改变财富分配。

通过构建离散模型,Saez(2002)认为:如果高收入者对这种商品有相对较高的偏好,或者如果这种商品的消费随着闲暇而增加,对特定商品征收小额税是可取的。

通过利用所得税申报表和国内收入署有关个人股息、利息、租金的数据,Saez和Zucman(2014)研究发现:资本不平等正在加剧,从长期财富分配来看,财富集中度的前0.1%按"U"形增长,前1%按"L"形增长,而中产阶级则以倒U形增长。

Sandmo(1985)研究认为:税收制度会扭曲个人和公司的决策。因此,建立一个使得社会福利最大化的税收制度是很不容易的。

利用消费者财富调查的结果,Scholz(2003)认为美国的财富不平等正在加剧;并且,相较于股票市场,住房市场仍然是影响家庭财富演变的最重要因素。

利用遗产税申报表的数据,Wilhelm(1996)研究发现:利他主义模型并不代表大多数富裕家庭的遗赠行为,资本市场的缺陷可能约束穷人的决定,而不是约束本样本中被继承人的决定。

（七）享受税收优惠的退休账号：美国401(k)计划（Tax Favored Retirement Account：IRAs and 401(k)）

使用纳什议价模型，Aura(2005)研究了家庭内对配偶收入保护投资的决策问题，该模型针对退休权益法对家庭选择的影响做出了两个具体预测：联合年金的选择将增加、人寿保险的持有量将增加。

Bernheim(2002)研究发现：核心的实证问题是，具体的公共政策是否提高或降低了储蓄率，以及在多大程度上提高或降低了储蓄率。核心的规范性问题是，对储蓄的经济回报征税是否可取，以及可取到何种程度。

通过家庭调查方式，Bernheim和Garrett(1996)研究指出：雇主的退休教育会显著影响家庭财务行为，会增加储蓄率。

Card和Ransom(2007)研究发现：雇员每增加1美元的供款会导致追加储蓄减少70美分，而雇主每增加1美元的供款只会减少30美分。这种不对称性（与雇主和雇员缴款的不同"心理账户"相一致）进一步证明了个人储蓄决策对其养老金计划的某些细节特征的敏感性。

通过对丹麦的储蓄进行实证研究，Chetty、Friedman、Leth-Petersen、Nielsen和Olsen(2012)发现：退休储蓄政策对财富积累的影响取决于他们是通过主动还是被动的选择来改变储蓄率。被动选择会大幅增加财富积累，而主动选择反之。

通过快速注册减少401(k)计划的复杂成本，Choi、Laibson和Madrian(2006)研究了一种旨在简化401(k)注册过程的低成本操作，雇员可以选择快速登记选项以预先选定的供款率和资产分配加入401(k)计划。

通过实例研究，Choi、Laibson和Madrian(2005)研究发现：仅用货币激励不愿意储蓄的人是无用的，政府需要将货币激励和其他造成员工被动储蓄因素的干预措施相结合以提升储蓄率。

Choi、Laibson、Madrian和Metrick(2001)结合三家公司的数据，研究发现：大多数员工愿意参加401(k)计划，自动登记模式有助于增加财富较少群体的储蓄，极大地改变了员工财富积累的分布。

运用模型分析，Choi、Laibson、Madrian和Metrick(2003)研究发现：最优违约选项对最优储蓄利率的实际分布高度敏感，最优违约选项经常与模式最优储蓄率相关联。

通过问卷调查及统计数据分析，Choi、Laibson、Madrian和Metrick(2002)研究发现：许多家庭对财务决策选择被动接受，员工通常会选择阻力最小的路径来做出家庭财务决策。

利用注册模型，Choi、Laibson、Madrian和Metrick(2003)提出：设置远离平均最优储蓄率的极端违约率是最优的。最优默认值可能是以下三种储蓄率之一：最小储蓄率（即0%）、匹配阈值（通常为5%或6%）或最大储蓄率。

基于一所大学教职工的数据，Duflo 和 Saez(2002)研究个人是否决定注册递延税款账户计划(由该大学赞助的)。该研究发现：同伴效应可能是储蓄决策的一个重要决定因素。

使用随机实验法，Duflo 和 Saez(2003)揭示了信息和社交互动对员工决定加入递延所得税账户(TDA)退休计划发挥了作用，并且直接和间接的影响作用相同。

使用随机试验法，Duflo、Gale、Liebman、Orszag 和 Saez(2006)得出：在保持激励不变的情况下，框架设计可以显著影响一般的经济选择，尤其是储蓄选择。

Engen 和 Gale(1995)的研究证实了"研究储蓄政策"对广义财富指标影响的重要性，而不是金融资产等狭义指标；债务的扩大可能在美国储蓄水平的下降和持续低水平中发挥了重要作用，针对债务的税收政策可能是针对储蓄的税收政策的重要组成部分。

通过文献研究和数据分析，Engen、Gale 和 Scholz(1996)研究发现：储蓄激励对储蓄和财富的分配有很强的影响，但对税收行为反应层次影响很小或没有影响。

使用合理的实验方法，Engelhardt(2000)对自我报告和公司报告的养老金信息的比较表明：自我报告的 401(k)资格存在显著的测量误差。这一误差使之前所有研究中估计的 401(k)储蓄效应显著向上倾斜，并因收入类别而有所差异。

Engelhardta 和 Kumarb(2007)研究发现：员工缴费每增加 1 美元，匹配率增加 25 美分，401(k)储蓄就增加 365 美元(按 1991 年美元计算)。

用动态效用最大化的模型，Gale 和 Scholz(1994)研究发现：在 1983 年至 1986 年期间，提高个人退休账户的年度缴款限额不会给国民储蓄带来多少增长；对国民储蓄的影响远远小于先前研究的估计。

Gelber(2011)研究了 401(k)资格对储蓄的影响，研究发现：401(k)资格提高了 401(k)账户余额；其他金融资产和净值对合格性的反应不显著。

基于社会保障管理局新受益人调查的数据，Holden 和 Nicholson(1998)研究了《1974 年雇员退休收入保障法》对选择"共同和遗属养老金"的影响。"共同和遗属养老金"决定在经济上是合理的，因为它使丈夫在为遗孀计划分配收入与资产时受到约束，此时，丈夫需要考虑自己死亡后，遗孀如何能够依赖亡夫的资源(特别是养老金)生存。

Holden 和 Zick(2000)探讨了养老金改变丧偶妇女贫困状况的能力。支付给寡妇的较高养老金可以有效产生反贫困效果；养老金收入对减少贫困的重要性表明，保险精算师在改善具有贫困风险的老年人的福祉方面确实发挥了作用。

通过分析 401(k)储蓄方案变更前后员工加入该方案行为的变化，Madrian 和 Shea(2001)研究发现：第一，401(k)参与度在自动加入下显著更高。第二，在自动加入情景的 401(k)参与者中，相当一部分人保留了默认缴费率和资金分配。

Poterba、Venti 和 Wise(1995)研究了 401(k)计划的参与模式，认为：符合 401

(k)计划的参与条件人数在所有收入水平中占比超过60%。

使用文献分析法,Poterba、Venti和Wise(1996)结合其他结果研究发现:决定个人退休账户和401(k)计划储蓄效果的关键障碍是储蓄者的异质性。有些人储蓄,有些人不储蓄,储蓄者更倾向于多样化的储蓄方式。

Poterba、Venti和Wise(1998)认为,401(k)资产是未来退休人员的一个重要的新的财富来源,年轻员工比年长员工更有可能参与401(k)计划,年轻企业比年长企业更不可能提供传统的固定福利养老金计划。

使用宏观和微观数据来描述退休资产和退休储蓄的变化,Poterba、Venti和Wise(2001)研究发现:储蓄模式的差异、缴费率和缴费年限会对两个计划下的退休资产积累产生重要影响。[①]

使用随机实验法,Saez(2009)研究发现:当补贴以匹配贡献而不是等值税收抵免(或现金返还)的形式呈现时,并且当申报人在纳税时限之前被告知补贴时,补贴提高了福利的领受率和贡献度。

基于实地考察的数据,Thaler和Benartzi(2004)提出了一项规范性的、自由家长式的储蓄计划,他们认为:行为经济学可以用来为重要的经济决策设计有效的规范性程序。

Thaler和Sunstein(2003)认为应捍卫自由家长主义。每当这些机构做出了一些安排,人们处于观望状态时,某种家长式作风就很可能出现。在这种情况下,机构应使得政策目标增加公众福利,引导人们贯彻这些政策。

利用统计模型,Venti和Wise(1990)研究发现:个人退休账户缴款者比不缴款者更有可能以其他形式储蓄,个人对个人退休账户的偏好高于其他形式的储蓄。

四、加布里埃尔·朱克曼的税收理论与实证前沿文献

在最后一个部分,加布里埃尔·朱克曼将视角转向了收入分配不公问题、国际税收竞争问题和全球税收侵蚀与转移计划问题的讨论。简要介绍如下:

（一）累进的财富税问题(Progressive Wealth Taxation)

采用实证研究法和对比分析法,Alvaredo、Garbinti和Piketty(2017)研究发现:1900年到2010年欧洲和美国的继承财富在总私人财富中的份额都是从较高的份额先下降后上升,呈现出U形的变化趋势。

采用实证研究方法,Atkinson(2013)研究发现:在第一次世界大战之前,继承在英国极为重要,当时继承的财富总额约占国民净收入的20%。在两次世界大战

[①] 美国养老金中采用待遇确定型(Defined Benefit,DB)计划和缴费确定型(Defined Contribution,DC)计划。待遇确定型计划是雇主支持的养老金计划,雇员退休后收入确定,投资选择与风险由公司承担;缴费确定型计划是雇主仅负责向雇员养老金账户定期存款,雇员退休后收入不确定,投资与风险由雇员承担。

期间,这一比例约为15%,在第二次世界大战后下降到10%左右。

采用实证研究方法和实验法,Fuest、Peichl 和 Siegloch(2016)研究发现:公司税会对各种劳动力市场模型中的工资产生负面影响。负有法律责任公司的工人承担了总税收负担的47%左右。

采用实证分析方法,Guvenen、Kambourov、Kuruscu、Ocampo 和 Chen(2017)研究发现:如果资本所得税被财富税所取代,税收负担就会从生产率高的企业家转移到生产率低的企业家。这种重新分配提高了总生产率。

采用实证研究方法,Harberger(1962)研究发现:部分税负最终归宿不是由垄断利润直接承担的,将由一种机制来确定。

采用实证研究方法,Kotlikoff 和 Summers(1981)认为:代际转移似乎是决定美国财富积累的主要因素。强调主体同质性和人口结构重要性的储蓄经济模型,应该让位给强调美国经济中相当大规模的代际转移。

采用实证研究方法,Kotlikoff(1988)研究发现:代际转移在美国的财富积累中发挥着非常重要甚至可能是主导的作用。然而,为了赠予而有目的地存款不是储蓄的主要动机。

采用文献研究法和数理分析方法,Mieszkowski(1972)研究发现:地方政府征收的财产税制度以全国平均税率降低了整体资本回报率;高税率的城市会为资本服务买单,低税率导致资本成本降低。

对于储蓄的生命周期模型,Modigliani(1986)介绍了一些关键的实证检验,包括个人层面和总体层面的检验,以及储蓄生命周期假说在当前政策问题上的一些应用。

通过对过去200年瑞典继承财富作用的研究,Ohlsson、Roine 和 Waldenström(2014)研究发现:瑞典财富水平始于19世纪的高水平,在20世纪上半叶急剧下降,此后保持低水平,在最近几十年明显增加。

通过实证和理论证明,Piketty(2011)发现:现代经济增长的结构中,没有什么内在的东西会导致继承(非人力的)财富相对于劳动收入的长期下降。

在具有内生工资连续体的莫里斯经济中,Sachs、Tsyvinski 和 Werquin(2016)研究了非线性所得税的发生率和最优设计问题。对比局部均衡的情景,最优边际税率的"U形"更明显。

采用对比分析法,Schere 和 Stasavage(2012)分析得出:大规模战争动员是导致对继承财富课以重税的主要力量,遗产税的趋势紧跟着军事力量形式的变化。

采用调查法和实证研究法,Scheve 和 Stasavage(2016)研究发现:最高所得税率的滞后值对收入份额的估计影响在统计上是显著的,说明最高所得税率是造成收入不平等的原因。

利用企业所得税和分摊规则的变化,Serrato、Carlos 和 Zidar(2016)研究发现:

企业所有者承担了相当大比例的减税效果。税收的微小变化将不会对盈利能力产生足够大的影响，从而使"改变地点"具有吸引力。

Zucman(2014)研究发现：全球化使得企业越来越容易将利润转移到低税收国家。现代科技也让富人更容易将资金转移到离岸避税天堂未申报的银行账户。

（二）国际税收竞争问题（International Tax Competition）

Auerbach(2010)研究发现：一个简化的公司税能消除企业税基的正常资本回报，从而鼓励投资。而且简化的公司税还能抵消现有的企业借贷税收优惠，消除未来经济不稳定的潜在根源。

采用边境调整的政策，Auerbach和Holtz-Eakin(2016)研究发现：边境调整不仅消除了操纵转移价格以将利润转移到低税收管辖区的动机，还消除了将有利可图的生产活动转移到国外以利用较低的外国税率的动机。

Bertrand、Mehta和Mullainathan(2002)提出了一个通用的方法来衡量"通道挖掘"活动的程度。他们将该方法应用于印度商业集团的数据时，发现了大量的利益输送，其中大部分是通过利润中的非经营性部分。

采用一种新的识别方法，Clausing(2003)研究发现：相对于对高税收关联公司的税前利润的影响，母公司的正收益冲击与低税收关联公司的税前利润正增长显著相关。

采用一种新的方法——估计跨国公司内部收入转移（税收驱动）的存在和规模，Dharmapala和Riedel(2013)研究发现：相对于对高税收子公司税前利润的影响，母国的正向收益冲击与低税收子公司税前利润的正增长显著相关。

使用公式分配的跨辖区公司的公司税，其如何影响各个公司和各个州面临的激励问题？Gordon和Wilson(1986)剖析了这个问题。他们研究发现：一家公司向某个州缴纳的税款取决于其国内（或国际）利润总额乘以该公司在该州的全部财产、工资和销售额的平均值。

对国际税收的研究成果进行评价，Gordon和Hines(2002)考虑了税收对国际商业活动的影响，以及开放边界对资本收入征税的影响。

采用一般均衡模型，Hong和Smart(2010)研究发现：高税收国家的公民受益于（一些）税收筹划。矛盾的是，如果税率不太高，税收筹划活动的增加会导致最优公司税率的上升，以及跨国投资的下降。

采用实际投资和利润的税收竞争模型，Johannesen(2010)研究发现：各国会从避税地的存在中受益。在任何不对称均衡中，高税收国家和低税收国家之间的税收差别都会导致生产效率低下。

关于国际税收的研究，Keen和Konrad(2013)认为理论（和大部分实证研究）和实际关注的细节之间有脱节；在公共经济学的这个领域可能比大多数领域都更严重，而且这种脱节可能还在扩大。

通过研究国际贸易中交叉持有外国资产和负债不断增长的特征事实,Lane 和 Milesi-Ferretti(2003)研究认为:货物贸易增长和股票市场资本化是国际资产负债表规模增长的两个关键原因;同时,国际投资头寸数据为国际金融多样化文献提供了一个有用和新鲜的视角。

通过对 145 个国家 1970—2004 年外部资产和负债进行估算,Lane 和 Milesi-Ferretti(2007)研究发现:经典事实说明,尽管存在严重的计量问题,该研究所使用的数据集作为国际投资头寸总额和净额的综合信息来源是有用的。

通过设置一个税收竞争框架,Slemrod 和 Wilson(2009)研究发现:除非国内资本所得税的重要性远逊于其他税种,各国最好投入资源来捍卫这一税基、打击避税。避税地司法管辖区使这变得更加困难,作为一些补偿的回报,促进了形式上的避税收入转移。

利用许多国家最近提供的外国子公司统计数据,Torslov、Wier 和 Zucman(2018)获得了全球利润转移的清晰图像。他们研究认为:低税收地区的资本密集度似乎没有明显提高,但这并不意味着资本在国际上没有流动性。

采用研究税收竞争的一般均衡模型,即地方政府通过压低财产税税率和公共支出水平来争夺资本的方法,Wilson(1986)研究发现:当联邦政府迫使每个地区提高公共服务产出时,国家福利的变化可能是积极的,也可能是消极的。

Wright 和 Zucman(2018)研究发现:自然经济力量不足以解释美国的过度特权。相反,影响自然资源租金分享的地缘政治,使跨国公司避税容易或难的国内政策才是关键。

采用税收竞争的理论模型方法,Zodrow(2010)研究发现:资本的跨国流动性的不断提高,导致跨税收管辖区间的资本税竞争加剧。

Zodrow 和 Mieszkowski(1986)研究发现:在地方公共服务向个人提供时,所有一次总和税的边际减少(以及任何有限的变化)导致公共服务提供水平的降低;当地方公共服务面向企业提供时,只要感知到"资本对财产税变化"的反应不会随着公共服务水平的提高而急剧下降,就会得到同样的结果。

(三)全球利润转移与税收天堂(Global Profit Shifting and Tax Havens)

通过分析个人作出纳税申报决定的案例,虽然 Allingham 和 Sandmo(1972)还没有得出任何有趣且相当简单的结果,但是一个有趣的推论是:逃税确实是"目光短浅"的行为。

利用实验室实验,Alm、Jackson 和 Mckee(1992)检验了不确定性对纳税人遵从性的影响。结果表明,较大财政不确定性的影响取决于个人做出遵从决策的制度环境。

利用一个独特的数据集——将斯堪的纳维亚管理的财富记录与海外金融机构泄露的客户名单相匹配,Alstadsæter、Johannesen 和 Zucman(2019)研究发现:离岸逃税行为在富人中高度集中。因此,将"逃税因素"纳入适当衡量不平等是非常重要的。

根据最新公布的宏观经济统计数据,通过构建十个国家最高财富份额的修正序列,Alstadsæter、Johannesen 和 Zucman(2018)研究发现:研究富人财富的积累在全球化世界中有很重要的意义,而不仅仅是税收和调查数据。

以 1982 年和 1985 年美国国内收入署纳税人遵从性测量项目的个人数据为基础,Feinstein(1991)对所得税逃税行为进行实证分析发现:新的乘数估计与国内收入署先前的估计非常接近。

美国国内收入署(IRS,2016)做了 2008—2010 年纳税年度的税收缺口估计,发现:当收入需要进行信息报告时,税收缺口较小;当同时需要预扣税时,税收缺口更小并继续保持下去。

利用一个独特的面板数据集,Johannesen 和 Zucman(2014)第一次尝试评估条约如何影响避税天堂的银行存款。研究发现:逃税者并没有将资金汇回美国,而是将存款转移到与美国没有签订条约的避税天堂。因此,打击行动导致了存款的重新安置,使最不遵守规定的避风港受益。

使用行政微观数据来检验执法工作对纳税人申报离岸账户和收入的影响,Johannesen、Langetieg、Reck、Risch 和 Slemrod(2018)研究发现:执法导致约 6 万人披露离岸账户,总价值约 1 200 亿美元。大多数披露发生在境外自愿披露计划之外,这些个人从未承认先前不遵守规定。

通过分析丹麦的一个税收执法现场试验,Kleven、Knudsen、Kreiner、Pedersen 和 Saez(2011)研究发现:利用所得税表中大结点产生的准自然实验的变化,边际税率对自我报告收入的逃税有积极影响,但与合法避税和行为反应相比,这种影响很小;通过随机执行,优先审计和"审计函"威胁对自我报告收入有显著影响,但对第三方报告收入没有影响。

Kleven、Kreiner 和 Saez(2016)提出了一个简单的代理模型,用来解释为什么雇主的第三方收入报告大大改善了所得税的执行。

利用实验室研究、自然实验和采用随机现场实验的证据,Luttmer 和 Singhal(2014)证明了税收激励通过各种潜在机制发挥作用,并且说明了税收激励影响合规行为的一些具体渠道。

在回顾逃税的规模、性质和决定因素的基础上,Slemrod(2007)重点介绍了美国所得税。研究发现:所有美国联邦税和个人所得税的总净违规率似乎都在 14% 左右。

通过一个理论模型,Slemrod 和 Yitzhaki(2002)研究认为:"资金边际效率成本"的概念是一个很好的方式——总结规范分析中出现的问题,并且将这一问题扩展到行政成本、避税和漏税。

借助简单模型研究逃税的原因,Yitzhaki(1987)对偷税造成的超额负担进行界定。该结论认为:偷税漏税的超额负担和税率有时是相加的,而且在任何情况下,两者的结合通常都大于单独税负的影响。

根据瑞士独特的数据集,并利用各国证券投资头寸的系统性异常,Zucman(2013)研究发现:全球家庭金融财富的8%左右存放在避税天堂,其中四分之三没有记录在案。

为了改善21世纪全球经济中的税收执法,Zucman(2014)研究发现:在过去15年中,美国企业的有效公司税率从30%下降到20%,其中约三分之二的下降可归因于利润向低税收管辖区转移的增加。因此,Zucman(2014)提出建立世界金融登记处的建议,这样一个登记处既可以弥补公司税的漏洞,也可以使个人逃税更加困难。

(四)逃税:信息、供给与规范(Tax Evasion:Information,Supply,Norms)

采用税收档次的聚束法和不连续方法,利用哥斯达黎加不寻常的企业所得税设计、正规企业的管理数据,Bachas和Soto(2016)研究发现:(1)利润对税率的弹性非常大,最高可能的最优税率大大低于发达经济体。(2)成本弹性大于收入弹性,企业容易通过"高报成本"使得宽税基、少扣税合理化。

国家缺乏增加收入和支持市场的能力是弱小国家无法发展的重要原因。将国家能力建模为政府前瞻性投资的分析结构,Besley和Persson(2010)提出了国家建设的一些决定因素,包括外部或内部冲突的风险、政治不稳定的程度以及对自然资源的依赖。

借鉴现代发展方法,Besley和Persson(2013)将政治动机(以及机构的作用)置于理解经济变化的核心,进一步地,该研究确定出税收和财政能力的不同决定因素:经济发展、政治体制、社会结构、公共支出的价值、非税收收入(如援助和资源租金)以及税收管理。

为了打击偷税漏税,许多发展中国家采用生产效率低下的税收政策。这包括最低税计划,即企业根据利润或营业额征税,取决于哪个纳税义务更大。这样的方案会产生非标准的结点。这就允许通过一种聚束方法在利润税和流转税之间进行转换,从而引发逃税反应。Best、Brockmeyer、Kleven、Spinnewijn和Waseem(2016)利用巴基斯坦企业的管理数据,得出流转税可以减少多达20%的逃税的结论。

利用1945—2006年期间发展中国家税收和政府支出的一个新面板数据集,Cage和Gadenne(2014)确定了110起关税收入下降事件,发现这些事件中贸易税减少了近4%的平均GDP。

为了使政府更好地减少逃税,根据第三方信息核实纳税人报告对税收征收至关重要。Carrillo、Pomeranz和Singhal(2017)发现:大多数公司根本没有做出回应；做出回应的公司增加了报告收入，与提供的差异金额相匹配。

发展中国家的税收政策在许多方面令人费解，因为这些政策与发达国家的税收政策以及最优税收文献中预测的税收政策形成了鲜明对比。Gordon 和 Li(2009)探讨了如果企业可以成功地逃税、现金结算所有业务，避免与任何金融部门打交道，预测政策将会如何变化。结论是，现在预测的政策与观察的政策更为接近。

采用非参数识别优化摩擦和结构弹性的框架，Kleven 和 Waseem(2013)研究发现：税率档次在低税率侧产生过度聚集，在高税率侧产生缺失质量。

Kleven、Kreiner 和 Saez(2016)提出了一个简单的代理模型来解释为什么第三方信息报告的企业大大提高了税收执法。在这个模型中，在发展初期，企业规模较小，有效税率受到执法的严重制约，政府规模过小。随着企业规模的增加，执法约束放松，政府规模也在不断扩大。在发展后期，企业规模足够大使第三方税收执法完全有效，政府规模是社会最优的。

采用实验研究法对智利 40 多万家公司进行两个随机实验，Pomeranz(2015)研究发现：在增值税的缴纳过程中，额外监督对交易的影响较小，书面材料更具预防性的威慑效果。

结合国民经济核算、调查和新的税收数据，Piketty、Yang 和 Zucman(2017)研究了 1978 年至 2015 年中国收入和财富的积累和分配情况。中国国民财富收入比从 1978 年的 350% 上升到 2015 年的 700%，而公共财产在国民财富中的占比从 70% 下降到 30%。

为理解财富不平等的演变，以及各国可能在何种政治条件下实施显著重新分配财富和收入的政策，Scheve 和 Stasavage(2012)研究认为：很少有证据支持"选举权假说"，但有非常有力的证据支持"群众动员假说"。

采用调查法和实证研究法，Scheve 和 Stasavage(2016)研究发现：最高所得税率的滞后值对收入份额的估计影响在统计上是显著的，说明最高所得税率是造成收入不平等的原因。

五、小结

(一) 基于美国问题的研究基本形成文献的共识

无论是普林斯顿大学的税收理论文献，还是加州大学伯克利分校的税收理论文献，以美国税收问题为主的研究基本形成文献共识。这可以从各个学校重复的主题、重复的必读文献中看出。在这一方面，中国的税收理论研究似乎还没有形成共识的文献，特别是对于中文文献。与此同时，西方国家成熟的内容和观点（研究的问题以美国为主、以西方成熟的市场经济环境为背景）不能照搬到中国。因为各自研究的范畴不同，各个国家国体政体、财政体制不同，税制更是不同（朱军，

2020)。基于中国的税收问题,在短期内借鉴国外文献、融入中国问题、形成税收主题方面的经典文献,特别是公开数据和建模过程的文献以经得起历史检验,将是中国税收理论建设和高端人才培养方面需要做的首要工作。

(二)实证分析拥有丰富的数据

总结文献视角的税收前沿问题可以发现,国际上的税收实证分析非常丰富。这些方面的实证研究,一部分数据来源于政府公开数据,一部分来源于项目调研数据,一部分来源于金融部门和商业部门的数据。丰富的数据使得研究税收的弹性问题、税负归宿问题有了充实的基础。这些数据既有宏观的,又有微观企业的。

(三)实证分析以外的方法也很丰富

总结文献视角的税收前沿问题同样可以发现,除了实证研究,还有更多的方法研究税收问题,譬如内生增长模型、动态随机一般均衡模型、向量自回归模型、实验经济学方法、信息经济学和博弈论等方法。基于不同的研究选题和研究需要,采用合理的方法研究相应的问题体现了"方法与问题"的较好组合。

(四)开放式的讨论和国际化视野

部分文献体现了开放式的讨论,公开的数据和程序使得追随性研究得以有可能实现。同时,部分文献研究的问题都是国别间的比较或是国际税收的大问题,突破了局限于一国问题的研究视域。全球利润转移与税收天堂、逃税的规范问题等等,对于其他国家的税收制度完善均具有借鉴意义。

第三节 当前研究中国税收理论的困惑与难点

对于中国的税收问题,采取定量与定性相结合的方法,可以更好地对税收政策进行评估,丰富现有的税收理论。但在当前,中国税收理论的研究还存在一些困惑或是难点之处。

一、数据可获得性差、方法门槛高使得定性多、定量少

定性分析方法是中国税收理论研究的主要方法之一,其主要是通过人的主观思维方式,借助历史资料以及相关材料来对税收理论进行研究。定性分析沿袭于传统的"现状、问题、对策"的策论式研究。定性讨论因为成本低、耗时短、思辨性强、易理解等因素使得广大研究人员容易上手。但是这一方面的结论却容易受到人们认知水平的影响,受到考虑问题的出发点、考虑问题的视野和范围的影响,更可能受到人们主观因素的影响。从而缺乏实证经验或是数据统计的分析,可能对于税收理论缺乏更为深刻的认识,或者无法为未来所需采取的政策方案进行科学、可比的比较,使得决策者缺乏政策实施的信心。

定量的统计和实证分析则可以弥补定性分析的不足,建模的理论研究和"反事实"仿真则可以针对未来的"政策方案比较"提供理论依据。通过实证分析和统计研究,可以对研究结果进行更加精确的分析,同时对相关的因果关系假设进行科学的判断;对于未来可以实施的不同政策方案,采用建模的方法得到每一种方案的短期效应、长期效应和福利改进效应,进而可以比较不同政策方案的优缺点,使得决策者在选择政策时有信心,增强对疑惑方案拍板的决心。这些都是定性分析所不能提供的。

中国税收理论研究学者普遍倾向于使用定性分析方法,对税收理论研究的定量分析则比较少,主要归因于定量分析相对门槛较高,部分理论模型较为复杂,并且很多数据没有公开,部门工作的纪律要求也使得数据难以搜集。目前,对于中国的税收数据,微观企业层面的数据没有公开,县区、市级层面更多的数据没有公开。在研究税收的过程中,一线数据的缺乏导致难以采用量化的方法分析数据背后隐藏的经济问题和理论问题。

这一问题也是中国税收理论研究过程中亟须解决的问题。本专著认为:只有借助更多的定量分析和建模理论研究,才能充实中国税收理论的研究基础,不断提升中国税收理论研究的学术水平和社会影响力。

二、定量研究中实证分析占据主要部分

多数计量分析软件如 Eviews、Stata 等都有实证分析计量模块,研究者不需要具备一定编程设计能力,上手比较快,以及实证培训的普及,都使得关于中国税制的定量研究较多采用实证分析。这样税收的定量研究更多是以实证研究为主体,而其他方面——采用行为经济学、实验经济学、宏观建模分析、空间财税模型等进行税收理论和政策研究相对较为稀缺。因为在硕士、博士层面上系统掌握这些方面需要时日,也要求各个高校有相应的师资从事这方面的教研。另一方面,结构模型毕竟是一个一般均衡理论框架,往往借助于数值求解与模拟,实现政策分析与评价。这就要求在模型构建、求解、编程、模拟的过程中,需要系统地学习或熟悉宏观经济学、最优化理论、程序设计软件、情景模拟方法等知识。这对于数学基础或编程能力略有不足的研究人员而言,往往是一个不易克服的困难,因而也导致他们对宏观经济政策模拟方法望而却步。因而定量研究中,"短、平、快"的便捷性使得针对中国税收问题进行实证分析占据了主要的部分。在具体的制度设计中,特别是针对微观个体的制度设计——如税制中的个人所得税、房产税,采用实验经济学讨论税收遵从、税收劳动弹性方面的分析还比较少。进一步的,结合宏观经济增长和波动,考虑前瞻性的税制改革的效果和政策比较就相对更为缺乏。而国家宏观政策的制定,需要分析税制改革对于中国经济发展的影响,对经济的发展趋势做出预测。只有这样才能形成更科学、更符合时代需求的理论研究,才能符合习近平新时代中国特色社会主义市场中的学科建设要求。

三、既有定量研究缺乏与现实问题的完美结合

为了更直观地反映研究结果,定量分析会利用一些"玩具模型"或是模拟研究,通过政策实验或是数值模拟得到结果。在建模的过程中可能进行最大限度的简化,或是抽象化的简化,或是抓住主要矛盾进行简化。这种精简的模型有可能将最重要的影响因素或是结构特征简略了。这样的分析结果有可能并不与现实相匹配。

其次,局限于既有数据的实证分析,在识别因果关系时有可能忽略"没有数据刻画"的关键变量。依赖可获得的数据,研究者主观性的直接、先验认知,会采用不相关的离散变量进行因果分析,使得分析的主题与现实问题并不完全匹配。或者说,这有可能是为了量化而量化进行研究设计。

最后,中国的实证研究或是理论研究,基本是借鉴西方经济学的方法,这不可避免地借鉴国外的分析范式。套用国外的模型或是实证设计,可能缺少对中国问题的主观判断、缺少对中国现实问题的思考。这样的结果就会导致分析的结果不具备普遍性,在某些具体问题的分析上就会出现背离。朱军(2020)认为将国外已发表的量化文章转嫁中国问题是一个较低科研失败风险的捷径。① 譬如以离散变量与经济增长的因果关系为例,Lynch(1999)在《政治研究季刊》(*Political Research Quarterly*)发表的文章《1872—1996年总统选举与经济状况》(*Presidential Elections and the Economy 1872 to 1996*),可以在中国演绎为省部级领导人变更、个人特质与经济增长的问题,省部级领导做完之后再研究法院院长、检察院检察长与经济增长,再演绎为部门厅/局长与经济增长。换一下因变量,又形成一系列的成果。如表1-3所示。

表1-3 "离散变量与经济增长"的拓展演绎

原始英文 1999	国家领导人(离散变量行为)	经济增长
中文故事 演绎1	省部级领导、省级机关领导、国家机关领导人更替、任期、来源等	经济增长
中文故事 演绎2	同上	环境管制、转移支付、产业结构、债务规模、避税行为
中文故事 演绎3	城市级层面官员更替、不确定性、经济增长目标、政治周期	环境管制、转移支付、产业结构、债务规模、避税行为、经济增长、支出波动

资料来源:朱军.中国财政学基础理论创新:亟待多维视角的完美融合.财政监督,2020,(4).

---

① 对此,许多学者感言,"在国内权威期刊发文章的老师从不看国内期刊"。

截取这一示例只是想要表达：中国的定量研究应该强化自身研究设计特色，体现更多的原创性思考；针对中国税收问题的量化研究应该盯住中国未来税制改革中的前沿问题，努力做到定量研究与现实问题的完美结合。而面向未来政策选择和评估的问题，定量的建模和"反事实"分析需要加强与现实问题的结合，在定性分析的基础上融入符合中国制度框架特征的现实因素。

这一方面，建模理论分析比实证研究更加具有可操作性。基于实证数据的因果关系分析和政策评估，讲的多是过去的事情，因而本书后面重点以建模方法（CGE模型和DSGE模型）来讨论未来中国税制改革中的前沿问题，努力做到定量研究与定性问题的完美结合。

四、较多关注政策的解读和时行制度的合理性

在信息和数据充裕的时代，对现有的税收问题进行实证分析或是政策实验、"反事实"评估，相对来说比以前更加容易。但是，现有中国税收理论的研究、问题的阐述仍较多地采用叙事、资料、调研分析，较多的研究定位于对现有政策的阐述和解读上，缺乏细化的、前瞻性的税制改革方案讨论。总之，现有的理论研究缺乏强有力的量化支撑，还缺乏更加丰富的实证支撑，缺乏理论建模的讨论，也缺乏对未来问题的叙事架构。缺乏实际方案的思辨讨论，如果无法对税收问题进行严谨的数值模拟或是实证讨论、实验经济学的试验，没有政策对比的福利分析，这些研究观点和结论则难以获得大众的信服乃至决策层的认可。也因为前面几个方面的问题，使得较多的税收文献关注政策的解读和时行制度的合理性。

对此，张馨等（2000）也认为：传统中国财政理论，对问题的分析往往流于形式，它与经济学界的研究有着某些相同的弊病，特别表现在传统理论的主要任务在于解释时行制度的合理性和缺少定量分析上。论证时行制度的合理性，必然削弱理论的解释能力和对实践的指导意义；缺少定量分析，必然使许多理论的分析陷入摸不着脑袋的境地。这一观点，应该是前辈学人在对比中西方文献中总结出来的。

因此，只有在对理论研究进行定性分析的基础上，通过大量数据、理论建模分析，才能够得到清晰准确的理论研究结论，提供可供选择的政策方案。也只有这样才能走出"较多的研究聚焦于政策的解读和时行制度的合理性方面"，把眼光更多地关注未来的税制改革和完善问题，探索未来的税制改革战略问题。这也是2022年4月27日中共中央办公厅印发的《国家"十四五"时期哲学社会科学发展规划》的要求之一——哲学社会科学工作要坚持立足中国、把握当代、面向未来。

本章附录　加州大学伯克利分校的系统税收文献摘录

一、艾伦·奥尔巴克的税收理论与实证前沿文献

（一）无谓损失与最优税收理论（Deadweight Loss and Optimal Tax Theory）

Alan Auerbach and James Hines, "Taxation and Economic Efficiency," *Handbook of Public Economics*, vol. 3, Chapter 21; Sections 1 - 3, 5 - 6.

Martin Feldstein, "Tax Avoidance and the Deadweight Loss of the Income Tax," *Review of Economics and Statistics*, November 1999, 674 - 680.

Liran Einav, Dan Knoepfle, Jonathan Levin, and Neel Sundaresan, "Sales Taxes and Internet Commerce," *American Economic Review*, January 2014, 1 - 26.

Alberto Alesina, Andrea Ichino, and Loukas Karabarbounis, "Gender Based Taxation and the Division of Family Chores," *American Economic Journal: Economic Policy*, May 2011, 1 - 40.

Hunt Allcott, Benjamin B. Lockwood, and Dmitry Taubinsky, "Regressive Sin Taxes, with an Application to the Optimal Soda Tax," *Quarterly Journal of Economics*, August 2019, 1557 - 1626.

（二）税收归宿（Tax Incidence）

Don Fullerton and Gilbert Metcalf, "Tax Incidence," *Handbook of Public Economics*, vol. 4, Chapter 26.

John Cawley and David Frisvold, "The Incidence of Taxes on Sugar-Sweetened Beverages: The Case of Berkeley, California," *Journal of Policy Analysis and Management*, Spring 2017, 303 - 326.

Youssef Benzarti and Dorian Carloni, "Who Really Benefits from Consumption Tax Cuts? Evidence from a Large VAT Reform in France," *American Economic Journal: Economic Policy*, February 2019, 38 - 63.

Emmanuel Saez, Benjamin Schoefer, and David Seim, "Payroll Taxes, Firm Behavior, and Rent Sharing: Evidence from a Young Workers' Tax Cut in Sweden," *American Economic Review*, May 2019, 1717 - 1763.

Alan Auerbach, "Who Bears the Corporate Tax? A Review of What We Know" in J. Poterba, ed., *Tax Policy and the Economy* 20, 2006, 1 - 40.

Juan Carlos Suárez Serrato and Owen Zidar, "Who Benefits from State Corporate Tax Cuts? A Local Labor Markets Approach with Heterogeneous Firms," *American Economic Review*, September 2016, 2582 - 2624.

Alan Auerbach, Laurence Kotlikoff, and Darryl Koehler, "U. S. Inequality and Fiscal Progressivity: An Intragenerational Accounting" August 2019.

二、丹尼·亚甘的税收概论与实证前沿文献

（一）最优资本税问题（Optimal Capital Taxation）

Akerman, Gaarder and Mogstad. "The Skill Complementarity of Broadband Internet." QJE. 2013.

Altonji, J., F. Hayashi, and L. Kotlikoff "Is the Extended Family Altruistically Linked? Direct Tests Using Micro Data", American Economic Review, Vol. 82, 1992, 1177-98.

Altonji, J., F. Hayashi and L. Kotlikoff "Parental Altruism and Inter Vivos Transfers: Theory and Evidence", Journal of Political Economy, Vol. 105, 1997, 1121-66.

Ashenfelter and Jurajda. "Cross-country Comparisons of Wage Rates: The Big Mac Index." Working Paper. 2001.

Atkinson, A. B. and A. Sandmo "Welfare Implications of the Taxation of Savings", Economic Journal, Vol. 90, 1980, 529-49.

Atkinson, A.B. and J. Stiglitz "The design of tax structure: Direct versus indirect taxation", Journal of Public Economics, Vol. 6, 1976, 55-75.

Aura, S. "Does the Balance of Power Within a Family Matter? The Case of the Retirement Equity Act", Journal of Public Economics, Vol. 89, 2004, 1699-1717.

Banks J. and P. Diamond "The Base for Direct Taxation", IFS Working Paper, The Mirrlees Review: Reforming the Tax System for the 21st Century, Oxford University Press, 2008.

Bernheim, B. D., A. Shleifer, and L. Summers "The Strategic Bequest Motive", Journal of Political Economy, Vol. 93, 1985, 1045-76.

Carroll, C. "Why Do the Rich Save So Much?", NBER Working Paper No. 6549, 1998.

Chamley, C. "Optimal Taxation of Capital Income in General Equilibrium with Infinite Lives", Econometrica, Vol. 54, 1986, 607-622.

Chari and Kehoe. "Optimal Fiscal and Monetary Policy" Handbook of Macroeconomics. 1999.

Christiansen, Vidar and Matti Tuomala "On taxing capital income with income shifting", International Tax and Public Finance, Vol. 15, 2008, 527-545.

Diamond, P. and J. Spinnewijn "Capital Income Taxes with Heterogeneous Discount Rates", NBER Working Paper, No. 15115, 2009.

Farhi E. and I. Werning "Progressive Estate Taxation", Quarterly Journal of Economics, Vol. 125, 2010, 635-673.

Farhi E. and I. Werning "Capital Taxation: Quantitative Explorations of the Inverse Euler Equation," forthcoming Journal of Political Economy 2011.

Feldstein, M. "The Welfare Cost of Capital Income Taxation", Journal of Political Economy, Vol. 86, 1978, 29-52.

Feldstein and Horioka. "Domestic Saving and International Capital Flows." Economic Journal. 1980.

Finkelstein A. and J. Poterba, "Adverse Selection in Insurance Markets: Policyholder Evidence from the U. K. Annuity Market", Journal of Political Economy, Vol. 112, 2004,

183 – 208.

Finkelstein A. and J. Poterba, "Selection Effects in the United Kingdom Individual Annuities Market", The Economic Journal, Vol. 112, 2002, 28 – 50.

Giglio, Maggiori, Stroebel. "Very Long-Run Discount Rates." QJE. 2015.

Golosov, M., N. Kocherlakota and A. Tsyvinski "Optimal Indirect and Capital Taxation", Review of Economic Studies, Vol. 70, 2003, 569 – 587.

Golosov, M. and A. Tsyvinski "Designing Optimal Disability Insurance: A Case for Asset Testing", Journal of Political Economy, Vol. 114, 2006, 257 – 279.

Golosov, Mikhail, Maxim Troshkin, and Aleh Tsyvinski 2011. "Optimal Dynamic Taxes." Princeton Working Paper.

Golosov, M., A. Tsyvinski andI. Werning "New Dynamic Public Finance: a User's Guide" NBER Macro Annual 2006.

Gordon, R. H. and J. Slemrod "Are "Real" Responses to Taxes Simply Income Shifting Between Corporate and Personal Tax Bases?," NBER Working Paper, No. 6576, 1998.

Judd, K. "Redistributive Taxation in a Simple Perfect Foresight Model", Journal of Public Economics, Vol. 28, 1985, 59 – 83.

Kaplow, L. "On the undesirability of commodity taxation even when income taxation is not optimal", Journal of Public Economics, Vol.90, 2006, 1235 – 1260.

Karabarbounis and Nieman. "The Global Decline of the Labor Share." QJE 2013.

King, M. "Savings and Taxation", in G. Hughes and G. Heal, eds., Public Policy and the Tax System (London: George Allen Unwin, 1980), 1 – 36.

Kocherlakota, N. "Wedges and Taxes", American Economic Review, Vol. 94, 2004, 109 – 113.

Kopczuk, Wojciech and Joseph Lupton 2007. "To Leave or Not to Leave: The Distribution of Bequest Motives," Review of Economic Studies, 74(1), 207 – 235.

Kopczuk, Wojciech and Joel Slemrod, "The Impact of the Estate Tax on the Wealth Accumulation and Avoidance Behavior of Donors", in William G. Gale, James R. Hines Jr., and Joel B. Slemrod (eds.), Rethinking Estate and Gift Taxation, Washington, DC: Brookings Institution Press, 2001, 299 – 343.

Kotlikoff, L. "Intergenerational Transfers and Savings", Journal of Economic Perspectives, Vol. 2, 1988, 41 – 58.

Kotlikoff, L. and L. Summers "The Role of Intergenerational Transfers in Aggregate Capital Accumulation", Journal of Political Economy, Vol. 89, 1981, 706 – 732.

Kuziemko, Ilyana, Michael I. Norton, Emmanuel Saez, and Stefanie Stantcheva "How Elastic are Preferences for Redistribution? Evidence from Randomized Survey Experiments," NBER Working Paper No. 18865, 2013.

Light, Audrey and Kathleen McGarry. "Why Parents Play Favorites: Explanations For Unequal Bequests," American Economic Review, 2004, v94(5,Dec), 1669 – 1681.

Mankiw. "The Savers-Spenders Theory of Fiscal Policy." AER Papers and Proceedings. 2000.

Modigliani, F. "The Role of Intergenerational Transfers and Lifecyle Savings in the Accumulation of Wealth", Journal of Economic Perspectives, Vol. 2, 1988, 15–40.

Norton, M. and D. Ariely "Building a Better America—One Wealth Quintile at a Time", Perspectives on Psychological Science 2011 6(9).

Piketty, T. "On the Long-Run Evolution of Inheritance: France 1820–2050", Quarterly Journal of Economics, 126(3), 2011, 1071–1131.

Piketty, Thomas, Gilles Postel-Vinay and Jean-Laurent Rosenthal, "Inherited vs. Self-Made Wealth: Theory and Evidence from a Rentier Society (1872–1927)," Explorations in Economic History, 2014.

Piketty, T. and E. Saez "A Theory of Optimal Inheritance Taxation", Econometrica, 81(5), 2013, 1851–1886.

Piketty, T. and G. Zucman "Capital is Back: Wealth-Income Ratios in Rich Countries, 1700–2010", Quarterly Journal of Economics, 2014.

Piketty, T. and G. Zucman "Wealth and Inheritance in the Long-Run", Handbook of Income Distribution, Volume 2, Elsevier-North Holland, 2014.

Pirttila, Jukka and Hakan Selin, "Income shifting within a dual income tax system: evidence from the Finnish tax reform," Scandinavian Journal of Economics, 113(1), 120–144, 2011.

Saez, E. "Optimal Capital Income Taxes in the Infinite Horizon Model", Journal of Public Economics, 97(1), 2013, 61–74.

Saez, E. "The Desirability of Commodity Taxation under Nonlinear Income Taxation and Heterogeneous Tastes", Journal of Public Economics, Vol. 83, 2002, 217–230.

Scheuer. "Entrepreneurial Taxation with Endogenous Entry." American Economic Journal: Economic Policy. 2014.

Straub and Werning. "Positive Long Run Capital Taxation: Chamley-Judd Revisited." Working Paper. 2014.

Wilhelm, Mark O. "Bequest Behavior and the Effect of Heirs' Earnings: Testing the Altruistic Model of Bequests," American Economic Review, 86(4), 1996, 874–892.

(二)投资视角的实际资本税(Actual Capital Taxation: Investment)

Abel, Andrew B. 1982. "Dynamic Effects of Permanent and Temporary Tax Policies in a q Model of Investment." Journal of Monetary Economics, 9: 353–373.

Auerbach, Alan J. 1989. "Tax Reform and Adjustment Costs: The Impact of Investment on Market Value." International Economic Review, 30(4): 939–962.

Auerbach, Alan J. 1979. "Wealth Maximization and the Cost of Capital." Quarterly Journal of Economics, 93(3): 433–46.

Auerbach, Alan, "On the Design and Reform of Capital Gains Taxes," American Economic Review 82 (May 1992), 263–267.

Auerbach, Alan and Jonathan Siegel, "Capital Gains Realizations of the Rich and Sophisticated," American Economic Review 90 (May 2000), 276–282.

Auerbach, Alan J., and Kevin A. Hassett. 1992. "Tax Policy and Business Fixed Investment in the United States." Journal of Public Economics, 47: 141–170.

Auerbach, Alan J., and Kevin A. Hassett. 2003. "On the Marginal Source of Investment Funds." Journal of Public Economics, 87: 205–232.

Bradford, David F. 1981. "The Incidence and Allocation Effects of a Tax on Corporate Distributions." Journal of Public Economics, 15(1): 1–22.

Chetty, Raj, and Emmanuel Saez. 2005. "Dividend Taxes and Corporate Behavior: Evidence from the 2003 Dividend Tax Cut." Quarterly Journal of Economics, 120(3): 791–833.

Chetty, Raj, and Emmanuel Saez. 2010. "Dividend and Corporate Taxation in an Agency Model of the Firm." American Economic Journal: Economic Policy, 2: 1–31.

Hall, Robert E. and Dale W. Jorgenson. 1967. "Tax Policy and Investment Behavior." American Economic Review, 57(3): 391–414.

Hassett, Kevin A. and R. Glenn Hubbard. 2002. "Tax Policy and Business Investment." In Alan J. Auerbach and Martin Feldstein, editors, Handbook of Public Economics, 1293–1343.

House, Christopher L. and Matthew D. Shapiro. 2008. "Temporary Investment Tax Incentives: Theory with Evidence from Bonus Depreciation." American Economic Review, 98(3): 737–768.

Poterba, James M., and Lawrence H. Summers. 1985. "The Economic Effects of Dividend Taxation." In Recent Advances in Corporate Finance, ed. Edward I. Altman and Marti G. Subrahmanyam, 227–84. Homewood, IL: Dow Jones-Irwin Publishing.

Summers, Alan J. "Taxation and Corporate Investment: A q-Theory Approach." Brookings Papers on Economic Activity, 1981(1): 67–140.

Yagan. "Capital Tax Reform and the Real Economy: The Effects of the 2003 Dividend Tax Cut." 2015.

Zucman. "Taxing across Borders: Tracking Personal Wealth and Corporate Profits." Journal of Economic Perspectives. 2014.

Zwick and Mahon. "Do Financial Frictions Amplify Fiscal Policy? Evidence from Business Investment Stimulus.", 2014

（三）储蓄视角的实际资本税（Actual Capital Taxation: Savings）

D. Bernheim, "Taxation and Saving", in A. Auerbach and M. Feldstein, Handbook of Public Economics, Volume 3, Chapter 18, Amsterdam: North Holland, 2002, Section 4.

Campbell, John. 2006. "Household Finance." Journal of Finance, 61(4): 1553–1604.

G. Carroll, J. Choi, D. Laibson, B. Madrian and A. Metrick, "Optimal Defaults and Active Decisions," Quarterly Journal of Economics, 124(4), November 2009, 1639–1674.

R. Chetty, J. Friedman, S. Leth-Petersen, and T. Nielsen, "Active vs. Passive Decisions and Crowd-out in Retirement Savings: Evidence from Denmark," QJE, 2014.

Frazzini, Andrea and Owen Lamont. 2008. "Dumb money: Mutual Fund Flows and the Cross-section of Stock Returns." Journal of Financial Economics, 88: 299 – 322.

Johannesen and Zucman. "The End of Bank Secrecy? An Evaluation of the G20 Tax Haven Crackdown." American Economic Journal: Economic Policy. 2014.

B. Madrian and D. Shea, "The Power of Suggestion: Inertia in 401(k) Participation and Savings Behavior", Quarterly Journal of Economics, 116(4), November 2001, 1149 – 1187.

J. Poterba, S. Venti, and D. Wise, "How Retirement Saving Programs Increase Saving" Journal of Economic Perspectives, 10, Fall 1996, 91 – 112.

Poterba, James, "Taxation Risk-Taking, and Household Portfolio Behavior," in A. Auerbach and M. Feldstein, Handbook of Public Economics, Volume 3. (Amsterdam: North Holland), 2002.

Saez and Zucman. "Wealth Inequality in the United States: Evidence from Capitalized Income Tax Data." Working paper 2014.

Stiglitz, Joseph, "Some Aspects of the Taxation of Capital Gains", Journal of Public Economics 21 (1983), 257 294.

Yagan. "Riding the Bubble? Chasing Returns into Illiquid Assets." Working paper. 2014.

Zucman. "The Missing Wealth of Nations: Are Europe and the U.S. Net Debtors or Net Creditors?" QJE. 2013.

三、伊曼纽尔·萨伊斯的税收理论与实证前沿文献

（一）引言与路线图（Introduction and Road Map）

Alvaredo, F., Atkinson, A., T. Piketty and E. Saez "The Top 1 Percent in International and Historical Perspective." *Journal of Economic Perspec-tives* 27(3), 2013, 3 – 20.

Alvaredo, F., Atkinson, A., T. Piketty, E. Saez, and G. Zucman *World Inequality Database*.

Atkinson, A., T. Piketty and E. Saez "Top Incomes in the Long Run of History", Journal of Economic Literature 49(1), 2011, 30 – 71.

Chetty, Raj, Nathan Hendren, Patrick Kline, and Emmanuel Saez, "Where is the Land of Opportunity? The Geography of Intergenerational Mobility in the United States," *Quarterly Journal of Economics*, 129(4), 2014, 1553-1623.

ITEP (Institute onTaxation and Economic Policy). 2018. "Who Pays: A Distributional Analysis of the Tax Systems in All 50 States", 6th edition.

Kopczuk, Wojciech, Emmanuel Saez, and Jae Song "Earnings Inequality and Mobility in the United States: Evidence from Social Security Data since 1937," Quarterly Journal of Economics 125(1), 2010, 91 – 128.

Piketty, Thomas, *Capital in the 21st Century*, Cambridge: Harvard Uni-versity Press, 2014.

Piketty, Thomas and Emmanuel Saez "How Progressive is the U.S. Fed-eral Tax System? A Historical and International Perspective," Journal of Economic Perspectives, 21(1), Winter

2007, 3 - 24.

Piketty, Thomas, Emmanuel Saez, and Gabriel Zucman, "Distribu-tional National Accounts: Methods and Estimates for the United States", Quarterly Journal of Economics, 133(2), 553 - 609, 2018.

Piketty, Thomas and Gabriel Zucman, "Capital is Back: Wealth-Income Ratios in Rich Countries, 1700 - 2010", *Quarterly Journal of Economics* 129(3), 2014, 1255 - 1310.

Saez, Emmanuel and Gabriel Zucman, "Wealth Inequality in the United States since 1913: Evidence from Capitalized Income Tax Data", *Quar-terly Journal of Economics* 131(2), 2016, 519 - 578.

Saez, Emmanuel and Gabriel Zucman. The Triumph of Injustice: How the Rich Dodge Taxes and How to Make them Pay, New York: W.W. Norton, 2019.

Tiebout, Charles M. "A Pure Theory of Local Expenditures" Journal of Political Economy, 64(5), 1956, 416 - 424.

(二)最优劳动收入税与转移支付(Optimal Labor Income Taxes and Transfers)

Akerlof, G. "The Economics of Tagging as Applied to the Optimal Income Tax, Welfare Programs, and Manpower Planning", American Economic Review, Vol. 68, 1978, 8 - 19.

Atkinson, A.B. and J. Stiglitz "The design of tax structure: Direct versus indirect taxation", Journal of Public Economics, Vol. 6, 1976, 55 - 75.

Besley, T. and S. Coate "Workfare versus Welfare: Incentives Arguments for Work Requirements in Poverty-Alleviation Programs", American Eco-nomic Review, Vol. 82, 1992, 249 - 261.

Blau, F. and L. Kahn "Changes in the Labor Supply Behavior of Married Women: 1980—2000", Journal of Labor Economics, Vol. 25, 2007, 393 - 438.

Boskin, M. and E. Sheshinski "Optimal tax treatment of the family: Mar-ried couples", Journal of Public Economics, Vol. 20, 1983, 281 - 297.

Brewer, M., E. Saez, and A. Shephard "MeansTesting and Tax Rates on Earnings", in The Mirrlees Review: Reforming the Tax System for the 21st Century, Oxford University Press, 2010.

Chiappori, P-A "Collective Labor Supply and Welfare", Journal of Political Economy, 100(3), 1992, 437 - 467.

Cremer, H., F. Gahvari, and N. Ladoux "Externalities and optimal taxa-tion", Journal of Public Economics, Vol. 70, 1998, 343 - 364.

Deaton, A. "Optimal Taxes and the Structure of Preferences", Economet-rica, Vol. 49, 1981, 1245 - 1260.

Diamond, P. "A many-person Ramsey tax rule", Journal of Public Eco-nomics, Vol. 4, 1975, 335 - 342.

Diamond, P. "Income Taxation with Fixed Hours of Work" Journal of Public Economics, Vol. 13, 1980, 101 - 110.

Diamond, P. "Optimal Income Taxation: An Example with a U-Shaped Pattern of Optimal Marginal Tax Rates", American Economic Review, Vol. 88, 1998, 83 – 95.

Diamond, P. and J. Mirrlees "Optimal Taxation and Public Production I: Production Efficiency", American Economic Review, Vol. 61, 1971, 8 – 27.

Diamond, P. and J. Mirrlees "Optimal Taxation and Public Production II: Tax Rules", American Economic Review, Vol. 61, 1971, 261 – 278.

Diamond, P. and E. Saez "From Basic Research to Policy Recom-mendations: The Case for a Progressive Tax", Journal of Economic Perspectives, 25(4), 2011, 165 – 190.

Duflo, E. "Grandmothers and Granddaughters: Old-Age Pensions and Intrahousehold Allocation in South Africa", The World Bank Economic Re-view Vol. 17, 2003, 1 – 25.

Edgeworth, F. "The Pure Theory of Taxation", The Economic Journal, Vol. 7, 1897, 550 – 571.

Feldstein, M. "Tax Avoidance and the Deadweight Loss of the Income Tax", Review of Economics and Statistics, Vol. 81, 1999, 674 – 680.

Guesnerie, R. and K. Roberts, "Effective Policy Tools and Quantity Controls", Econometrica, Vol. 52, 1984, 59 – 86.

Kaplow, L. "On the undesirability of commodity taxation even when income taxation is not optimal", Journal of Public Economics, Vol. 90, 2006, 1235 – 1250.

Kaplow, L. and S. Shavell "Any Non-welfarist Method of Policy Assessment Violates the Pareto Principle," Journal of Political Economy, 109(2), (April 2001), 281 – 286.

Kleven, H., C. Kreiner and E. Saez "The Optimal Income Taxation of Couples", Econometrica, Vol. 77, 2009, 537 – 560.

Landais, Camille, Pascal Michaillat, and Emmanuel Saez "Optimal Unemployment Insurance over the Business Cycle," NBER Working Paper No. 16526, November 2010.

Laroque, G. "Income Maintenance and Labor Force Participation", Econometrica, Vol. 73, 2005, 341 – 376.

Laroque, G. "Indirect Taxation is Superfluous under Separability and Taste Homogeneity: A Simple Proof", Economic Letters, Vol. 87, 2005, 141 – 144.

Lee, D. and E. Saez "Optimal Minimum Wage in Competitive Labor Markets", Journal of Public Economics 96(9 – 10), 2012, 739 – 749.

Lehmann, E., L. Simula, A. Trannoy "Tax Me if You Can! Optimal Nonlinear Income Tax between Competing Governments," Quarterly Journal of Economics 129(4), 2014, 1995 – 2030.

Lundberg, S. R. Pollak and T. Wales "Do Husbands and Wives Pool Their Resources? Evidence from the United Kingdom Child Benefit", The Journal of Human Resources, Vol. 32, 1997, 463 – 480.

Mankiw, G. and M. Weinzierl "The Optimal Taxation of Height: A Case Study of Utilitarian Income Redistribution", AEJ: Economic Policy, Vol. 2, 2010, 155 – 176.

Mirrlees, J. "An Exploration in the Theory of Optimal Income Taxation", Review of

Economic Studies, Vol. 38, 1971, 175-208.

Mirrlees, J. "Migration and Optimal IncomeTaxes", Journal of Public Economics, Vol. 18, 1982, 319-341.

Nichols, A. and R. Zeckhauser "Targeting Transfers Through Restrictions on Recipients", American Economic Review, Vol. 72, 1982, 372-377.

Piketty, Thomas and Emmanuel Saez "Optimal Labor Income Taxation," Handbook of Public Economics, Volume 5, Amsterdam: Elsevier-North Holland, 2013.

Piketty, Thomas, Emmanuel Saez, and Stefanie Stantcheva "Optimal Taxation of Top Labor Incomes: A Tale of Three Elasticities", American Economic Journal: Economic Policy, 6(1), 2014, 230-271.

Sadka, E. "On Income Distribution, Incentives Effects and Optimal Income Taxation", Review of Economic Studies, Vol. 43, 1976, 261-268.

Saez, E. "Using Elasticities to Derive Optimal IncomeTax Rates", Review of Economics Studies, Vol. 68, 2001, 205-229.

Saez, E. "Optimal IncomeTransfer Programs: Intensive Versus Extensive Labor Supply Responses", Quarterly Journal of Economics, Vol. 117, 2002a, 1039-1073.

Saez, E. "The Desirability of Commodity Taxation under Non-linear Income Taxation and Heterogeneous Tastes", Journal of Public Economics, Vol. 83, 2002b, 217-230.

Saez, E. "The Optimal Treatment of Tax Expenditures", Journal of Public Economics, Vol. 88, 2004, 2657-2684.

Saez, E., J. Slemrod, and S. Giertz "The Elasticity of Taxable Income with Respect to Marginal Tax Rates: A Critical Review", Journal of Economic Literature Vol. 50, 2012, 3-50.

Saez, Emmanuel and Stefanie Stantcheva "Generalized Social Marginal Welfare Weights for Optimal Tax Theory," American Economic Review 2016.

Sandmo, A. "OptimalTaxation in the Presence of Externalities", The Swedish Journal of Economics, Vol. 77, 1975, 86-98.

Seade, Jesus K. "On the shape of optimal tax schedules." Journal of public Economics 7.2 (1977): 203-235.

Stiglitz, J. "Self-selection and Pareto Efficient Taxation", Journal of Public Economics, Vol. 17, 1982, 213-240.

(三)劳动力供给对税收和转移支付的反应(Labor Supply Responses to Taxes and Transfers)

Abramitzky, Ran *The Mystery of the Kibbutz: How Socialism Succeeded*, Princeton: Princeton University Press, 2018.

Abramitzky, Ran and Victor Lavy, 2014 "How Responsive is Investment in Schooling to Changes in Redistributive Policies and in Returns?", Econometrica, 82(4), 1241-1272.

Alesina, A., E. Glaeser, and B. Sacerdote "Work and Leisure in the U.S. and Europe: Why So Different?", NBER Macroeconomics Annual 2005.

Ashenfelter, O. and M. Plant "Non-Parametric Estimates of the Labor Supply Effects of Negative Income Tax Programs", Journal of Labor Economics, Vol. 8, 1990, 396 – 415.

Bachas, Pierre and Mauricio Soto. "Not(ch) Your Average Tax System: Corporate Taxation Under Weak Enforcement," World Bank Policy Research Working Paper 8524, 2018.

Bastani, Spencer and Hakan Selin, "Bunching and non-bunching at kink points of the Swedish tax schedule," Journal of Public Economics, 109, 2014, 36 – 49.

Bertrand, M., E. Duflo and S. Mullainhatan "How Much Should we Trust Differences-in-Differences Estimates?", Quarterly Journal of Economics, Vol. 119, 2004, 249 – 275.

Best, Michael and Henrik Kleven "Housing Market Responses to Transaction Taxes: Evidence from Notches and Stimulus in the UK," Review of Economic Studies 2017 forthcoming.

Bianchi, M., B. R. Gudmundsson, and G. Zoega. 2001. "Iceland's Natural Experiment in Supply-Side Economics," American Economic Review, 91(5), 1564 – 79.

Bitler, M. J. Gelbach and H. Hoynes "What Mean Impacts Miss: Distributional Effects of Welfare Reform Experiments", American Economic Review, Vol. 96, 2006, 988 – 1012.

Bitler, M. and H. Hoynes "The State of the Safety Net in the Post-Welfare Reform Era" Brookings Papers on Economic Activity Fall 2010, 71 – 127.

Blau, F. and L. Kahn "Changes in the Labor Supply Behavior of Married Women: 1980 – 2000", Journal of Labor Economics, Vol. 25, 2007, 393 – 438.

Blomquist, S. "Restrictions in labor supply estimation: Is the MaCurdy critique correct?", Economics Letters, Vol. 47, 1995, 229 – 235.

Blomquist, Soren and Whitney Newey "The Bunching Estimator Cannot Identify the Taxable Income Elasticity", NBER Working Paper No. 24136. 2017.

Blundell, Richard, Antoine Bozio, and Guy Laroque. 2013. "Extensive and Intensive Margins of Labour Supply: Work and Working Hours in the US, UK and France," Fiscal Studies, 34(1), 1 – 29.

Blundell, R., A. Duncan and C. Meghir "Estimating Labor Supply Responses Using Tax Reforms", Econometrica, Vol. 66, 1998, 827 – 862.

Blundell, R. and T. MaCurdy "Labor supply: a review of alternative approaches", in the Handbook of Labor Economics, Vol. 3A, O. Ashenfelter and D. Card, eds. Amsterdam: Elsevier Science 1999.

Brown, K. "The Link between Pensions and Retirement Timing: Lessons from California Teachers", Journal of Public Economics, 98, 2013, 1 – 14. 2007.

Camerer, C., L. Babcock, G. Loewenstein and R. Thaler "Labor Supply of New York City Cabdrivers: One Day at a Time", Quarterly Journal of Economics, Vol. 112, 1997, 407 – 441.

Card, David, Raj Chetty, Martin Feldstein, and Emmanuel Saez "Expanding Access to Administrative Data for Research in the United States," White Paperfor NSF 10-069 call for papers on" Future Research in the Social, Behavioral, and Economic Sciences" September 2010.

Card, D., R. Chetty, and A. Weber, "Cash-on-Hand and Competing Models of Intertemporal

Behavior: New Evidence from the Labor Market", Quarterly Journal of Economics, Vol. 122, 2007, 1511 – 1560.

Card, David, and Dean R. Hyslop. 2005. "Estimating the Effects of a Time-Limited Earnings Subsidy for Welfare-Leavers" Econometrica, 73(6), 1723 – 70.

Cesarini, David, Erik Lindqvist, Matthew J. Notowidigdo, Robert Ostling. 2017 "The Effect of Wealth on Individual and Household Labor Supply: Evidence from Swedish Lotteries", American Economic Review, Vol. 107(12), 3917 – 3946.

Chetty, R. "A New Method of Estimating Risk Aversion", The American Economic Review, Vol. 96, 2006, 1821 – 1834.

Chetty, Raj. 2012. "Bounds on Elasticities with Optimization Frictions: A Synthesis of Micro and Macro Evidence on Labor Supply," Econometrica 80(3), 969 – 1018.

Chetty, R., Adam Guren, Day Manoli, and Andrea Weber. 2013 "Does Indivisible Labor Explain the Difference between Micro and Macro Elasticities? A Meta-Analysis of Extensive Margin Elasticities", NBER Macroeconomics Annual, University of Chicago Press, 27(1), 1 – 56.

Chetty, R., J. Friedman, T. Olsen and L. Pistaferri "Adjustment Costs, Firms Responses, and Micro vs. Macro Labor Supply Elasticities: Evidence from Danish Tax Records", Quarterly Journal of Economics, 126(2), 2011, 749 – 804.

Chetty, R., J. Friedman and E. Saez "Using Differences in Knowledge Across Neighborhoods to Uncover the Impacts of the EITC on Earnings", American Economic Review, 2013, 103(7), 2683 – 2721.

Chetty, R. and E. Saez "Teaching the Tax Code: Earnings Responses to an Experiment with Recipients", American Economic Journal: Applied Economics 5(1), 2013, 1 – 31.

Crawford, V. and J. Meng "New York City Cabdrivers' Labor Supply Revisited: Reference-Dependence Preferences with Rational-Expectations Targets for Hours and Income", University of California at San Diego, Economics Working Paper Series: 2008 – 03, 2008.

Dahl, Gordon B., Andreas Ravndal Kostol, Magne Mogstad "Family Welfare Cultures" Quarterly Journal of Economics, 129(4), 2014, 1711 – 52.

Davis, J. and M. Henrekson, "Tax Effects on Work Activity, Industry Mix and Shadow Economy Size: Evidence from Rich Country Comparisons", in R. Gomez-Salvador, A. Lamo, B. Petrongolo, M. Ward and E. Wasmer eds., Labour Supply and Incentives to Work in Europe, 2005, 44 – 104.

Devereux, MichaelP, Li Liu and Simon Loretz. 2014. "The Elasticity of Corporate Taxable Income: New Evidence from UK Tax Records." American Economic Journal: Economic Policy, 6(2): 19 – 53.

Eissa, N. and H. Hoynes "Taxes and the labor market participation of married couples: the earned income tax credit", Journal of Public Economics, Vol. 88, 2004, 1931 – 1958.

Eissa, N. and J. Liebman "Labor Supply Response to the Earned Income Tax Credit",

Quarterly Journal of Economics, Vol. 111, 1996, 605–637.

Farber, H. "Is Tomorrow Another Day? The Labor Supply of New York City Cab Drivers", Journal of Political Economy, Vol. 113, 2005, 46–82.

Farber, H. "Reference-Dependent Preferences and Labor Supply: The Case of New York City Taxi Drivers", The American Economic Review, Vol. 98, 2008, 1069–1082.

Fehr, E. and L. Goette "Do Workers Work More if Wages Are High? Evidence from a Randomized Field Experiment", American Economic Review, Vol. 97, 2007, 298–317.

Friedberg, L. "The Labor Supply Effects of the Social Security Earnings Test", Review of Economics and Statistics, Vo. 82, 2000, 48–63.

Greenberg, D. and H. Hasley, "Systematic Misreporting and Effects of Income Maintenance Experiments on Work Effort: Evidence from the Seattle-Denver Experiment", Journal of Labor Economics, Vol. 1, 1983, 380–407.

Hausman, J. "Stochastic Problems in the Simulation of Labor Supply", NBER Working Paper No. 0788, 1981.

Hausman, J. "Taxes and Labor Supply", in A. Auerbach and M. Feldstein, eds, Handbook of Public Finance, Vol I, North Holland 1987.

Heckman, J. "What Has Been Learned About Labor Supply in the Past Twenty Years?", American Economic Review, Vol. 83, 1993, 116–121.

Heckman, J. and M. Killingsworth "Female Labor Supply: A Survey" Handbook of Labor Economics, Vol. I, Chapter 2, 1986.

Imbens, G.W., D.B. Rubin and B.I. Sacerdote "Estimating the Effect of Unearned Income on Labor Earnings, Savings, and Consumption: Evidence from a Survey of Lottery", American Economic Review, Vol. 91, 2001, 778–794.

Jakobsen, Kristian, Katrine Jakobsen, Henrik Kleven and Gabriel Zucman. 2018. Wealth Accumulation and Wealth Taxation: Theory and Evidence from Denmark NBER working paper No. 24371, forthcoming Quarterly Journal of Economics.

Jones, Damon "Information, Inertia and Public Benefit Participation: Experimental Evidence from the Advance EITC and 401(k) Savings", AEJ: Applied Economics, Vol. 2, 2010, 147–163.

Keane, Michael "Labor Supply andTaxes: A Survey?", Journal of Economic Literature, Vol. 49(4), 2011, 961–1075.

Kleven, Henrik "How Can Scandinavians Tax So Much?", Journal of Economic Perspectives 28(4), 77–98, 2014.

Kleven, Henrik 2019. "The EITC and the Extensive Margin: A Reappraisal", NBER working paper No. 26405.

Kleven, Henrik "Bunching", Annual Review of Economics, 8, 2016, 435–464.

Kleven, Henrik, Camille Landais, Johanna Posch, Andreas Steinhauer, and Josef Zweimuller. 2019 "Child penalties across countries: Evidence and explanations." AEA Papers and

Proceedings, 109, 122 – 26.

Kline, Patrick and MelissaTartari, 2016. "Bounding the Labor Supply Responses to a Randomized Welfare Experiment: A Revealed Preference Approach," American Economic Review, 106(4), 972 – 1014.

Kopczuk, Wojciech and David J. Munroe, 2015 "Mansion Tax: The Effect of Transfer Taxes on the Residential Real Estate Market", American Economic Journal: Economic Policy, 7 (2), 214 – 57.

Liebman, J. and R. Zeckhauser "Schmeduling", Harvard University working paper, October 2004.

Londono-Velez, Juliana and Javier Avila. "Can Wealth Taxation Work in Developing Countries? Quasi-Experimental Evidence from Colombia", UC Berkeley working paper, 2018.

MaCurdy, T. "An Empirical Model of Labor Supply in a Life-Cycle Setting", Journal of Political Economy, Vol. 89, 1981, 1059 – 1085.

MaCurdy, T. "A Simple Scheme for Estimating an Intertemporal Model of Labor Supply and Consumption in the Presence of Taxes and Uncertainty", International Economic Review, Vol. 24, 1983, 265 – 289.

MaCurdy, T., D. Green and H. Paarsch "Assessing Empirical Approaches for Analyzing Taxes and Labor Supply" Journal of Human Resources, Vol. 25, 1990, 415 – 490.

Martinez, Isabel, Emmanuel Saez, and Michael Siegenthaler. 2018. "Intertemporal Labor Supply Substitution? Evidence from the Swiss Income Tax Holidays," NBER Working Paper No. 24634.

Meyer, B. and D. Rosenbaum "Welfare, the Earned Income Tax Credit, and the Labor Supply of Single Mothers", Quarterly Journal of Economics, Vol. 116, August 2001, 1063 – 1114.

Meyer, B. and X. Sullivan "The effects of welfare and tax reform: the material well-being of single mothers in the 1980s and 1990s", Journal of Public Economics, Vol. 88, 2004, 1387 – 1420.

Moffitt, R. "Welfare Programs and Labor Supply", in A. Auerbach and M. Feldstein, Handbook of Public Economics, Volume 4, Chapter 34, Amsterdam: North Holland, 2003.

Mortenson, Jacob A. and Andrew Whitten. 2016. "Bunching to Maximize Tax Credits: Evidence from Kinks in the U.S. Tax Schedule", OTA-JCT working paper.

Mroz, T. "The Sensitivity of An Empirical Model of Married Women's Hours of Work to Economic and Statistical Assumptions", Econometrica, Vol. 55, 1987, 765 – 799.

Munnell, A., Lessons from the income maintenance experiments : proceedings of a conference held at Melvin Village, New Hampshire, September 1986. Boston: Federal Reserve Bank of Boston, 1986.

Nichols, Austin and Jesse Rothstein 2015. "The Earned Income Tax Credit", forthcoming in Volume on US Transfer Programs edited by R. Moffitt.

Oettinger, G. "An Empirical Analysis of the Daily Labor Supply of Stadium Vendors", Journal of Political Economy, Vol. 107, 1999, 360 – 392.

Ohanian, L., A. Raffo, and R. Rogerson "Long-Term Changes in Labor Supply and Taxes: Evidence from OECD Countries, 1956 – 2004", Journal of Monetary Economics, Vol. 55, 2008, 1353 – 1362.

Pencavel, J. "Labor Supply of Men: A Survey", Handbook of Labor Economics, vol. 1, chapter 1, 1986.

Pencavel, J. "A Cohort Analysis of the Association between Work Hours and Wages among Men", The Journal of Human Resources, Vol. 37, 2002, 251 – 274.

Prescott, E. "Why Do Americans Work So Much More Than Europeans?", NBER Working Paper No. 10316, 2004, published in FRB Minneapolis—Quarterly Review, 2004, 28(1), 2 – 14.

Ramey, Valerie A. and Neville Francis, 2009. "A Century of Work and Leisure," American Economic Journal: Macroeconomics, 1(2), 189 – 224.

Rees, A. "An Overview of the Labor-Supply Results", The Journal of Human Resources, Vol. 9, 1974, 158 – 180.

Rees-Jones, Alex and Dmitry Taubinsky. 2016 "Measuring 'Schmeduling'", NBER Working Paper No. 22884.

Rogerson, R. and J. Wallenius "Micro and Macro Elasticities in a Life Cycle Model with Taxes", Journal of Economic Theory, Vol. 144, 2009, 2277 – 2292.

Rothstein, J. 'Is the EITC as Good as an NIT? Conditional Cash Transfers and Tax Incidence." American Economic Journal: Economic Policy 2 (1), February 2010, 177 – 208.

Saez, E. "Do Taxpayers Bunch at Kink Points?", NBER Working Paper No. 7366, 1999.

Saez, E. "Do Taxpayers Bunch at Kink Points?", AEJ: Economic Policy, Vol. 2, 2010, 180 – 212.

Saez, E., J. Slemrod, and S. Giertz "The Elasticity of Taxable Income with Respect to Marginal Tax Rates: A Critical Review", Journal of Economic Literature 50(1), 2012, 3 – 50.

Seim, David. 2017. "Behavioral Responses to an Annual Wealth Tax: Evidence from Sweden", American Economic Journal: Economic Policy, 9(4), 395 – 421.

Sigurdsson, Josef. 2019. "Labor Supply Responses and Adjustment Frictions: A Tax-Free Year in Iceland", Working Paper, September 2019.

Steinhauer, Andreas. 2018 "Working Moms, Childlessness, and Female Identity", CEPR Discussion Paper No. 12929.

Tazhitdinova, Alisa. 2019 "Increasing Hours Worked: Moonlighting Responses to a Large Tax Reform", UCSB Working Paper.

Tortarolo, Dario, Guillermo Cruces, and Victoria Castillo. 2019 "It takes two to tango: labor responses to an income tax holiday in Argentina", UC Berkeley working paper.

(四)应税收入的弹性(Taxable Income Elasticities)

Akcigit, Ufuk, Salomé Baslandze, and Stefanie Stantcheva. "Taxation and the International Mobility of Inventors", American Economic Review 106 (10), 2016, 2930 – 2981.

Akcigit, Ufuk, John Grigsby, Tom Nicholas, and Stefanie Stantcheva. 2018. "Taxation and

Innovation in the 20th Century." National Bureau of Economic Research No. 24982.

Andreoni, J. "Philanthropy", In Serge-Christophe Kolm and Jean Mercier Ythier, Handbook on the Economics of Giving, Reciprocity and Altruism, Volume 2, Applications, 2006, 1201–1269.

Atkinson, A., T. Piketty and E. Saez "Top Incomes in the Long Run of History", Journal of Economic Literature, 49(1), 2011, 3–71.

Auten, G., R. Carroll "The Effect of Income Taxes on Household Income", Review of Economics and Statistics, Vol. 81, 1999, 681–693.

Break, G. "Income Taxes and Incentives to Work: An Empirical Study", American Economic Review, Vol. 47, 1957, 529–549.

Chetty, R., J. Friedman, T. Olsen and L. Pistaferri "Adjustment Costs, Firms Responses, and Micro vs. Macro Labor Supply Elasticities: Evidence from Danish Tax Records", Quarterly Journal of Economics, 126(2), 2011, 749–804.

Fack, G and C. Landais "Are Tax Incentives for Charitable Giving Efficient? Evidence from France", American Economic Journal: Economic Policy, vol. 2, 2010, 117–41.

Feenberg, D. and J. Poterba, "Income Inequality and the Incomes of Very High Income Households: Evidence from Tax Returns", in J. Poterba, ed., Tax Policy and the Economy, Volume 7, 145–177, Cambridge and London: MIT Press, 1993.

Feldstein, M. "The Effect of Marginal Tax Rates on Taxable Income: A Panel Study of the 1986 Tax Reform Act", Journal of Political Economy, Vol. 103, 1995, 551–572.

Feldstein, M. "Tax Avoidance and the Deadweight Loss of the Income Tax", Review of Economics and Statistics, Vol. 81, 1999, 674–680.

Goolsbee, A. "What Happens When You Tax the Rich? Evidence from Executive Compensation", Journal of Political Economy, Vol. 108, 2000, 352–378.

Gordon, R. H. and J. Slemrod "Are 'Real' Responses to Taxes Simply Income Shifting Between Corporate and Personal Tax Bases?", NBER Working Paper No. 6576, 1998.

Gruber, J. and E. Saez "The Elasticity of Taxable Income: Evidence and Implications", Journal of Public Economics, Vol. 84, 2002, 1–32.

Kleven, Henrik, Camille Landais, and Emmanuel Saez "Taxation and International Mobility of Superstars: Evidence from the European Football Market," American Economic Review, 103(5), 2013, 1892–1924.

Kleven, Henrik, Camille Landais, Emmanuel Saez, and Esben Schultz "Taxation and International Migration of Top Earners: Evidence from the Foreigner Tax Scheme in Denmark," Quarterly Journal of Economics, 129(1), 2014, 333–378.

Kleven, Henrik and Esben Schultz "Estimating Taxable Income Responses using Danish Tax Reforms", American Economic Journal: Economic Policy, 6(4), 2014, 271–301.

Ito, Koichiro. "Do Consumers Respond to Marginal or Average Price? Evidence from Nonlinear Electricity Pricing", American Economic Review, 104(2), 2014, 537–567.

Lindsey, L. "Individual Taxpayer Response to Tax Cuts, 1982-1984: With Implications for the Revenue Maximizing Tax Rate", Journal of Public Economics, 33, 1987, 173-206.

Moretti, Enrico and Daniel Wilson 2017. "The Effect of State Taxes on the Geographical Location of Top Earners: Evidence from Star Scientists", American Economic Review 107(7), 1858-1903.

Moretti, Enrico, and Daniel J. Wilson. 2019. Taxing Billionaires: Estate Taxes and the Geographical Location of the Ultra-Wealthy. National Bureau of Economic Research Working Paper No. 26387.

Piketty, T. and E. Saez "Income Inequality in the United States, 1913-1998", Quarterly Journal of Economics, Vol. 116, 2003, 1-39.

Piketty, Thomas, Emmanuel Saez, and Stefanie Stantcheva "Optimal Taxation of Top Labor Incomes: A Tale of Three Elasticities," American Economic Journal: Economic Policy 2014, 6(1), 2014, 230-271.

Rauh, Joshua, and Ryan J. Shyu. 2019. "Behavioral Responses to State Income Taxation of High Earners: Evidence from California." National Bureau of Economic Research Working Paper No. 26349.

Saez, E. "Reported Incomes and Marginal Tax Rates, 1960-2000: Evidence and Policy Implications", in J. Poterba, ed., Tax Policy and the Economy, Volume 18, Cambridge: MIT Press, 2004.

Saez, E. "Taxing the Rich More: Preliminary Evidence from the 2013 Tax Increase", in R. Moffitt, ed., Tax Policy and the Economy, Volume 31, Cambridge: MIT Press, 2017.

Saez, E., J. Slemrod, and S. Giertz "The Elasticity of Taxable Income with Respect to Marginal Tax Rates: A Critical Review," Journal of Economic Literature 50(1), 2012, 3-50.

Slemrod, J. "Income Creationor Income Shifting? Behavioral Responses to the Tax Reform Act of 1986", American Economic Review, Vol. 85, 1995, 175-180.

Young, Cristobal, Charles Varner, Ithai Lurie, Richard Prisinzano, 2016 "Millionaire Migration and the Taxation of the Elite: Evidence from Administrative Data", American Sociological Review 81(3), 421-446.

（五）税收执法（Tax Enforcement）

Allingham, M. and A. Sandmo "Income tax evasion: a theoretical analysis", Journal of Public Economics, Vol. 1, 1972, 323-338.

Alm, J., B. Jackson and M. McKee "Institutional Uncertainty and Taxpayer Compliance", American Economic Review, Vol. 82, 1992, 1018-1026.

Andreoni, J., B.Erard and J. Feinstein "Tax Compliance", Journal of Economic Literature, Vol. 36, 1998, 818-60.

Besley, T., T. Persson "The Incidence of Civil War: Theory and Evidence", NBER Working Paper, 14585, 2008.

Blumenthal, M., C. Christian and J. Slemrod "Do Normative Appeals Affect Tax

Compliance? Evidence from a Controlled Experiment in Minnesota", National Tax Journal, Vol. 54, 2001, 125-238.

Bott, Kristina, Alexander W. Cappelen, ErikØ. Sørensen, Bertil Tungodden (2020) You've Got Mail: A Randomized Field Experiment on Tax Evasion. Management Science 66(7): 2801-2819.

Cage, Julia and Lucie Gadenne "The Fiscal Cost of Trade Liberalization", Harvard Working Paper, 2012.

Dwenger, Nadja, Henrik Kleven, Imran Rasul, Johannes Rincke 2016. "Extrinsic and Intrinsic Motivations for Tax Compliance: Evidence from a Field Experiment in Germany", American Economic Journal: Economic Policy?

Hallsworth, Michael, John A. List, Robert D. Metcalfe, and Ivo Vlaev (2014), "The Behavioralist As Tax Collector: Using Natural Field Experiments to Enhance Tax Compliance", NBER Working Paper No. 20007.

IRS, 2012 "Tax Gap for Tax Year 2006: Overview"

Johannesen, Niels and Gabriel Zucman "The End of Bank Secrecy? An Evaluation of the G20 Tax Haven Crackdown," American Economic Journal: Economic Policy, 6(1), 2014.

Keen, M. "VAT, Tariffs, and Withholding: Border Taxes and Informality in Developing Countries", IMF Working Paper WP/07/174, 2007.

Kleven, H., M. Knudsen, C. Kreiner, S. Pedersen, and E. Saez "Unwilling or Unable to Cheat? Evidence from a Randomized Tax Audit Experiment in Denmark", Econometrica 79(3), 2011, 651-692.

Kleven, H., C. Kreiner, and E. Saez "Why Can Modern Governments Tax So Much? An Agency Model of Firms as Fiscal Intermediaries", Economica, 2016.

Kopczuk, W. and C. Pop-Eleches "Electronic filing, tax preparers, and participation in the earned income tax credit", Journal of Public Economics, Vol. 91, 2007, 1351-1367.

Luttmer, Erzo F. P. and Monica Singhal (2014) "Tax Morale", Journal of Economic Perspectives 28(4), 149-168.

Pomeranz, Dina. 2015. "No Taxation without Information: Deterrence and Self-Enforcement in the Value Added Tax." American Economic Review, 105(8): 2539-69.

Sanchez de la Sierra, Raul (2015) "On the Origin of States: Stationary Bandits and Taxation in Eastern Congo" Working Paper.

Shaw, J., J. Slemrod, and J. Whiting "Administration & Compliance", in IFS, The Mirrlees Review: Reforming the Tax System for the 21st Century, Oxford University Press, 2009.

Slemrod, J. and S. Yitzhaki "Tax Avoidance, Evasion and Administration", in A. Auerbach and M. Feldstein (eds.), Handbook of Public Economics, Vol. 3 (Amsterdam: North-Holland, 2002), 1423-1470.

Slemrod, J., M. Blumenthal and C. Christian "Taxpayer response to an increased probability of audit: evidence from a controlled experiment in Minnesota", Journal of Public Economics, Vol. 79, 2001, 455-483.

Yaniv, G. "Collaborated Employee-Employer Tax Evasion", Public Finance/ Finances Publiques, Vol. 47, 1992, 312-321.

Zucman, G. "The Missing Wealth of Nations: Are Europe and the US Net Debtors or Net Creditors", Quarterly Journal of Economics, 2013, 1321-1364.

Zucman, G."Taxing across Borders: Tracking Personal Wealth and Corporate Profits" Journal of Economic Perspectives, 28(4), 2014, 121-148.

(六)资本收入税问题(Capital Income Taxation)

Altonji, J., F. Hayashi, and L. Kotlikoff "Is the Extended Family Altruistically Linked? Direct Tests Using Micro Data", American Economic Review, Vol. 82, 1992, 1177-98.

Altonji, J., F. Hayashi and L. Kotlikoff "Parental Altruism and Inter Vivos Transfers: Theory and Evidence", Journal of Political Economy, Vol. 105, 1997, 1121-66.

Atkinson, A. B. and A. Sandmo "Welfare Implications of the Taxation of Savings", Economic Journal, Vol. 90, 1980, 529-49.

Atkinson, A.B. and J. Stiglitz "The design of tax structure: Direct versus indirect taxation", Journal of Public Economics, Vol. 6, 1976, 55-75.

Auerbach, A. and L. Kotlikoff "Evaluating Fiscal Policy with a Dynamic Simulation Model", American Economic Review, May 1987, 4955.

Aura, S. "Does the Balance of Power Within a Family Matter? The Case of the Retirement Equity Act", Journal of Public Economics, Vol. 89, 2005, 1699-1717.

Banks J. and P. Diamond "The Base for Direct Taxation", IFS Working Paper, The Mirrlees Review: Reforming the Tax System for the 21st Century, Oxford University Press, 2009.

Bernheim, B. D., A. Shleifer, and L. Summers "The Strategic Bequest Motive", Journal of Political Economy, Vol. 93, 1985, 1045-76.

Carroll, C. "Why Do the Rich Save So Much?", NBERWorking Paper No. 6549, 1998.

Chamley, C. "Optimal Taxation of Capital Income in General Equilibrium with Infinite Lives", Econometrica, Vol. 54, 1986, 607-622.

Christiansen, Vidar and Matti Tuomala "On taxing capital income with income shifting", International Tax and Public Finance, Vol. 15, 2008, 527-545.

Cremer, H. and F. Gahvari "Uncertainty and Optimal Taxation: In defense of Commodity Taxes", Journal of Public Economics, Vol. 56, 1995, 291-310.

Davies, J. and A. Shorrocks, Chapter 11 The distribution of wealth, In: Anthony B. Atkinson and Francois Bourguignon, Editor(s), Handbook of Income Distribution, Elsevier, 2000, Vol. 1, 605-675.

DeLong, J.B. "Bequests: An Historical Perspective," in A. Munnell, ed., *The Role and Impact of Gifts and Estates*, Brookings Institution, 2003.

Diamond, P. and J. Mirrlees "A Model of Social Insurance with Variable Retirement",

Journal of Public Economics, Vol. 10, 1978, 295 - 336.

Diamond, Peter and Emmanuel Saez "The Case for a Progressive Tax: From Basic Research to Policy Recommendations", Journal of Economic Perspectives, 25(4), Fall 2011, 165 - 190.

Diamond, P. and J. Spinnewijn "Capital Income Taxes with Heterogeneous Discount Rates", NBER Working Paper, No. 15115, 2009.

Farhi E. and I. Werning "Progressive Estate Taxation", Quarterly Journal of Economics, Vol. 125, 2010, 635 - 673.

Farhi E. and I. Werning "Capital Taxation: Quantitative Explorations of the Inverse Euler Equation," forthcoming *Journal of Political Economy* 2011.

Feldstein, M. "The Welfare Cost of Capital Income Taxation", Journal of Political Economy, Vol. 86, 1978, 29 - 52.

Finkelstein A. and J. Poterba, "Adverse Selection in Insurance Markets: Policyholder Evidence from the U. K. Annuity Market", Journal of Political Economy, Vol. 112, 2004, 183 - 208.

Finkelstein A. and J. Poterba, "Selection Effects in the United Kingdom Individual Annuities Market", The Economic Journal, Vol. 112, 2002, 28 - 50.

Gale, William G. and John Karl Scholz, "Intergenerational Transfers and the Accumulation of Wealth", Journal of Economic Perspectives, Vol. 8(4), 1994 145 - 160.

Golosov, M., N. Kocherlakota and A. Tsyvinski "Optimal Indirect and Capital Taxation", Review of Economic Studies, Vol. 70, 2003, 569 - 587.

Golosov, Mikhail, Maxim Troshkin, and Aleh Tsyvinski 2011. "Optimal Dynamic Taxes." Princeton Working Paper.

Golosov, Mikhail, Maxim Troshkin, Aleh Tsyvinski, Matthew Weinzierl, Preference heterogeneity and optimal capital income taxation, Journal of Public Economics. 2013, 97, 160 - 175.

Golosov, M., A. Tsyvinski and I. Werning "New Dynamic Public Finance: a User's Guide" NBER Macro Annual 2006.

Gordon, R. H. and J. Slemrod "Are 'Real' Responses to Taxes Simply Income Shifting Between Corporate and Personal Tax Bases?," NBER Working Paper, No. 6576, 1998.

Holtz-Eakin, D., D. Joulfaian and H.S. Rosen "The Carnegie Conjecture: Some Empirical Evidence", Quarterly Journal of Economics Vol. 108, May 1993, pp.288 - 307.

Judd, K. "Redistributive Taxation in a Simple Perfect Foresight Model", Journal of Public Economics, Vol. 28, 1985, 59 - 83.

Kaplow, L. "A Framework for Assessing Estate and Gift Taxation", in Gale, William G., James R. Hines Jr., and Joel Slemrod (eds.) *Rethinking estate and gift taxation* Washington, D. C.: Brookings Institution Press, 2001.

Kaplow, L. "On the undesirability of commodity taxation even when income taxation is not optimal", Journal of Public Economics, Vol.90, 2006, 1235 - 1260.

Kennickell, A. "Ponds and streams: wealth and income in the U.S., 1989 to 2007", Board of Governors of the Federal Reserve System (U.S.), Finance and Economics Discussion Series: 2009–13, 2009.

King, M. "Savings and Taxation", in G. Hughes and G. Heal, eds., Public Policy and the Tax System (London: George Allen Unwin, 1980), 1–36.

Kocherlakota, N. "Wedges and Taxes", American Economic Review, Vol. 94, 2004, 109–113.

Kocherlakota, N. "Zero Expected Wealth Taxes: A Mirrlees Approach to Dynamic Optimal Taxation", Econometrica, Vol.73, 2005.

Kocherlakota, N. *New Dynamic Public Finance*, Princeton University Press: Princeton, 2010.

Kopczuk, W. "The Trick Is to Live: Is the Estate Tax Social Security for the Rich?", The Journal of Political Economy, Vol. 111, 2003, 1318–1341.

Kopczuk, Wojciech "Taxation of Intergenerational Transfers and Wealth", in A. Auerbach, R. Chetty, M. Feldstein, and E. Saez (eds.), Handbook of Public Economics, Vol. 5 (Amsterdam: North-Holland, 2013).

Kopczuk, Wojciech and Joseph Lupton 2007. "To Leave or Not to Leave: The Distribution of Bequest Motives," Review of Economic Studies, 74(1), 207–235.

Kopczuk, Wojciech and Emmanuel Saez "Top Wealth Shares in the United States, 1916–2000: Evidence from Estate Tax Returns", National Tax Journal, 57(2), Part 2, June 2004, 445–487.

Kopczuk, Wojciech and Joel Slemrod, "The Impact of the Estate Tax on the Wealth Accumulation and Avoidance Behavior of Donors", in William G. Gale, James R. Hines Jr., and Joel B. Slemrod (eds.), *Rethinking Estate and Gift Taxation*, Washington, DC: Brookings Institution Press, 2001, 299–343.

Kotlikoff, L. "IntergenerationalTransfers and Savings", Journal of Economic Perspectives, Vol. 2, 1988, 41–58.

Kotlikoff, L. and L. Summers "The Role of Intergenerational Transfers in Aggregate Capital Accumulation", Journal of Political Economy, Vol. 89, 1981, 706–732.

Kuziemko, Ilyana, Michael I. Norton, Emmanuel Saez, and Stefanie Stantcheva "How Elastic are Preferences for Redistribution? Evidence from Randomized Survey Experiments," NBER Working Paper No. 18865, 2013.

Laroque, G. "Indirect Taxation is Superfluous under Separability and Taste Homogeneity: A Simple Proof", Economic Letters, Vol. 87, 2005, 141–144.

Light, Audrey and Kathleen McGarry. "Why Parents Play Favorites: Explanations For Unequal Bequests," American Economic Review, 2004, v94(5,Dec), 1669–1681.

Modigliani, F. "The Role of Intergenerational Transfers and Life cyle Savings in the Accumulation of Wealth", Journal of Economic Perspectives, Vol. 2, 1988, 15–40.

Norton, M. and D. Ariely "Building a Better America—One Wealth Quintile at a Time", Perspectives on Psychological Science 2011 6(9).

Park, N. "Steady-state solutions of optimal tax mixes in an overlapping—generations model", Journal of Public Economics, Vol. 46, 1991, 227–246.

Piketty, Thomas 2000. "Theories of Persistent Inequality and Intergenerational Mobility", In Atkinson A.B., Bourguignon F., eds. *Handbook of Income Distribution*, (North-Holland).

Piketty, T. "Income Inequality in France, 1901–1998", CEPR Discussion Paper No. 2876, 2001 (appendix with optimal capital tax point).

Piketty, T. "Income Inequality in France, 1901–1998", Journal of Political Economy, Vol. 111, 2003, 1004–1042.

Piketty, T. "On the Long-Run Evolution of Inheritance: France 1820–2050", Quarterly Journal of Economics, 126(3), 2011, 1071–1131.

Piketty, Thomas, *Capital in the 21st Century*, Cambridge: Harvard University Press, 2014.

Piketty, Thomas, Gilles Postel-Vinay and Jean-Laurent Rosenthal, "Inherited vs. Self-Made Wealth: Theory and Evidence from a Rentier Society (1872–1927)," Explorations in Economic History, 2014.

Piketty, T. and E. Saez "A Theory of Optimal Capital Taxation", NBER Working Paper No. 17989, 2012.

Piketty, T. and E. Saez "A Theory of Optimal Inheritance Taxation", Econometrica, 81(5), 2013, 1851–1886.

Piketty, T. and G. Zucman "Capital is Back: Wealth-Income Ratios in Rich Countries, 1700–2010", Quarterly Journal of Economics, 2014.

Piketty, T. and G. Zucman "Wealth and Inheritance in the Long-Run", Handbook of Income Distribution, Volume 2, Elsevier-North Holland, 2014.

Pirttila, Jukka and Hakan Selin, "Income shifting within a dual income tax system: evidence from the Finnish tax reform," Scandinavian Journal of Economics, 113(1), 120–144, 2011.

Saez, E. "Optimal Capital Income Taxes in the Infinite Horizon Model", Journal of Public Economics, 97(1), 2013, 61–74.

Saez, E. "The Desirability of Commodity Taxation under Nonlinear Income Taxation and Heterogeneous Tastes", Journal of Public Economics, Vol. 83, 2002, 217–230.

Saez, E. and G. Zucman "The Distribution of US Wealth, Capital Income and Returns since 1913", Working Paper 2014 (in progress), preliminary slides.

Sandmo, A. "The Effects of Taxation on Savings and Risk-Taking", in A. Auerbach and M. Feldstein, Handbook of Public Economics vol. 1, chapter 5, 1985, 265–311.

Scholz, J. "Wealth Inequality and the Wealth of Cohorts", University of Wisconsin, mimeo, 2003.

Wilhelm, Mark O. "Bequest Behavior and the Effect of Heirs' Earnings: Testing the Altruistic Model of Bequests," American Economic Review, 86(4), 1996, 874–892.

(七)享受税收优惠的退休账号:美国401(k)计划(Tax Favored Retirement Account: IRAs and 401(k))

Aura, S. "Does the Balance of Power Within a Family Matter? The Case of the Retirement Equity Act", Journal of Public Economics, Vol. 89, 2005, 1699–1717.

Bernheim, D. "Taxation and Saving", in A. Auerbach and M. Feldstein, Handbook of Public Economics, Volume 3, Chapter 18, Amsterdam: North Holland, 2002, Section 4.

Bernheim, B. D. and D. M. Garrett "The Determinants and Consequences of Financial Education in the Workplace: Evidence from a Survey of Households", NBER Working Paper No. 5667, 1996.

Card, David and Michael Ransom (2011) "Pension Plan Characteristics and Framing Effects in Employee Savings Behavior", Review of Economics and Statistics, 93(1), 228–243, NBER Working Paper No. 13275, July 2007.

Chetty, Raj, John Friedman, Soren Leth-Petersen, Torben Nielsen, and Tore Olsen "Active vs. Passive Decisions and Crowd-out in Retirement Savings Accounts: Evidence from Denmark." NBER Working Paper No. 18565, 2012, Quarterly Journal of Economics, 2014.

Choi, J., D. Laibson and B. Madrian "Reducing the Complexity Costs of 401(k) Participation Through Quick Enrollment", NBER Working Paper No. 11979, 2006.

Choi, J., D. Laibson and B. Madrian "$100 Bills on the Sidewalk: Suboptimal Saving in 401(k) Plans", NBER Working Paper No. 11554, 2005.

Choi, J., D. Laibson, B. Madrian. and A. Metrick "For Better or For Worse: Default Effects and 401(k) Savings Behavior". In David Wise, editor, Perspectives on the Economics of Aging, pp. 81–121. Chicago: University of Chicago Press, 2004, also NBER Working Paper No. 8651, 2001.

Choi, J., D. Laibson, B. Madrian. and A. Metrick "Optimal Defaults", American Economic Review, Vol. 93, 2003, 180–185.

Choi, J., D. Laibson, B. Madrian. and A. Metrick "Defined Contribution Pensions: Plan Rules, Participant Decisions, and the Path of Least Resistance" In James Poterba, editor, Tax Policy and the Economy 16, 2002, pp. 67–114, also NBER Working Paper No. 8655, 2001.

Choi, J., D. Laibson, B. Madrian. and A. Metrick "Passive Decisions and Potent Defaults", NBER Working Paper No. 9917, 2003.

Duflo, E. and E. Saez "Participation and Investment Decisions in a Retirement Plan: The Influence of Colleagues' Choices", Journal of Public Economics, Vol. 85, 2002, 121–148.

Duflo, E. and E. Saez "The Role of Information and Social Interactions in Retirement Plan Decisions: Evidence from a Randomized Experiment", Quarterly Journal of Economics, Vol. 118, 2003, 815–842.

Duflo, E., W. Gale, J. Liebman, P. Orszag and E. Saez "Saving Incentives for Low and Middle-Income Families: Evidence from a Field Experiment with H&R Block", Quarterly Journal of Economics, Vol. 121, 2006, 1311–1346.

Engen, E., and W. Gale, "Debt,Taxes and the Effects of 401 (k) Plans on Household Wealth Accumulation," mimeo, October 1995.

Engen, E., W. Gale and J. Scholz "The Illusory Effects of Saving Incentives", Journal of Economic Perspectives, Vol. 10, 1996, 113 – 138.

Engelhardt, G. "Have 401(k)s Raised Household Saving? Evidence from the Health and Retirement Study", Syracuse Center for Policy Research Working Paper, 2000.

Engelhardt, G. and A. Kumar (2007) "Employer Matching and 401(k) Saving: Evidence from the Health and Retirement Study", Journal of Public Economics, 91(10), 1920 – 43.

Gale, W. and J. Scholz "IRAs and Household Saving", American Economic Review, Vol. 84, 1994, 1233 – 1260.

Gelber, Alexander (2011)"How do 401(k)s Affect Saving? Evidence from Changes in 401 (k) Eligibility," American Economic Journal: Economic Policy, 3:4, 103 – 122.

Holden, K., Nicholson, S., 1998. "Selection of a joint-and-survivor pension." Institute for Research on Poverty Discussion Paper No. 117598.

Holden, K., and K. Zick "Distributional changes in income and wealth upon widowhood: Implications for private insurance and public policy" In: Retirement needs framework, 69C79. SOA Monograph M-RS00 – 1. Schaumburg, IL: Society of Actuaries, 2000.

Madrian, B. and D. Shea "ThePower of Suggestion: Inertia in 401(k) Participation and Savings Behavior", Quarterly Journal of Economics, Vol.116, 2001, 1149 – 1188.

Poterba, J., S. Venti and D. Wise "Do 401(k) Contributions Crowd Out Other Personal Saving?", Journal of Public Economics, Vol. 58, 1995, 1 – 32.

Poterba, J., S. Venti and D. Wise"How Retirement Saving Programs Increase Saving", Journal of Economic Perspectives, Vol. 10, 1996, 91 – 112.

Poterba, J., S. Venti and D. Wise "401 (k) Plans and Future Patterns of Retirement Saving", The American Economic Review, Vol. 88, No. 2, Papers and Proceedings of the Hundred and Tenth Annual Meeting of the American Economic Association (May, 1998), 179 – 184.

Poterba, J., S. Venti and D. Wise "The Transition to Personal Accounts and Increasing Retirement Wealth: Macro and Micro Evidence", NBER Working Paper No. 8610, 2001.

Saez, E. "Details Matter: The impact of Presentation and Information in the Take-up of Financial Incentives for Retirement Savings", American Economic Journal: Economic Policy, Vol. 1, 2009, 204 – 228.

Thaler, R. and S. Benartzi "Save More Tomorrow: Using Behavioral Economics to Increase Employee Saving", Journal of Political Economy, Vol. 112, 2004, 164 – 187.

Thaler, Richard H. and Cass R. Sunstein "Libertarian Paternalism" American Economic Review, Vol. 93, No. 2, 2003, 175 – 179.

Venti, S. and D. Wise "Have IRAs Increased U. S. Saving? Evidence from Consumer Expenditure Surveys", Quarterly Journal of Economics, Vol. 105, 1990, 661 – 698.

四、加布里埃尔·朱克曼的税收理论与实证前沿文献

(一)累进的财富税问题(Progressive Wealth Taxation)

Alvaredo, Facundo, Bertr and Garbinti, and Thomas Piketty, "On the share of inheritance in Aggregate wealth Europe and the United States, 1900—2010", Economica, 2017.

Atkinson A. B. "Wealth and Inheritance in Britain from 1896 to the Present", working paper 2013.

Fuest, Clemens, Andreas Peichl, and Sebastian Siegloch "Do Higher Corporate Taxes Reduce Wages? Micro Evidence from Germany", working paper 2016.

Guvenen, Fatih, Gueorgui Kambourov, Burhan Kuruscu, Sergio Ocampo, and Daphne Chen, "Use it or Lose It: Efficiency Gains from Wealth Taxation", working paper, 2017.

Harberger, Arnold C., "The incidence of the corporation income tax," *Journal of Political Economy*, 1962.

Kotlikoff, Laurence J. and Lawrence H. Summers, "The Role of Intergenerational Transfers in Aggregate Capital Accumulation", *Journal of Political Economy* 1981.

Kotlikoff, Laurence, "IntergenerationalTransfers and Savings", *Journal of Economic Perspectives* 1988.

Mieszkowski, Peter, "The Property Tax: An Excise Tax or a Profit Tax?", *Journal of Public Economics*, 1972.

Modigliani, Franco, "Life Cycle, Individual Thrift, and the Wealth of Nations", *American Economic Review* 1986.

OhlssonH., J. Roine and D. Waldenström, "Inherited Wealth over the Path of Development: Sweden, 1810 – 2010", working paper 2014.

Piketty, Thomas, "On the Long-Run Evolution of Inheritance: France 1820 – 2050", *Quarterly Journal of Economics*, 2011.

Sachs, Dominik, Aleh Tsyvinski, and Nicolas Werquin, "Nonlinear Tax Incidence and Optimal Taxation in General Equilibrium", working paper 2016.

Scheve Kenneth & D. Stasavage, "Democracy, War, and Wealth: Lessons from Two Centuries of Inheritance Taxation", American Political Science Review, 2012.

Scheve Kenneth, and David Stasavage, "Taxing the Rich : A History of Fiscal Fairness in the United States and Europe", Princeton University Press, 2016.

Suarez Serrato, Juan Carlos, and Owen Zidar, "Who Benefits from State Corporate Tax Cuts? A Local Labor Markets Approach with Heterogeneous Firms", *American Economic Review*, 2016.

Zucman, Gabriel, "Taxing Across Borders: Tracking Personal Wealth and Corporate Profits", *Journal of Economic Perspectives*, 2014.

(二)国际税收竞争问题(International Tax Competition)

Auerbach, Alan J. "A Modern Corporate Tax", Center for American Progress and the Hamilton Project, 2010.

Auerbach, Alan J. and Douglas Holtz-Eakin "The Role of Border Adjustment in International Taxation", working paper, 2016.

Bertrand, Marianne, Paras Mehta and Sendhil Mullainathan "Ferreting Out Tunneling: An Application to Indian Business Groups", *Quarterly Journal of Economics* 2002.

Clausing, Kimberly A., "Tax-motivated Transfer Pricing and US Intrafirm Trade Prices" *Journal of Public Economics*, 2003.

Dharmapala Dhammika, and Nadine Riedel, "Earnings Shocks and Tax-Motivated Income-Shifting: Evidence from European Multinationals," *Journal of Public Economics*, 2013.

Gordon, Roger and John D. Wilson, "An Examination of Multijurisdiction Corporate Income Taxation Under Formula Apportionment", *Econometrica*, 1986.

Gordon, Roger and James Hines, "International Taxation," *Handbook of Public Economics*, vol. 4, 2002.

Hong, Qing and Michael Smart, "In praise of tax havens: International tax planning and foreign direct investment", *European Economic Review*, 2010.

Johannesen, Niels "Imperfect tax competition for profits, asymmetric equilibrium and beneficial tax havens" *Journal of International Economics*, 2010.

Keen, Michael and Kai Konrad, "The Theory of International Tax Competition and Coordination," Handbook of Public Economics, vol. 5, 2013.

Lane, Philip and Gian Maria Milesi—Ferretti, "International Financial Integration", IMF Staff Papers, 2003.

Lane, Philip and Gian Maria Milesi—Feretti, "The External Wealth of Nations Mark II," Journal of International Economics, 2007.

Slemrod, Joel and John D. Wilson, "Tax competition with parasitic tax havens", *Journal of Public Eonomics*, 2009.

Torslov, Thomas, Ludvig Wier and Gabriel Zucman, "The Missing Profits of Nations", NBER working paper 2018.

Wilson, J. D. "A theory of interregional tax competition." *Journal of Urban Economics*, 1986.

Wright, Thomas, and Gabriel Zucman. 2018. "The Exorbitant Tax Privilege", working paper.

Zodrow, George R. "Capital mobility and capital tax competition." *National Tax Journal*, 2010.

Zodrow, George R. and Mieszkowski "Pigou, Tiebout, Property Taxation, and the Under—provision of Local Public Goods" *Journal of Urban Economics*, 1986.

（三）全球利润转移与税收天堂(Global Profit Shifting and Tax Havens)

Allingham, M. and A. Sandmo "Income tax evasion: a theoretical analysis", Journal of Public Economics, Vol. 1, 1972, 323-338.

Alm, J., B. Jackson and M. McKee. "Institutional Uncertainty and Taxpayer Compliance",

American Economic Review, Vol. 82, 1992, 1018–1026.

Alstadsæter, Annette, Niels Johannesen and Gabriel Zucman, "Tax Evasion and Inequality", American Economic Review, 2019.

Alstadsæter, Annette, Niels Johannesen and Gabriel Zucman, "Who Owns the Wealth in Tax Havens? Macro Evidence and Implications for Global Inequality", *Journal of Public Economics*, 2018.

Feinstein, Jonathan S., "And econometric analysis of tax evasion and its detection", *Rand Journal of Economics*, 1991.

IRS, "Tax Gap Estimates for Tax Years 2008? 2010", 2016.

Johannesen, Niels and Gabriel Zucman "The End of Bank Secrecy? An Evaluation of the G20 Tax Haven Crackdown," American Economic Journal: Economic Policy, 6(1), 2014.

Johannesen, Niels, Patrick Langetieg, Daniel Reck, Max Risch, and Joel Slemrod "Taxing Hiden Wealth: The Consequences of U.S. Enforcement Initiatives on Evasive Foreign Accounts," working paper, 2018.

Kleven, H., M. Knudsen, C. Kreiner, S. Pedersen, and E. Saez "Unwilling or Unable to Cheat? Evidence from a Randomized Tax Audit Experiment in Denmark", Econometrica 79(3), 2011, 651–692.

Kleven, H., C. K. Kreiner, & E. Saez. "Why Can Modern Governments Tax So Much? An Agency Model of Firms as Fiscal Intermediaries", Economica, Vol. 83(330), 2016, 219–246.

Luttmer, Erzo F. P. and Monica Singhal (2014) "Tax Morale", Journal of Economic Perspectives 28(4), 149–168.

Slemrod, Joel. 2007. "The Economics of Tax Evasion," *Journal of Economic Perspectives*, 21(1), 25–48.

Slemrod, J. and S. Yitzhaki "Tax Avoidance, Evasion and Administration", in A. Auerbach and M. Feldstein (eds.), Handbook of Public Economics, Vol. 3 (Amsterdam: North—Holland, 2002), 1423–1470.

Yitzhaki, "On the Excess Burden of Tax Evasion", *Public Finances Quarterly* 1987.

Zucman Gabriel, "The Missing Wealth of Nations: Are Europe and the US net Debtors or net Creditors?", *Quarterly Journal of Economics* 2013.

Zucman, Gabriel, "Taxing Across Borders: Tracking Personal Wealth and Corporate Profits", *Journal of Economic Perspectives*, 2014.

（四）逃税：信息、供给与规范（Tax Evasion: Information, Supply, Norms)

Bachas, Pierre and Mauricio Soto, "Not(ch) Your Average Tax System: Corporate Taxation Under Weak Enforcement", 2016.

Besley, Tim and Torsten Persson, "State capacity, conflict, and development", *Econometrica* 2010.

Besley, Timothy and Torsten Persson, "Taxation and Development," in Martin Feldstein, Alan J. Auerbach, Raj Chetty and Emmanuel Saez, eds., Handbook of public economics, vol.

5, 2013.

Best Michael, Anne Brockmeyer, Henrik Jacobsen Kleven, Johannes Spinnewijn, and Mazhar Waseem, "Production vs Revenue Efficiency With Limited Tax Capacity: Theory and Evidence From Pakistan", *JPE* 2016.

Cage, Julia and Lucie Gadenne, "The fiscal cost of trade liberalization", working paper 2014.

Carillo, Paul, Dina Pomeranz, and Monica Singhal, "Doding the taxman", *American Economic Journal*, 2017.

Gordon, Roger and Wei Li, "Tax structures in developing countries: Many puzzles and a possible explanation", *Journal of Public Economics* 2009.

Kleven, Henrik and Mazhar Waseem, "Using Notches to Uncover Optimization Frictions and Structural Elasticities: Theory and Evidence from Pakistan", *Quarterly Journal of Economics*, 2013.

Kleven, Henrik, Claus Kreiner, and Emmanuel Saez "Why Can Modern Governments Tax So Much? An Agency Model of Firms as Fiscal Intermediaries", Economica, 2016.

Pomeranz, Dina "No Taxation without Information", *American Economic Review* 2015.

Piketty, Thomas, Li Yang and Gabriel Zucman, "Capital Accumulation, Private Property, and Inequality in China 1978–2015", NBER working paper 2017.

Scheve Kenneth & D. Stasavage, "Democracy, War, and Wealth: Lessons from Two Centuries of Inheritance Taxation", *American Political Science Review*, 2012.

Scheve Kenneth, and David Stasavage, "Taxing the Rich : A History of Fiscal Fairness in the United States and Europe", Princeton University Press, 2016.

第二章 中国未来税制的改革、挑战与展望

当前,中国经济正处在转变发展方式、优化经济结构、转换增长动力的攻关期,经济由"高速增长阶段"进入"高质量发展阶段"。面对十九届五中全会以来的新发展阶段、新发展理念、新发展格局,税收作为调节经济的重要杠杆,在新时代的中国经济发展中起着举足轻重的作用。而中国经济的未来发展需要合理的税制来提供动力,需要进一步面向未来完善中国的税收制度。

第一节 中国未来税制改革的顶层设计

为了稳定经济增长、促进经济社会体制改革、应对宏观经济风险及外部冲击,完善现有税制的不足,中国"十三五"规划纲要提出,要建立税种科学、结构优化、法律健全、规范公平、征管高效的税收制度。

2013年11月12日中国共产党第十八届三中全会通过了《中共中央关于全面深化改革若干重大问题的决定》。《决定》将财税体制改革提升到"完善和发展中国特色社会主义制度,推进国家治理体系和治理能力现代化"的战略高度,并赋予了"国家治理的基础和重要支柱"的定位。在完善税收制度方面,提出把不动产纳入增值税抵扣范围,建立规范的消费型增值税制度;推进消费税改革,调整征收范围、环节和税率,进一步发挥消费税的调节功能;加快房产税立法和改革步伐,提高保有环节的税收;推进资源税从价计征改革,进一步发挥税收促进资源节约和环境保护的作用;加快完善个人所得税征管配套措施等方面。

自此,从2016年开始,一场宏大的"深化税收制度改革,健全地方税体系"的税制改革拉开了帷幕。2020年11月,《中共中央关于制定国民经济和社会发展第十四个五年规划和二〇三五年远景目标的建议》中,关于税收的提议如表2-1所示。

表 2-1　十四五规划中的税收改革问题

序号	涉及税种	内容
1	综合	发挥企业家在技术创新中的重要作用,鼓励企业加大研发投入,对企业投入基础研究实行税收优惠。
2	综合	完善现代税收制度,健全地方税、直接税体系,优化税制结构,适当提高直接税比重,深化税收征管制度改革。
3	个人所得税	完善再分配机制,加大税收、社保、转移支付等调节力度和精准性,合理调节过高收入,取缔非法收入。
4	综合	加大基础研究财政投入力度、优化支出结构,对企业投入基础研究实行税收优惠。
5	所得税	实施更大力度的研发费用加计扣除、高新技术企业税收优惠等普惠性政策。
6	综合	完善激励科技型中小企业创新的税收优惠政策。
7	国际税收	健全薪酬福利、子女教育、社会保障、税收优惠等制度,为海外科学家在华工作提供具有国际竞争力和吸引力的环境。
8	关税	降低进口关税和制度性成本,扩大优质消费品、先进技术、重要设备、能源资源等进口,促进进口来源多元化。
9	完善现代税收制度	优化税制结构,健全直接税体系,适当提高直接税比重。完善个人所得税制度,推进扩大综合征收范围,优化税率结构。 聚焦支持稳定制造业、巩固产业链供应链,进一步优化增值税制度。 调整优化消费税征收范围和税率,推进征收环节后移并稳步下划地方。规范完善税收优惠。 推进房地产税立法,健全地方税体系,逐步扩大地方税政管理权。 深化税收征管制度改革,建设智慧税务,推动税收征管现代化。
10	综合	实施有利于节能环保和资源综合利用的税收政策。
11	关税	稳步推进海南自由贸易港建设,货物贸易"零关税"。
12	国际税收	推动与更多国家商签投资保护协定、避免双重征税协定等。
13	所得税	健全培训经费税前扣除政策,鼓励企业开展岗位技能提升培训。
14	所得税	健全直接税体系,完善综合与分类相结合的个人所得税制度,加强对高收入者的税收调节和监管。
15	综合	促进慈善事业发展,完善财税等激励政策。

从顶层设计的角度来看,2018年后的中国税制改革以提高直接税比重、降低间接税比重和减税降费为主要方向,逐渐完善其他尚未完成立法的税种。税法制定层级上移,可以奠定依法纳税的坚实基础。税法的制定层级将由国务院和财政部颁布暂行规定上升为全国人民代表大会立法。

而中国的"十四五"规划和2035年远景目标纲要提出了建立现代财税金融体制的目标要求、主要任务和实现路径。这其中：(1) 健全地方税体系，加快推进后移消费税征收环节改革，并稳步下划地方；(2) 积极推进印花税、关税等税收立法；(3) 通过税收立法授权，适当扩大省级税收管理权限。这些都是税收制度改革的重要方面。

第二节 中国未来税制改革的前沿问题

2020年5月11日，中共中央、国务院《关于新时代加快完善社会主义市场经济体制的意见》对未来的税收工作提出了明确的方向："深化税收制度改革，完善直接税制度并逐步提高其比重。研究将部分品目消费税征收环节后移。建立和完善综合与分类相结合的个人所得税制度。稳妥推进房地产税立法。健全地方税体系，调整完善地方税税制，培育壮大地方税税源，稳步扩大地方税管理权。"

2020年10月26日至29日，党的十九届五中全会明确提出了"完善现代税收制度，健全地方税、直接税体系，优化税制结构，适当提高直接税比重，深化税收征管制度改革"的要求。

2021年5月6日，财政部党组书记、部长刘昆在《建立健全有利于高质量发展的现代财税体制》一文中指出：在保持现阶段流转税、所得税双主体税制基本稳定基础上，不断优化税制结构，更好发挥税收功能作用。健全直接税体系，逐步提高直接税比重，进一步完善综合与分类相结合的个人所得税制度，积极稳妥推进房地产税立法和改革。健全地方税体系，培育地方税源，结合立法统筹推进消费税征收环节后移并稳步下划地方。

中国未来的税制改革，将主要围绕直接税和间接税结构调整、间接税内部税种体系的优化、改革完善现有税种和征管制度的完善等方面。具体分税种来看，总结如下：

一、增值税的立法与税率简并问题

增值税作为中国第一大税种，也成为税制改革道路上最为重要的内容。2016年5月1日，中国全面推行"营业税改征增值税"，目前这一步改革已经完成，成为增值税改革中的重要内容。2019年4月1日，中国开始实施深化增值税改革的政策。此次改革的主要内容包括：将制造业等行业税率由16%降至13%，将交通运输业、建筑业等行业税率由10%降至9%，以及相应的配套措施。配套的措施主要有：

(1) 进一步扩大进项税抵扣范围，将客运服务纳入抵扣；

(2) 将不动产进项税额由分两年抵扣，改为一次性全额抵扣；

（3）2021年12月31日前，允许生产、生活服务业纳税人申报的可抵扣进项税额加计10%，抵减应纳税额；

（4）试行增值税期末留抵税额退税制度，自2019年4月1日起，对增量留抵税额按照有关规定予以退还；

（5）调整部分货物、劳务、服务的出口退税率、购进农产品抵扣率和境外旅客购物离境退税率。

未来下一步会有如何的改革？有激进派认为：应该取消增值税。他们认为增值税的抵扣环节比较复杂，偷漏税空间较大，征收管理的成本较大；与此同时，采用所得税方式的抵扣和优惠政策，使得增值税的税制越来越复杂，甚至出现了条款冲突的地方。

也有观点认为：增值税不能取消。因为增值税是中央地方共享税，如果取消增值税，地方财力会承受不了。该类观点建议：应该进一步减税改革，再降税率，同时可以合并低档税率。因为多档税率的情况限制了增值税税收中性的体现，不利于二、三产业的协同发展。因而，从保持税制稳定的视角来看，优化现行的增值税税制、增值税兼并税率将是一大趋势。

另一方面，如何处理好增值税与各行业的关系，也是税制改革过程中需要重点注意的内容。以金融产品与增值税的关系为例：金融业务的增值税制度应该如何设计？这是一个难以回答但必须回答的问题。金融行业的抵扣问题是全世界的难题，比如人力成本是否应该抵扣以及如何抵扣至今仍然没有明确的答案。"营改增"后，资管产品应征收增值税，但资管产品的特殊性导致课税主体难以确认，从而给增值税的征收带来困难。《财政部、税务总局关于资管产品增值税有关问题的通知》（财税〔2017〕56号）文件明确，资管产品管理人运营资产过程中发生的增值税应税行为，暂适用简易计税方法，按照3%的征收率缴纳增值税，起征时间为2018年1月1日。资管产品的增值税政策出台能稳定税负，巧妙地避开了金融产品增值额确定的困境，但是同时也避开了增值税税收中性的功能。

当前，金融产品的抵扣内容、抵扣标准还没有统一的规定。在下一步该如何设置？关于金融资管产品，自身也有风险和管理的困境。如果对其放松管制，可能会导致偷漏税泛滥，极大地损害国家利益；如果强化管制，则会出现"一管就死"的现象。而对于微观经济体而言，我们需要资管产品来活跃经济、满足中小企业的融资需求。考虑这样的税收负担和税收征管时，比较理想的做法是进行适度的金融放松"活跃经济"，资管产品的最佳信贷规模约占银行信贷的30%－40%。超过这一比例则会导致金融泡沫，低于这一比例则会抑制经济的活跃度。

二、个人所得税的完善问题

个人所得税的改革也是未来税制改革中的一大热点。2018年8月31日,《中华人民共和国个人所得税法(修订稿)》立法通过,自2019年1月1日起施行。针对修改后的《个人所得税法》,值得关注的九个关键词包括:

(1) 居民和非居民个人(183天);
(2) 综合和单项所得扣除;
(3) 年度汇算清缴(年度合并计算缴纳);
(4) 所得分类及税率;
(5) 专项附加扣除(6项);
(6) 自行申报;
(7) 反避税规则(独立交易规则、CFC规则、GAAR规则);
(8) 离境清税;
(9) 工资薪金的基本费用扣除标准。

其中最大的改动应属新增加了六项专项附加扣除:在提高综合所得基本减除费用标准,明确现行的个人基本养老保险、基本医疗保险、失业保险、住房公积金等专项扣除项目以及依法确定的其他扣除项目继续执行的同时,增加了子女教育、继续教育、大病医疗、住房贷款利息、住房租金和赡养老人等六项专项附加扣除。

对应于九个关键词,现行《个人所得税法》中的要点如表2-2所示。

表2-2 现行《个人所得税法》中的要点

个人所得税改革	具体规定
居民和非居民个人的判断标准	在中国境内有住所,或者无住所而一个纳税年度内在中国境内居住累计满183天的个人,为居民个人。在中国境内无住所又不居住,或者无住所而一个纳税年度内在中国境内居住累计不满183天的个人,为非居民个人。
综合所得和分类所得	个人所得税建立综合与分类相结合的税制结构,将工资薪金所得、劳务报酬所得、稿酬所得和特许权使用费所得合并为综合所得;利息、股息、红利所得,财产租赁所得,财产转让所得和偶然所得为分类所得。
年度汇算清缴	年度终了后,纳税人需汇总工资薪金、劳务报酬、稿酬、特许权使用费等四项综合所得的全年收入额,减去全年的费用和扣除,得出应纳税所得额并按照综合所得年度税率表,计算全年应纳个人所得税,再减去年度内已经预缴的税款,向税务机关办理年度纳税申报并结清应退或应补税款。
税率	1. 综合所得,适用3%至45%的超额累进税率; 2. 经营所得,适用5%至35%的超额累进税率; 3. 利息、股息、红利所得,财产租赁所得,财产转让所得和偶然所得,适用比例税率,税率为20%。

续表

个人所得税改革	具体规定
专项附加扣除	个人所得税增加了子女教育、继续教育、大病医疗、住房贷款利息、住房租金和赡养老人等六项专项附加扣除。
自行申报	凡在中国境内负有个人所得税纳税义务的纳税人，具有以下情形之一的，应当按照规定自行向税务机关办理纳税申报： 1. 从两处以上取得综合所得，且综合所得年收入额减除专项扣除后的余额超过6万元； 2. 取得劳务报酬所得、稿酬所得、特许权使用费所得中一项或者多项所得，且综合所得年收入额减除专项扣除的余额超过6万元； 3. 纳税年度内预缴税额低于应纳税额； 4. 纳税人申请退税； 5. 取得应税所得，但没有扣缴义务人或者扣缴义务人未扣缴税款； 6. 取得境外所得； 7. 因移居境外注销中国户籍； 8. 非居民个人在中国境内从两处以上取得工资薪金所得。
反避税规则	有下列情形之一的，税务机关有权按照合理方法进行纳税调整： 1. 个人与其关联方之间的业务往来不符合独立交易原则而减少本人或者其关联方应纳税额，且无正当理由； 2. 居民个人控制的，或者居民个人和居民企业共同控制的设立在实际税负明显偏低的国家（地区）的企业，无合理经营需要，对应当归属于居民个人的利润不作分配或者减少分配； 3. 个人实施其他不具有合理商业目的的安排而获取不当税收利益。
离境清税	离境清税制度是指欠缴税款的纳税人在离开国境前，必须向税务机关缴清所欠税款及滞纳金或提供担保，否则税务机关可以通知边防或海关限制其出境的一项制度。
工资薪金的基本费用扣除标准	个人所得税提高了综合所得的基本费用扣除标准，从每月3 500元提高到每月5 000元。

此次个人所得税改革进一步优化了中国的税收政策，但随着中国社会经济不断发展，同时也出现了一些新的问题需要不断完善。未来税制改革的工作重点应该放在：(1) 完善相关操作程序，使得纳税人申报的信息真实可靠，纳税申报的操作便利、确实可行。与此同时，纳税人所有来源的收入均能够统一到一个信息系统中，并能够受到监督。对于高净值人群而言，其涉税信息的多元化和广泛性，以及人员流动性的影响，如何准确全面地掌握高净值人群的收入信息是税收征管的难点。(2) 进一步完善个人收入的确认。随着时代进步，在社交软件上发红包、现金交易行为（如家教收入、医生的非工资收入）越发常见，这就给个人收入的确认带来了新的挑战。个人收入的来源多种多样，来源信息难以统一，特别是超高净值人员，对其的收入核定难以形成完备的检查和监管。(3) 重视国内个人所得税的避

税问题。随着经济全球化的进一步深化,个人所得税的避税问题,特别是境内的避税,也越发严峻。这也就对国家的反避税管理增加了难度。(4)强化税制的公平内涵。税收征管的不公平情况仍然没有得到有效的改善,高收入者高知者有能力避税,而工薪阶层避税能力弱。结果就导致:高收入者少交税、中低收入者依法纳税,个人所得税调节收入分配有限,成为工薪税。这也就违背了《个人所得税法》调节收入公平的宗旨。未来中国需要进一步完善个人所得税纳税人的专项附加扣除——譬如14岁以下儿童的照护与看管支出、60岁以上老人的照护与看管支出,使得每个人的基本项目扣除与实际负担尽可能匹配。(5)通过个人所得税的改革激发科研创新人员的工作,降低科创人员个人所得税的最高边际税率,从目前的45%降低到25%-30%。创新科研人员的税收负担过重,难以激发国民的科研热情。未来需要进一步解决这些方面的税收激励问题。

三、房地产税的开征问题

关于房地产税开征与否的讨论也处于白热化阶段。房地产税的首要功能是筹集财政收入。理论上看,房地产税的税源具有非流动性,房地产税收入可以直接用于地方公共产品供给,适合作为地方政府的稳定收入。房地产税的辅助功能是调节贫富差距、优化资源配置。对于高端住宅、多套住宅,征收房产税能够一定程度上调节收入分配,促进再分配的公平。但由于房地产税局限于地方,全局性的房地产税尚未开征,其调节公平功能只能是辅助性质的。

2018年3月,李克强总理在十三届全国人大会议上所做的《政府工作报告》提出,健全地方税收体系,稳妥推进房地产税立法。之所以用"稳妥"一词,是因为房地产税的推出还需要一系列的制度建设先行,这仍是一个耗时较长且需要解决诸多问题的过程。

并且,房地产税影响方方面面的利益和征管问题。就目前保有环节的房产税而言,2011年在上海、重庆试行后,涉及的利益和征管问题包括:(1)管理部门人少户多的矛盾突出,管理压力和管理风险不断加大。(2)大海捞针的排查方法,难以满足日常管理需求。(3)中国居民购买房屋的资金来源结构比较特殊。发达国家居民购买房屋的资金来源主要是银行贷款,而中国的社会是人情文化的社会,购买房屋的资金主要来自父母,甚至来自亲戚朋友的借款。如果征收房产税,则会加重纳税人的负担,引起纳税人的情绪不满。(4)发达国家的房产税是专款专用的,有单独的"预算池子",一般都用于本地区的公共服务,而中国的税收是一个综合的"预算池子"。(5)房产税征收过程中涉及许多公平问题,比如减免税是以人均面积还是以房产套数为标准来设定。(6)存在房产所有人和实际使用人分离的问题。

此外,中国的各级地方政府对于房地产经济过度依赖,部分地区达到70%以上。如何改变这一状况、做好"后土地财政时代"的财源建设是开征房产税的前置问题。因此,对于房产税的开征,未来需要深入论证这些方面的现实困难,在程序上需要审慎进行。

四、环境保护税的税负调整问题

《中华人民共和国环境保护税法》由中华人民共和国第十二届全国人民代表大会常务委员会第二十五次会议于2016年12月25日通过,自2018年1月1日起施行,并且规定环境保护税改由税务局征收。环境保护税立法有利于解决排污费制度存在的执法刚性不足等问题,有利于提高纳税人环保意识和强化企业治污减排的责任意识。但是现行的环境保护税实质上是"费改税",是税负的平移,总体上会带来减排不力、强度有限的结果。立法只是环境保护税发展的第一步,未来环境保护税仍需进一步完善。

具体而言:(1)需要扩充征税范围。目前征税范围与排污费类似,税目包括大气污染物、水污染物、固体废料污染物和噪声四大类。与其他国家相比,中国现阶段环保税征税范围较小。以荷兰为例,荷兰属于征收环保税比较成功的国家,其环保税税目众多,包括噪声税、垃圾税、燃料税等,其中将居民生活垃圾同样纳入征税范围。(2)从长远来看,环保税不要局限于规范企业的环保行为,还应扩大征税范围,将居民生活污染纳入征收,对居民保护环境进行政策上的引导。(3)需要对税率进行调整。目前中国环境保护税采用幅度定额税率,与排污费类似,税额较小,不能很好地发挥税收的调节作用。在未来,环保税的税率应当根据环境状况进行适度的调整,发挥税收政策的引导作用,规范企业的环保行为。

五、消费税税目的"有增有减"问题

消费税作为另外一大税种,虽然已经施行多年,但立法进程仍然缓慢。在未来,消费税改革的趋势应该是设计"有增有减"的动态调整机制。应该减少已成日常的项目,如低排量小汽车,提高高档化妆品的认定标准等。同时,应扩充新的项目,纳入"营改增"的部分服务项目,增加高档服装、高级皮毛及皮革制品等税目;增加海参、鲍鱼、鱼翅、燕窝、冬虫夏草等食品和保健品税目;增加红木、楠木等高档木材家具,房车、私人飞机等高档交通工具税目。在这一方面,朱军、邹韬略和张敬亭(2022)就采用量化的方法讨论消费税税目"有增有减"对于GDP增长、消费税和总税收收入的影响,以期为未来的税制改革提供参考。

六、资源税的扩围问题

对于资源税,首先,建议扩围资源税的税目。将水资源、森林资源纳入资源税调整范围,将对水资源的课税由试点拓展到全国。其次,应针对垄断资源的国有企业,形成复合型资源税税制,如拓展"石油特别收益金"到其他资源,并将"收益金"

改成"税"。最后,合理认定资源税的收入归属。改革之中,资源税到底是归为地方税,还是归为中央税,抑或是归为中央和地方共享税?针对资源税和环境保护税的绿色发展功能,朱军、张敬亭和李建强(2022)采用可计算一般均衡模型讨论了"十四五"中国绿色税制改革的经济和碳减排效应,建议"环境保护税税负水平提高25%以内,资源税税负水平提高50%－75%,车辆购置税税负水平降低50%以上"。

七、降低进口关税的税率问题

经济全球化的进一步发展,使得各国之间的贸易越发频繁,各国之间的联系和依存也日益加深,构建经济共同体也成了不可逆转的趋势。关税作为跨国贸易中至关重要的一环,进一步改革完善已经迫在眉睫。在未来,应该降低进口关税和消费税,促进国外消费回流。目前中国进口商品税负过重,例如化妆品的关税、消费税、增值税的征收比例分别为50%、30%、13%,税负共约93%;酒类的关税、消费税、增值税的征收比例分别为50%、20%、13%,税负共约83%;烟类的关税、消费税、增值税的征收比例分别为50%、56%、13%,税负高达119%;珠宝玉器的关税、消费税、增值税的征收比例分别为50%、10%、13%,税负共约63%。虽然降低关税税率可以增大进口量,会使关税收入持平甚至减少,但是过高的税负助长了走私犯罪的风气,也导致了国民更愿意直接或者间接地境外消费。另一方面,应该降低科研目的、企业高新技术研发方面进口业务的相关关税,促进国际技术交流与合作,增强中国企业的技术吸收能力。

八、税务机构设置的完善问题

在税种改革的同时,税务机构设置的完善也是必要的。具体建议:(1)可以考虑借鉴外国经验、做法——兼顾行政区划和税源分布,设立区域税务局,例如长三角税务局、淮海经济区税务局和粤港澳大湾区税务局等。(2)从实际出发,建立有中国特色的管理体系(层级),改善税务系统层级、内设机构的设置,提高税务机关的人员素质、技术水平,处理好各级党组织和税务机关,各级税务机关和地方人大、政府的关系。(3)使人员配置结构从"两头小中间大"的"橄榄型"逐渐改革为"两头大中间小"的"哑铃型"。具体建议增加基层一线征管人员的数量,将市局、区局人员压实到一线税务所和区级税务业务部门;同时,增加顶层税务总局的人员。借鉴美国国内收入署的功能,考虑将国家税务总局现有1 000人左右的规模增加到4 000－5 000人,新增人员重点关注业务的管理、业务的研究、税收政策的评估、税收稽查和税收的仲裁作用等。税收机构设置的未来改革趋势如2－1所示。

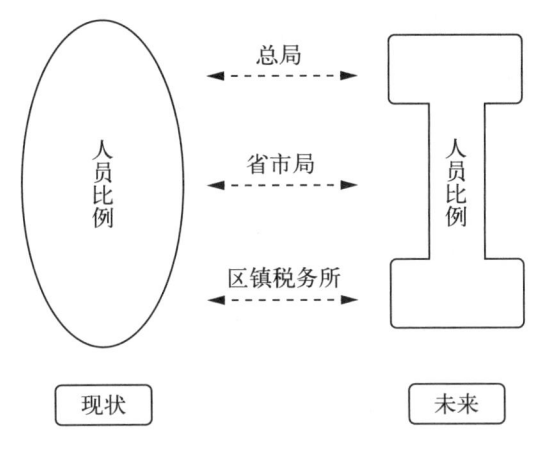

图 2-1　税收机构设置的未来改革趋势

九、其他方面

针对经济增长面临的下行压力、振兴实体经济和统一、公平税收征管的需要,未来的税制改革重点要瞄准促进经济活力迸发、转型发展新路,建立健全有利于高质量发展、社会公平、市场统一的税收制度体系。

这就要求税制改革在总体方向上要解决以下几个方面的问题:(1)助力经济发展,在调节公平分配、扩大内需方面有所作为。在提高增长质量方面,既看重企业实体,也要看重微观个体(科技创新人员)的主观作用,着力发挥税收的调节作用。(2)要在注重人力资源的积累和国际人才的流入上发挥作用。要通过增加对科创人员的税收激励,紧盯国际化人才的流入,突出个人所得税的国际竞争力。要在全球的视角下,通过税收激励"抢需要的人、抢创业干事的人、抢用得上的人、抢40岁以下的创新事业的人",为高端科技人才降低个人所得税边际税负或者提供财政补贴,为未来的中国经济社会发展注入新的动力。(3)降低制造业企业和其他实体经济部门的创新成本,在技术升级、进口环节等方面降低相关税负。具体要降低实体制造企业的高税负,降低实体创业过程中的"税收负担"。(4)限制经济的"虚拟化",解决资金的"脱实向虚",增强对于非实体部门的监管和税务管理。对于虚拟经济、平台经济、中间/中介模式经济体等业态,要强化税收的监管和稽查。综合(2)、(3)两个部分,要在所得税的负担方面进行科学的论证,形成既具有国际竞争力又有中国特色的所得税税负水平。(5)迎接数字经济的挑战,将中国现行税制由"货物和劳务"为主,转为置入"数字经济""数字贸易"的新型税制体系。增加应对数字经济的条款,完善应对数字经济的国际税收制度和管理。(6)在"碳中和碳达峰"的背景下,既要考虑完善现行税制中绿色税制的部分,又要考虑开征碳税或是完善现行税制中有利于"降碳"的政策措施。(7)关注税收流失问题。首先,股权的层层嵌套辅之以境内外的服务贸易、关联交易,或是境外的股权收购与投资行为,其带来的税收流失问题是中国现实的问题。涉及跨税种、跨行业、跨地区、跨国界的税务问题,必然会形成税收流失的可行空间。其次,在境外注册空壳公司从事关联交易,将境内外交易的巨额佣金收入汇到境外空壳公司,这是境内企业税收流失的重要手段之一。最后,境内企业通过不同组织形式的来回切换(时常采用的合伙、信托制度等)、对高收入个体工商户缺乏有针对性的稽查和征管等等措施,都是中国税收流失的重要方面。

这些问题对于中国的收入分配和经济运行产生了重要的影响,税收方面的问题不解决将不利于塑造共同富裕氛围,也不利于公平营商环境的形成,会降低其他政策在国家治理中的总效能。

第三节 数字经济、新经济等对税制改革的挑战

经济系统中占主导地位的产业形态的不同,决定社会经济形态的不同。新经济是新的经济形态,其中数字经济是新经济的主体部分。在不同的历史时期,新经济有不同的内涵。当前新经济是指"信息技术的个体性、人工智能、创新性知识"等在经济社会发展中的新形态,其对生产、消费有着变革性的影响。而2015年以来的这一波新经济浪潮,对各国的税收制度产生了深刻的影响,对税制产生了新的征管挑战。

一、数字经济的影响

现代经济增长理论的基本要素是技术进步、劳动、资本的投入。技术进步与数据资本的区别:前者是对资本和劳动的结合产生倍数的影响;后者对于传统资本、劳动自身也产生影响。资本与数据资本的区别:前者是既定的投入,不具有溢出性,边际报酬递减;后者可能边际报酬不变甚至边际报酬递增,用的人越多对企业创造的价值越大。劳动与数据资本的区别:前者是有限信息的劳动投入;数据资本下提供信息价值、渠道价值,劳动与资本的匹配更加精准,提高效率。

数据资本的生产要素化过程如公式所示:

$$K_{Dt}=K_{Dt-1}+I_{Dt-1}$$

其中 I_{Dt-1} 为上一期的数据资本投入;K_{Dt} 为本期的数据资本存量;K_{Dt-1} 为上一期的数据资本存量。

数据资本投资、积累形成特定的数据资本。每期的数据资本投资包括:数据设备的硬件投入、数据形成的基本软件载体、数据形成的应用软件结合;数据形成单位的技术及相关管理、配套人员的投入。据此积累形成数据资本的存量(K_{Dt})。

现代经典的生产函数为：

$$Y_t = A_t K_t^\alpha L_t^\beta$$

其中 Y_t 为 GDP；K_t 为资本，L_t 为劳动。

数据资本主要通过改变技术 A_t、劳动 L_t、资本 K_t 的效率及其整合的效率，提高全要素生产率，促进经济增长。数据也主要通过技术、劳动、资本或是通过其渠道价值与信息价值，提高全要素生产率。在这个过程中，可以通过如下过程提高全要素生产率：

（1）信息行业的成规模：$Y_t = A_t K_t^\alpha L_t^\beta K_{Dt}^\gamma$

（2）信息技术进步：$Y_t = A_t A_{Dt} K_t^\alpha L_t^\beta$

（3）传统行业的数据应用和升级：$Y_t = A_t (A_{Dt} K_t)^\alpha L_t^\beta$

（4）劳动供给质量、匹配的数据化提升：$Y_t = A_t K_t^\alpha (A_{Dt} L_t)^\beta$

以网约车平台为例，数据经济的作用机理如下：（1）网约车平台的资本投入：数据资本的直接前期硬件投入和后期技术维护，匹配相应的高技能劳动人员。其他方面的公司的投入包括非软硬件的创意、管理、团队、网络推广与销售的劳动投入。（2）网约车平台驱动经济发展的作用：为线下的司机提供信息、渠道价值，增加租约双方的匹配与成功的概率，增加交易量；同时减少双方各自等待的时间、寻找的时间，提高经济效率。

总而言之，数字经济是以互联网为代表的"新技术群"在加速数据成为生产要素的同时直接引致的经济结果。其本质是通过用字节取代实体，即"去物质化"（李海舰和李燕，2020）：

（1）产品形态去物质化：从固定电话到智能手机，从巨型计算机到电脑，许多需要物理硬件才能实现相应功能的产品，如照相机等，都可以被软件、App 等虚拟化产品所替代。

（2）产品过程去物质化：通过虚拟空间，人们可以实现"异地办公""远程办公"等数字化研发流程；利用"虚拟车间"实现数字化制造；使用"智能推荐""直播带货"实现数字化营销。

（3）产品免费成为常态：在数字经济时代可以通过数据和流量赚钱而产品和服务免费，最典型的比如 QQ、微信、微博等通讯社交平台，它们通过免费聚集用户，当用户使用量达到一定规模，这些平台就有了价值，而用户就是生产者和价值的创造者。

数字经济注重将资源配置和社会生产方式相结合，提升各种资源的利用效率。在数字经济时代，信息量急剧增长、经济组织和交易形式突变，给现行的税收征管带来了挑战和机遇。利用互联网、大数据等先进的信息技术手段也可以为税收征管服务，税收治理向数字化转变是大势所趋。

二、新经济的其他业态

所谓"新经济"永远是一个相对的变动概念,伴随着人类生产技术的进步不断向前演化,人们在不同时期根据其特征提出相应的命名。我们最早可以追溯到20世纪60年代,围绕这种新型经济产生了一系列概念群,按照先后出现的顺序包括:知识经济、信息经济、新经济、数字经济、网络经济、互联网经济以及智能经济等。2016年以来,除了数字经济之外,新经济的主要业态和案例如下(李海舰和李燕,2020):

(一)智能经济

智能经济旨在通过"新技术群"赋能,使物像人一样会学习、会思考、会决策、会行动,以此在最大化实现技术对人类体力和脑力替代的基础上完成企业由"他组织"模式向"自组织"模式的全方位转变。智能经济的类型与实例如表2-3所示。

表2-3 智能经济的类型与实例

类型	内涵与实例
智能产品	智能产品是指在保留原有传统产品基本功能的基础上增加了数据收集与传输等智能化功能。比如智能冰箱,在传统冰箱的基础上增加了为客户制定就餐方案以及自主下单采购等功能。
智能生产	智能生产可以在节省大量人力的同时最大限度地提升效率。比如数字化车间,通过数字化、网络化、智能化的手段,利用自动化设备实现生产过程的精确化执行。
智能服务	用"智能体系"替代"人工体系"实现顾客自助式消费或体验。比如智能客服,其通过"自动问答系统""自然语言理解技术""知识管理技术"等实现了用户沟通的同时为企业节省了大量人力。
智能组织	智能组织指的是可以根据环境进行自我调节的智慧型组织。比如物联网,把所有事物通过信息传感设备与网络连接,进而进行信息交换,实现智能化的识别和管理。

(二)尾部经济

"新技术群"赋能下的经济活动既在实体空间也在虚拟空间,遵循"长尾理论",既发展头部经济,更发展尾部经济,人类已然迈入尾部经济时代。尾部经济的类型与实例如表2-4所示。

表2-4 尾部经济的类型与实例

类型	内涵与实例
尾部产品	如售卖稀缺旧书的书店(譬如孔夫子旧书网)。在虚拟空间的经营下,企业可以以低成本甚至零成本实现产品品类全覆盖,从而为尾部产品提供了相同的市场空间。

类型	内涵与实例
尾部客户	如网上银行、手机银行（App 版本）。银行以虚拟网点经营为主，由"他服务"变为"自服务"，使得尾部客户享受同质量的金融服务，即金融普惠。
尾部市场	如分科独立经营的医院。譬如男科医院、妇产医院、口腔医院等新兴医院逐步变为新时代的头部市场（早期，相对大型综合医院，它们是尾部市场）。

（三）体验经济

以互联网为代表的"新技术群"在打破生产与消费边界的同时，为生产与消费边界的融合提供了成本低、效率高的全新的实现渠道与方式，以此强化了二者的融合趋势与程度，彻底改变了企业经营过程中面临的生产与消费割裂局面。体验经济的类型与实例如表 2-5 所示。

表 2-5 体验经济的类型与实例

类型	内涵与实例
消费过程与生产过程合一	譬如家庭农场（顾客可以参与的）。在体验经济时代，果农通过出售种植权限给消费者，让消费者体验农业劳动快乐的同时转移了自身的风险并获得了收益。果品售卖阶段也采取"体验经济"模式，让消费者自行采摘体验采摘快乐。
消费者与生产者合一	如小米手机"米粉社区"、朋友圈转发集赞、旅客乘机自助服务等。小米手机通过"米粉社区"与"米粉"就产品生产问题进行有效的交流汇报，让消费者参与了产品生产过程，极大地获得了消费者的信任。朋友圈转发集赞体现了"消费者营销"。

（四）共享经济

企业"不求所有，但求所用"，在完成内部资源社会化、社会资源内部化的基础上，实现了更大范围、更高层次、更深程度的资源优化配置。共享经济的类型与实例如表 2-6 所示。

表 2-6 共享经济的类型与实例

类型	内涵与实例
共享资产	如共享服务器，即几个人甚至几十个人共同使用一个服务器，降低使用成本的同时提升企业网络的利用价值。
共享部门	如物流部门、人力资源部门。如企业打通内外资源体系，实现功能模块共享或者整个部门共享，通过人力资源部门对外提供服务为企业创造价值。
共享员工	如盒马鲜生等生鲜电商平台。盒马鲜生等生鲜电商平台与多家传统餐饮企业之间开展员工共享，生鲜电商平台由此获得一定时期的员工使用权，解决了其燃眉之急。

续表

类型	内涵与实例
共享客户	如滴滴出行、微信第三方服务等。滴滴出行统一了出租车、快车、顺风车等出行业务的入口,他们面对相同的客户,为客户打造良好的"一站式"出行体验的同时极大降低了每个服务商客户拓展的成本。

(五)零工经济

零工经济是共享经济在劳动用工制度上的具体体现,即新一轮技术革命带来的企业用工模式变革。零工经济的类型与实例如表2-7所示。

表2-7 零工经济的类型与实例

类型	内涵与实例
从在职员工到在线员工	零工虽与传统员工做着相同的工作,但其不属于企业内部组织人员,而是一种在线资源,即"在线员工","在线员工"不受时间和空间的限制,甚至不受企业的限制,员工受雇于自己,自主决定工作时间,自主决定工作场所,即使脱离企业也能够创造价值。
从一人一职到一人多职	岗位职责的不断碎片化加速劳动力技能化,实现劳动者在同一时间段从事多份工作,同时平台可以基于强大的算法体系实现劳动者多种工作角色无缝切换,由此实现了零工的自主就业、一人多职。
个体成为微观经济主体	随着信息技术的发展,员工终将成为微观经济主体,实现从"单位人"到"社会人"再到"自由人"的突破。

(六)全时经济

经济活动不仅在白天而且在夜间,由8小时变为24小时,任何时间,全部时间。最终,"日间+夜间"共同打造出全时经济,经济活动的时间规则发生显著变革。全时经济的类型与实例如表2-8所示。

表2-8 全时经济的类型与实例

类型	内涵与实例
全时研发	如波音777,这是完全基于虚拟空间进行研发的客机,将零部件外包给全球7个国家的供应商,利用不同国家的时差完成了多个24小时的协同合作,最终研发周期压缩了3—4年。
全时生产	主要是利用信息技术手段,智能工厂、智能制造、"人机协同"等实现了自动化、自组织、自优化的生产,以此拥有了24小时不间断生产的能力。
全时服务	信息技术的发展使经济主体具备了全时服务供给的能力,服务业的数字化转型使消费者得以随时随地被服务。
全时消费	如深夜食堂、深夜书店等,随着夜间服务体系的日益完善,人们的夜间消费行为渐渐得到保障,消费时间逐渐延长至24小时。

（七）空间经济

信息技术既从数量上对空间资源进行深入挖掘与拓展，又从质量上对经济活动的多维空间进行整合与优化，从而在变革经济活动既有空间规则的基础上强化了企业经营的空间经济效应。空间经济的类型与实例如表2-9所示。

表2-9 空间经济的类型与实例

类型	内涵与实例
狭义空间经济	如长崛地下商业街。狭义空间经济指的是陆地空间经济，长崛地下商业街对地下空间进行合理规划进而提升了单位土地面积的经济承载量和价值创造量。
广义空间经济	如智慧交通。智慧交通是在交通领域中充分运用多种现代电子信息技术面向交通运输的服务系统，推动交通运输更安全、更高效、更便捷、更经济、更环保、更舒适的运行和发展。

（八）平台经济

平台成为新时代的重要运行主体，其"聚合多元主体、用户本位主义、增值分享机制"的组织特征，极大地提升了平台企业的经济效应。平台经济的类型与实例如表2-10所示。

表2-10 平台经济的类型与实例

类型	内涵与实例
精准经济效应	如附近服务网络，通过供需匹配智能化，平台把供给与需求信息以数字化形式储存，利用算法体系实现数据的最优匹配和精准供应，加快市场信息的传递速度，加强其精准程度。
速度经济效应	如滴滴出行，滴滴出行统一了出租车、快车、顺风车等出行业务的入口，使得业务能力快速扩张，"零成本"的数字化经营模式实现了用户的迅速拓展，最后在互联网等信息技术的支持下实现了"人、车、场"的高效精准匹配，优化了服务供给。
网络经济效应	如QQ、微信等网络社交平台，用户越多时每个平台的使用者效用越高，平台价值越大。
协同经济效应	如多个服务商同时供选择，平台的价值依赖于系统内各价值模块间的协同，平台企业是一个开放系统，同类价值模块是一种既竞争又合作的关系，所以多个服务商同时供选择可以更好更快地实现资源的最优配置。

（九）生态经济

生态经济源于平台经济，但在进一步构建多方参与、共创共享、动态演化的商业生态系统，实现企业实体产品收入、资本市场收入加生态系统收入有效组合的基础上，又高于平台经济、超越平台经济。生态经济的类型与实例如表2-11所示。

表 2-11　生态经济的类型与实例

类型	内涵与实例
生态链	如小米智能家居,小米围绕智能家居体验打造出以手机为核心,聚焦手机周边、智能硬件、生活耗材的产品生态链,进而保持小米品牌热度、提供销售流水支撑、加大小米想象空间。
生态圈	如海尔,海尔通过生态系统、生态收入、生态品牌的"三生体系",把产品关注转为场景关注,传统"电器"改造为开放性"平台",以此打造出包含生产者、消费者、场景互补商等在内的生态系统,实现了"一站式"解决方案供给。
生态群	如阿里,在经历萌芽期、成长期、繁殖期、分化期后,阿里生态已经从"单生态"变为"富生态",从简单结构变为复杂结构。

李海舰和李燕(2020)总结的中国的新经济较为全面地展示了当前中国数字经济的全貌。这些由数字经济为主构成的新经济,由于参与的人数众多,对于中国微观个体和宏观经济的发展是不可小觑的。特别是其中平台的资本投资和税收征管问题,已经成为一个突出的问题。

三、对现行税制的影响

税制结构改革将面临物联网、云计算、数字经济、人工智能等信息技术手段以及上述新经济业态的冲击。这些代表着新的发展动力,也必然会引发对现行税收体系的冲击影响。要实现税收治理体系和治理能力现代化,就必须重视新经济对现行税制的影响。以数字经济为主体的"新经济"对中国现行税制的影响如下:

(一)税基估值难以确定

在数字经济的模式下,企业或者个人的交易活动往往依托数字载体,很难确定实体资产的转移过程。而传统的核算体系无法对数字经济的价值创造进行准确、可靠的计算,这就使得税基的规模难以确定。除此之外,由于数字经济的交易呈现出"虚拟性"的特点,交易场所具有隐匿性,从而导致了税收属地原则难以适用,使得税基估值更加困难。譬如对于滴滴平台,到底是平台承担所有的税收,还是与服务供给者共同提供?数以万计乃至亿计的交易,税基如何在交易关联主体之间划分?这一估值问题非常棘手。

(二)纳税主体界定困难

与传统交易模式不同的是,数字经济中的交易双方通过网络交易平台进行交易。这种交易模式下,资金不仅仅在交易双方流动,还要通过网络交易平台、第三方支付平台等。这些业务参与方都负有纳税义务。然而在数字经济下,众多自由职业者并没有进行税务登记,譬如外卖的骑手只是私人个体,参与生产营销是临时起意的琐碎行为。另一方面,交易双方仅仅通过网络平台连接,其真实身份具有极强的隐蔽性,有的还可能是登记人与服务供给者相分离。这无疑增加了税务机关确认纳税主体的难度,会带来征管的难度。如果纳入微观个体,对"面广量大"的服务供给者征收个人所得税面临较大的征管压力;如果不征收,则面临税收流失问题,也会导致税收的不公平。

(三)常设机构认定不明

在国际税收中,税法通常以外国企业"是否在该国设有常设机构"作为对非居民营业所得是否征税的依据,以"拥有固定营业场所"作为常设机构的判定标准之一。而数字经济打破了传统的交易范围,使得经济活动可以以数字化的形式进行。在这种交易模式下,企业可以不受距离的限制,也可以没有实体性的常设机构,从而不受国际税收管辖权的限制。对此,采用传统的标准有时还难以进行税收征管。

(四)税收征管制度不完善

由于数字经济在2015年以来迅速发展,中国对于第三方交易平台还没有建立一个完善统一的税收征管制度。线上税收征管制度的不完善,使得目前无法对通过互联网进行的交易行为征税。这就导致一些快速发展的电商企业、一些风投的平台企业存在纳税主体界限模糊、税收遵从程度低、存在监管漏洞等一系列问题。如果对这些平台机构缺乏政府监管和税务征管,则会产生税负不公,损害公平竞争的营商环境。

(五)税收治理方式相对滞后

数字经济具有高度流动性,基于既定信息和人工添加为主的基本信息采集方式难以适应虚拟性、实时性、跨地区性的数字经济活动。对于一些注册变化大的数字经济单位,则可能存在治理方式相对滞后、税收治理难度大的问题。另一方面,对于云计算、区块链、人工智能等先进信息技术还只是刚刚在社会企业单位普及,部门之间同时存在信息孤岛的问题。从而相对数字经济的发展,在整个税收治理和社会治理方面还相对较为落后;在高等教育领域,专业人才的配套培养也相对比较滞后,熟悉数字财政、数字税收的人才稀缺。

第四节 未来中国税制改革的整体性展望

一、落实税收法定原则

目前中国各个税种的立法情况如表2-12所示。

表2-12 中国现行税种的立法情况

序号	税种	全国人大立法情况	法律法规名称	法律法规最新实施时间
1	企业所得税	已立法	企业所得税法	2018年12月29日

续表

序号	税种	全国人大立法情况	法律法规名称	法律法规最新实施时间
2	个人所得税	已立法	个人所得税法	2018年8月31日
3	契税	已立法	契税法	2021年9月1日
4	车船税	已立法	车船税法	2012年1月1日
5	资源税	已立法	资源税法	2020年9月1日
6	环境保护税	已立法	环境保护税法	2018年1月1日
7	城市维护建设税	已立法	城市维护建设税法	2021年9月1日
8	车辆购置税	已立法	车辆购置税法	2019年7月1日
9	耕地占用税	已立法	耕地占用税法	2019年9月1日
10	烟叶税	已立法	烟叶税法	2018年7月1日
11	船舶吨税	已立法	船舶吨税法	2018年7月1日
12	印花税	已立法	印花税法	2022年7月1日
13	增值税	未立法	增值税暂行条例	2017年10月30日
14	消费税	未立法	消费税暂行条例	2008年11月5日
15	关税	未立法	进出口关税条例	2016年2月6日
16	房产税	未立法	房产税暂行条例	2011年1月8日
17	土地增值税	未立法	土地增值税暂行条例	2011年1月8日
18	城镇土地使用税	未立法	城镇土地使用税暂行条例	2019年3月2日

尽管有各个税种的立法和《税收征管法》，在实际征收管理的工作中，为了完成目标或是机械地执行税收优惠政策，税务部门存在"在指令性布置下"提前要求、插手、干预、代替纳税人申报纳税的情况。这些都是违反税收法定原则的。税收工作目标却要求纳税人提前申报纳税，如提前对个人所得税、企业所得税进行汇算清缴，势必减少纳税人的流动资金，加重纳税人的负担。此外，查阅《税收征管法》及其实施细则，没有要求纳税人必须享受税收优惠政策的条文。税务机关在上级管理的要求之下要求企业享受优惠政策，为了几角钱、几元钱、几十元钱要求纳税人必须享受税收优惠政策。这既超越了税法赋予的权限，属于不当作为，又增加了征纳双方之间的成本和矛盾。这些都不符合依法治税的要求。未来，进一步加强税收立法、强化税收法定原则是落实依法治国、依法治税的重要内涵。并且，强化税收法定原则具有如下的现实意义：

（一）有利于打造公平、协作的营商环境

加强税收立法可以增强税务机关的法治观念，提升公信力，有利于打造公平协作的营商环境。贯彻落实依法治税的原则，也促进了国家治理体系和治理能力现代化。

（二）有利于增强纳税人的依法纳税意识

目前，中国纳税人的自主纳税意识还没有完全深入人心，税收违法违规的案例还不少。国家税务总局都是定期公布案例，不少案例违法违规的案值超过10亿元。国家税务总局网站公布栏的情况如图2-2所示。

图2-2 国家税务总局的"重大税收违法失信案件信息公布栏"

只有加强税收立法，落实税收法定原则，才能让纳税人明确自己应该承担的法律义务，从主观上落实依法、合规纳税的意识。只要提升了纳税人自主纳税的意识，就可以增强税法的遵从度，从而保证税款能够及时足额入库。

（三）有利于促进社会和谐、达成共同富裕目标

加强税收立法可以更好地实现公平的收入分配。税收法定主义有助于维护纳税人的合法权利，增强人民对税收的认同感，一定程度上缓和了社会矛盾，维护社会稳定、促进社会和谐，从而有利于共同富裕目标的实现。

二、优化税制结构体系

（一）提高直接税比重，降低间接税比重

截止到2021年12月，中国税收总体上的结构是以间接税为主，直接税为辅。而以间接税为主体的税制有以下几个方面的局限性：(1) 间接税具有累退性且收入缺乏弹性的特点，以间接税为主体的税制无法发挥税收对经济的调节作用；(2) 以间接税为主的税制难以体现税收的公平原则，对收入分配的调节作用难以

发挥;(3)间接税通常是以价内税的形式体现,这就使得税收缺乏透明性。以间接税为主,税负的转嫁特征不利于提升纳税人的负税意识。

因此优化税制结构首先要注重平衡直接税和间接税的比重。未来中国应该从以间接税为主的税制转向直接税和间接税并重,比如可以提升个人所得税和房产税收入所占的比重。

（二）通过税制改革降低企业税收负担

目前,中国自然人缴纳的税收收入明显低于法人企业,企业过重的税负不利于创新和投资发展。相比国外的企业,中国税收制度的现行设计加重了企业的税收负担,特别是在当前人口老龄化日益严重的情况下。如果企业的社会保障项目缴费率比较高,则过高的社会保障费会直接影响企业的成本,限制企业的再投资能力。所以在社会保障费方面,未来可以考虑进一步降低"五险一金"的缴费比例。

企业税收负担较重的另一原因是非税收入成为企业另一个方面的负担。非税收入性质上不属于税收,但是企业却必须缴纳。因此税制改革应该将非税收入考虑在内,比如对于不符规定的收入坚决取消;整合一些资金用途和征税对象相似的收入,避免重复征收。总之,要通过整体性的税制改革安排来切实减轻企业的税收负担。

（三）调整中央与地方税制,扩大地方税收来源

中国地方税的体系建设滞后于财税体制改革的进程。主体税种的缺失使得地方政府缺乏持续、稳定的收入税源。主要有两方面原因:一是地方政府之前的财政收入主要依赖于营业税,而"营改增"后明确归属地方政府收入的税种收入规模较小;二是财税体制改革还没有进一步厘清中央与地方的事权和支出责任,纵向财政不平衡、地方主体税种的缺乏导致地方财源建设面临制度不足。这就需要调整中央与地方的税制架构,完善包括环境保护税、房产税、消费税等税种在地方税体系中的建设,扩大地方的税收收入来源。

三、论证数字服务税收

在大数据时代,传统的税收征管方式,例如以票管税、属地管理等,已经无法适应社会需要。数字税收可以极大提升经济社会的运行效率,增强税收的治理能力。大数据的重要作用不言而喻,在2020年以来的疫情防控过程中,大数据网络化防疫在抗击疫情的各个方面都发挥了重要作用,而税务机关也可以利用数字和信息技术强化征收管理,积极实现"以税资政"。

2017年2月,美国科技巨头微软公司共同创始人比尔·盖茨接受数字媒体《石英》采访时表示:应该对代替人类进行工作的机器人收税,收缴的税款用于工人的技能培训或教育用途;并且,收取的税款应与相关岗位工人缴纳的个人所得税相当。

2018年11月,比尔·盖茨接受日经新闻采访,再次提出要对机器人征税。盖茨预测称"不久社会将需要创造就业,对生产资料(机器人)征收重税。将采取促进雇用人类的税制,而不是推动引进机器人"。

也有理论研究支持对机器人征税(Guerreiro、Rebelo 和 Teles,2022)。他们认为:在当前的税制下,自动化成本的持续下降会导致收入不平等的大幅加重、一般工作者的福利下降。因此,建议对机器人征收 5.1% 的税收。具体建议分别于 2018 年、2028 年和 2038 年开始的三个十年中,最佳机器人税率分别为 5.1%、2.2% 和 0.6%(Guerreiro 等,2022)。

对于中国而言,我们的税制的改革要紧跟时代的步伐,以数字税收提升税收的治理能力。税制改革要考虑将互联网和大数据等技术手段融入进去,实现税收数字化转型,构建现代化数字税收体系。

(一)税制管理中的数字思维先行

强化数字思维,构建智慧风控、智慧电子税务局等多方税务平台,利用区块链技术实现信息的全面共享,让现代信息技术为税收活动服务。

(二)强化人员的技术水平

注重培养税务人员互联网技术的相应技能,融合信息技术人员和税收业务专业人员的人员结构和组织架构,更好地服务数字税收。

(三)做好纳税人信息化下的遵从意识

完善纳税人信用等级评价体系,在信息技术平台上依据税款缴纳、纳税申报率等相关标准,对纳税人实行动态评价,从而提升纳税人的自我纳税意识。

(四)适时开征中国的数字服务税

根据中国数字企业的发展规模和情况,适时开征中国的数字服务税。这既可以增加税收的收入、防止税收流失,同时又可以通过税收的征管强化对资本、对数字企业的监管,防止金融风险的发生。

四、增强税制的国际竞争力

全球化时代,税制的竞争力直接关系到各国经济的发展情况,因此提升中国税制的国际竞争力尤为重要。2016 年开始,中国政府实施了减税降费的政策,推出了降低税率、营改增、扩大税收优惠范围等一系列举措。其主要目的就是要降低宏观税负,提升国际竞争力,推动中国经济的发展。虽然新冠肺炎疫情影响了全球化,但是后疫情时代将逐渐恢复全球化的互联互通。未来,进一步增强税制的国际竞争力需要注意以下几点:

(一)提高税制对实体投资的竞争力

继续实施、延续现行的减税降费政策,通过税收激励对各类生产要素进行充分调动。重点要聚焦以制造业为主的实体经济,对先进制造业、数字经济提档升级传统制造业、生产型服务业等重点给予优惠政策的倾斜。

（二）瞄准科技创新和成果转化

重点加强对企业科技创新行为的税制激励和税收优惠，从对组织的激励逐渐兼顾对人才的税收优惠或是财政补贴。税收优惠政策要重点瞄准科技创新和成果的转化。譬如降低科创人员个人所得税的最高边际税率，从目前的45%降低到25%—30%。

（三）优化税收的国际营商环境

提升税制的国际竞争力不可忽视国际商务中的税制完善问题。首先，通过区域间的税收数据和信息共享来加强区域间的税收制度协调，完善税收营商环境。其次，进一步完善中国的出口退税制度，实现更宽范围、更大程度的退税，通过降低出口企业的产品成本来增加外贸出口，增强企业的国际竞争力。最后，进一步降低进口环节的关税，促进境外消费的回流，提升本国生产和科研创新的技术吸收力。

（四）体现税制对宏观经济的系统平衡影响

习近平总书记关于税收工作的重要论述中，指出"财税体制改革不是解一时之弊，而是着眼长远机制的系统性重构"。因此，中国要及时关注宏观经济的形势，把握机遇适时优化税制，应对国际挑战。中国税制的设计、关税税率的调整要能够适应经济发展的需要，不一味追求经济增长和关税收入的增加，要注重可持续发展和有规划地进行。借鉴朱军（2021）系统平衡财政观的思想，税制要考虑对宏观经济的长期、可持续发展的影响，税制改革要稳中有进地推进，税收政策要在保持相对稳定中渐进改革。

第三章　增值税并档与产业结构的优化
——基于投入产出表和CGE模型的实证分析

制造业是实体经济的基础,是一个国家经济社会发展的根基所在。"十四五"规划明确提出要"深入实施制造强国战略""保持制造业比重基本稳定",这充分表明了制造业在中国经济中的基础性作用。制造业及相应生产型服务业的水平体现了高质量发展的水平。这其中,增值税是直接关联制造业税负的税种。未来,推进包括制造业在内的增值税税制改革是立足新发展阶段、贯彻新发展理念、构建新发展格局的重要改革,是积极推动中国从制造业大国向制造业强国转变的抓手。

第一节　改革背景与现实意义

一、改革的背景

作为中国的主体税种,增值税经历了如下的变革:从1979年开始,增值税制度逐步建立与发展,到2004年建立了规范化的"生产型增值税"。

从2004年开始,先后经历了增值税转型和扩围的试点阶段与全国推行阶段。2009年,中国由"生产型增值税"转为"消费型增值税"的转型改革完成。

2014年,"营改增"开始分城市、分行业试点。从2016年开始,中国全面推行"营改增",完善增值税抵扣链条,扩大增值税抵扣范围,引入多档优惠税率,在原有两档税率17%、13%的基础上,增加了11%、6%的税率。

自2017年以来,增值税进入税率简并归档与调整阶段,取消13%的增值税税率。

在2018年政府工作报告中,提到要改革完善增值税制度,按照三档并两档方向调整税率水平;自2018年5月1日起,纳税人发生增值税应税销售行为或者进口货物,原适用17%和11%税率的,税率分别调整为16%、10%。

2019年政府工作报告同样指出:增值税税制改革要继续向推进税率三档并两档、税制简化方向迈进。自2019年4月1日起,增值税一般纳税人(以下称纳税人)发生增值税应税销售行为或者进口货物,原适用16%税率的,税率调整为

13%；原适用10%税率的,税率调整为9%。

2020年政府工作报告中,提出继续执行2019年出台的下调增值税税率,减免小规模纳税人增值税,免征公共交通运输、餐饮住宿、旅游娱乐、文化体育等服务增值税。

2021年政府工作报告中,提出延长小规模纳税人增值税优惠等部分阶段性政策执行期限;将小规模纳税人增值税起征点从月销售额10万元提高到15万元。

2022年政府工作报告中,提出对小规模纳税人阶段性免征增值税;大力改进增值税留抵退税制度,2022年对留抵税额实行大规模退税。优先安排小微企业,对小微企业的存量留抵税额于6月底前一次性全部退还,增量留抵税额足额退还。

所以,增值税"税率并档"成为下一步税制改革的重要内容,在增值税税制改革中占有重要的地位。

从国际角度来看,大部分国家或地区采取"单一税率"或者"两档税率"为主的税率结构。查阅相关资料,截至2017年,在162个征收增值税的国家和地区中,分别有75个、50个国家或地区设置一档税率、两档税率,占全部国家和地区的比例为46.3%和32.1%,两者相加总比例超过75%(田志伟等,2018)。从国际趋势而言,理论界、欧盟和OECD已经就简化税率、提高税收效率实现税收中性等方面达成共识。增值税"税率并档",甚至采取单一税率模式,是增值税改革的重要趋势。

二、现有研究述评

税源丰富、便于管理、遵从度高,是一个优秀税种所应具备的特性,而增值税正是这样的税种(Keen和Mintz,2004;Keen和Lockwood,2010)。从更加理想的角度看,大多数的政策制定者都偏好单一税率且没有免税政策的增值税,这样的税制下,增值税上述的优点将会得到进一步的放大(Agha和Haughton,1996)。

2016年开始的营业税改为增值税的改革及其政策效应评估是重要的理论分析。对此,刘磊和张永强(2019)、李雪松和刘明(2020)、胡海生和王克强(2020)、万莹和陈恒(2020)等学者运用CGE模型实证分析了"营改增"之后增值税减税改革对增值税收入效应、分配效应以及宏观经济政策效应的影响。通过理论分析和描述性统计,Liu等(2021)以东南沿海房地产上市企业为研究对象,发现增值税税率降低对企业存在有效但不显著的积极影响。基于双重差分方法,Peng等(2021)评估中国服务业营业税改增值税试点改革对制造业企业全要素生产率的影响,得出该项目对制造业企业的全要素生产率有积极影响。Yu和Qi(2022)利用2011—2017年企业层面的数据分析发现营业税改增值税有利于企业生产力的提高,税制改革对发展中国家具有多重经济效应。对于增值税的创新效应，Ding 等（2021）研究发现增值税的改革通过扩大企业固定资产投资和降低企业负债率来促进企业创新，但由于政府对企业的补贴和融资约束的限制，企业创新的啄食顺序效应增强。[①] 基于 Hsieh 和 Klenow（2009）的资源错配模型，Chen（2017）研究发现：通过消除增值税税率差异的税收中性的税制改革，能使总的全要素生产率获得提升。

关于与本章密切相关的文献，采用投入产出表分析方法，史明霞（2017）设计四种税率简并模拟方案，对财政收入效应、产业结构优化效应等进行分析比较，提出实行"一档基本税率（17%）+一档优惠税率（6%）（非零优惠税率和零税率）"的模式。基于财政能力的约束和税收对经济增长能力和发展质量的作用，梁俊娇等（2018）认为：中国应适用 10% 和 6% 两档税率。从微观居民收入分配角度、基于税收公平原则，万莹（2018）指出：保留低税率、实行"15%+6%"两档税率应为中国增值税税率简并的最优路径。通过分析税率并档后的价格效应和收入分配效应，刘成龙和牛晓艳（2018）认为"15%+6%"的税率组合是中国增值税税率并档的最佳选择。张淑翠等（2019）模拟推算不同税率条件下的减税效果，认为设置 10%、6% 两档税率能达到较好预期。以 2017 年投入产出表数据为基础，万莹和熊惠君（2020）采用 CGE 模型对税收收入效应、福利效应等进行模拟测算，建议中国应采纳 9%、6% 两档较低的税率简并模式。此外，刘柏惠等（2019）同样得出单一税率方案优势明显，增值税税率简并可有效推动全要素生产率提升。

总结而言，现有研究存在如下三个方面的不足：（1）从研究方法来看，增值税转型改革之后的可计算一般均衡研究中，没有充分考虑要素之间替代关系对研究结果的影响，忽视了包含要素税的标准 CGE 模型对增值税政策模拟的独特作用。（2）从研究方向来看，对增值税税率简并这一改革新方向的研究还不够完善，缺乏更加细致的研究。（3）从研究内容来看，现有研究主要侧重于税率简并的收入分配、福利改革的效应，关于"增值税并档"对产业结构产生的影响研究较少。

三、本章的创新点

鉴于以上的不足，本章力图实现以下几个方面的创新：

第一，基于 2018 年投入产出表和相关数据，对标准 CGE 模型进行一定调整，使之适应当前的消费型增值税税制。

第二，采用两档就低等税率简并的主流方案，对产出、就业以及产业结构等经济变量的变动进行模拟。

[①] 啄食顺序理论（The Pecking Order Theory）由美国经济学家梅耶（Mayer）提出，是关于企业融资顺序的理念。企业融资方式有：①内源融资；②外源融资；③间接融资；④直接融资；⑤债券融资；⑥股票融资。即，在内源融资和外源融资中首选内源融资；在外源融资中的直接融资和间接融资中首选间接融资；在直接融资中的债券融资和股票融资中首选债券融资。

第三,充分考虑要素之间的替代效应,并展示这一效应对模拟结果的影响,分析其现实意义。

四、改革的现实意义

对增值税采取进一步的"税率并档"改革,具有以下几个方面的现实意义:

(一)有利于降低税收成本,提高税收遵从度

对增值税的税率进行并档、规范,统一抵扣的内容,有利于降低税务部门的征管难度,提高征管的效率和功能。对于税务机关而言,这可以降低税收成本、提高行政效率。对于纳税人而言,简化计算的税收政策有利于更好地提高税收遵从度;低税率或是较小档次之下,纳税人可以根据自身资源禀赋的偏好选择相应的行业和服务、适应相应的征管,从而有利于提高税收遵从度。

(二)有利于充分发挥增值税的税收中性

对增值税的税率进行并档,可以缩小行业间的税负差距,使其尽量趋于一致。这样可以避免重复征税、提高税收效率。同时,设置低档税率、完善金融行业的抵扣问题,可以更好地发挥增值税的中性功能。

(三)有利于形成中性的现代增值税制度

增值税税率的并档,从三档到两档甚至到一档,有利于形成中性的现代增值税制度。未来,逐渐过渡到针对全行业、全产业的"单一税率"增值税制度,是推进行业间平等竞争的重要因素,是平衡上下游产业链之间同等抵扣的重要基础。未来推进增值税的并档改革,将有利于突出增值税的中性特征。

第二节 置入增值税的可计算一般均衡模型

可计算一般均衡模型(CGE 模型)是一种经济模型,也被称为应用一般均衡(Applied General Equilibrium,AGE)模型,在研究机构、高等院校中得到了广泛研究和应用。CGE 模型把所有经济主体、所有市场纳入一个统一的分析框架中,体现了现实经济系统中各组成部分间的普遍联系(赵永和王劲峰,2008)。此外,CGE 模型与基于统计方法的计量模型不同,它具有一定的微观经济理论基础,能够较好地进行税收政策分析。

CGE 模型的建立基于社会核算矩阵(Social Accounting Matrix,SAM),SAM 表的编制则基于投入产出表。以下本节从投入产出表的结构开始,依次介绍投入产出表的编制与调整、SAM 表的编制以及标准 CGE 模型。在标准 CGE 模型的基础上,本节将介绍用于研究增值税并档的 CGE 模型设计思路,并结合现有文献进行分析比较,以此展示 CGE 模型的实际使用方法。

一、投入产出表

（一）投入产出表定义与结构

统计部门将一个年度各个部门的产出量综合，汇编成投入产出表。一个3部门的投入产出表如表3-1所示。

表3-1　　　　　　　　　　2018年3部门投入产出表　　　　　　　　　单位：万元

	第一产业	第二产业	第三产业	居民消费支出	政府消费支出	资本形成总额	出口	进口	总产出
第一产业	140 557 057	620 499 485	72 311 108	279 045 148	17 683 472	29 739 456	11 775 189	58 941 734	1 112 669 180
第二产业	207 169 168	8 191 705 189	1 441 559 368	1 203 908 425	0	3 563 613 022	1 413 670 592	1 384 078 374	14 637 547 390
第三产业	82 560 827	2 184 277 408	2 793 771 360	1 990 678 581	1 466 376 913	598 929 272	331 493 831	243 322 069	9 204 766 123
劳动者报酬	666 718 630	1 516 364 982	2 567 190 795						
生产税净额	−35 077 144	649 709 683	348 558 211						
固定资产折旧	27 398 736	507 653 355	801 930 621						
营业盈余	23 341 906	967 337 287	1 179 444 660						
总投入	1 112 669 180	14 637 547 390	9 204 766 123						

投入产出表可以按象限分为三个部分。第一象限为最终消耗部分，分为居民消费支出、政府消费支出、资本形成总额、出口和进口。将各部门中间投入之和加上消费、投资和出口，再减去进口，即得到总产出。

第二象限为中间投入部分，以第一列为例，第一产业的生产过程中，投入了140 557 057 万元的第一产业中间产品、207 169 168 万元的第二产业产品、82 560 827 万元的第三产业产品。中间投入部门一般采用里昂惕夫（Leontief）函数，中间产品投入比例固定。

第三象限为增值部分，包含劳动者报酬、生产税净额、固定资产折旧和营业盈余四项。劳动者报酬为劳动者投入劳动的回报，包含了个人所得税。对应地，营业盈余包含了企业所得税。生产税净额为生产税和生产补贴的差值，根据国家统计局的官方解释，生产税指政府对生产单位从事生产、销售和经营活动，以及因从事生产活动使用某些生产要素（如固定资产和土地等）所征收的各种税收、附加费和其他规费。生产补贴是政府为影响生产单位的生产、销售及定价等生产活动而对其提供的无偿支付，包括农业生产补贴、政策亏损补贴、进口补贴等。

投入产出表不存在第四象限。

日本总务省统计局在进行投入产出表的制作时,[①]对投入产出分析提出了五个基本前提条件。通过这些条件,可以对投入产出表结构和CGE建模的基本思想产生更加直观的了解,具体如下:

(1) 企业的生产能力没有极限,可以满足各种需求。

(2) 生产货物、服务所需要的原材料(中间投入)比例,假设其在短期内不会发生改变,保持不变。

(3) 各部门的投入量与各部门的生产量成比例,即假设规模报酬不变。

(4) 生产活动不存在意外中断的情况。

(5) 各部门生产活动的某项效果之和等于所有部门同时产生的总效果,即不存在外部性,各产业之间不会相互影响。

(二) 投入产出模型简述

1. 投入产出表生产部门合并方法

投入产出模型是由里昂惕夫发展而来的数量模型,通过假设各生产部门的投入产出关系一直保持固定比例,描述了投入产出表数据之间的数量关系。国家统计局所发布最近两年的投入产出表都包含了超过100个生产部门,而实际使用中可能只需要少量部门。因此,在使用投入产出表建模之前,需要先将表中细分的生产部门进行合并。

图3-1展示了投入产出表生产部门合并的操作逻辑。如图3-1所示,原部门为sec1、sec2和sec3,假设需要将sec1和sec2两个生产部门合并为新的生产部门new,具体操作方法如下:(1) 插入4行和D列,以新部门的名称将其命名为new(以下分别称为new行和new列)。(2) 在new行的B4格进行求和函数运算,令其值等于sec1和sec2行在sec1列的数值之和,即B2+B3。此后,将B4格向右拖动,使该函数应用于new行的每一格。(3) 与上一步类似,在new列的D2格进行求和函数运算,令其值等于B2+C2,并拖动将其应用于整列。(4) 分别选中new行和new列,依次进行ctrl+c和ctrl+shift+v快捷键操作[②],使函数运算结果成为纯粹的数值,以免在后续的删除操作中被修改。(5) 经过以上的操作,D4格中的数值即是目标数据。接下来将第2、3行和第B、C列删除,就完成了生产部门的合并[③]。

[①] 日本统计局制作的投入产出表被称为产业连关表。

[②] Mac OS中需将ctrl改为command,其他不变。

[③] SAM表中的部门合并操作也是相同的逻辑,只是需要分别对行列中的生产部门、商品部门各操作一次。

	A	B	C	D	E
1		sec1	sec2	new	sec3
2	sec1			=SUM(B2:C2)	
3	sec2				
4	new	=SUM(B2:B3)		**NEW**	
5	sec3				

图 3-1 生产部门合并示意图

2. 投入产出模型

以表 3-1 为例，第一产业生产 1 元的产品，需要 140 557 057/1 112 669 180＝0.13 元的第一产业产品投入，207 169 168/1 112 669 180＝0.19 元的第二产业产品投入，82 560 827/1 112 669 180＝0.07 元的第三产业产品投入，666 718 630/1 112 669 180＝0.60 元的劳动投入，以此类推。上述的投入产出比例被称为直接消耗系数，或直接称为投入产出系数。其含义为，生产 1 单位的产品 j，要用多少货币单位的 i 作为投入（张欣，2017）。投入产出系数记为 a_{ij}。

投入产出模型最常见的是行模型。参考张欣（2017）的范式，本书仅对行模型的结构进行简单介绍①。以下用联立方程来描述投入产出表第 1、2 象限的行平衡关系。

$$
\begin{aligned}
& Q_{11} + \cdots + Q_{1j} + \cdots + Q_{1n} + H_1 + I_1 = Q_1 \\
& \cdots \\
& Q_{i1} + \cdots + Q_{ij} + \cdots + Q_{in} + H_i + I_i = Q_i \\
& \cdots \\
& Q_{n1} + \cdots + Q_{nj} + \cdots + Q_{nn} + H_n + I_n = Q_n
\end{aligned} \quad (3.1)
$$

Q_{ij} 表示部门 j 在生产过程中投入产品 i 的数量，H_i 为消费，I_i 为投资。根据 $Q_{ij}=a_{ij}Q_j$，方程组（3.1）可以修改为：

$$
\begin{aligned}
& a_{11}Q_1 + \cdots + a_{1j}Q_j + \cdots a_{1n}Q_n + H_1 + I_1 = Q_1 \\
& \cdots \\
& a_{i1}Q_1 + \cdots + a_{ij}Q_j + \cdots + a_{in}Q_n + H_i + I_i = Q_i \\
& \cdots \\
& a_{n1}Q_n + \cdots + a_{nj}Q_j + \cdots + a_{nn}Q_n + H_n + I_n = Q_n
\end{aligned} \quad (3.2)
$$

---

① 投入产出模型的具体结构、各种类型以及计算方法，可参考张金水（2000）、张欣（2018）、夏明和张红霞（2019）等相关著作。本节限于篇幅，不做详细介绍。

以上即为投入产出行模型,可以用矩阵形式表达,使其形式更加简洁。

$$AQ + D = Q \tag{3.3}$$

其中,A 为 a_{ij} 所组成 i 行 j 列的系数矩阵,D 为 $H_i + I_i$ 组成的最终使用矩阵,Q 为商品产量矩阵。方程(3.3)可以变形为:

$$Q = (E - A)^{-1} D \tag{3.4}$$

E 为单位矩阵。当给定最终使用的数量 D 时,可以求解各部门产量 Q。同理,给定最终使用的变化量,也可以求解得到各部门产量的变化量。

$$\Delta Q = (E - A)^{-1} \Delta D \tag{3.5}$$

二、SAM 表的编制

投入产出表仅描述了生产部门之间的投入产出关系,而没有涉及宏观经济其他部门如居民、企业、政府之间的关系。SAM 表补上了投入产出表的这一缺陷,拥有了投入产出表所没有的第四象限。SAM 表是 CGE 模型的数据基础,基于 SAM 表建立的 CGE 模型能够较为全面地对宏观经济进行刻画。

SAM 表是在投入产出表的基础上编制的,表 3-2 是一个 3 部门的 SAM 表示例。其中,sec 表示生产部门,com 表示商品部门,lab 表示劳动投入,cap 表示资本投入。如表 3-2 所示,SAM 表在外观上与投入产出表最大的区别有两点:(1) SAM 表是对称的;(2) SAM 拥有第四象限。表 3-2 的 SAM 表中,相比表 3-1 增加了居民(hh)、企业(ent)、政府(gov)、储蓄投资(invsav)、国外(row)等账户。具体编制方法如下:

(1) 按表 3-2 的格式,将生产部门拓展为生产部门+商品部门的形式。同时加上居民、企业、政府、储蓄投资、国外等账户。

(2) 开始填入数据的准备。从《中国税务年鉴》获取生产税(间接税)和进口税数据;基于生产税数据和"生产税净额"数据计算得出生产补贴数据;从《中国统计年鉴》获取居民劳动收入、资本收入和政府转移支付数据,基于居民资本收入数据计算得出企业资本收入数据;进出口数据来自投入产出表。

(3) SAM 表纵向表示支出,横向表示收入。更形象的说法是,纵向表示购买,横向表示销售。以(gov, sec)数据[1]为例,从纵向看,该数据表示生产部门购买给政府部门的产品,从横向看,则表示政府部门销售给生产部门的产品。这恰好满足生产税的定义,而税收可以看作政府销售的商品。因此,将生产税数据分部门填入(gov, sec)中,同时将进口税数据填入(gov, com)中。

(4) 关于其他税收数据的处理。由上述定义易得,个人所得税数据应填入

---

[1] 表示 gov 行、sec1/2/3 列的数据,为表达方便,下文均采用该方式定位数据。

(gov, hh)中, 企业所得税数据应填入(gov, ent)中。劳动和资本增值税数据分别填入(vatl, sec)和(vatk, sec)中。

(5) 关于要素数据的处理。劳动投入数据应填入(lab, sec)中, 而资本投入数据则需要额外的说明。投入产出表中, 和资本投入相关的账户为"固定资产折旧", 但如果简单地将两者划上等号, 则会发现"营业盈余"账户无法处理。从要素回报的角度来看, 营业盈余其实也是固定资本以外形式资本投入的回报。UNSNA[①]为了易于操作, 在其口径中通常将有形资本、无形资本、土地、净经营剩余都归纳到广义的资本消费一栏中(张欣和陈烨, 2009)。因此, 本书将固定资产折旧和营业盈余相加, 合并为SAM表中的"资本投入"账户, 即(cap, sec)。

(6) 关于进出口数据的处理。基于上文购买—销售的解释易得, 进口商品数据应填入(row, com)中, 出口商品数据应填入(sec, row)中。

(7) 关于最终消耗数据的处理。居民消费数据应填入(com, hh)中, 政府消费数据应填入(com, gov)中, 资本形成数据应填入(com, invsav)中。企业账户不存在消费行为, 企业投资和政府投资在投入产出表和SAM表中均被统一合并为资本形成数据。

(8) 关于收入和储蓄数据的处理。居民的劳动收入数据应填入(hh, lab)中, 居民的资本收入数据应填入(hh, cap)中, 企业的资本收入数据应填入(ent, cap)中, 居民的政府转移支付收入数据应填入(hh, gov)中。已知居民和企业收入和支出数据, 则可以计算出居民和企业储蓄。将居民储蓄填入(invsav, hh)中, 企业储蓄填入(invsav, ent)中。已知政府收入(生产税+进口税+所得税)和政府支出(生产补贴+政府消费+居民转移支付), 可以计算出政府储蓄, 填入(invsav, gov)中。已知国外收入(进口商品)和国外支出(出口商品), 可以计算出国外储蓄, 填入(invsav, row)中。考虑到政府储蓄和国外储蓄实际数据可能为负, 可将相关数据取正, 分别填入对称的(gov, invsav)和(row, invsav)中, 表示公债(对政府贷款)和贸易顺差(对外投资)。但这一处理并非必要。

(9) 关于生产补贴数据的处理。本章提供两种生产补贴数据的处理思路: ①将生产补贴数据填入(sec, gov)中, 视为生产部门从政府获得的收入。此操作需注意SAM表的后续配平。②将生产补贴看作"负间接税", 与除增值税外的生产税进行相同的处理, 如表3-2中(alc, sec)所示。本章后续用于实施数值模拟的模型采用了此方法。

(10) 通过以上步骤, 初步完成了SAM表的编制。但由于数据来源口径不同, SAM表中各行列的流量并不完全相等, 因此需要配平。在差距不大的情况下, 可以先使用手动平衡的方法, 再视情况使用RAS或交叉熵法。

---

① United Nations System of National Accounts, 联合国统计署的国民经济核算体系。

表 3-2 3 部门 SAM 表 单位：百亿元

	sec1	sec2	sec3	com1	com2	com3	lab	cap	hh	ent	gov	alc	vatl	vatk	invsav	row	total
sec1				1 100.89												11.78	1 112.67
sec2					13 213.88											1 413.67	14 627.55
sec3						8 805.49										331.49	9 136.98
com1	140.56	620.50	72.31						279.05		17.68				29.75		1 159.85
com2	207.17	8 191.71	1 441.56						1 203.91		0.00				3 651.91		14 696.26
com3	82.56	2 174.28	2 725.98						2 040.68		1 374.91				660.72		9 059.13
lab	666.72	1 516.36	2 567.19														4 750.27
cap	50.74	1 474.99	1 981.38														3 507.11
hh							4 750.27	331.89			619.67						5 701.84
ent								3 175.22									3 175.22
gov	1.01	301.06	428.32	0.01	98.30	10.33			138.72	354.90		−381.50	380.84	233.46			1 565.45
alc	−36.52	35.49	−380.47														−381.50
vatl	0.41	189.77	190.66														380.84
vatk	0.01	123.39	110.06														233.46
invsav									2 039.48	2 820.31	−446.82					−70.60	4 342.38
row				58.94	1 384.08	243.32											1 686.34
total	1 112.67	14 627.55	9 136.98	1 159.85	14 696.26	9 059.13	4 750.27	3 507.11	5 701.84	3 175.22	1 565.45	−381.50	380.84	233.46	4 342.38	1 686.34	

三、标准 CGE 模型

在 SAM 表的编制过程中,就已经完成了构建标准 CGE 模型的基础工作。最简单的 CGE 模型,是基于只包含居民账户的 SAM 表而建立起来的。在此基础上,引入政府部门,则在模型中加入了税收和政府消费;引入企业和投资储蓄部门,则在模型中加入了企业、政府储蓄与资本形成;引入开放经济,则在模型中加入了进出口行为与贸易顺差/逆差。基于如表 3-2 所示结构的 SAM 表,可以建立一个标准 CGE 模型[①]。

(一)标准 CGE 模型结构

本节所介绍的标准 CGE 模型结构参考了张欣(2017)的研究结果。不过考虑到该模型编写完成时,正值增值税转型政策实施,模型中的税收数据为劳动和资本增值税。因此结合当前实际数据的应用情况,下文会单独介绍间接税中的其他税种以及生产补贴加入 CGE 模型的方式。标准 CGE 模型结构如下:

$$QA_a = \alpha_a^q \left[\delta_a^q QVA_a^{\rho_a} + (1-\delta_a^q) QINTA_a^{\rho_a} \right]^{\frac{1}{\rho_a}} \quad a \in A \quad (3.6)$$

$$\frac{PVA_a}{PINTA_a} = \frac{\delta_a^q}{(1-\delta_a^q)} \left(\frac{QINTA_a}{QVA_a} \right)^{1-\rho_a} \quad a \in A \quad (3.7)$$

$$PA_a \cdot QA_a = PVA_a \cdot QVA_a + PINTA_a \cdot QINTA_a \quad a \in A \quad (3.8)$$

QA_a 为 a 部门的产量,QVA_a 为 a 部门增值部分投入量,$QINTA_a$ 为 a 部门中间投入量。PA_a、PVA_a、$PINTA_a$ 分别为 a 部门产量、增值投入、中间投入的价格。α、δ、ρ 为模型参数。A 为生产部门集合。

式(3.6)为 a 部门最外层的生产函数,函数形式为 CES(常替代弹性生产函数)。式(3.7)为该生产数量关系的成本最小化条件。式(3.8)为价格函数。上述三式联立,隐性表达了 a 部门的利润最大化条件。而 a 部门中,不仅存在这一种生产数量关系,总中间投入 $QINTA_a$ 由各中间投入以里昂惕夫函数组合而成,增值投入 QVA_a 由劳动和资本要素组合而成。相关的数量关系由式(3.9)—式(3.13)描述。

$$QVA_a = \alpha_a^{va} \left[\delta_{La}^{va} QLD_a^{\rho_a^{va}} + (1-\delta_{La}^{va}) QKD_a^{\rho_a^{va}} \right]^{\frac{1}{\rho_a^{va}}} \quad a \in A \quad (3.9)$$

$$\frac{WL \cdot (1+tval)}{WK \cdot (1+tvak)} = \frac{\delta_{La}^{va}}{1-\delta_{La}^{va}} \left(\frac{QKD_a}{QLD_a} \right)^{1-\rho_a^{va}} \quad a \in A \quad (3.10)$$

$$PVA_a \cdot QVA_a = (1+tval) \cdot WL \cdot QLD_a + (1+tvak) \cdot WK \cdot QKD_a \quad a \in A \quad (3.11)$$

[①] 基本模型的介绍参考了张欣的《可计算一般均衡模型的基本原理与编程(第二版)》,格致出版社 2017 年版。

$$QINT_{ca} = ica_{ca} \cdot QINTA_a \quad a \in A, c \in C \tag{3.12}$$

$$PINTA_a = \sum_{c \in C} ica_{ca} \cdot PQ_c \tag{3.13}$$

其中，QLD_a 为 a 部门劳动投入，QKD_a 为 a 部门资本投入，WL 为劳动投入价格，WK 为资本投入价格。$tval$ 为劳动增值税税率，$tvak$ 为资本增值税税率，ica_{ca} 为中间投入系数，PQ_c 为商品 c 的价格。C 为商品部门集合。

增值税账户在表 3-2 中没有单独列出，而是包含在 (gov, sec) 的间接税数据之内。如果需要研究以要素税形式存在的增值税，则需要将相应的税额从政府账户中分离出来，建立新的账户。式 (3.10) 中，$WL \cdot (1+tval)$ 的含义为，劳动增值税的存在扭曲了劳动投入价格，提高了劳动的实际成本。$WK \cdot (1+tvak)$ 的含义也是如此。

以该模型中的增值税为例，如果需要在 CGE 模型中加入新的税种，主要应在生产模块中进行修改。首先是成本最小化条件，税收的存在会扭曲相应的价格，在成本最小化条件中反映出来。其次是价格函数，价格函数描述了 SAM 表表面上的数量关系，包含了相应的价格变量，也应进行修改，如式 (3.11) 所示。而需要注意的是，CGE 模型的其他模块中，如果涉及 WL、WK 等变量，应使用未被扭曲的变量形式。

在编写 CGE 模型的 GAMS 代码①时，加入新的税种不仅需要在模型部分进行修改，还需要修改对应的参数。因为模型结构发生了改变，可能导致相关参数的定义也发生改变。在下文的模型设计和附录部分会对此问题进行专门的讲解。

在包含开放经济的 CGE 模型中，还涉及生产部门生产产品的出口、国内销售商品的进口等问题。以下是对相关数量关系的方程描述。

$$QA_a = \alpha_a^t [\delta_a^t QDA_a^{\rho_a^t} + (1-\delta) QE_a^{\rho_a^t}]^{\frac{1}{\rho_a^t}} \quad \rho_a^t > 1, a \in A \tag{3.14}$$

$$\frac{PDA_a}{PE_a} = \frac{\delta_a^t}{1-\delta_a^t} \left(\frac{QE_a}{QDA_a}\right)^{1-\rho_a^t} \quad a \in A \tag{3.15}$$

$$PA_a \cdot QA_a = PDA_a \cdot QDA_a + PE_a \cdot QE_a \quad a \in A \tag{3.16}$$

$$PE_a = pwe_a \cdot EXR \quad a \in A \tag{3.17}$$

$$QQ_c = \alpha_c^q (\delta_c^q QDC_c^{\rho_c^q} + (1-\delta_c^q) QM_c^{\rho_c^q})^{\frac{1}{\rho_c^q}} \quad c \in C \tag{3.18}$$

$$\frac{PDC_c}{PM_c} = \frac{\delta_c^q}{1-\delta_c^q} \left(\frac{QM_c}{QDC_c}\right)^{1-\rho_c^q} \quad c \in C \tag{3.19}$$

$$PQ_c \cdot QQ_c = PDC_c \cdot QDC_c + PM_c \cdot QM_c \quad c \in C \tag{3.20}$$

---

① GAMS (General Algebraic Modeling System)，通用数学建模系统。

$$PM_c = pwm_c(1+tm_c)EXR \quad c \in C \tag{3.21}$$

$$QDC_c = \sum_a IDENT_{ac} \cdot QDA_a \quad c \in C \tag{3.22}$$

$$PDC_c = \sum_a IDENT_{ac} \cdot PDA_a \quad c \in C \tag{3.23}$$

其中,QDA_a 为 a 部门生产产品中在国内销售的产量,QE_a 为 a 部门出口的产量。QQ_c 为国内销售的商品 c 数量,QDC_c 为国内生产国内销售的商品 c 数量,QM_c 为进口的商品 c 数量。PDA_a、PE_a、PQ_c、PDC_c、PM_c 分别为对应的价格。pwe_a 为 a 部门产品的出口价格,pwm_c 为商品 c 的进口价格,EXR 为汇率,tm_c 为商品 c 的进口税率。由上述定义可知,QDA_a 与 QDC_c、PDA_a 与 PDC_c 所描述的是同一批产品及其价格,即国内生产国内销售。

式(3.14)—式(3.17)描述了生产部门的产出分为国内生产国内销售与出口两部分的数量关系,其中,式(3.14)为 CET 生产函数(固定替代弹性生产函数)。式(3.18)—式(3.21)描述了国内销售商品分为国内生产国内销售与进口两部分的数量关系,其中,式(3.18)被称为阿明顿(Armington)条件。式(3.22)—式(3.23)描述了 QDC_c 与 QDA_a、PDC_c 与 PDA_a 之间的等价关系。

以上为 CGE 模型生产模块的结构。可以用图 3-2 直观表示。

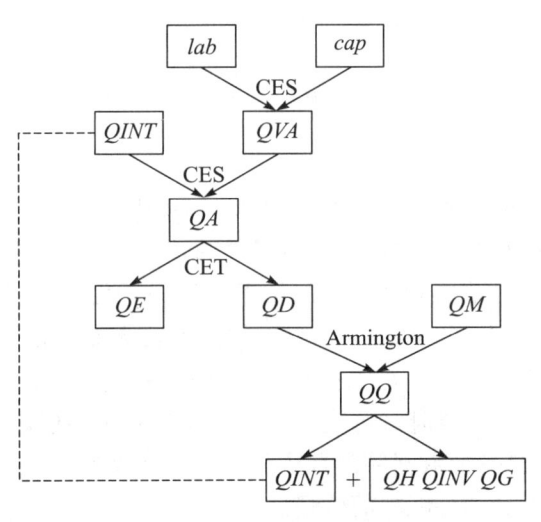

图 3-2　生产模块结构

图 3-2 直观展现了 CGE 模型生产模块结构。如图 3-2 所示,在国内销售的商品 QQ,一部分被作为中间投入 $QINT$ 消耗,另一部分则被居民消费 QH、政府消费 QG、投资 $QINV$ 所最终消耗。以下对 CGE 模型中的居民部门进行描述。

$$YH = WL \cdot QLS + shif_{hk} \cdot WK \cdot QKS + transfr_{h\,gov} \tag{3.24}$$

$$PQ_c \cdot QH_c = shrh_c \cdot mpc \cdot (1 - ti_h) \cdot YH \tag{3.25}$$

其中,YH 为居民的收入。居民收入来自劳动投入的回报、居民分得的资本投入的回报以及政府对居民的转移支付 $transfr_{h\,gov}$。QLS 为劳动供给量,WL 为工资水平,QKS 为资本供给量,WK 为资本价格,$shif_{hk}$ 为资本回报中居民分得的比例。QH_c 为居民对商品 c 的消费数量,PQ_c 为商品 c 的价格。$Shrh_c$ 为居民对商品 c 的消费占总消费金额的比例,mpc 为边际消费倾向,ti_h 为居民的所得税率。

$$YENT = shif_{ent\,k} \cdot WK \cdot QKS \tag{3.26}$$

$$ENTSAV = (1 - ti_{ent})YENT \tag{3.27}$$

企业的收入为资本回报中企业分得的部分,企业的支出为企业所得税和企业储蓄。在 CGE 模型中,企业不存在消费行为,其对商品的投资是通过投资储蓄模块实现的。其中,$YENT$ 为企业收入,$shif_{ent\,k}$ 为资本回报中企业分成比例,$ENTSAV$ 为企业储蓄,ti_{ent} 为企业所得税税率。

$$YG = \sum_a (tval_a \cdot WL \cdot QLD_a + tvak_a \cdot WK \cdot QKD_a) + ti_h \cdot YH$$
$$+ ti_{ent} \cdot YENT + \sum_c tm_c \cdot pwm_c \cdot QM_c \cdot EXR \tag{3.28}$$

$$PQ_c \cdot QG_c = shrg_c(EG - transfr_{h\,g}) \tag{3.29}$$

$$GSAV = YG - EG \tag{3.30}$$

政府收入包含了劳动和资本增值税收入、个人和企业所得税收入以及进口税收入,政府的支出则包含了政府消费和对居民的转移支付。其中,YG 为政府收入,EG 为政府支出,QG_c 为政府对商品 c 的消费。$GSAV$ 为政府储蓄,定义为政府收入与支出之差。需要注意的是,QG_c 是政府的消费行为而非投资行为,政府进行的公共投资是与企业投资合并存在于资本形成账户中。从图 3-3 中可以清楚看到这一点。如图 3-3 所示,政府对建筑业的消费全部为 0。还应注意到,原始的投入产出表中,资本形成总额的数据并没有按照政府和企业进行分类。

以下为投资储蓄和国外账户的数量关系。

$$EINV = \sum_c PQ_c \cdot \overline{QINV_c} \tag{3.31}$$

$$EINV = \sum_h (1 - mpc_h)(1 - ti_h) \cdot YH + ENTSAV + GSAV$$
$$+ EXR \cdot FSAV + WALRAS \tag{3.32}$$

	A	B	C	FE	FF	FG	FH	FI
1	2018年全国投入产出表							
2	(按当年生产者价格计算) (Data are calculated a							
3	单位：万元							
4			部门名称	最终使用				
5	投入	产出		政府消费支出	消费支出合计	固定资本形成总额	存货变动	资本形成总额
6	部门名称		代码	FU103	TC	FU201	FU202	GCF
109	住宅房屋建筑		47101a	0	0	1337414424	0	1337414424
110	体育场馆和其他房屋建筑		47101b	0	0	161194218	0	161194218
111	铁路、道路、隧道和桥梁工程建筑		48102a	0	0	499866211	0	499866211
112	其他土木工程建筑		48102b	0	0	266304802	0	266304802
113	建筑安装		49103	0	0	186159554	0	186159554
114	建筑装饰、装修和其他建筑服务		50104	0	0	83402228	0	83402228

图 3-3 投入产出表中部分截图

$$\sum_c pwm_c \cdot QM_c = \sum_a pwe_a \cdot QE_a + FSAV \tag{3.33}$$

其中，$EINV$ 为总投资，$QINV_c$ 为对 c 商品的投资，$FSAV$ 为国外储蓄，定义为进口与出口的差值。式(3.32)描述了投资—储蓄的均衡，然而该方程在本模型中是多余的，会导致方程数多于内生变量数。因此在该方程中加入一个 WALRAS 虚变量，保证模型可解。也可以将该方程删除，保持方程数与内生变量数相等。

CGE 模型中，生产模块与国民经济各账户形成了宏观闭合。在此基础上，加上一般均衡条件，即构建了完整的 CGE 模型。

$$QQ_c = \sum_a QINT_{ca} + \sum_h QH_{ch} + \overline{QINV_c} + QG_c \quad c \in C \tag{3.34}$$

$$\sum_a QLD_a = QLS \tag{3.35}$$

$$\sum_a QKD_a = QKS \tag{3.36}$$

式(3.34)为产品市场均衡条件，式(3.35)和式(3.36)为要素市场均衡条件。除上述方程外，GDP 作为经常需要研究的变量，可以在模型中加入其定义，如下式所示。

$$GDP = \sum_c (QH_c + \overline{QINV_c} + QG_c - QM_c) + \sum_a QE_a \tag{3.37}$$

$$PGDP \cdot GDP = \sum_c PQ_c \cdot (QH_c + \overline{QINV_c} + QG_c) + \sum_a PE_a \cdot QE_a$$
$$- \sum_c PM_c \cdot QM_c + \sum_c tm_c \cdot pwm_c \cdot EXR \cdot QM_c \tag{3.38}$$

上述模型包含 33 组方程，37 组内生变量，为保证模型可解，需进行以下设置。

$$\overline{WL} = 1 \tag{3.39}$$

$$\overline{WK} = 1 \tag{3.40}$$

$$EG = \overline{EG} \tag{3.41}$$

$$FSAV = \overline{FSAV} \tag{3.42}$$

将劳动价格与资本价格外生。采用浮动汇率制度，国外储蓄外生固定。这是对 CGE 模型宏观经济背景的描述，代表着一种宏观闭合方式。宏观闭合的概念将在下一小节介绍。上述的模型设置方式为凯恩斯闭合。在凯恩斯闭合下，劳动和资本部分投入生产，要素价格具有黏性。

此外，上述模型中将政府支出 EG 与资本形成 $QINV_c$ 都做外生处理，这是基于以下两个假设：(1) 经济中总需求不足，需要靠政府支出拉动，因此 EG 外生，以此控制总需求；(2) 资本尚未完全投入生产，因此积极的经济政策只会使闲置资本投入使用，而不会促进新的资本形成（陈烨等，2010）。

从模型求解的角度看待政府支出与资本形成的外生处理，可以提出两个新的原因：(1) 在标准 CGE 模型中，政府支出与资本形成并不存在内生的决定机制，因此只能将其作外生处理。作为数学模型，可以采用其他方法实现外生变量的内生。例如，将政府储蓄设置为外生，可以换取投资的内生，但作为经济学模型，这样的做法需要有合理的经济学解释，并在恰当的前提下实施。(2) 政府支出的内生可以通过添加合理的财政政策规则解决。投资内生的问题则关系到了一般均衡模型的基础逻辑。陈烨等（2010）通过假设投资与资本投入的变化相关从而使投资内生，这是一个折中的做法。投资水平受利率的影响，严格意义上的投资内生需要全面引入货币市场及相关规则，而此做法会导致一般均衡的假设失效，这已超出了本章节所讨论的内容。因此，在存在合适的经济学解释的条件下，将政府支出和投资作外生处理是最合理的做法。

图 3-4 在图 3-2 的基础上进行了扩展，直观展示了 CGE 模型的结构。其中，箭头流出表示支出，箭头流入表示收入。

(二) 宏观闭合

在上述模型完成后，根据宏观经济理论及现实情况，调整模型结构与内、外生变量设置所形成的结构，称为宏观闭合（张欣，2017）。不同类型的模型结构设置，被命名为不同的宏观闭合名称。以下对几种常见的宏观闭合进行介绍。

1. 新古典闭合

新古典主义宏观闭合，简称新古典闭合，其描述了经济中所有资本和劳动都投入生产的情况。由于资本和劳动全部投入生产，要素供给等于要素禀赋，要素价格充分具有弹性。此时，劳动供给 QLS 和资本供给 QKS 外生固定，劳动价格 WL 和资本价格 WK 内生。之后，将 WL 作为价格基准，外生固定。

需要注意的是，在使用新古典闭合时对模型施加财税政策冲击，可能会出现无

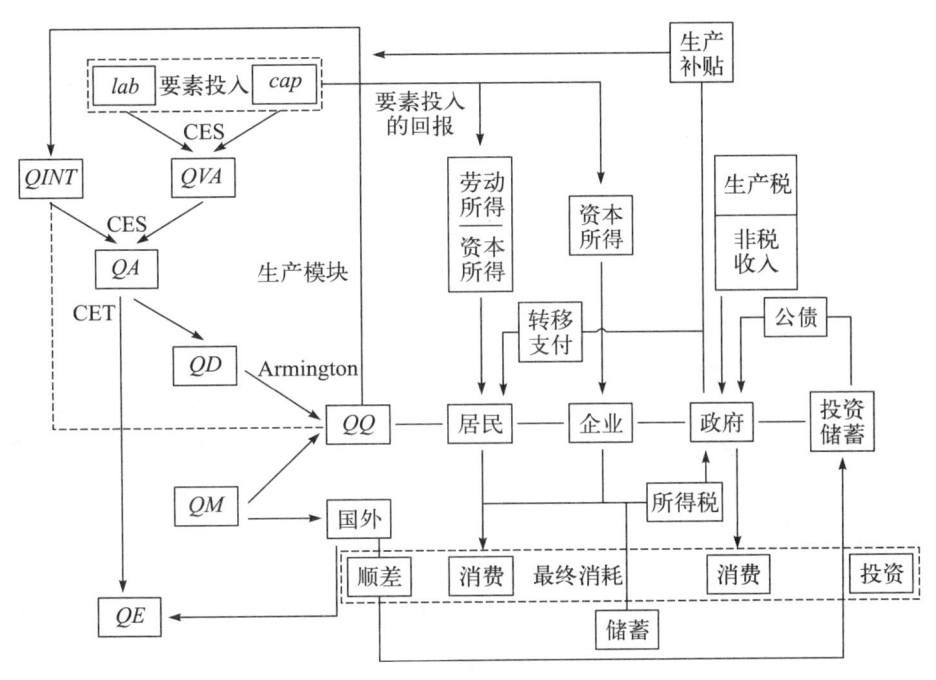

图 3-4 CGE 模型结构示意图

响应或结果大幅偏离设想的情况。这是因为：当要素全部投入生产时，积极的经济政策无法再进一步增加要素投入以刺激产出增长。因此，如果需要模拟财政税收政策对经济的影响，需要修改闭合形式，至少将劳动和资本供给中的其中一个设置为内生。

2. 凯恩斯闭合

现实经济往往面临总需求不足的问题，此时经济中的要素禀赋不会完全投入生产，即凯恩斯描述的萧条情况，描述此情形的模型设置被称为凯恩斯闭合。

当总需求不足时，劳动力出现失业，资本闲置，此时 QLS 和 QKS 内生，WL 和 WK 外生固定。凯恩斯闭合的设置如式(3.43)—(3.44)所示。

$$WL = \overline{WL} = 1 \tag{3.43}$$

$$WK = \overline{WK} \tag{3.44}$$

$$EG = \overline{EG} \tag{3.45}$$

与式(3.41)相同，式(3.45)表示政府支出外生，这是因为：在凯恩斯理论中，均衡产出由总需求决定，将政府支出外生，由此控制经济规模。

3. 路易斯闭合

路易斯闭合所描述的经济情况是：存在一定的剩余劳动力，资本全部投入。由此,WL 外生固定,WK 内生。价格指数 PGDP 固定,作为价格基准。

$$WL = \overline{WL} \tag{3.46}$$

$$QKS = \overline{QKS} \tag{3.47}$$

$$PGDP = \overline{PGDP} = 1 \tag{3.48}$$

四、研究增值税税率简并方案的 CGE 模型

上一部分所介绍的标准 CGE 模型中,包含了劳动增值税和资本增值税。借助上述模型,可以实现对增值税外生冲击的模拟。但在增值税转型后,固定资产已经不再征收增值税,且增值税尽管是要素税的一种,其实际征收是销项税和进项税的"链条税"的方式。在这样的背景下,以下本文分别介绍包含进项税抵扣机制和将增值税作为要素税的 CGE 模型设计,并基于将增值税作为要素税的模型,对增值税税率简并政策进行模拟。

(一)包含进项税抵扣机制的 CGE 模型设计

田志伟和胡怡建(2014)设计了包含进项税抵扣机制的 CGE 模型,用于分析"营改增"对财政经济的动态影响。万莹和陈恒(2020)、万莹和熊惠君(2020)分别使用此类模型,分析了增值税减税改革和增值税税率简并的政策效应。该 CGE 模型表现了增值税的实际征收机制,更加贴合实际。以下基于田志伟和胡怡建(2014)的研究成果,对该模型进行简要介绍和分析。

在 2009 年完成了生产型增值税向消费型增值税的转型后,减免了企业购入固定资产所需缴纳的增值税,即允许将这笔税款进行抵扣。在增值税的抵扣机制中,a 部门的销项税额 $T_{output\,a}$ 为:

$$T_{output\,a} = PA_a \cdot (QA_a - stock_a) \cdot \frac{tvad_a}{1+tvad_a} \tag{3.49}$$

其中,$stock_a$ 为存货增加,$tvad_a$ 表示 a 部门产品的法定增值税率。上式的含义为,销项税额等于销售额进行增值税价税分离后的数额。进项税额 $T_{input\,a}$ 分为两部分:中间投入的进项税 $T_{int\,a}$ 和固定资产抵扣的进项税 $T_{fa\,a}$,分别表示为:

$$T_{int\,a} = \sum_{c \in C} ica_{ca} \cdot PQ_c \cdot QA_a \cdot \frac{tvad_c}{1+tvad_c} \tag{3.50}$$

$$T_{fa\,a} = tvak \cdot WK \cdot QKD_a \tag{3.51}$$

其中,式(3.50)表示 a 部门的中间投入进项税额等于购入中间产品总额进行增值税价税分离后的数额,式(3.51)中,$tvak$ 为固定资产抵扣税率,考虑到资本投入额是含税的,因此在当前税制下,$tvak = 0.13/1.13$。

基于销项税额和进项税额,可以得到增值税应纳税额 $T_{vat\,a}$ 为:

$$T_{vat\,a} = T_{output\,a} - T_{input\,a} \tag{3.52}$$

然而,使用上述公式计算得到的增值税额和实际数据有着很大的偏差,为此引入了征收比率 $leiv_a$ 的概念,表示各行业的税收征管效率,将理论值与真实值联系起来。简单来说,该模型假设增值税的理论值与真实值之间存在固定比例关系如下:

$$VAT_a = T_{vat\,a} \cdot leiv_a \tag{3.53}$$

VAT_a 为 a 部门实际缴纳的增值税额。在该假设下,销项税额和进项税额的计算公式均需要发生相应的变化,应用于 CGE 模型中,相关模型方程如下:

$$PA_a \left[QA_a - (QA_a - stock_a) \frac{tvad_a}{1+tvad_a} leiv_a \right](1-tprd_a)$$
$$= PVA_a \cdot QVA_a + PINTA_a \cdot QINTA_a \tag{3.54}$$

$$PVA_a \cdot QVA_a = WL \cdot QLD_a + WK \cdot (1-tvak \cdot leiv_a) \cdot QKD_a \tag{3.55}$$

$$\frac{WL}{WK \cdot (1-tvak \cdot leiv_a)} = \frac{\delta_{La}^{ua}}{1-\delta_{La}^{ua}} \left(\frac{QKD_a}{QLD_a} \right)^{1-\rho_a^{ua}} \tag{3.56}$$

$$PINTA_a = \sum ica_{ca} \cdot PQ_c \cdot \left(1 - \frac{tvad_c}{1+tvad_c} leiv_c \right) \tag{3.57}$$

以上即为包含进项税抵扣机制的 CGE 模型与标准 CGE 模型的主要差别。其中,$tprd_a$ 为间接税税率,销项税额和进项税额部分相比之前的定义,均加上了 $leiv_a$ 或 $leiv_c$ 的比例系数。需要注意的是,在构建模型时,除了需要改动相关的模型方程,还需要调整 SAM 表的结构,定义和修改参数取值。

(二)将增值税作为要素税的 CGE 模型设计

将增值税作为要素税,需要从实际的增值税税额出发,合理设计模型,并将实际税负水平与法定税率联系起来。这与包含进项税抵扣机制的模型设计思路是相反的思路。

增值税应纳税额=销项税额-进项税额,在进项税额中,生产部门购入的中间产品和固定资产都参与了进项税额抵扣,剩下没有参与进入抵扣过程的生产投入即为承受增值税应纳税额的对象。在上文的标准 CGE 模型中,承受增值税税额的部分为劳动和资本,而在基于现实数据的 CGE 模型中则为劳动和营业盈余。因此,实际增值税率 $tvat_a$=实际增值税额 /(劳动投入+营业盈余)。考虑到营业盈余已和固定资本折旧合并成了资本折旧项,为实现相关参数的赋值,需要进行两步修改工作:(1)借助营业盈余数据,将各部门增值税额划分为劳动增值税和资本增值税两个账户,其中,劳动增值税对应劳动者报酬,资本增值税对应营业盈余。(2) 只对资本折旧中的一部分征税,必然会导致资本价格 WK 扭曲程度的"稀释",表现为生产模块增值部分中资本增值税率小于实际税率,相关模型方程如下:

$$PVA_a \cdot QVA_a = (1+tvat_a) \cdot WL \cdot QLD_a + (1+tvak_a) \cdot WK \cdot QKD_a \tag{3.58}$$

$$\frac{WL \cdot (1+tvat_a)}{WK \cdot (1+tvak_a)} = \frac{\delta_{La}^{ua}}{1-\delta_{La}^{ua}} \left(\frac{QKD_a}{QLD_a}\right)^{1-\rho_a^{va}} \tag{3.59}$$

其中,$tvak_a$ 表示资本增值税率,定义为资本增值税额与资本折旧的比值,其与实际增值税率 $tvat_a$ 的关系为:

$$tvak_a = tvat_a \cdot rpk_a \tag{3.60}$$

其中,rpk_a 为 a 部门营业盈余与资本折旧的比值,该参数起到了对资本价格的稀释作用。此时,仿照包含进项税抵扣机制的 CGE 模型的做法,假设 a 部门实际增值税率与法定增值税率之间存在固定比例关系,从而法定增值税率的变化可以有效地反映到模型中。第三节将该模型设计用于增值税简并方案的研究,附录中给出相应的 GAMS 代码,以供参考。

第三节 政策模拟与政策分析

一、模型设计

当前的增值税税率分为 13%、9%、6%三档。从增值税征收的产业结构来看,第一产业享受多种免税和零税率政策,基本不征收增值税;第二产业大多适用 13%的税率;第三产业大多适用 6%的低税率;第二、三产业中的部分行业适用 9%的低税率。

依据现行税制,最终选择加入模型的生产部门为:(1) 第一产业;(2) 投入产出表中第二产业扣除(3)、(4)后的剩余部分;(3) 电力、热力、燃气及水的生产和供应业;(4) 建筑业;(5) 交通运输、仓储和邮政业;(6) 房地产业;(7) 第三产业的剩余部分,共 7 个部门。其中部门(1)的实际增值税率接近于 0,不作研究,部门(2)的法定增值税率统一视为 13%,部门(3)—(6)的法定增值税率统一视为 9%,部门(7)的法定增值税率统一视为 6%。

基本的模拟思路为,部门(1)和(7)的税率不变,将部门(2)的税率分别降为 13%、12%、11%、10%、9%,部门(3)—(6)的税率降为 6%。观察增值税税率简并政策对产出、就业和产业结构的影响。

间接税中包含作为要素税的增值税和除增值税之外的产值税,因此需要分别处理,加入模型。此外,本模型中将生产补贴看作"负间接税",在保证模型功能的前提下,将模型结构进行一定的简化,使建模思路更加简洁。相关的生产模块方程如下:

$$PVA_a \cdot QVA_a = (1+tvat_a) \cdot WL \cdot QLD_a + (1+tvak_a) \cdot WK \cdot QKD_a \tag{3.61}$$

$$\frac{WL \cdot (1+tvat_a)}{WK \cdot (1+tvak_a)} = \frac{\delta_{La}^{va}}{1-\delta_{La}^{va}} \left(\frac{QKD_a}{QLD_a}\right)^{1-\rho_a^{va}} \tag{3.62}$$

$$(1-tprd_a+talc_a) \cdot PA_a \cdot QA_a = PINTA_a \cdot QINTA_a + PVA_a \cdot QVA_a \tag{3.63}$$

其中,$tprd_a$ 为产值税形式的间接税,$talc_a$ 为各部门生产补贴与部门产值之比,即"负税率"。由于生产补贴在生产部门列中是以负生产补贴的形式存在的,因此在定义参数 $talc_a$ 时,需要加上负号,GAMS 代码为:talc(a)=−sam('alc', a)/sam('total', a)。

二、模拟结果分析

按照上述的模型设计,将增值税作为要素税,将其他间接税作为产值税,将生产补贴作为负间接税分别加入模型。本章的宏观闭合方式采用凯恩斯闭合,对上一小节设计的增值税税率简并方案进行模拟。模拟结果如表 3-3 所示。

表 3-3 增值税税率简并方案模拟结果　　　　　　　　　单位:%

情景	低税率 9%	基本税率 13%	GDP	就业	第一产业	第二产业	第三产业	第一产业占比	第二产业占比	第三产业占比
1		13%	0.130	0.293	−0.044	0.411	−0.010	8.077	37.347	54.576
2		12%	0.149	0.304	−0.258	0.639	−0.098	8.058	37.425	54.518
3	6%	11%	0.167	0.315	−0.445	0.842	−0.174	8.041	37.493	54.466
4		10%	0.188	0.329	−0.659	1.078	−0.261	8.022	37.572	54.406
5		9%	0.210	0.346	−0.874	1.319	−0.348	8.003	37.652	54.345
6	9%	9%	0.083	0.062	−0.828	0.924	−0.336	8.017	37.557	54.426

如表 3-3 所示,采取两档就低的方案,即低税率 9% 降低至 6% 后,GDP 和就业都出现了明显的增长。而随着基本税率的降低,产出和就业增加缓慢。保持低税率不变,将基本税率降低至 9% 后,产出和就业的增长都低于 0.1%。

本书对此的解释是,在降低适用基本税率部门的增值税税率时,资本获取成本的降低造成了资本需求的提高,对劳动要素形成了较为强烈的替代效应,产出和就业受到了一定的挤出。陈烨等(2010)就增值税转型政策对就业的负面影响进行研究,而基于最新的投入产出表建立的 CGE 模型模拟结果表明:在当前的经济结构下,消费型增值税对产业结构和要素相对价格的扭曲依然存在。当然,现行税制中无法单独调整某一要素的增值税税率,增值税"税率简并"政策的总体效应依然是积极的。

表 3-3 还展示了各产业增加值以及占比的变动情况。情景 2—情景 5 中,由于基本税率绝大部分适用于第二产业,基本税率的降低有效提高了第二产业的增加值,但代价是第一、三产业增加值的挤出。产业占比的数据同样如此,增值税税率简并政策的实施有效提高了第二产业占比,但第一、三产业的占比则都出现了下降的趋势。

将上述 6 种情景进行对比可知,单独的两档就低政策表现良好,不仅有效提振了产出和就业,且对第一产业和第三产业的负面影响较小。相比之下,基本税率的降低无论是与两档就低的政策进行搭配,还是单独实施,政策效果都不够令人满意。对产出和就业增长的作用较小,对第一、三产业还有一定的负面影响。相当于透支其他产业来维持自身发展,对总体并无明显益处。

三、总结与展望

依据现行税制,将增值税作为要素税加入 CGE 模型,对增值税税率简并政策进行了模拟。研究发现:(1) 将 9% 低税率降低至 6% 的两档就低税率简并方案表现良好,产出和就业都有显著的提升,同时不会对各产业造成明显的负面影响;(2) 由于较为明显的要素替代效应,降低 13% 基本税率的政策表现不佳,无论是否搭配两档就低的方案实施,产出和就业增长都较为缓慢,且存在对第一产业和第三产业的负面影响;(3) 总体来看,增值税税率简并改革的实施会提升第二产业的占比,降低第一产业和第三产业的占比。消费型增值税对产业结构的扭曲依然存在。

最后,本章提出如下的政策建议:

第一,增值税税率简并的改革,应从建筑、交通运输、邮政、房地产等行业着手,优先降低这些行业适用的 9% 低税率,将低税率 9% 和 6% 合并为 6% 单独一档。这些行业国有资本占比较高,实施增值税的税率简并改革对提振经济效果较为明显。在短期内,这一改革可以降低社会生产成本,长期来看有利于激发企业发展的活力,提高企业的生产效率和营收能力。

第二,无论是增值税税率简并改革还是单独实施的减税改革,降低 13% 基本税率都并非首选。促进第二产业发展,可以考虑其他税收政策或是财政补贴的方式。譬如在考虑增值税税率简并改革的同时,可以考虑梳理各类减税、免税优惠政策,简化政策措施。对比中国"简税制、宽税基、低税率、严征管"的税制改革思路,现行《增值税暂行条例》明列的免税项目仅有 7 项,但财政部、国家税务总局通过系列文件又规定了大量的减免税规定。进而,增值税的政策包括了很多所得税扣除特征的规定,增加了税制的复杂性和纳税人的适应性。企业对繁多复杂的优惠条件做出的反应有限,政策迟滞时间较长,弱化了增值税的调节作用。

第三,增值税税率简并政策实施时,应充分考虑要素替代效应的存在,并密切注意该政策对第一、第三产业可能的负面影响,在必要时予以调节。完善第一、第三产业的发票管理和征收管理,强化信息管税,增强产业纳税的规范化从而降低税负,减少因抵扣制度不健全导致的对产业结构的扭曲。

第四节 相关程序代码

一、将增值税作为要素税的 CGE 模型示例程序

以下展示将增值税作为要素税的 CGE 示例程序。在传统标准 CGE 模型的基础上,参照上文中的相关设计思路,按增值税转型之后的税制,将增值税加入模型。为增加代码的可读性和可操作性,本章模型的基本结构借鉴了张欣(2017)介绍的传统标准 CGE 模型框架,基于现行税制进行调整,更加全面地体现增值税冲击的操作方法。为节省篇幅,以下仅列出与相比原程序有变动的代码[①]。有兴趣的读者可以基于本章第二节二、三部分提供的模型建立方法和相关方程,获取最新的投入产出表编制为 SAM 表,将本模型扩充为全面描述宏观经济结构的完整形式。

```
*增值税税率简并示例程序节选

*定义 a 的子集
set nonagri(a) /sec2, sec3/;
set nonmanu(a) /sec1, sec3/;
set nonserv(a) /sec1, sec2/;

set acnt(a);
acnt(a)=YES;
*acnt 为 a 的子集,可用于对第二产业的分部门冲击
acnt(nonmanu)=NO;
```

---

① 原程序代码位于张欣(2017)书 203—214 页。

* 除了手动输入 SAM 表数据外,还可以使用 \$include 命令直接导入 SAM 表文件,具体方法见第二节第二部分。

* 在使用实际的 SAM 表数据时,数据单位应至少为亿元。否则 GAMS 会因为数据的数值过大,提示模拟结果为非最优解。

* 定义参数

```
parameters
tvat(a)         实际增值税率
tvak(a)         资本增值税率
rpk(a)          增值税率变换系数
;
```

* 模型参数赋值

```
tvat(a)=sam('vatl',a)/sam('lab',a);
tvak(a)=sam('vatk',a)/sam('cap',a);
rpk(a)=tvak(a)/tvat(a);

deltaVA(a)=((1+tvat(a))*WL0*QLD0(a)**(1-rhoVA(a))/(((1+tvat(a))*WL0*QLD0(a)**(1-rhoVA(a))+((1+tvak(a))*WK0*QKD0(a)**(1-rhoVA(a)));
```

* 模型方程

```
equation

QVAfn(a)..
QVA(a)=e=scaleAVA(a)*(deltaVA(a)*QLD(a)**rhoVA(a)+(1-deltaVA(a))*QKD(a)**rhoVA(a))**(1/rhoVA(a));

QVAFOC(a)..
((1+tvat(a))*WL)/((1+tvak(a))*WK)=e=(deltaVA(a)/(1-deltaVA(a)))*(QKD(a)/QLD(a))**(1-rhoVA(a));

PVAeq(a)..
PVA(a)*QVA(a)=e=(1+tvat(a))*WL*QLD(a)+(1+tvak(a))*WK*QKD(a);
```

*基于现实的 SAM 表数据编写模型时,政府收入需要考虑生产税和生产补贴
YGeq..
YG=e=sum(a,tvat(a) * WL * QLD(a)+tvak(a) * WK * QKD(a))+tih * YH
        +tiEnt * YENT+sum(c,tm(c) * pwm(c) * QM(c) * EXR);
*为内生变量赋初始值
*非线性模型求数值解需要有迭代的起点,不赋初始值则默认为 0

QLS.l=QLS0;
QKS.l=QKS0;

*将原模型的新古典闭合修改为凯恩斯闭合,WL 为价格基准
WL.fx=1;
WK.fx=1;
EG.fx=EG0;

FSAV.fx=FSAV0;

*执行优化程序
model cge   /all/;
solve cge using mcp;

*外生冲击的相关设置
Parameter
GDPold   GDP 初值
YHold   居民消费初值
QLSold   就业初值
r13_12   13%的增值税率下降到 12%的变动比例
*下同
r13_11
r13_10
r9_6
;

```
GDPold=GDP.l;
YHold=YH.l;
QLSold=QLS.l;
r13_12=0.92;
r13_11=0.85;
r13_10=0.77;
r9_6=0.67;

* 考虑增值税税率简并操作,模拟一些简化的冲击作为演示
* 只需更改税率变动比例参数 r9_6,即可整体修改增值税率,施加冲击
tvat(a)=tvat(a) * r9_6;
tvak(a)=tvat(a) * rpk(a);

* 分部门冲击,当前设置为对第二产业的冲击
* tvat(acnt)=tvat(acnt) * r13_10;
* tvak(acnt)=tvat(acnt) * rpk(acnt);

model sim    /all/;
solve sim using mcp;

Parameter
GDP_incre              GDP 增量
YH_incre               居民消费增量
QLS_incre              就业增量
;

GDP_incre=GDP.l-GDPold;
YH_incre=YH.l-YHold;
QLS_incre=QLS.l-QLSold;

display GDP_incre;

* END
```

二、将 Excel 形式的 SAM 表数据转换为可引用形式的 Python 程序

当生产和商品部门较多时，SAM 表中数据量会很大。此时如果采取手动输入的方式，将 SAM 表数据输入 GAMS 程序中，则会过于耗时，且容易犯错。GAMS 支持以导入的方式引用包含 SAM 表数据的 inc 文件，只需要使用 GAMS 官网提供的 xls2gms 程序，即可完成转换。但该程序只支持 Windows 系统，且由于年代久远，GAMS 官网上已难以搜索到该程序。因此本书使用 Python 编写了跨平台通用的 xls2gms 程序，具体代码如下。

```python
def findindexlist(line, word):
    indexlist = []
    count = line.count(word)
    inc = 0
    if count != 0:
        indexlist.append(line.find(word) + inc)
        inc = line.find(word) + 1
        for i in range(count-1):
            line = line[inc:]
            inc = line.find(word) + 1
            indexlist.append(indexlist[-1] + inc)
    return indexlist


def replace(line, word, rep):
    line_t = []
    indexlist = findindexlist(line, word)
    count = line.count(word)
    line_t.append(line[0:indexlist[0]])

    for i in range(count):
        if i < count-1:
            line_t.append(line[indexlist[i]+len(word):indexlist[i+1]])
        else:
            line_t.append(line[indexlist[i]+len(word):])
```

```
        line = ''
        for comp in line_t:
            line = line + comp + rep
        line = line[:-len(rep)]
        
    return line



def wordduration(line):
    line=line+'\t'
    line_i=findindexlist(line,'\t')
    dura_i=[]
    dura_i.append(line_i[0])
    
    for num_0 in range(len(line_i)):
        num=num_0+1
        if num == len(line_i):
            break
        else:
            dura=line_i[num]-line_i[num-1]-1
            dura_i.append(dura)
    
    return dura_i



def spacemaker(num_of_space):
    space=''
    for i in range(num_of_space):
        space=space+' '
    return space
```

```python
def tabreplace(line, maxspace=15):
    dura_sum=0
    line_new=''
    dura_i=wordduration(line)
    line=replace(line, '\t', '')
    for i in range(len(dura_i)):
        dura_sum=dura_sum+dura_i[i]+1
        tmp1=line[dura_sum-dura_i[i]-1:-(len(line)-dura_sum)-1]
        tmp2=spacemaker(maxspace-dura_i[i])
        line_new = line_new + tmp1 + tmp2

    return line_new

#主程序
f=open("~/trans.txt", 'r+', encoding='utf-8')

trans = f.readlines()
trans_p=[]

for line in trans:
    line_new = tabreplace(line, 14)
    trans_p.append(line_new + '\n')

f.seek(0)
f.truncate()

for line in trans_p:
    f.write(line)

f.close()
```

三、使用以上程序的具体步骤和注意点

（1）从 Excel 中另存为 trans.txt，选择以制表符分隔。

（2）在 open 函数中，将路径（即第一个参数）修改为 trans.txt 所在完整路径。

（3）主程序中 tabreplace 函数传入的第二个参数，需视 SAM 表中最大数据的长度设定，一般比最大数据的长度大 2 或 3 为宜。如果不传入该参数，则默认为 15。

（4）运行程序，将 trans.txt 重命名为后缀名为 inc 的文件。

（5）限于记录介质，以上将主程序调用的函数直接写出，实际编程时为了方便，建议将各个函数放入单独的文件中，主程序通过 import 来调用。

第四章 税率、劳动力供给与税收收入
——基于实际经济周期模型的分析

伴随着人类文明的进步,老龄化是人口结构演化进程中不可逆的现象。在2000年至2050年期间,预计世界各国60岁及以上人口的比例都将增加(Bloom等,2008)。同样地,进入21世纪以来,中国人口老龄化速度不断加快,未来的劳动力供给将很难继续依赖于人口增长。劳动要素供给能力下降将成为制约经济可持续发展的因素之一。税收政策是中国宏观调控的重要手段,在推动充分就业、促进劳动供给方面具有重要的作用。

第一节 改革背景与现实意义

一、改革的背景

个人所得税作为与自然人纳税人关系最为密切的税种,对个人的可支配收入有着重要影响。"十四五"规划中提到,要完善个人所得税制度,推进扩大综合征收范围,优化税率结构。在激励劳动投入,特别是高收入群体劳动参与方面,可以考虑通过完善个人所得税制度来促进收入公平,改变边际收入激发劳动者参与劳动,缓解劳动力供给不足的问题。

中国在2018年对《个人所得税法》进行第七次修改,将基本费用扣除标准由3 500元提高到5 000元,并新增了六项专项附加扣除,作为个人所得税法优化升级、完善个人所得税征管的重要措施。此次改革进一步减轻了劳动者的税负,增加了劳动者实际可支配收入,促进收入公平,加强了劳动者劳动供给的意愿。与此同时,随着中国个人所得税制度的改革不断推进,研究个人所得税政策对于劳动力供给行为的影响也日益重要。

个人所得税对劳动力供给行为的影响主要是通过收入效应和替代效应实现的。一方面,个人所得税征收使得劳动者收入缩减,为了维持收入与消费,劳动者选择缩短闲暇时间用以投入工作,这便是收入效应,与劳动力供给成正相关。另一方面,由于个人所得税导致的收入缩减,闲暇的机会成本降低,劳动者倾向于选择闲暇,这便是替代效应,与劳动力供给呈负相关。个人所得税劳动力供给影响方向主要是由收入效应和替代效应程度决定的。尽管理论上个人所得税对劳动力供给具有两方面影响——替代效应和收入效应,但是哪一个效应占主导呢?这需要从理论上得出清晰的结论,需要通过实证研究进行验证。

总之,研究个人所得税政策对于劳动力供给及相应税收总收入的影响,对于促进中国宏观经济发展、兼顾公平与效率、推动劳动力充分就业等方面都具有十分重要的理论和现实意义。

二、现有研究述评

国内外越来越多学者使用定量分析方法研究税收与劳动供给之间的关系。Lam 和 Wingender(2015)提出:中国的包容、绿色、可持续增长离不开进一步的税制改革,其中包括提高个人所得税的累进性。除了第一章的实证总结之外,关于中国问题的研究也越来越多。

关于个人所得税的减免对劳动力供给所产生的影响,学者通过劳动参与率与劳动时长两方面进行研究。Gandullia 等(2012)对五个主要新兴经济体考察后指出:目前中国农村地区的税收占国内生产总值比重低于 OECD 国家的平均水平,对劳动收入征税的平均税率和边际税率都非常低;长远来看,为了更好地支持公共支出,未来需要进一步改革。利用双重差分及固定效应模型,叶菁菁等(2017)研究发现:所得税改革对提升劳动参与率有正相关关系,但与劳动时长并不显著相关。以瑞典为对象,Saez 等(2019)研究认为,减免工薪税对企业增加雇佣的行为与其所受的信贷约束正相关,信贷受限程度越大则减免工薪税带来的就业刺激越强。依据双重差分模型,冯楠等(2021)认为:中国东中西部地区个人所得税的减免对劳动力供给的影响并不一致。西部地区中老年劳动参与率更高;东部地区劳动供给时间更长。

劳动者属性不同,其劳动供给行为受个人所得税影响可能不同。对此,采用双重差分模型,刘怡等(2010)研究认为:不同性别的劳动者,其受税制改革的激励作用并不相同,女性劳动者的工作时长显著增加,反之男性劳动者的劳动供给受税制改革激励作用并不明显。运用微观模拟方法,尹音频和杨晓妹(2013)发现:2008 年和 2011 年的两次个人所得税调整对男性劳动供给没有显著作用,对女性劳动供给有正向促进作用。将婚姻状况纳入研究考虑之中,张世伟等(2008)发现:伴随着税制改革带来的就业率增加,已婚的女性劳动者劳动供给随之增加。沈向民和吴健(2016)认为中国个人所得税对社会成员劳动供给影响程度不高,有影响的情况下,以替代效应为主。劳动供给弹性与学历、收入水平呈正相关,与年龄、单位稳定性、个人收入占家庭收入比重呈负相关。刘华等(2022)研究发现:个税改革对女性劳动参与和劳动时间的影响略高于男性;个税改革提高了低收入群体的劳动参与和劳动时间,但对高收入群体劳动参与和劳动时间的影响不显著。

个人所得税通过改变劳动者收入影响个体的劳动行为,进而影响劳动供给。但在现实生活中很多劳动个体对自己税额与税负认知程度有限。这一情况会影响劳动力供给对于个人所得税的敏感程度。对此,将劳动者的税收认知纳入分析框架,李文(2018)认为:个体税收认知与"个人所得税降低、增加工作时间"之间存在显著的正相关关系,且其边际效应随税额降低幅度增加而呈现轻微的递减趋势。除了认知程度以外,经济发展也会影响劳动供给。中国当前存在因劳动力供给过剩、工作岗位竞争过大,个人所得税对劳动供给的影响被削弱的情况(沈向民和吴健,2016)。经济发展能够产生更多的就业岗位,为了维持逐步提升的生活水平与消费水平,劳动者更愿意进入劳动力市场,劳动力供给得到增加(白阳,2014)。基于中国劳动力供给弹性、收入分配和再分配的社会目标,Liu 等(2014)结合最优直接税理论认为:个人劳动所得税的累进边际税率应该在 35%－40%之间。朱军(2022b)研究发现:在短期,个人所得税减税能够有效刺激经济;在长期,企业所得税减税对经济增长的作用更加积极。

国内对于个人所得税与劳动力供给之间的关系研究正在逐步深入,但仍然存在一些不足,总结为以下三点:(1)相对于国外学者使用实证模型探寻个人所得税与劳动力供给之间的传导机制,探究不同税率、税负以及税收优惠政策的影响,关于中国税收与劳动力供给的实证研究较少,理论探讨更少。(2)现有研究大多利用统计年鉴等宏观数据分析税制改革对于劳动供给的影响,对于个人所得税的劳动供给效应的理论分析稍有欠缺。(3)在研究主体方面,国内现有文献对劳动者的差异分析大多通过性别和收入层级等因素进行区分,研究不同性别、收入阶层的劳动者的劳动供给弹性差异,研究主体较为单一、存在局限。

三、本章的创新点

鉴于以上的不足,本章力图实现以下几个方面的创新:

第一,采用动态随机一般均衡模型,在理论上讨论不同税种对于税收收入的影响。

第二,探究不同的税收返还方式对于税收政策、劳动供给弹性的影响。

第三,在"减税降费"的大背景下,探究所得税减税的劳动供给影响和收入影响,识别短期政策和长期政策的差别,识别预期性政策改革和非预期性政策改革的差别。

四、改革的现实意义

(一)有利于推动经济可持续发展

解决劳动力供给问题是把握新发展阶段、贯彻新发展理念、构建新发展格局的重要保障。作为国家调控宏观经济的重要手段之一,税收政策在调节和促进劳动供给方面起到关键作用。注重税收政策的经济杠杆效应,通过个人所得税改革,在既定劳动人口数量下增加劳动力供给,从而激发经济发展活力,促进经济高质量发展。

(二)有利于平衡"公平与效率"

正确认识个人所得税制度对劳动力供给的影响,对于评估所得税改革能否推动公平与效率之间的平衡具有十分重要的意义。这对深化中国个人所得税制度的改革与设计,理解政策作用效果有很大的现实意义。同时也可以减轻劳动力供给压力,做到促进公平与体现效率的动态平衡。

(三)有利于促进各阶层的劳动投入

研究促进劳动力供给的个人所得税政策,并提出优化建议,制定比较系统、科学、合理、有效的劳动力供给税收制度。这可以进一步减轻劳动者税负,提高低收入群体劳动参与度,间接缩小国内居民收入差距,这对促进收入分配公平有重要的指导意义。

第二节 含税收的实际经济周期模型

一、劳动供给弹性

劳动供给弹性也称弗里希(Frisch)供给弹性,主要考察劳动力供给量变动对工资率变动的反应程度。不失一般性,假定居民的效用函数为:

$$\max_{c_t, a_{t+1}, n_t} \sum_{t=0}^{\infty} \beta^t U(c_t, n_t)$$

受到的预算约束条件为:

$$c_t + a_{t+1} = (1+r)a_t + w_t n_t$$

居民的一阶最优条件为:

$$U_c = \lambda_t \tag{4.1}$$

$$-U_n = \lambda_t w_t \tag{4.2}$$

$$\lambda_t = \beta(1+r)\lambda_{t+1} \tag{4.3}$$

式(4.1)和式(4.2)都是 λ 和 w 的隐函数,因此:

$$\frac{\partial U(c(\lambda, w), n(\lambda, w))}{\partial c} = \lambda \tag{4.4}$$

$$\frac{\partial U(c(\lambda, w), n(\lambda, w))}{\partial n} = -\lambda w \tag{4.5}$$

式(4.1)和式(4.2)两边都对 w 求导可得：

$$U_{cc}\frac{\partial c}{\partial w}+U_{cn}\frac{\partial n}{\partial w}=0 \tag{4.6}$$

$$U_{nc}\frac{\partial c}{\partial w}+U_{nn}\frac{\partial n}{\partial w}=-\lambda \tag{4.7}$$

联立式(4.6)和式(4.7)解得：

$$\frac{\partial n}{\partial w}=\frac{\lambda U_{cc}}{U_{cn}^2-U_{nn}U_{cc}}=\frac{-\frac{U_n}{w}U_{cc}}{U_{cn}^2-U_{nn}U_{cc}} \tag{4.8}$$

根据劳动供给弹性概念，可得：

$$\eta=\frac{U_n}{n\left(U_{nn}-\frac{U_{cn}^2}{U_{cc}}\right)} \tag{4.9}$$

二、实际经济周期模型框架

借鉴 Torres(2014)的研究[①]，在模型中，存在家庭、厂商和政府三部门。其中家庭部门向厂商部门提供资本和劳动，并获得工资和租金；厂商部门投入劳动和资本，生产商品并销售给家庭和政府消费；政府部门向家庭部门征收劳动所得税、消费税和资本税，并采购商品维持政府运转，具体模型架构见图4-1。

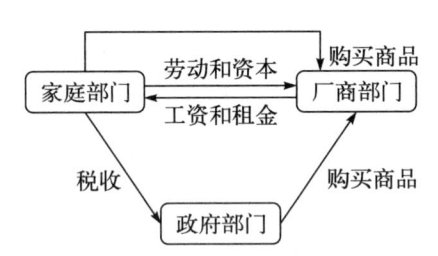

图4-1 实际经济周期模型的基本架构

(一)家庭部门

代表性居民的偏好由瞬时效用函数表示：

[①] 乔斯·路易斯·托里斯(Jose Louis Torres)著《动态宏观一般均衡模型导论》(Introduction to Dynamic Macroeconomic General Equilibrium Models)一书第七章，讨论了拉弗(Laffer)曲线和税率的动态影响，本章的工作是在此基础上补充完善，并进一步讨论税收与劳动供给关系及其弹性。

$$U(C_t, L_t) = \ln C_t - \frac{N_t^{1+\chi}}{1+\chi} \tag{4.10}$$

其中,C_t表示居民消费,闲暇定义为$1-N_t$,即有效时间减去工作时间N_t,有效时间标准化为1。根据式(4.9)可得劳动供给的弗里希弹性为:

$$\eta = \frac{-N^{\chi}}{N(-\chi N^{\chi-1}-0)} = \frac{1}{\chi}$$

居民通过选择消费、劳动力供给以及储蓄,进行最优决策。居民的目标函数为:

$$\max_{C_t, L_t, K_{t+1}} E_0 \sum_{t=0}^{\infty} \beta^t \left(\ln C_t - \frac{N_t^{1+\chi}}{1+\chi} \right)$$

居民的预算约束为:

$$(1+\tau_t^c)C_t + I_t = (1-\tau_t^n)w_t N_t + (1-\tau_t^k)R_t K_{t-1} + \tau_t^k \delta K_{t-1} + Tran_t \tag{4.11}$$

其中,β是居民主观贴现率,δ是资本折旧率,K_t是私人资本存量,w_t是工资率,R_t是资本租金率,τ_t^c、τ_t^n、τ_t^k分别表示消费税税率、劳动所得税税率和资本所得税税率。$Tran_t$是政府对家庭部门的一次性转移支付。式(4.11)表明家庭居民的消费(包括税收)和投资支出等于工资、资本租金和政府对其转移支付收入,其中资本折旧部门免税。此外,假定完全竞争企业的利润为零,故不考虑居民拥有企业而获得利润。资本存量按照以下方式积累,即:

$$K_{t+1} = I_t + (1-\delta)K_t \tag{4.12}$$

居民行为的最优一阶条件是:

$$\frac{1}{(1+\tau_t^c)C_t} = \beta E_t \left\{ \frac{1}{(1+\tau_{t+1}^c)C_{t+1}} [(1-\tau_{t+1}^k)(R_{t+1}-\delta)+1] \right\} \tag{4.13}$$

$$N_t^{\chi} = \frac{(1-\tau_t^n)w_t}{(1+\tau_t^c)C_t} \tag{4.14}$$

(二)厂商部门

给定生产要素价格前提下,代表性厂商通过租用资本和雇用劳动力生产最终产品,采用"柯布-道格拉斯"生产函数(Cobb-Douglas production function),即:

$$Y_t = A_t K_t^{\alpha} N_t^{1-\alpha} \tag{4.15}$$

静态的最优化问题是:

$$\max_{N_t, K_t} \Pi_t = A_t K_t^{\alpha} N_t^{1-\alpha} - w_t N_t - R_t K_t$$

可得最优的一阶条件为：

$$w_t = (1-\alpha)A_t K_t^\alpha N_t^{-\alpha} \quad (4.16)$$

$$R_t = \alpha A_t K_t^{\alpha-1} N_t^{1-\alpha} \quad (4.17)$$

（三）政府部门

考虑到政府征税会对宏观经济产生影响，分两种情况讨论政府征税的影响：一是政府利用税收收入进行政府购买和消费，从而保证其每期预算得到平衡。

$$G_t = \tau_t^n w_t N_t + \tau_t^c C_t + \tau_t^k (R_t - \delta) K_{t-1} \quad (4.18)$$

市场出清的条件是：

$$Y_t = C_t + I_t + G_t \quad (4.19)$$

二是政府利用税收收入对家庭的一次性转移支付融资，从而保证其每期预算得到平衡。

$$Tran_t = \tau_t^n w_t N_t + \tau_t^c C_t + \tau_t^k (R_t - \delta) K_{t-1} \quad (4.20)$$

市场出清的条件是：

$$Y_t = C_t + I_t \quad (4.21)$$

三、参数校准

根据已有的研究文献，对结构参数进行校准。其中，资本产出弹性取 0.4，资本季度折旧率取 2.5%，居民主观贴现率取 0.99，劳动供给弹性的倒数取 2。有关税率的取值，主要借鉴 Torres(2014) 的研究，劳动所得税的稳态税率取 20%，消费税的稳态税率取 12%，资本所得税的稳态税率取 23%。校准结果见表 4-1。

表 4-1 基本模型的参数校准

参数	参数符号	校准取值
资本产出弹性	α	0.4
主观贴现率	β	0.99
劳动供给弹性的倒数	χ	2
资本折旧率	δ	0.025
劳动所得税的稳态税率	τ^n	0.2
消费税的稳态税率	τ^c	0.12
资本所得税的稳态税率	τ^k	0.23

四、模型适用性

对于本章经济模型的深度结构参数取值,主要依据已有的研究文献和实际经济可观测变量的"矩条件匹配方法"进行校准。所有变量稳态与参数以季度为频率,涉及数据来源主要采用 Chang 等(2015)调整的中国宏观季度数据结果。本章模型实际矩与模拟矩的匹配比较结果见表 4-2。

表 4-2 实际矩与模拟矩的匹配比较

变量	标准差 数据	标准差 本章模型	自相关 数据	自相关 本章模型
产出	1.06 (0.34)	0.85 [0.62]	0.86 (0.55)	0.68 [0.33]
投资	1.11 (0.32)	0.76 [1.09]	0.72 (0.49)	0.62 [0.20]
消费	0.59 (0.17)	0.36 [1.35]	0.61 (0.44)	0.85 [-0.55]

注:()为数据标准差,[ ]为 t 统计值。

在表 4-2 中,第 1 列和第 2 列显示本章估计样本 2000 年 1 季度—2016 年 2 季度期内,实际数据经验矩与相关标准误的点估计。理论模型大多数变量的标准误和自相关关系与实际数据经验矩吻合匹配较好,譬如 t 统计值的绝对值在 2 以下的变量全部囊括了产出、投资和消费这三个主要宏观变量。

第三节 政策模拟与政策分析

一、比较静态分析

在稳态条件下,生产技术 $A=1$,实际利率为:

$$R = \left(\frac{1}{\beta} - 1\right) / (1 - \tau^k) + \delta \tag{4.22}$$

将式(4.22)代入式(4.17)可得稳态的资本劳动比为:

$$\frac{K}{N} = \left(\frac{\alpha A}{R}\right)^{\frac{1}{1-\alpha}} \tag{4.23}$$

将式(4.23)代入式(4.16)可得稳态工资为：

$$w = (1-\alpha)\left(\frac{K}{N}\right)^{\alpha} \quad (4.24)$$

将式(4.23)代入式(4.15)可得稳态的收入劳动比为：

$$\frac{Y}{N} = \left(\frac{K}{N}\right)^{\alpha} \quad (4.25)$$

稳态投资为 $I = \delta K$，市场出清条件两端同时除以劳动力，整理可得稳态消费劳动比为：

不考虑税收返还家庭时

$$\frac{C}{N} = \frac{\frac{Y}{N} - [\delta + \tau^k(R_t - \delta)]\frac{K}{N} - \tau^n w}{1+\tau^c} \quad (4.26)$$

考虑税收返还家庭时

$$\frac{C}{N} = \frac{Y}{N} - \delta\frac{K}{N} \quad (4.27)$$

由式(4.14)可得稳态劳动力为：

$$N = \left[\frac{(1-\tau^n)(1-\alpha)\left(\frac{K}{N}\right)^{\alpha}}{(1+\tau^c)\frac{C}{N}}\right]^{\frac{1}{1+\chi}} \quad (4.28)$$

式(4.28)表明，如果不考虑税收返还家庭时，在稳态条件下，征收个人劳动所得税对劳动力供给的影响有两方面：

一是从分母看，τ^n 变大，间接使 C/N 变小，进而导致 N 变大。这意味着：个人劳动所得税增加，减少居民税后劳动收入，促使其为维持既定的消费而减少闲暇，增加劳动投入，表现为"收入效应"。

二是从分子看，τ^n 变大，直接使 N 变小。这意味着：个人劳动所得税增加，使劳动和闲暇的相对价格发生变化，闲暇相对价格降低，促使人们选择闲暇以替代工作，表现为"替代效应"。

相反，如果考虑税收返还家庭时，个人所得税的"收入效应"消失，仅有"替代效应"。这意味着：在相同税率水平下，与税收不返还家庭相比，税收返还家庭时，稳态下劳动供给减小,更多表现为劳动所得税收的"替代效应"。这可以从图4-2看到。

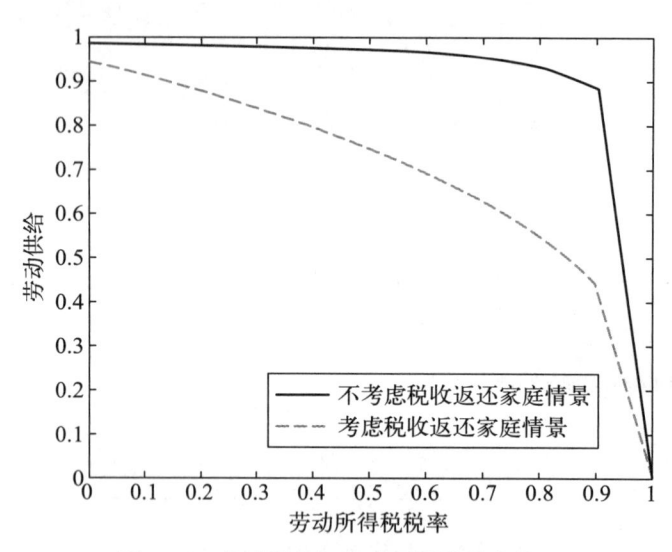

图4-2 劳动供给与劳动所得税税率关系

图4-3显示,给定劳动所得税税率后,随着劳动供给弹性的增加,劳动供给随之增加。这是因为:劳动供给弹性增加意味着劳动供给对工资收入的敏感程度降低,劳动力供给量变动的百分比小于税后工资率变动百分比。因此,劳动所得税率"替代效应"被弱化,给定税率下劳动供给增加。

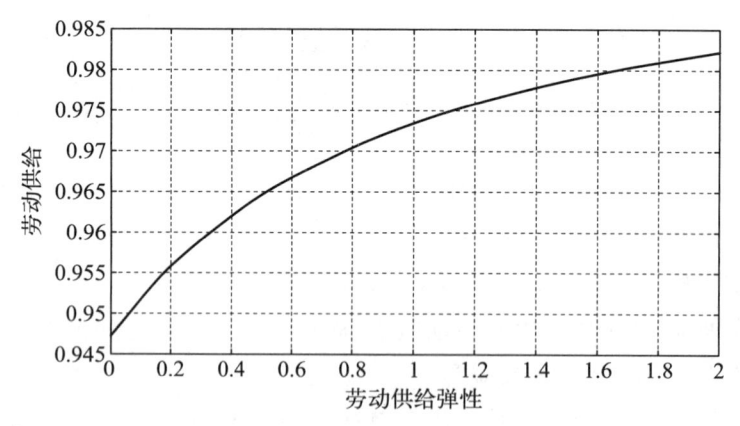

图4-3 劳动供给与劳动供给弹性关系

在财政理论中,拉弗曲线(Laffer Curve)是研究税收变化对财政收入影响的一个重要工具。在此,分别绘制劳动所得税税率、消费税税率、资本所得税税率与税收收入的拉弗曲线。在市场均衡时,无论是政府购买,还是政府转移支付,都是依

赖于税收收入,故税收收入可表示为:

$$T_t = \tau_t^n w_t N_t + \tau_t^c C_t + \tau_t^k (R_t - \delta) K_{t-1} \qquad (4.29)$$

图 4-4 显示,劳动所得税税率与税收收入呈现倒"U"形关系。在低税率时,税收收入弹性大于 1,随着税率增加,税收收入随之增加,直至达到最高税收收入;如果继续增加税率,税收收入弹性转为负值,税收收入随之下降。这说明降低名义税率并不意味着政府减收,税收的多少除决定于税率高低之外,还受税基的宽窄、征管强弱等因素影响。此外,此时劳动所得税税率的拉弗曲线并非对称的,这与模型经济结构参数密切相关。模拟中使用的劳动所得税税率校准值为 20%,位于曲线中上升部分,这表明通过提高税率增加税收收入尚有一定空间。

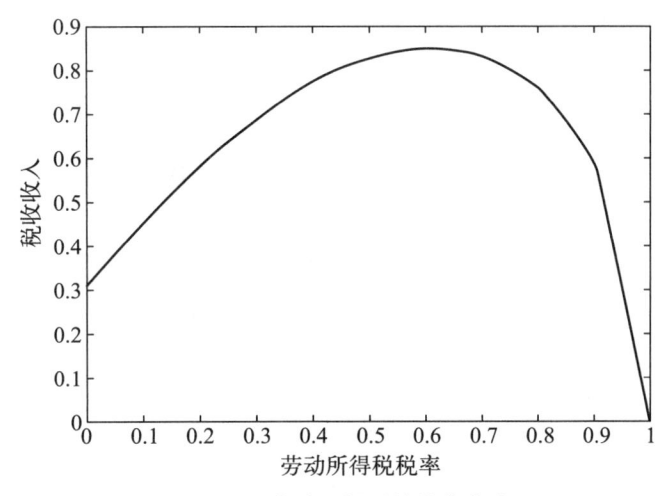

图 4-4 劳动所得税的拉弗曲线

图 4-5 显示,在曲线的上升部分是一个扁平的曲线,而在曲线下降部分是一个非常陡峭的曲线。这种类型关系是因为:对资本积累过程进行征税,会对经济活动产生扭曲效应。在较低税率部分,随着资本所得税税率增加,税收收入也增加,但边际增加规模较小。这是资本收入占产出份额较小的缘由。相反地,在达到税收收入最高时,进一步提高资本所得税税率会使税收收入迅速减少,因为资本积累过程中的扭曲已经变得非常显著。

图 4-6 显示,消费税税率与税收收入之间不存在拉弗曲线关系。这是因为:税收收入关于消费税税率的弹性总是大于 1,曲线总是趋势增长,不会出现倒"U"形关系。事实上,消费税并不是通过影响生产要素供给而对经济活动产生负面影响;相反,消费税是对居民消费支出的一种税收,属于价外税,导致商品或服务价格上涨。因此,消费税税率的上涨,造成征税商品价格上涨,减少居民消费,但消费支出减小程度小于税率的变化。

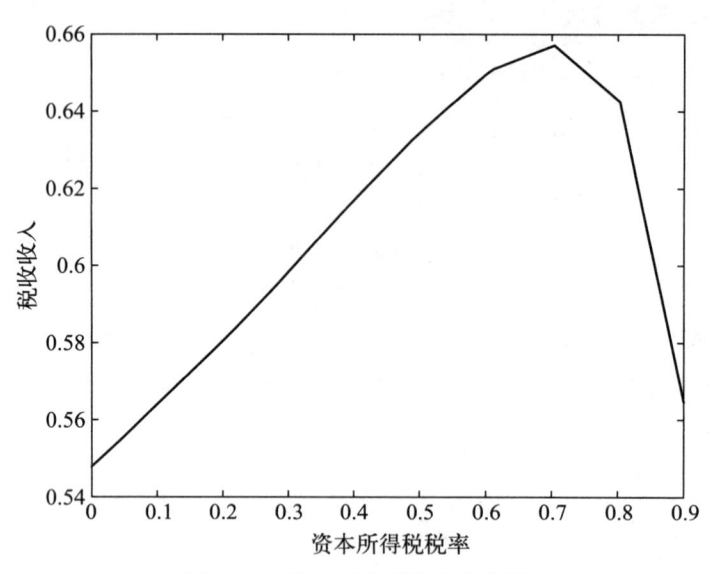

图 4-5 资本所得税的拉弗曲线

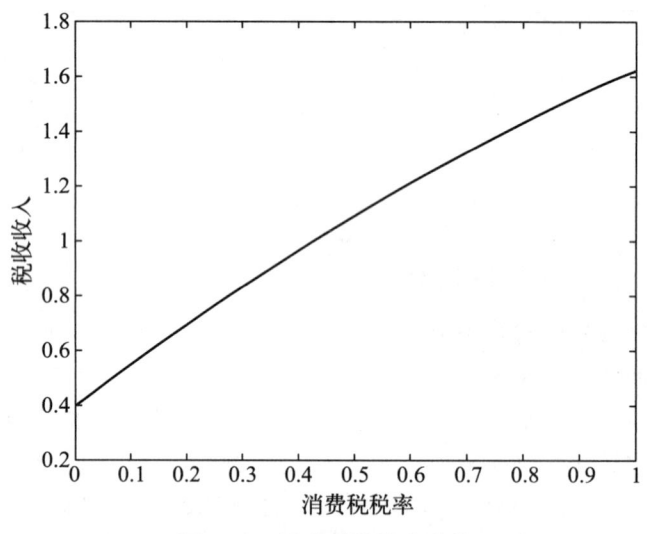

图 4-6 消费税的拉弗曲线

二、税收是否返还家庭情景模拟

考虑个人劳动所得税的两种效应：替代效应和收入效应。这里借鉴 Barro(1990)、Glomm 和 Ravikumar(1994)、Cassou 和 Lansing(1998)的做法，将政府征收的个人劳动所得税通过转移支付方式返还给居民。需要说明的是，转移支付以常数形式进入预算约束,不会对居民决策产生任何影响。但税率不一样,税率会影响"消费—储蓄"以及"劳动—闲暇"的决策。

在实际经济周期模型中,如果个人劳动所得税前 10 期税率不变,在第 11 期税率逐步提高,到 100 期税率永久提高 1 倍,模拟劳动力供给的演变路径。图 4-7 显示,考虑税收返还情况下,前 10 期扭曲几乎为零,第 11 期劳动所得税税率提高,劳动供给减少,逐渐达到新稳态。

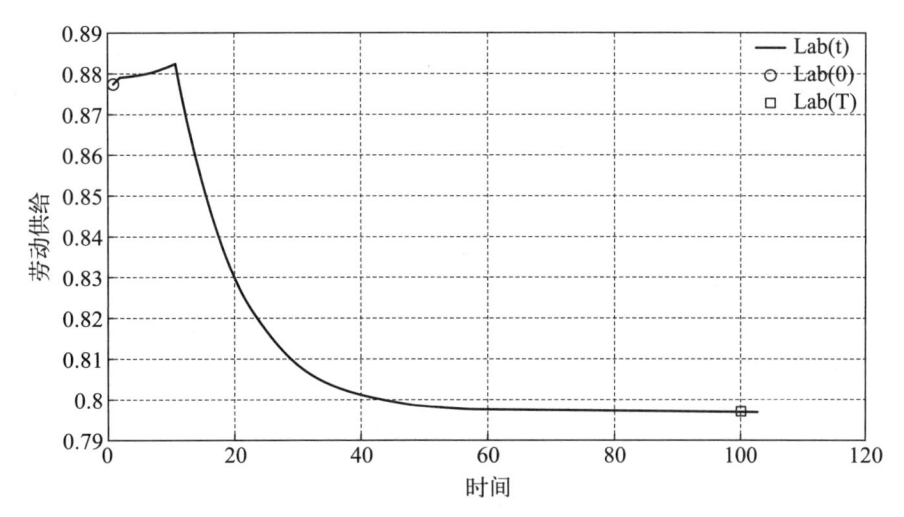

图 4-7 考虑税收返还家庭

图 4-8 显示,不考虑税收返还情况下,前 10 期劳动供给收入效应明显,第 11 期由于劳动所得税税率提高,劳动供给替代效应主导,总体上劳动供给减少。

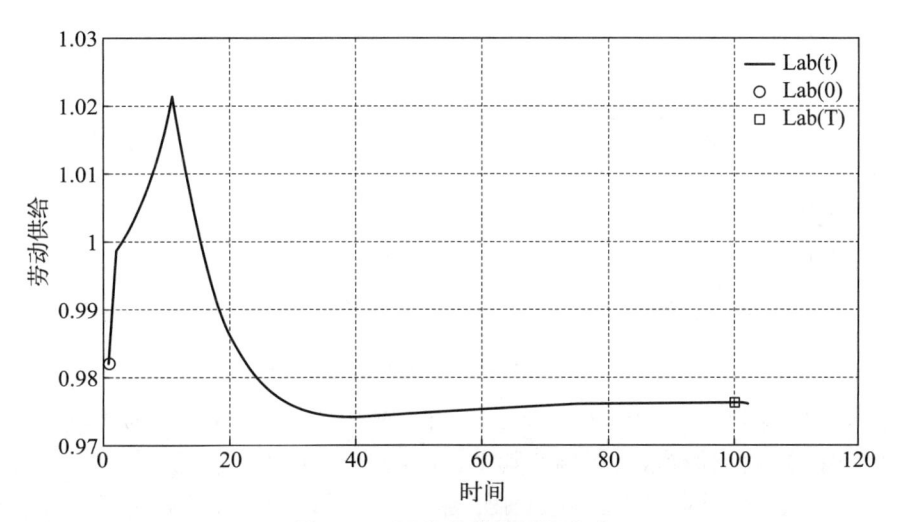

图 4-8 不考虑税收返还家庭

三、税率变动的经济模拟

预期是微观主体的独特心理活动,是社会公众利用已有的信息、根据自己的经验所做的判断。这其中自然含有对政策加以预测并判断的成分。正因如此,在出台税收政策时,必须要考虑到预期的因素,明确公众与中央银行的反馈机制,以及如何在此基础上加强税收预期管理,实现税收收入、经济增长、就业等的动态均衡与协调。

在此,本节具体研究四种情景:一是非预期的劳动所得税永久性降低的经济效应,二是预期的劳动所得税永久性降低的经济效应,三是非预期的劳动所得税暂时性降低的经济效应,四是预期的劳动所得税暂时性降低的经济效应。

(一)非预期的劳动所得税永久性降低的经济效应

图 4-9 显示,在没有任何政府政策宣示的情景下,劳动所得税税率突然从 20% 永久降低到 18%,降低 2 个百分点后,增加个人可支配收入,对生产和消费具有明显的刺激作用。在需求方面,消费上升 1%,投资上升多达 0.4%。同时,产出上升 1.5%,政府税收收入仅下降 0.8%。

图 4-9 非预期劳动所得税永久性降低(Ⅰ)

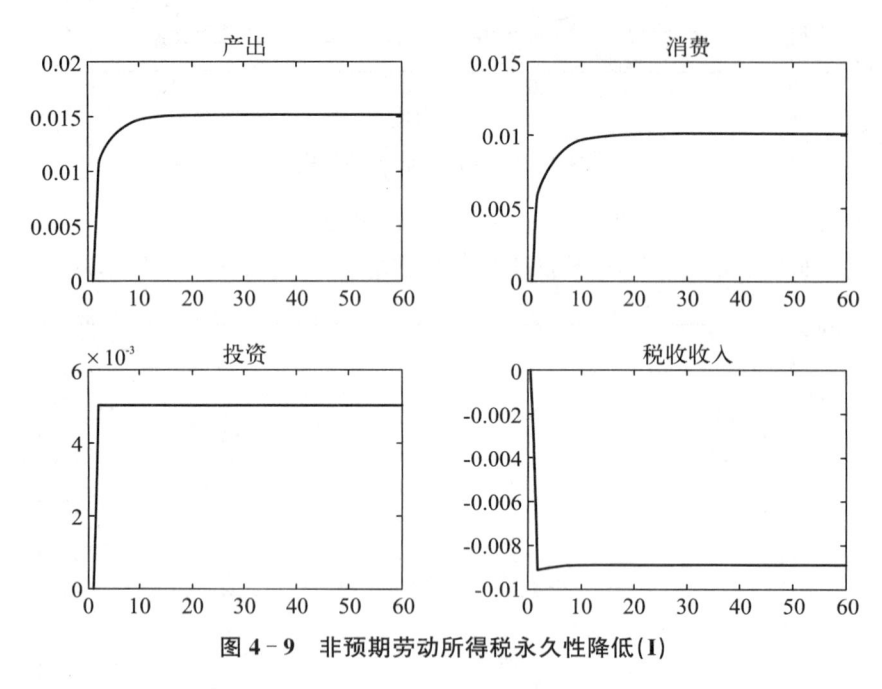

图 4-10 显示,劳动所得税税率从 20% 降低到 18% 时,促进生产要素规模投入,但对生产要素价格没有永久影响。其中,资本逐步增加到 2%;受税收"收入效应"影响,劳动迅速增加到 1.5%。随后,因"替代效应"影响,劳动逐步回落至 1.3% 左

右,总体上劳动也上升了。另一方面,劳动所得税永久下降对实际利率和工资的影响是暂时性的,实际利率先上升 0.3% 后逐步返回初始稳态;同样受减税"收入效应"和"替代效应"影响,工资先迅速下降多达 0.4% 后逐步返回初始稳态。

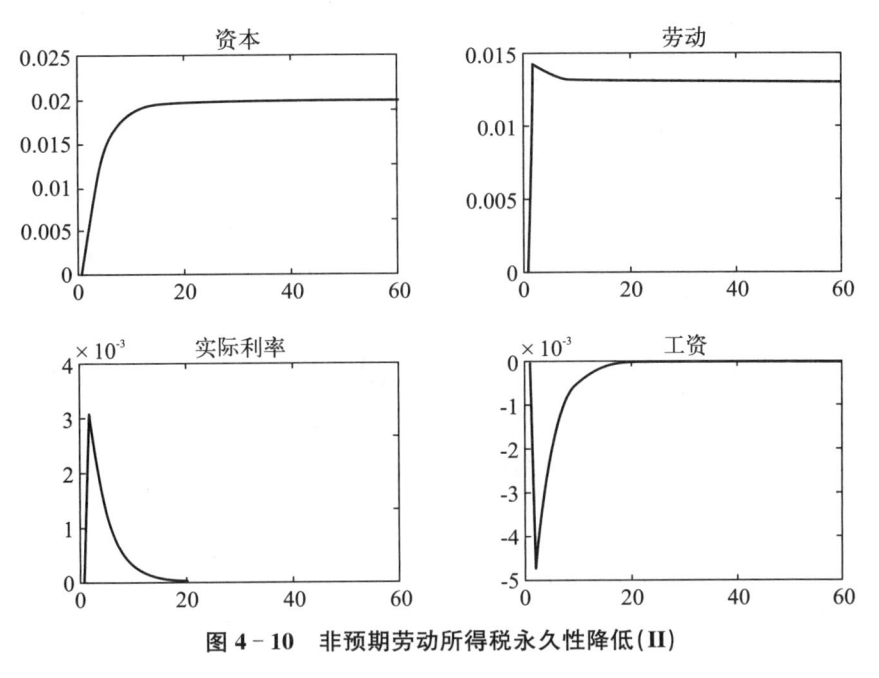

图 4-10 非预期劳动所得税永久性降低(Ⅱ)

(二)预期的劳动所得税永久性降低的经济效应

图 4-11 显示,如果政府宣示——在第 10 期后将劳动所得税税率从 20% 永久降低到 18%,降低 2 个百分点。由于政府提前公布减税政策,提高政策透明度,市场主体根据已获得的所有信息,从自身利益出发作出符合政策引导方向的反应。在第 10 期前,产出迅速上升了 20%,随后逐步回落至 2% 左右;消费迅速上升了多达 8%,随后逐步回落至 1% 多。而投资迅速上升多达 10%,随后断崖式回落至 0.4%。政府税收收入表现出两阶段反应,先下降 10% 后又收窄至 0.8%。这说明政府按既定规则和程序办事,就会被市场理性预期,对生产和消费产生预期效应,政策实施效果因而被强化。

图 4-12 显示,市场预期加强政府减税政策效果,对资本和劳动也产生预期影响。在第 10 期前,受预期影响,资本上升 30%,劳动上升 15%。在第 10 期减税政策正式实现时,资本和劳动又分别回落至 2% 和 1.3%。受市场预期影响,在第 10 期前后,实际利率和工资表现出相反的变化趋势,但最终二者仍返回到初始稳态水平。

图 4-11 预期劳动所得税永久性降低(Ⅱ)

图 4-12 预期劳动所得税永久性降低(Ⅱ)

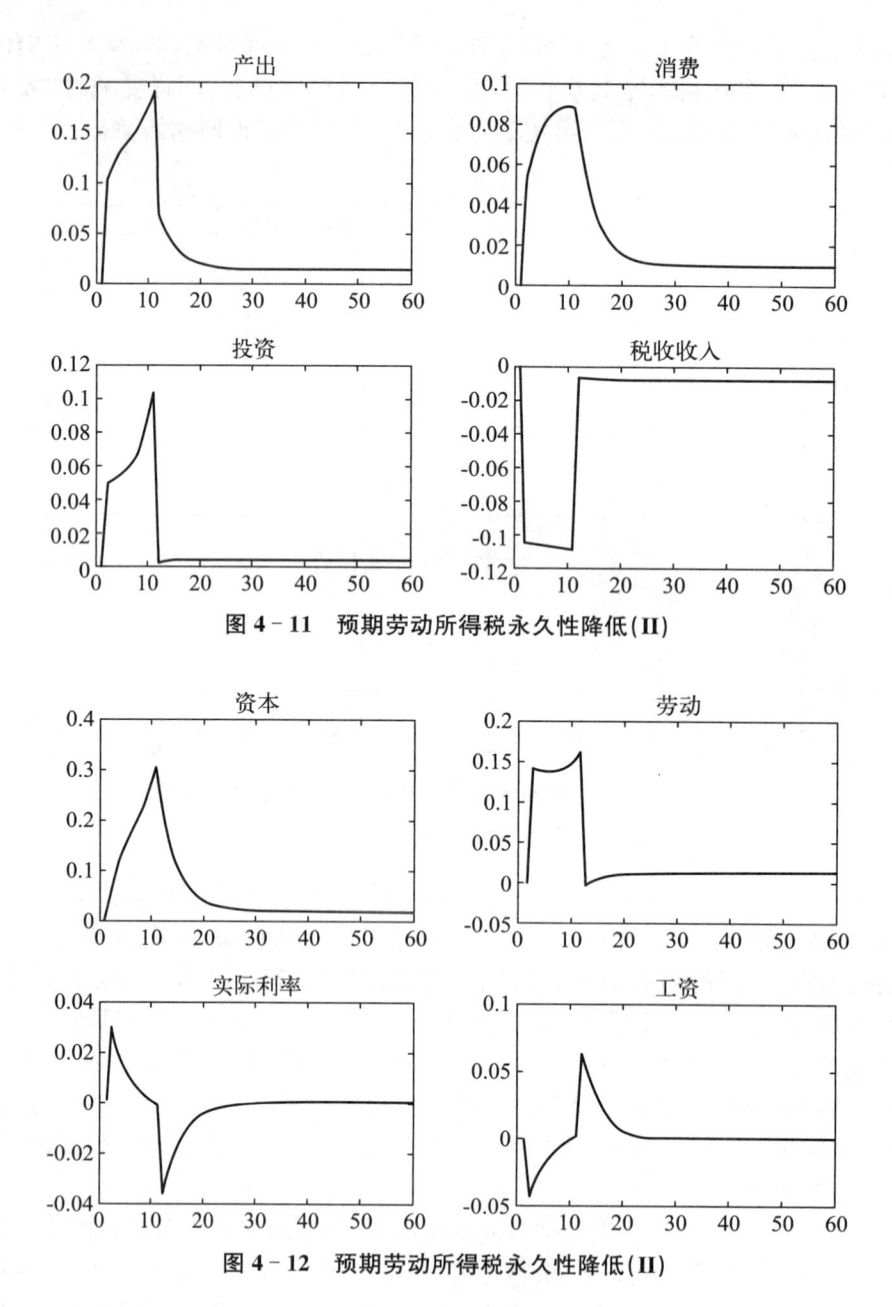

(三)非预期的劳动所得税暂时性降低的经济效应

图 4-13 显示,在第 1 期,劳动所得税税率突然从 20% 暂时性降低到 18%,降低 2 个百分点后,个人可支配收入暂时性增加,对生产和消费产生暂时性刺激影响。在需求方面,消费上升 0.3%,投资上升多达 1%。同时,产出上升不到 1.5%,

政府税收收入下降0.8%。随着减税措施退出,消费、投资、产出及政府税收收入都返回稳态。与非预期的劳动所得税永久性降低相比,消费、产出的增加程度有所下降,这从侧面也说明保持政策连续性、稳定性和可持续性具有重要且长期的意义,它有助于经济主体形成稳定的政策预期,有利于提升政策效果。

图 4-13 非预期劳动所得税暂时性降低(I)

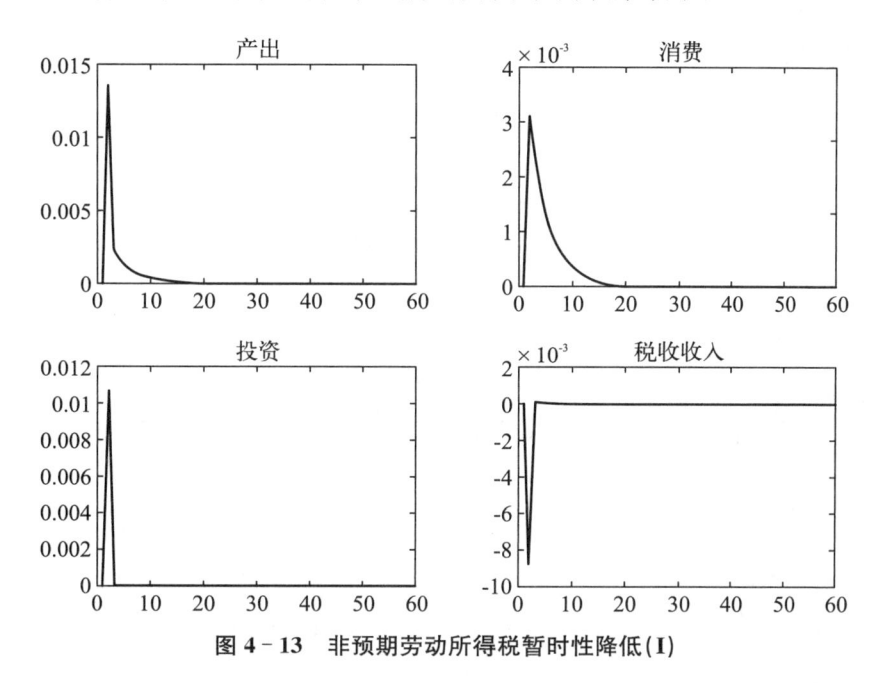

图 4-14 显示,劳动所得税税率从 20% 暂时降低到 18% 时,资本暂时性增加 1%,劳动暂时性增加多达 1.5%。另一方面,劳动所得税暂时性下降引起实际利率和工资暂时性波动后,返回初始稳态。

(四)预期的劳动所得税暂时性降低的经济效应

图 4-15 显示,如果政府宣示——在第 11 期将劳动所得税税率从 20% 暂时降低到 18%,降低 2 个百分点后,产出上升 1.5%,消费上升 2.5%,投资上升 1%,政府税收收入下降 0.2%。随着减税政策退出,产出、消费、投资及政府税收收入又分别返回初始稳态。显然,这与预期的劳动所得税永久性降低相比,减税效果都大打折扣。而且,产出、投资等宏观变量受市场预期影响,在减税前都出现了反常的短暂下降。

图 4-16 显示,在第 11 期,劳动所得税税率暂时性降低 2 个百分点,资本和劳动分别暂时性上升不到 1% 和 2%,最终都返回到初始稳态水平。实际利率和工资表现出与非预期劳动所得税率暂时性下降一致的趋势。这是因为:市场预期是宏观经济政策效应外生变量。由于减税政策的短暂性,导致市场预期效应较弱,从而许多变量走势表现出与非预期情况下一致的趋势。这表明从政府政策的长期性、

图 4-14 非预期劳动所得税暂时性降低(Ⅱ)

图 4-15 预期劳动所得税暂时性降低(Ⅰ)

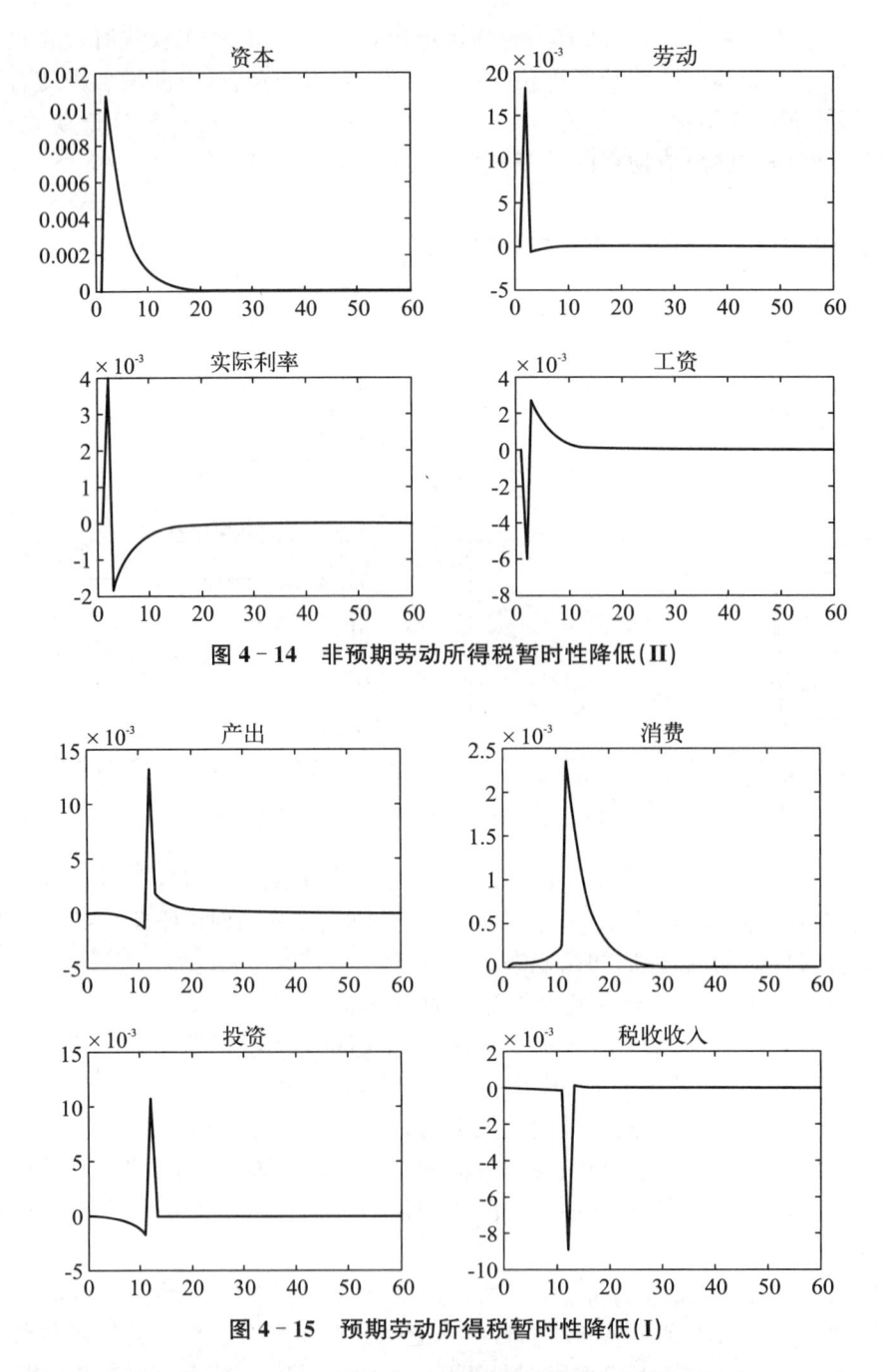

连续性和稳定性方面看,市场主体反应不仅对政府政策有重要影响,而且有可能会使政策目标落空。可见,加强预期管理、引导社会预期、减少政策推行阻力、提升政

策执行效果对宏观政策效应具有重要影响。

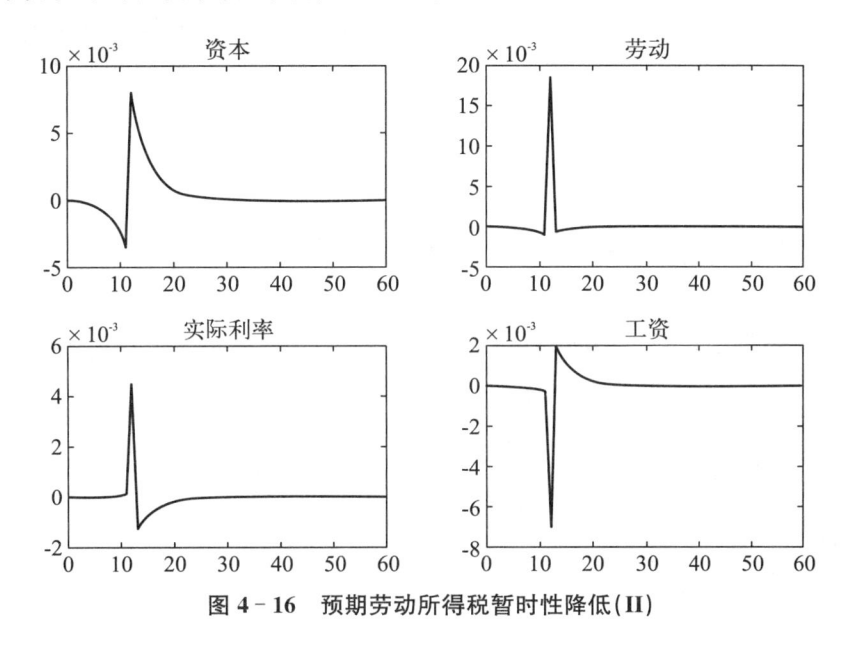

图 4-16 预期劳动所得税暂时性降低（Ⅱ）

四、总结与展望

通过上述的研究,本章得出如下的结论:(1)劳动所得税"返回给家庭"或是"不返回给家庭",对于劳动供给的影响有较大的差异。劳动所得税、资本所得税与税收收入之间存在倒 U 形的关系;而商品税则不存在倒 U 形的关系,其呈现出线性的关系。(2)从效率的角度来看,劳动所得税、资本所得税应该有一个最优的税负水平,与当时的经济发展相对应。(3)对于商品税而言,减税对于税收收入有着直接的效应。预期对于税收收入有着明显的影响,短期的减税政策效果不如明示的长期减税政策效果。

在考虑到税收与劳动供给关系方面,本章建议:

第一,未来进一步明确税收的去向——是分类专项预算资金的"专款专用"还是"总预算池"的混合使用,其对于劳动供给存在明显的影响。税收资金直接通过补贴给居民家庭(如发放现金补贴)则会刺激经济,减少中低收入群体的劳动供给。

第二,在减税降费的背景下,降低直接税的税率,寻找劳动所得税、资本所得税的最优税负水平非常重要。这需要进行科学的测度。对于资本收入的行为,不应该进行抑制或是采取过高的税负水平——依靠高税率进行调节,而应该采取寻找最优税负水平、综合收入范围的全方面监管进行。

第三,对于政府的所得税政策,确保政策的稳定性、避免模糊性,并及早宣示政策改革的预期、稳定预期,这是形成最优所得税制度改革的重要举措。

第四，为鼓励高净值人群的劳动投入，促进发展，未来降低个人所得税的最高边际税率45%到30%及以下是大势所趋。高边际税率的人群往往代表着高的社会贡献，他们是解决就业的主体，也是高知识密集型劳动的群体。而要鼓励这部分人的劳动投入，避免高税负下的偷漏税问题，建议降低个人所得税的最高边际税率。

第四节 相关程序代码

一、基本模型代码（Dynare code：Code4.mod）

```
@#define tax_return = 1
%%考虑税收返回

var Y,          //1.产出
    C,          //2.消费
    I,          //3.投资
    K,          //4.资本
    Lab,        //5.劳动
    R,          //6.实际利率
    w           //7.工资
@#if tax_return
    Tran        //8.一次性税收返还
@#else
    Gov         //9.政府支出
@#endif
    A           //10.全要素生产率

    lY
    lI
    lC
;

varexo eps_A    //生产冲击
```

;

parameters beta,   //主观贴现率
alpha,   //资本产出份额
delta,   //资本折旧率
ksi   //劳动弗里希弹性的倒数
tauc   //稳态消费税率
tauk   //稳态资本税率
taon   //稳态劳动税率
rhoa;

%参数校准
beta=0.99;
alpha=1/3;
delta=0.1;
ksi=2;
tauk=0.23;
tauc=0.12;
taon=0.2;
rhoa=0.8;

%稳态求解
Rss=(1/beta-1)/(1-tauk)+delta;
KL=(alpha/Rss)^(1/(1-alpha));
wss=(1-alpha)*KL^alpha;
YL=KL^alpha;
@#if tax_return
CL=YL-delta*KL;
@#else
CL=(YL-(delta+tauk*(Rss-delta))*KL-taon*wss)/(1+tauc);
@#endif
Labss=((1-taon)*wss/(1+tauc)/CL)^(1/(1+ksi));

%模型系统描述

```
model;
[name='1.消费的欧拉方程']
1=beta*C/C(+1)*((1-tauk)*(R(+1)-delta)+1);

[name='2.劳动供给']
Lab^ksi=(1-taon)*w/C/(1+tauc);

[name='3.生产函数']
Y=A*K(-1)^alpha*Lab^(1-alpha);

[name='4.劳动需求']
w=(1-alpha)*Y/Lab;

[name='5.资本需求']
R=alpha*Y/K(-1);

[name='6.资本积累']
K=(1-delta)*K(-1)+I;

[name='7.市场出清']
@#if tax_return
Y=C+I;
@#else
Y=C+I+Gov;
@#endif

[name='8.政府支出或转移支付']
@#if tax_return
Tran=taon*w*Lab+tauc*C+tauk*(R-delta)*K(-1);
@#else
Gov=taon*w*Lab+tauc*C+tauk*(R-delta)*K(-1);
@#endif

[name='9.全要素生产率']
```

```
log(A)=rhoa*log(A(-1))+eps_A;

lY=log(Y);
lI=log(I);
lC=log(C);
end;

%模型初始值赋值
initval;
w=wss;
Lab=Labss;
K=KL*Lab;
Y = YL*Lab;
R = Rss;
I =delta*K;
C = CL*Lab;
@#if tax_return
Tran=taon*w*Lab+tauc*C+tauk*(R-delta)*K;
@#else
Gov=taon*w*Lab+tauc*C+tauk*(R-delta)*K;
@#endif
A=1;
end;
resid;
steady;
check;

shocks;
var eps_A;
stderr 0.01;
end;

stoch_simul(hp_filter=1600,order = 1) Y I C lY  lI  lC;
```

二、预期到的减税模型代码（Dynare code：taxlab_Anticipated_Permanent.mod）

```
var Y,          //1.产出
C,           //2.消费
I,           //3.投资
Tran         //4.税收
K,           //5.资本
Lab,         //6.劳动
R,           //7.实际利率
w            //8.工资
A            //9.全要素生产率
;

varexo   taon   //劳动税率
eps    //生产冲击
;
parameters beta,    //主观贴现率
alpha,     //资本产出份额
delta,     //资本折旧率
ksi        //劳动弗里希弹性的倒数
tauc       //消费税率
tauk       //资本税率
rhoa
;

%参数校准
beta=0.99;
alpha=0.35;
delta=0.25;
ksi=0.5;
tauk=0.23;
tauc=0.12;
rhoa=0.95;
```

%求解稳态
Rss=(1/beta-1)/(1-tauk)+delta;
KL=(alpha/Rss)^(1/(1-alpha));
YL=KL^alpha;
wss=(1-alpha)*KL^alpha;
CL=YL-delta*KL;
taon0=0.2;   %初始消费税率20%
taonT=0.18;   %最终消费税率18%
Lab0=((1-taon0)*wss/(1+tauc)/CL)^(1/(1+ksi));
LabT=((1-taonT)*wss/(1+tauc)/CL)^(1/(1+ksi));

%模型系统描述
model;
[name='1.消费的欧拉方程']
1=beta*(1+tauc)*C/C(+1)/(1+tauc(+1))*((1-tauk)*(R(+1)-delta)+1);

[name='2.劳动供给']
Lab^ksi=(1-taon)*w/C/(1+tauc);

[name='3.生产函数']
Y=A*K(-1)^alpha*Lab^(1-alpha);

[name='4.劳动需求']
w=(1-alpha)*Y/Lab;

[name='5.资本需求']
R=alpha*Y/K(-1);

[name='6.资本积累']
K=(1-delta)*K(-1)+I;

[name='7.市场出清']

```
Y=C+I;

[name='8.政府转移支付']
Tran=taon*w*Lab+tauc*C+tauk*(R-delta)*K(-1);

[name='9.全要素生产率']
log(A)=rhoa*log(A(-1))+eps;

end;

initval;

R=Rss;
w=(1-alpha)*KL^alpha;
taon=taon0;
Lab=Lab0;
Y=YL*Lab;
C=CL*Lab;
K=KL*Lab;
I=delta*K;
Tran=taon*w*Lab+tauc*C+tauk*(R-delta)*K;
A=1;

end;
steady;    %初始值等于稳态
check;
resid;
SS0=oo_.steady_state;

endval;

R=Rss;
w=(1-alpha)*KL^alpha;
taon=taonT;
```

```
Lab=LabT;
Y=YL*Lab;
C=CL*Lab;
K=KL*Lab;
I=delta*K;
Tran=taon*w*Lab+tauc*C+tauk*(R-delta)*K;
A=1;

end;
steady;      %最终值等于稳态
check;
resid;

shocks;
var taon;
periods 1:10;
values 0;    %在第11期 劳动所得税率将永久性下降2%
end;

simul(periods=58);
figure
subplot(2,2,1)
plot(Y-SS0(1));
title('产出');
subplot(2,2,2)
plot(C-SS0(2));
title('消费');
subplot(2,2,3)
plot(I-SS0(3));
title('投资');
subplot(2,2,4)
plot(Tran-SS0(4));
title('税收收入');
```

```
figure
subplot(2,2,1)
plot(K－SS0(5));
title('资本');
subplot(2,2,2)
plot(Lab－SS0(6));
title('劳动');
subplot(2,2,3)
plot(R－SS0(7));
title('实际利率');
subplot(2,2,4)
plot(w－SS0(8));
title('工资');
```

本章附录 模型系统中所有一阶均衡方程

$$\frac{1}{(1+\tau_t^c)C_t}=\beta E_t\left[\frac{1}{(1+\tau_{t+1}^c)C_{t+1}}\left[(1-\tau_{t+1}^k)(R_{t+1}-\delta)+1\right]\right] \quad (\text{附 } 4.1)$$

$$(1-\theta)N_t^{\chi}=\frac{\theta}{(1+\tau_t^c)C_t}(1-\tau_t^n)w_t \quad (\text{附 } 4.2)$$

$$Y_t=A_tK_t^{\alpha}N_t^{1-\alpha} \quad (\text{附 } 4.3)$$

$$w_t=(1-\alpha)A_tK_t^{\alpha}N_t^{-\alpha} \quad (\text{附 } 4.4)$$

$$R_t=\alpha A_tK_t^{\alpha-1}N_t^{1-\alpha} \quad (\text{附 } 4.5)$$

$$K_{t+1}=I_t+(1-\delta)K_t \quad (\text{附 } 4.6)$$

$$G_t=\tau_t^n w_t N_t \quad (\text{附 } 4.7)$$

$$Y_t=C_t+I_t+G_t \quad (\text{附 } 4.8)$$

第五章　个人所得税、收入分配与共同富裕
——基于异质动态随机一般均衡模型的视角

治国之道，富民为始。共同富裕是社会主义的本质特征，是人民群众的共同期盼。在"共同富裕"的道路上需要合理调节高收入从而进行财富的再分配。个人所得税是国家实施宏观调控、调节收入分配的重要工具之一，优化好政策的制定与实施必将成为最有效的工具之一。目前，劳动力市场的初次分配机制不足以缩小现存的收入差距，还需要完善再分配机制，加大再分配政策力度，利用税收政策合理调节收入。2018年的个人所得税改革建立了综合扣除机制，除提高基本减除费用之外，本次改革还增加了专项附加扣除项目。这一改革考虑了个人负担的差异性，有利于税制公平。那么，未来中国个人所得税税制还需要如何深化改革，才能实现共同富裕这一主题？这是一个具有重要意义的研究课题。

第一节　改革背景与现实意义

一、改革的背景

改革开放以来，中国经济快速发展，居民收入稳步增加，人们的生活水平不断提升。中国社会的消费支出水平也不断提高，正朝着共同富裕的目标不断迈进。在这种背景下，中国的个人所得税改革，也应以"促进共同富裕、有利于社会公平"为重点。2021年5月14日习近平在河南省南阳市主持召开推进南水北调后续工程高质量发展座谈会上讲到，"到'十四五'末，全体人民共同富裕迈出坚实步伐，居民收入和实际消费水平差距逐步缩小"。

共同富裕和收入分配的问题一直以来都受到社会的广泛关注，这不仅关系到广大人民群众的物质生活和精神生活，而且影响着社会公平和社会稳定。党的十九大以来，中央在加大税收调节力度提高精准性、完善收入分配制度方面，做了大量研究，制定了一系列政策。而个人所得税作为一种累进税、直接税，在调节收入分配、推进共同富裕方面具有其他税种不可替代的重要作用，承担着中国居民收入再分配的重要功能。

现行中国的税收制度体系主要由流转税、所得税、行为税等构成,中国流转税的收入规模远高于个人所得税的收入规模。个人所得税税收收入占比和平均有效税率与发达国家相比差距较大,这是限制中国税制收入分配效应的重要因素。个人所得税改革也应朝着扩大税收收入规模、充分发挥税收的调节收入分配功能的方向进行,更好地缩小收入分配差距,为实现共同富裕目标做出贡献。

二、现有研究述评

个人所得税问题的研究文献非常丰富,其收入分配效应也一直受到社会各界的广泛关注。就个人所得税的收入分配效应问题,本章综述最新的文献如下:

在讨论个人所得税调节收入分配的作用方面,利用一种可计算一般均衡模型,Wang 和 Xu(2001)研究认为:中国采用个人所得税为转型成本提供资金,最能促进经济增长和减少收入不平等。通过基尼系数分解衡量各分项劳动收入的基尼弹性系数变化,刘蓉和林志建(2019)认为:个人所得税改革对收入差距有调节作用,对中国工薪阶层的减税效果非常显著。利用中国个人所得税微观模拟模型比较中国 2011 年和 2018 年个人所得税制度的差异,Zhan 和 Li(2019)研究认为:个人所得税对收入分配的影响取决于税收结构;在适当情况下逐步过渡到一个全面的税收制度,将以较低的平均税率实现更好的收入再分配效果。通过测算 2003—2019 年征收个人所得税前后的城乡居民收入基尼系数及差值,匡浩宇(2021)研究发现:个人所得税的改革对城乡居民收入差距有正向调节作用。

正是由于正向的作用,所以有研究强调个人所得税调节收入分配的重要性。对此,Zhuang 和 Li(2016)认为:由于相关政策的实施,2008 年以来收入不平等程度下降,因此继续采取政策行动以进一步缩小收入不平等至关重要;中国税收和转移支付在收入再分配中的作用仍然有限,未来中国收入不平等的道路可能不是单向的,在个人所得税发挥更大作用之前,可能会保持高水平。Jain-Chandra 和 Wingender(2018)认为未来政策需要在遏制不平等方面发挥重要作用,因为预计的结构性趋势将进一步对公平构成压力。特别是,财政政策改革有可能在税收和支出方面增强包容性和公平性。韩学丽(2022)认为:个人所得税自身属性和特点决定了其对促进共同富裕具有不可替代的作用,未来个人所得税应该推进综合与分类相结合的税制改革,降低综合所得最高边际税率、扩大税基、完善税收征管体系。

当然,对于调节的方向性作用,也有不同的观点。譬如,利用 CHIP 数据库对 2018 年个人所得税改革方案的收入再分配效应进行测算,张玄和岳希明(2021)发现:基本减除费用标准提高、专项附加扣除和税率级距扩大降低了个人所得税的平均税率,削弱了收入再分配效应。同样使用 CHIP 数据研究 2018 年个人所得税改革的收入再分配效应,王钰和田志伟(2019)研究认为:税率级距调整、基本扣除费用的调整和增加专项附加扣除三项改革均恶化了中国居民之间的收入分配状况。

也有研究建议通过对家庭征收个人所得税来调节收入分配。对此,孙伊凡和谷彦芳(2019)认为个人所得税的征税应当以个人为单位走向以家庭为单位,基本费用扣除标准的确认应当以自动调整机制和人代会审议相结合的方式。利用"中国家庭追踪调查"微观数据库进行模拟研究,王晓佳和吴旭东(2019)认为:子女教育与赡养老人两项专项附加扣除弱化了个人所得税收入再分配效应,家庭组的个人所得税收入再分配效应强于个人组个人所得税的收入再分配效应。而利用泰尔指数和收入分配效应分解模型,王静和邓晓兰(2021)使用微观数据研究认为:2019年开始的新税制对劳动所得具有较高的收入分配效应,以家庭为纳税单位的个人所得税具有更高的收入分配效应。

在个人所得税收入的变动方面,采用中国城市住户调查和加拿大社会经济信息管理系统数据,Lin 和 Zeng(2010)研究了加拿大和中国近十年来个人所得税的分配影响。他们研究发现:加拿大和中国的个人所得税都是累进的,即纳税和平均税率在高收入纳税人的收入份额中不断增加。以 CFPS 和国家统计局社会经济调查司发布的微观数据为样本,李立和李铭(2019)测算对比后发现:通货膨胀不仅会造成个人所得税税基的扭曲,而且会使纳税人进入更高的纳税档次,且对中低收入者的影响更为明显。基于 2000—2017 年中国 31 个省份的数据和"对数平均迪氏指数分解法",陈建东和王平(2020)研究认为:劳动生产率的提高是个人所得税收入增加最主要的因素,而国民收入分配结构的变化导致了中国个人所得税收入的减少。

综上所述,现有文献对个人所得税改革和收入分配的研究十分丰富,两者的关系是研究的重点。较多的研究肯定了个人所得税改革对于缩小收入差距、调节收入分配的作用。这为探索实现共同富裕目标奠定了理论基础,并提供了相关政策的评估方法。当然,现有的研究还存在一些不足之处,具体包括:(1)对于不同居民、不同所得税的调节效应,还缺乏宏观上的理论建模和讨论。(2)不同的所得税调节收入分配的差异,还难以通过实证研究、指数分解或是不平等的测算进行体现。(3)不同所得税的税率变化对于宏观经济、收入分配的调节差异还鲜有涉猎,讨论较少。

三、本章的创新点

鉴于以上的不足,本章力图实现以下几个方面的创新:

第一,采用动态随机一般均衡模型讨论个人所得税改革的收入分配效应,区分"李嘉图式"居民和"非李嘉图式"居民的政策效应问题。

第二,对比劳动所得税税率和资本利得税税率分别提高对于宏观经济的影响,识别劳动所得税和资本利得税在调节收入分配中的差异。

第三,考察劳动所得累进税对于收入分配的调节作用,区分不同的居民政策福利对比研究。

四、改革的现实意义

(一)有利于社会公平,缩小贫富差距

未来的改革方向上,需要扩大综合所得征收范围,提高基本费用扣除标准,增加专项费用扣除,减轻中低收入群体的税负。这将有利于巩固中产阶层,避免进入日本趋势学家大前研一所述的"M型社会"形态。[①] 这也有利于税制公平,从而更好地发挥个人所得税的调节作用。总之,未来完善个人所得税改革,有利于完成十九大提出的重大政治任务,决胜全面建成小康社会,向全体人民共同富裕的目标不断迈进。

(二)有利于促进消费,推动经济发展

中低收入者税负减轻后,一部分收入转化成消费,减税效应会直接作用于增加消费中,可以鼓励居民消费、拉动市场内需,从而带动经济发展。在后疫情时代,中国经济增长的内外部环境发生变化,通过个人所得税改革积极增加居民的可支配收入,从而可以提振消费,刺激国内消费市场需求,为经济持续增长提供动力。

(三)有利于改善民生,提升生活水平和生育水平

通过调整基本费用扣除标准、完善专项附加扣除优惠措施,充分考虑纳税人的实际负担,可以切实减轻家庭生育、教育、医疗、住房的负担。个人所得税改革使改革发展成果更多更好惠及全体人民,让人民的获得感增强,提升生活的幸福指数。幸福指数的提升以及生活、生育成本的降低,将有利于全社会生育水平的提升。

第二节 异质动态随机一般均衡模型

优化收入分配结构是正确发挥人民群众的主观能动性,激发人民群众积极主动地通过奋斗实现共同富裕,形成共建共富动力的重要机制。因此,本节在新凯恩斯 DSGE 模型中,引入异质性微观主体,用以刻画个人所得税制对不同主体的收入、财产和消费的动态影响和演化机制。借鉴 Mankiw(2000)和 Gali 等(2007)做法,在家庭部门引入两类居民:一类是拥有资产、相对富裕的"李嘉图式"居民(Ricardian Households),该类居民追求跨期消费平滑和效用最大化;另一类是相对贫困的"非李嘉图式"居民(Non-Ricardian Households),又称"经验法则"居民(Rule-of-Thumb Households),该类居民缺乏跨期平滑的资产,受流动性约束无法进行跨期决策,仅靠当期可支配收入进行消费。

[①] "M型社会"是描述日本社会由原来以中产阶层为社会主流,转变为富裕与贫穷两个极端(中产阶层逐渐消失),且变为贫穷的比例更大。

本章基本模型的框架如图 5-1 所示。

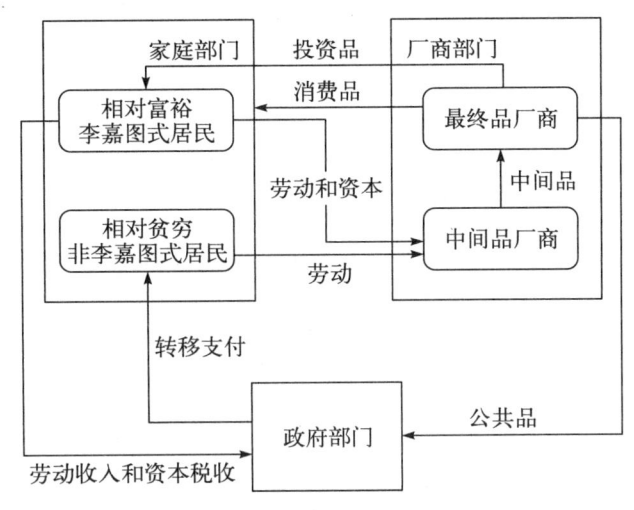

图 5-1 基本模型框架

一、家庭部门

(一) 相对富裕的"李嘉图式"居民

在模型经济中,存在连续一统的代表性"李嘉图式"居民,他们通过消费、债券、资本跨期选择来实现跨期消费平滑,不受流动性约束,最大化自身的效用。

$$E_0 \sum_{t=0}^{\infty} \beta^t u(C_t^w, L_t^w)$$

设定当期效用函数的形式是:

$$u(C_t^w, L_t^w) = \frac{(C_t^w)^{1-\sigma}}{1-\sigma} - \chi \frac{(L_t^w)^{1+\varphi}}{1+\varphi}$$

跨期的预算约束形式为:

$$(1+\tau_t^C) C_t^w + I_t^w + \frac{1}{R_t} B_t = (1-\tau_t^k) R_t^k K_t^w + \tau_t^k \delta K_t^w + W_t L_t^w (1-\tau_t^{lw}) + B_{t-1} + Tax_t^w \tag{5.1}$$

其中,E_0 表示在时期 0 的理性预期,β 表示主观贴现率,C_t^w 和 L_t^w 分别表示居民消费和劳动。σ 表示常相对风险规避参数,χ 表示休闲在效用函数中的相对权重,φ 表示劳动供给弗里希弹性的倒数,δ 表示资本折旧率。τ_t^k、τ_t^{lw} 和 τ_t^C 分别表示资本利得税税率、劳动所得税税率和消费税税率,I_t^w 和 K_t^w 分别表示投资和资本存量，R_t 和 R_t^k 分别表示实际短期利率和实际资本租金率，W_t 表示工资率，B_t 表示 t 期初购买期末到期的一期无风险政府债券，Tax_t^w 表示一次总量税。

物质资本的积累过程可表示为：

$$K_{t+1}^w = \left[1 - \frac{\kappa}{2}\left(\frac{I_t^w}{I_{t-1}^w} - 1\right)^2\right] I_t^w + (1-\delta) K_t^w \tag{5.2}$$

"李嘉图式"居民的最优一阶条件为：

$$(C_t^w)^{-\sigma} = \lambda_t (1 + \tau_t^C) \tag{5.3}$$

$$\chi(L_t^w)^\varphi = \lambda_t W_t (1 - \tau_t^{lw}) \tag{5.4}$$

$$\lambda_t = \beta E_t \lambda_{t+1} R_t \tag{5.5}$$

$$\mu_t = \beta E_t \left[(1-\delta)\mu_{t+1} + \lambda_{t+1}(R_{t+1}^k(1 - \tau_{t+1}^k) + \tau_{t+1}^k \delta)\right] \tag{5.6}$$

$$\lambda_t = \mu_t \left[1 - \frac{\kappa}{2}\left(\frac{I_t^w}{I_{t-1}^w} - 1\right)^2 - \kappa\left(\frac{I_t^w}{I_{t-1}^w} - 1\right)\frac{I_t^w}{I_{t-1}^w}\right] + \beta E_t \mu_{t+1}\left[\kappa\left(\frac{I_{t+1}^w}{I_t^w} - 1\right)\left(\frac{I_{t+1}^w}{I_t^w}\right)^2\right] \tag{5.7}$$

其中，式(5.3)表示居民消费的边际效用，式(5.4)表示最优劳动供给决策条件，式(5.5)表示消费欧拉方程，式(5.6)和式(5.7)分别表示最优资本和投资决策。λ_t 和 μ_t 分别表示式(5.1)和式(5.2)的拉格朗日乘数。

（二）相对贫困的"非李嘉图式"居民

代表性"非李嘉图式"居民，受流动性约束限制，只从劳动力中获得收入，不积累资本，并选择每个时期的工作小时数，以使效用最大化。当期效用函数的形式是：

$$u(C_t^p, L_t^p) = \frac{(C_t^p)^{1-\sigma}}{1-\sigma} - \chi \frac{(L_t^p)^{1+\varphi}}{1+\varphi}$$

受到的预算约束形式为：

$$(1 + \tau_t^C) C_t^p = W_t L_t^p (1 - \tau_t^{lp}) + Tran_t^p \tag{5.8}$$

其中，$Tran_t^p$ 表示政府对其的转移支付。居民最优劳动供给的决策为：

$$\frac{1}{1+\tau_t^C}(C_t^p)^{-\sigma} W_t (1 - \tau_t^{lp}) = \chi(L_t^p)^\varphi \tag{5.9}$$

二、厂商部门

代表性最终产品厂商采用迪克西特-施蒂格利茨（Dixit-Stiglitz）技术（替代弹

性不变的 CES 生产函数),从各个中间产品厂商采购产品 $Y_t(i)$ 加总得到最终产品 Y_t,则有:

$$Y_t = \left[\int_0^1 Y_t(i)^{\frac{\epsilon-1}{\epsilon}} di\right]^{\frac{\epsilon}{\epsilon-1}} \tag{5.10}$$

其中,$Y_t(i)$ 表示中间产品厂商 i 的一种中间投入,价格为 $P_t(i)$。中间产品需求函数为:

$$Y_t(i) = Y_t \left(\frac{P_t(i)}{P_t}\right)^{-\epsilon} \tag{5.11}$$

经济模型中连续一统的中间产品厂商采用"柯布-道格拉斯型"生产函数为:

$$Y_t(i) = A_t [K_t(i)]^\alpha [L_t(i)]^{1-\alpha} \tag{5.12}$$

其中,A_t 表示全要素生产率,服从一个自回归过程:

$$\log A_t = (1-\rho_a)\log A + \rho_a \log A_{t-1} + v_t^a \tag{5.13}$$

其中,$v_t^a \sim N(0,\sigma_a^2)$ 是一个技术冲击。在垄断竞争市场上,中间产品厂商在最终产品厂商对其需求式(5.11)约束下,进行产品定价。采用 Rotemberg(1982)设定,厂商价格调整成本为 $AC_t(i)$,盯住通胀目标 $\bar{\pi}$,即:

$$AC_t(i) = \frac{\kappa_p}{2}\left(\frac{P_t(i)}{P_{t-1}(i)} - \bar{\pi}\right)^2 P_t Y_t \tag{5.14}$$

中间产品厂商 i 的利润最大化问题,可用价格指数表示为:

$$\max E_0 \left\{\sum_{t=0}^\infty \beta^t \frac{\lambda_t}{\lambda_0}\left[\frac{P_t(i)}{P_t}Y_t(i) - W_t L_t(i) - R_t^k K_t(i) - \frac{AC_t(i)}{P_t}\right]\right\}$$

在对称经济下,代表性中间产品厂商的最优一阶条件为:

$$R_t^k = mc_t \alpha Y_t / K_t \tag{5.15}$$

$$w_t = mc_t (1-\alpha) Y_t / L_t \tag{5.16}$$

$$\pi_t(\pi_t - \bar{\pi}) = \beta E_t\left[\frac{\lambda_{t+1}}{\lambda_t}\pi_{t+1}(\pi_{t+1} - \bar{\pi})\frac{Y_{t+1}}{Y_t}\right] + \frac{\epsilon}{\kappa_p}\left(mc_t - \frac{\epsilon-1}{\epsilon}\right) \tag{5.17}$$

其中,式(5.15)和式(5.16)分别表示厂商对资本和劳动的需求,式(5.17)表示非线性菲利普斯曲线。

三、政府部门

在经济模型中,政府对家庭劳动和资本收入征税,向相对贫困"非李嘉图式"居

民转移支付。在既定的财政支出下,政府预算平衡的条件为:

$$G_t + Tran_t + B_{t-1} = (1-\eta)\tau_t^{lw} W_t L_t^w + \eta \tau_t^{lp} W_t L_t^p + \tau_t^C C_t$$
$$+ (1-\eta)(\tau_t^k R_t^k K_t^w - \tau_t^k \delta K_t^w) + \frac{1}{R_t} B_t + Tax_t \quad (5.18)$$

其中,$Tran_t = \eta Tran_t^p$ 表示政府对相对贫困"非李嘉图式"居民的转移支付,$Tax_t = (1-\eta) Tax_t^w$ 表示政府对相对富裕"李嘉图式"居民征收一次总量税,η 表示相对贫困"非李嘉图式"居民的人口占比,G_t 表示政府支出,服从自回归过程为:

$$\log G_t = (1-\rho_g)\log G + \rho_g \log G_{t-1} + v_t^g \quad (5.19)$$

其中,$v_t^g \sim N(0, \sigma_g^2)$ 是一个政府支出冲击。借鉴 Mattesini 和 Rossi(2012)做法,设定个人所得税 τ_t^{lp} 和 τ_t^{lw} 分别为累进税:

$$\tau_t^{lp} = 1 - (1-\tau^l)\left(\frac{WL^p}{W_t L_t^p}\right)^\Psi \quad (5.20)$$

$$\tau_t^{lp} = 1 - (1-\tau^l)\left(\frac{WL^w}{W_t L_t^w}\right)^\Psi \quad (5.21)$$

其中,$\tau^l \in (0,1)$,$\Psi \in [0,1)$ 表示税收累进水平,其值越大表明税负水平对税基的相对变化幅度越敏感,税率的累进性越强。如果累进水平为 0,则实际税率等于稳态税率,累进税退化为固定税。实际利率与名义利率之间的关系为:

$$R_t = \frac{R_t^n}{E_t \pi_{t+1}} \quad (5.22)$$

中央银行采用泰勒规则进行利率调控,即:

$$\frac{R_t^n}{R^n} = \left(\frac{R_{t-1}^n}{R^n}\right)^{\rho_r}\left[\left(\frac{\pi_t}{\pi}\right)^{\varphi_\pi}\left(\frac{Y_t}{Y}\right)^{\varphi_y}\right]^{1-\rho_r}\exp(v_t^r) \quad (5.23)$$

其中,$v_t^r \sim N(0, \sigma_r^2)$ 是一个货币政策冲击。

四、市场出清

所有市场都出清,在资本市场上有:

$$K_t = (1-\eta)K_t^w \quad (5.24)$$
$$I_t = (1-\eta)I_t^w \quad (5.25)$$

在劳动市场上有:

$$L_t = \eta L_t^p + (1-\eta)L_t^w \quad (5.26)$$

在产品市场上有：

$$C_t = \eta C_t^p + (1-\eta) C_t^w \tag{5.27}$$

$$Y_t = C_t + I_t + G_t + \frac{\kappa_p}{2}(\pi_t - \bar{\pi})^2 Y_t \tag{5.28}$$

五、收入分配指标

关于收入分配的指标衡量，Galor 和 Moav(2004)、王弟海和龚六堂(2007)指出，经济不平等可划分为"流量"和"存量"两个维度。财富不平等是存量不平等，收入不平等是流量不平等。本节将"存量"不平等设定为一种外生给定状态，专注研究"流量"维度不平等。参考胡祖光(2004)、张建华和陈立中(2006)等的研究，设模型中居民收入的基尼系数为：

$$Gini_t = 1 - (1-\eta)\left(\frac{2\eta Inc_t^p}{Inc_t} + 1\right) \tag{5.29}$$

相对贫困的居民收入为：

$$Inc_t^p = W_t L_t^p (1 - \tau_t^{lp}) \tag{5.30}$$

相对富裕的居民收入为：

$$Inc_t^w = W_t L_t^w (1 - \tau_t^{lw}) + (1 - \tau_t^k) R_t^k K_t^w + \tau_t^k \delta K_t^w \tag{5.31}$$

居民收入构成为：

$$Inc_t = \eta Inc_t^p + (1-\eta) Inc_t^w \tag{5.32}$$

六、参数校准与稳态分析

（一）参数校准

以校准法为主对模型参数进行赋值，模型时期以季度为频率。在家庭部门，参考 Song 等(2011)的研究，主观贴现率取 0.99，其意味着年度实际利率 4%。不失一般性，校准相对风险厌恶系数取 1，效用函数退化为对数形式。弗里希劳动供给弹性取 5，季节调整后取 0.2。如果将代表性行为人的时间禀赋标准化为 1，则效用函数中劳动权重取值匹配稳态下劳动供给为 0.3，这意味着每天将 1/3 时间用于工作。在厂商部门，资本产出弹性取 1/3，中间产品替代弹性取 6。参考 Christiano 等(2005)的研究，投资调整成本取 2.48。通过 Calvo(1983)定价与 Rotemberg(1982)定价关系，价格调整成本取 104.85，相当于价格黏性为 0.75，这意味着厂商每四个季度调整一次价格。在政府部门，稳态下劳动所得税税率取 0.06，消费税税率取 0.09，资本利得税税率取 0.25(黄赜琳和朱保华，2015)。参考 Mattesini 和

Rossi(2012)的校准,个人所得税累进水平取 0.35。根据王凯风和吴超林(2021)的研究,"非李嘉图式"居民的占比取 0.64。具体参数校准如表 5-1 所示。

表 5-1 参数校准

参数模块	参数名称	参数描述	参数赋值	参数名称	参数描述	参数赋值
家庭部门	β	主观贴现率	0.99	φ	劳动供给弗里希弹性的倒数	0.2
	σ	跨期消费替代弹性的倒数	1	χ	家庭劳动在效用函数中权重	3.79
厂商部门	ε	中间产品替代弹性	6	α	资本产出弹性	1/3
	δ	资本折旧率	0.025	κ_p	价格调整成本	104.85
	κ	投资调整成本	2.48	η	"非李嘉图式"居民占比	0.64
政府部门	φ_π	利率对通胀缺口反馈	1.50	φ_y	利率对产出缺口反馈	0.00
	Ψ	个人所得税累进水平	0.35	τ^l	稳态劳动所得税率	0.06
	τ^k	稳态资本所得税率	0.25	τ^c	稳态消费税率	0.09
外部冲击	ρ_a	生产率冲击平滑系数	0.90	σ_a^2	生产率冲击方差	0.01
	ρ_g	财政支出规则平滑系数	0.90	σ_g^2	财政支出冲击方差	0.01
	ρ_r	泰勒规则平滑系数	0.00	σ_m^2	货币政策冲击方差	0.002 5

(二)模型稳态的分析

动态分析中主要反映流量维度上的不平等,即收入方面的不平等。而存量维度上的不平等,即主要体现在财富存量的不平等,这被视作一种外生给定的状态,由模型基本结构加以体现。

图 5-2 显示,征收个人劳动所得税存在"拉弗曲线"效应,最优宏观税负为 18%(总产出为 1,税收收入 0.18)左右,这与吕冰洋等(2020)测算中国的小口径宏观税负 17.4% 比较接近。但此时"拉弗曲线"是非对称的,曲线两侧的斜率明显不同。这是因为个人劳动所得税对劳动力供给的影响有两方面:一方面,个人劳动所得税增加会减少居民的税后工资收入,促使其为维持既定的消费而减少闲暇、增加劳动投入。这将促进经济增长,拓宽税基拉动税收增加,这表现为"收入效应"。另一方面,个人劳动所得税增加使劳动和闲暇的相对价格发生变化,劳动收入下降,闲暇相对价格降低,促使人们选择闲暇以替代工作,反而不利于经济增长和税源涵养,这表现为"替代效应"。当个人所得税税率为零时,税收收入为资本税和消费税收入。同时,随着贫困人口占比增加,"拉弗曲线"不断下移,这意味着相同劳动所得税税率却带来较少税收。究其原因,当相对贫困人口占比增加时,根据边际消费

倾向递减规律,富裕家庭消费意愿不足,贫困家庭消费能力不够,带来投资需求下降,企业产能得不到消化,潜在的消费不能释放。这就会导致实体经济疲软,相应地税基缩小,故相同劳动所得税税率之下,可获取税收收入随贫困人口占比上升而下降。这说明解决"共同富裕"更要考虑结构性问题,如收入分配和贫富差距问题。

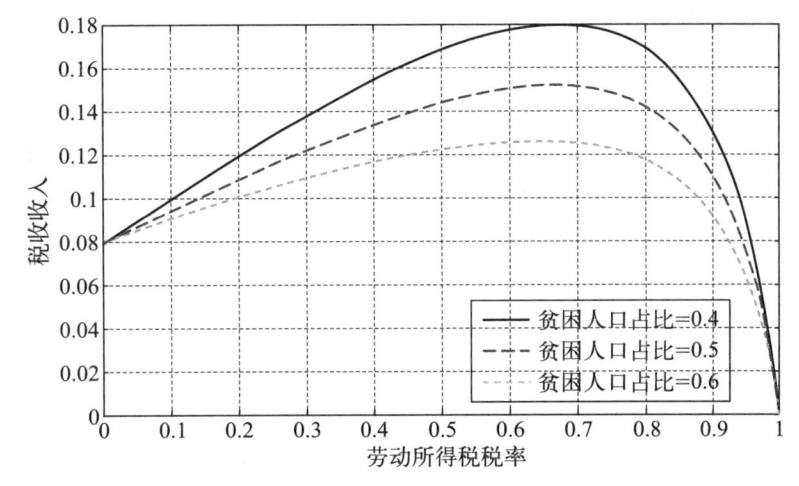

注:拉弗曲线从理论上证明,税率、税收收入与经济增长之间存在最优组合,高税率不一定会促进经济增长,取得高收入,而高收入也不一定需要高税率。需要强调的是,劳动所得税税率为 0.7,仅是在模型给定结构参数下的理想目标税率,实践中这个最优税率会更多经济结构参数取值影响,并不意味着我国最优劳动所得税税率为 0.7,譬如收入分配和居民财富分布等结构因素就是重要影响因素。

图 5-2　劳动所得税的"拉弗曲线"

图 5-3 和图 5-4 显示,不受贫富人口占比因素影响,劳动所得税对收入分配的调节效果劣于资本利得税。随着劳动所得税税率增加,基尼系数逐渐上升,而资本利得税税率增加,反而促进基尼系数下降。这是由于财富的积累过程除了工资收入外,还有股权等其他各类非工资性收入。尤其是对于富裕阶层,其主要财富往往不是来源于工资收入。从收入分配角度看,劳动所得税仅对劳动收入征税,缺乏对资产价格变动的考量,统一税率缴纳个人所得不能显著改善收入分配格局。资本利得税主要调整相对富裕"李嘉图式"居民资本收入,相对贫困"非李嘉图式"居民不受影响,有效改善基尼系数状况。这与经验事实一致——中国人民银行《2019 年中国城镇居民家庭资产负债情况调查》表明:家庭资产以实物资产为主,资产分布分化明显。因此,"共同富裕"的相关政策在针对收入层面展开的同时,也需要甚至更加需要针对财富层面展开。

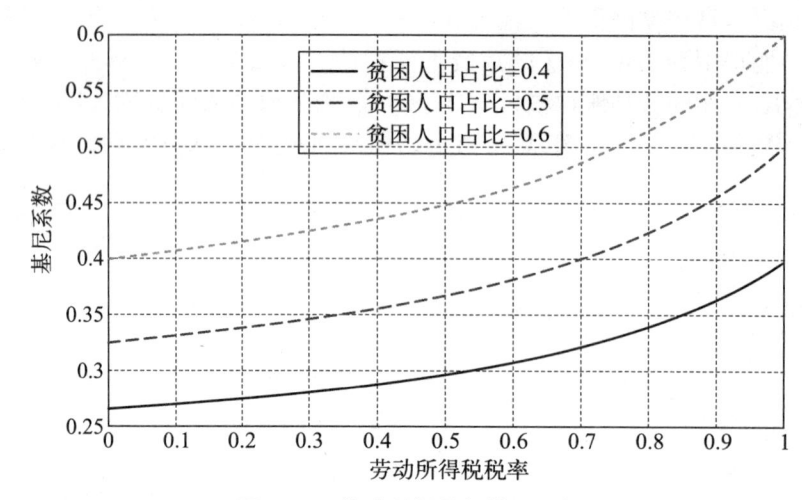

图 5-3　劳动所得税与基尼系数

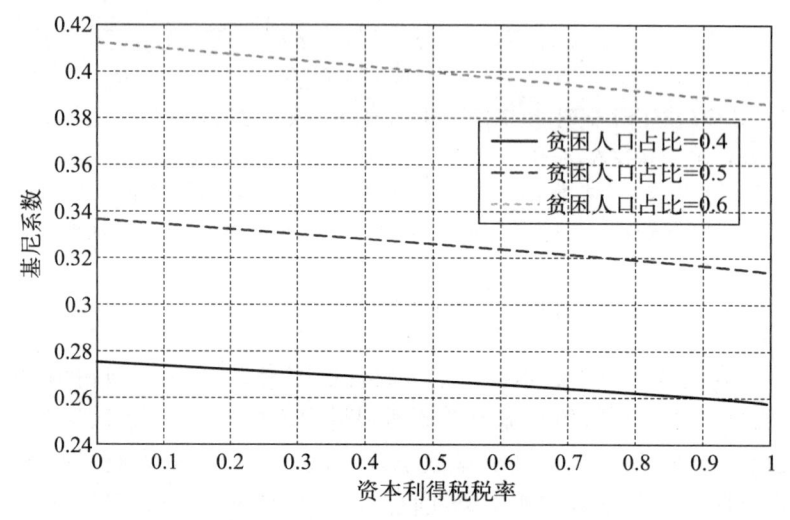

图 5-4　资本利得税与基尼系数

第三节　政策模拟与政策分析

基于以上的基本模型,进一步进行政策模拟研究如下。

一、个人所得税的分配效应

图 5-5 显示了在劳动所得税税率提高 1 个百分点后,相对富裕的"李嘉图式"居民和相对贫困的"非李嘉图式"居民收入、劳动和消费的反馈影响。在初始时期,

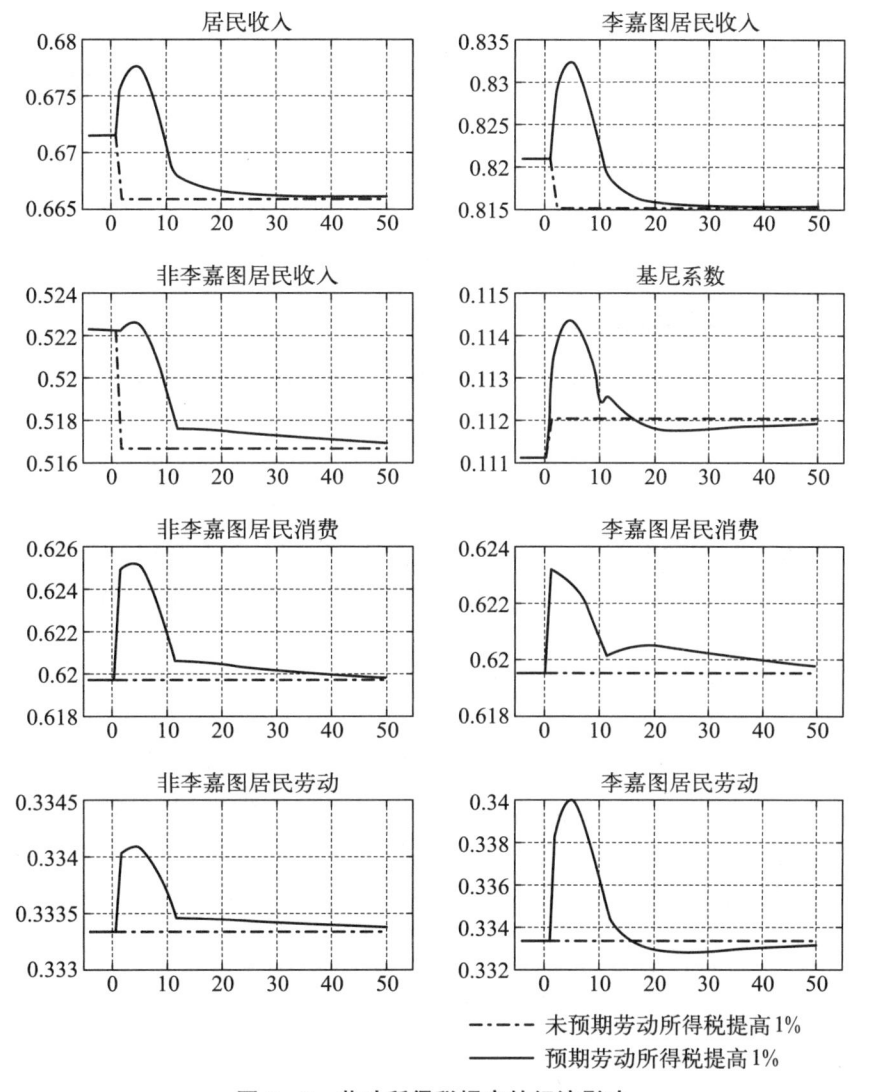

图 5-5 劳动所得税提高的经济影响

两类居民劳动所得税税率均为 6%，当居民未预期到劳动所得税税率提高 1% 时，居民收入整体下降；其中相对富裕的"李嘉图式"居民收入下降 0.68%，相对贫困的"非李嘉图式"居民收入下降 1.06%。衡量不平等的常用指标之一基尼系数上升 0.1%。这是因为：相对贫困的"非李嘉图式"居民主要依赖劳动工资收入，而相对富裕的"李嘉图式"居民还具有资本等财产收入，因而，相同的劳动所得税税率提高后，对居民收入分配产生不对称影响，反而一定程度上拉大居民收入差距，增加基尼系数。

此外，当居民在 1 至 10 期内预期到未来劳动所得税税率提高 1% 时，居民收入表现出先上升后下降趋势,其中相对富裕的"李嘉图式"居民收入的"驼峰"更显著。基尼系数也是先上升后下降,整体收敛水平较初始上升0.1%。显然,经济主体的"预期行为"在短期内将放大个人所得税政策冲击效果,也会增加居民收入分配的不对称性。

这是因为:当居民预期到未来劳动所得税税率增加,为对冲税后工资收入下降,他们则会增加劳动供给、减少闲暇。随之,短期收入反弹上升,消费也上升,税收收入效应居于主导。一旦预期实现,居民减少劳动供给,税收替代效应居于主导。

二、个人所得税的经济效应

图5-6显示了劳动所得税税率和资本利得税税率分别提高1%对主要经济变量的影响。由于模型经济中"非李嘉图式"居民占比较大,其主要的收入来源为劳动报酬所得,故劳动所得税税率提高1%后,产出、消费、投资、劳动就业及两类居民的收入都表现出较大幅度下降。

而资本利得仅是"李嘉图式"居民收入的来源之一,资本利得税税率提高1%后,投资下降0.2%,产出、消费及劳动就业下降较小。"非李嘉图式"居民收入几乎无影响;通过降低资产回报率的方式,"李嘉图式"居民收入下降0.2%,降低了富裕阶层财富规模扩张的速度。

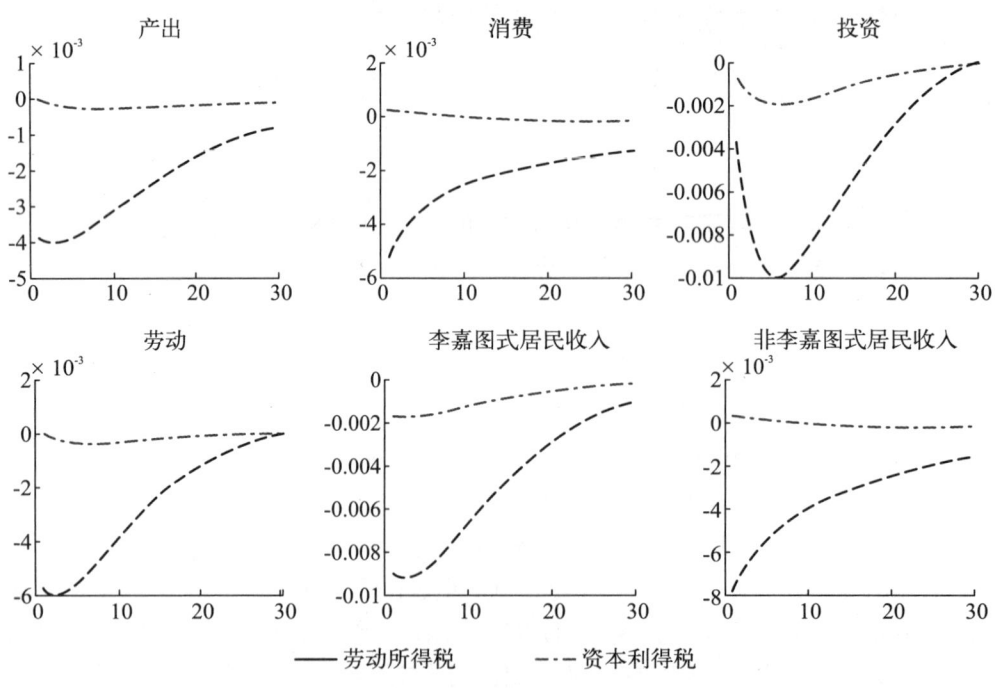

图5-6 劳动所得税和资本利得税的经济影响

这说明:作为推进共同富裕的关键环节——缩小居民收入差距,既要考虑到不同层次收入人群劳动所得税的差异性问题,同时也要考虑到劳动所得与资本所得的平衡性问题。未来需要考虑加快资本利得税的改革步伐,合理扩大综合所得税的范围,逐步纳入财产性所得、资本所得,贯彻落实"税收公平"原则。

在统一税率和累进税率下,图5-7显示了劳动所得税提高1‰对主要经济变量的影响。在统一税率下,产出、投资、消费及劳动就业都表现出较大幅度的下降,而在累进税率下,产出、投资、消费及劳动就业下降显著减少,波动性较低。这是因为:累进税率随税基的增加而按其级距提高税率,使负担能力大者多负税,负担能力小者少负税。这符合税收公平原则,具有更大的弹性。这有利于自动地调节社会总需求的规模,保持经济的相对稳定,发挥"自动稳定器"的作用。

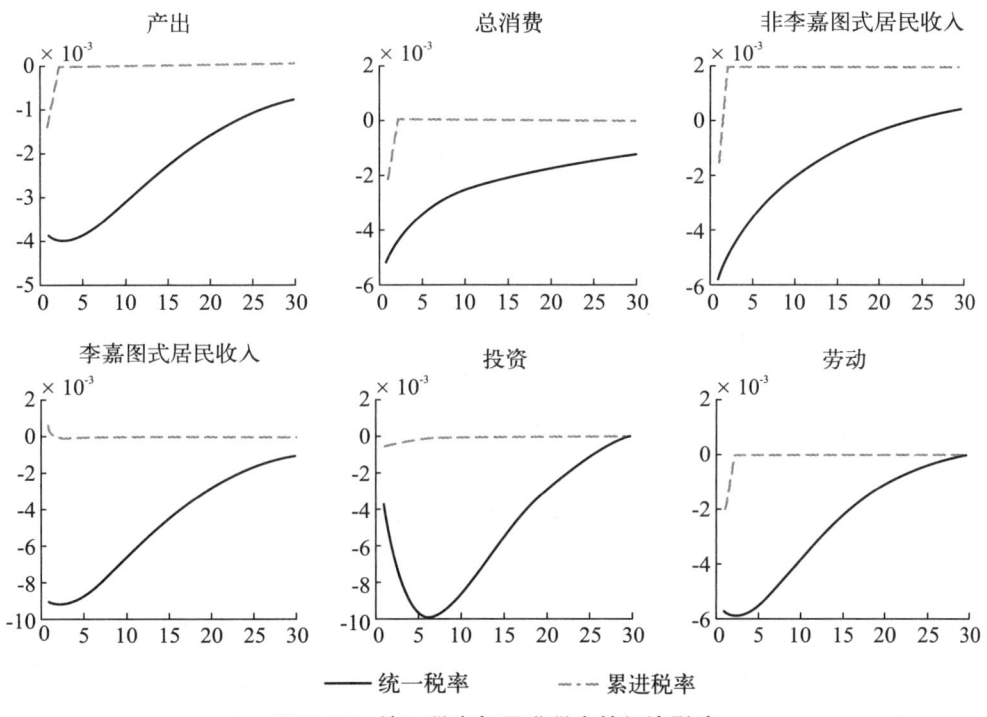

图 5-7 统一税率与累进税率的经济影响

此外,不论采取何种税率方式,"非李嘉图式"居民较"李嘉图式"居民收入下降较大。这说明财富分配的调节,不仅仅是劳动所得等收入流量差距,还应包括资本利得等财富存量的差距。

三、个人所得税的福利效应

根据 Lucas(1987)做法,定义福利函数为家庭终身效用的预期,将其转为消费损失的等量。准确地说,对每种政策机制的福利衡量,通过解下列方程中 ξ^{reg} 值反映。

$$E_t \sum_{k=0}^{\infty} \beta^k U(C(1-\xi^{reg}), N) = E_t \sum_{k=0}^{\infty} \beta^k U(C_{t+k}, N_{t+k})$$

其中,$\xi^{reg} > 0$ 表示在非随机稳态下,平均消费的下降百分比,使得家庭在确定状态下(平均消费下降)和在给定政策机制下随机状态之间无差异。就本章模型而言,消费补偿指标可表示为

$$\xi^{reg} = 100(1 - \exp((W^{pro} - W^{fix})(1-\beta)))$$

显然,消费补偿指标取决于消费和就业水平及其波动程度。其中,W^{pro} 表示在累进税制下的无条件福利,W^{fix} 表示在固定税制下的无条件福利。无条件福利没有解释稳态转移(Schmitt-Grohe 和 Uribe,2004),因此本节将居民异质性引入,也测量了条件福利。

$$\xi^{reg} = 100(1 - \exp(([\eta W^{p,pro} + (1-\eta)W^{w,pro}] - [\eta W^{p,fix} + (1-\eta)W^{w,fix}])(1-\beta)))$$

$$\xi^{p,reg} = 100(1 - \exp((W^{p,pro} - W^{p,fix})(1-\beta)))$$

$$\xi^{w,reg} = 100(1 - \exp((W^{w,pro} - W^{w,fix})(1-\beta)))$$

在本模型模拟了 10 000 期后,表 5-2 显示了不同类型居民的福利水平和福利改善状况。

表 5-2 福利水平与福利改善

无条件福利			条件福利		
累进税模型	福利水平	福利改善	累进税模型	福利水平	福利改善
贫困居民(非李嘉图)	-112.345 9	0.002 4	贫困居民(非李嘉图)	-112.352 7	0.004 9
富裕居民(李嘉图)	-112.341 4	0.001 9	富裕居民(李嘉图)	-112.342 5	0.002 4
社会(居民总体)	-112.343 7	0.002 2	社会(居民总体)	-112.338 5	0.000 1
固定税模型	福利水平	福利改善	固定税模型	福利水平	福利改善
贫困居民(非李嘉图)	-112.348 3	0	贫困居民(非李嘉图)	-112.357 5	0
富裕居民(李嘉图)	-112.343 3	0	富裕居民(李嘉图)	-112.344 9	0
社会(居民总体)	-112.345 8	0	社会(居民总体)	-112.338 6	0

对于整个社会而言,当实施劳动所得累进税率时,福利就会更高:消费补偿方面的福利改善为 $\xi^{reg} = 0.22\%$。对于贫困居民和富裕居民来说,累进税政策下的福利都更高($\xi^{p,reg} = 0.24\%$,$\xi^{w,reg} = 0.19\%$)。贫困居民相对较高的福利改善可能源

于累进税政策所实现的收入分配公平。

从公平的角度看,劳动所得累进税让收入相差较大的主体承担不同的税负(纵向公平),让收入类似的主体税负接近(横向公平)。

当考虑有条件的福利变化时,结果得到了证实——福利改善似乎更明显。譬如在累进税之下,贫困居民的福利改善由0.24%增加到0.49%;富裕居民的福利改善由0.19%增加到0.24%。这意味着:较贫困居民而言,富裕居民在私人层面已经积累了相当体量的财富。如果这部分财富游离在税收体制之外,该部分财富的分布不平等程度比收入更高,故劳动所得累进税政策对其福利改善有限。

因而,要实现"共同富裕"的目标,未来需要使得税收制度与税基结构相适应。为直面社会的不平等,个人所得税和财产税(房地产税)将是未来一段时间内中国直接税改革的重点。

四、总结与展望

通过上述的研究,本章得出如下的结论:(1)当居民预期到未来劳动所得税率增加,为对冲税后工资收入下降,他们则会增加劳动供给、减少闲暇。随之,短期收入反弹上升,消费也上升,税收收入效应居于主导。一旦预期实现,居民减少劳动供给,税收替代效应居于主导。(2)作为推进共同富裕的关键环节——缩小居民收入差距,既要考虑到不同层次收入人群劳动所得税的差异性问题,同时也要考虑到劳动所得与资本所得的平衡性问题。(3)较贫困居民而言,富裕居民在私人层面已经积累了相当体量的财富。如果这部分财富游离在税收体制之外,该部分财富的分布不平等程度比收入更高,故劳动所得累进税政策对其福利改善有限。

进入21世纪以来,中国历年来的两会很多议题都涉及税收。在个人所得税的改革方面建议:

第一,既要考虑劳动收入税的收入分配调节,也要关注将更多的资本所得纳入综合所得进行纳税。这其中包括来自资本利得行为的——如证券投资所得税,即从事证券投资所获得的利息、股息、红利收入的征税,对个人证券投资中"股息红利收入"征收20%的所得税。未来对于这些方面应纳入综合所得进行累进征税。

第二,对于资本投资行为的所得,如各类金融风险投资、PE投资、股权投资的所得,需要考虑在这些高收入群体中做好调节。这是促进共同富裕目标实现的重要方面。对各种新经济、资本扩张带来的资本收入,强化对资本经营收入的税收征管和稽查。充分考虑到预期对于政策的影响。对于中高收入人群的全收入监管,不应该回避对各种新经济、资本扩张的收入关注,要通过全社会的宣传强化对部分收入的预期管理和制度研究。

第三,不要把过多的经济社会问题寄希望于税收来解决。这是不现实的。很多问题(如收入分配、资本无序扩张)不仅仅是税收问题,还涉及市场监管、社会的第四，差别化或提高基本费用扣除标准不是好政策，重点是重视对中高收入人群的全收入监管、纳税，要瞄准低收入群体的公共服务质量提高和社会福利的提高。针对中低收入群体和中产阶层，建议提供更多良好的工作环境，提供可及的优质教育资源，提高他们的生活质量。这是解决收入分配不公、缓解教育焦虑的重要方面。亦即，通过财政支出措施比提高资本所得税的措施促进共同富裕，更加具有针对性和兼容性。

第四节 相关程序代码

一、基本程序代码（Dynare code：Code5.mod）

```
var
c           % consumption
rk          % rental rate of capital
rr          % real interest rate
w           % real wage
h           % hours
y           % output
k           % capital
q           % Tobin Q
i           % investment
lambda      % marginal utility of consumption
r           % nominal interest rate
pi          % inflation
mc          % net marginal cost
g           % public spending
a           % exogenous TFP
c_r         % rule-of thumb household consumption        相对贫困
c_o         % optimizing household consumption           相对富裕
h_r         % rule-of thumb households labor
h_o         % optimizing households labor
b           % debt
k_o
i_o
```

```
taul_o
taul_r
tauk
tauc
gini
inc_o
inc_r
inc
tran
tax
% log variables to have IRFs in percentage deviations from the ss
ylog
clog
wlog
hlog
klog
ilog
c_r_log
c_o_log
h_r_log
h_o_log
inc_o_log
inc_r_log
tax_l
tax_c
tax_k
tax_agg
wel         % aggregate welfare metric
wel_o       % optimizing household welfare
wel_r       % rule—of thumb household welfare
;
varexo
va    % productivity shock
vg    % public spending shock
vm    % monetary policy shock
```

```
epsi_tauc
epsi_taul
epsi_tauk
;
parameters
beta
alpha
delta
sigma
phi
kappaL
epsilon
bss
ass
piss
rss
kappaI
kappaP
phipi
phiy
rhoa
rhog
rhom
eta
t_r
gov
taulss
taukss
psi
taucss
taxss
rho_taul
rho_tauc
rho_tauk
;
```

```
load par;
for jj=1:length(M_.param_names)
set_param_value(M_.param_names{jj},eval(M_.param_names{jj}));
end;
rho_tau1=0;
model;
% 家庭部门
[name='welfare metric']
    wel=(1-eta)*wel_o+eta*wel_r;
[name='optimizing household welfare']
    wel_o= log(c_o)-kappaL*h_o^(1+phi)/(1+phi) + beta*wel_o(+1);
[name='rule-of thumb household welfare']
    wel_r= log(c_r)-kappaL*h_r^(1+phi)/(1+phi) + beta*wel_r(+1);
[name='边际消费']
    lambda*(1+tauc)=c_o^-sigma;
[name='最优劳动供给']
    kappaL*h_o^(phi)=lambda*w*(1-tau1_o);
[name='FOC 政府债券']
    1=beta*lambda(+1)/lambda*rr;
[name='FOC 资本']
    q=beta*lambda(+1)/lambda*(rk(+1)*(1-tauk(+1))+tauk(+1)*delta+(1-delta)*q(+1));
[name='FOC 投资']
    1=q*(1-kappaI/2*(i_o/i_o(-1)-1)^2-kappaI*(i_o/i_o(-1)-1)*i_o/i_o(-1))
       +kappaI*beta*lambda(+1)/lambda*q(+1)*(i_o(+1)/i_o-1)*(i_o(+1)/i_o)^2;
[name='资本积累']
    k_o=(1-delta)*k_o(-1)+(1-kappaI/2*(i_o/i_o(-1)-1)^2)*i_o;
[name='非李嘉图式居民最优消费']
    kappaL*h_r^(phi)=w*c_r^(-sigma)*(1-tau1_r)/(1+tauc);
% 厂商部门
[name='生产函数']
    y=a*k(-1)^alpha*h^(1-alpha);
[name='劳动需求']
```

```
        (1-alpha)*mc*y=w*h;
[name='资本需求']
        alpha*mc*y=rk*k(-1);
[name='菲利普斯供给曲线']
(pi-steady_state(pi))*pi=beta*(lambda(+1)/lambda*y(+1)/y*pi(+1)*(pi(+1)-steady_state(pi)))
                +epsilon/kappaP*(mc-(epsilon-1)/epsilon);
[name='费舍方程']
    rr=r/pi(+1);
% 政府部门
[name='预算平衡']
        g+tran+b=(1-eta)*taul_o*w*h_o+eta*taul_r*w*h_r+tauc*c+
            (1-eta)*(tauk*rk*k_o(-1)-tauk*delta*k_o(-1))+1/rr*b(-1)+tax;
tax=taxss;
[name='泰勒规则']
r/(rss)=((pi/steady_state(pi))^(phipi)*(y)^(phiy))^(1-rhom)*(r(-1)/rss)^(rhom)*exp(vm);
[name='税收规则']
        taul_o = 1-(1-taulss)*(steady_state(w)*steady_state(h_o)/w/h_o)^psi+epsi_taul;
taul_r = 1-(1-taulss)*(steady_state(w)*steady_state(h_r)/w/h_r)^psi+epsi_taul;
tauk  = 1-(1-taukss)*(steady_state(rk)*steady_state(k_o(-1))/rk/k_o(-1))^psi+epsi_tauk;
% taul_o = (1-rho_taul)*taulss+rho_taul*taul_o(-1)+epsi_taul;
% taul_r = (1-rho_taul)*taulss+rho_taul*taul_r(-1)+epsi_taul;
% tauk  = (1-rho_tauk)*taukss+rho_tauk*tauk(-1)+epsi_tauk;
tauc  = (1-rho_tauc)*taucss+rho_tauc*tauc(-1)+epsi_tauc;
% 市场出清
[name='产品市场出清']
        y=c+i+g+(kappaP/2*(pi-piss)^2)*y;
        (1+tauc)*c_r=w*h_r*(1-taul_r)+t_r;
        c=(1-eta)*c_o+eta*c_r;
        tran=eta*t_r;
```

[name='资本市场出清']
　　k=(1-eta)*k_o;
　　i=(1-eta)*i_o;
[name='劳动市场出清']
　　h=(1-eta)*h_o+eta*h_r;
% 收入不均变量定义
[name='基尼系数']
　　gini=1-(1-eta)*(2*eta*inc_r/inc+1);
[name='相对贫困的非李嘉图式居民收入所得']
　　inc_r=w*h_r*(1-taul_r);
[name='相对富裕的李嘉图式居民收入所得']
　　%inc_o=w*h_o*(1-taul_o);
　　inc_o=w*h_o*(1-taul_o)+(1-tauk)*rk*k_o+tauk*delta*k_o;
[name='居民收入所得']
　　inc=eta*inc_r+(1-eta)*inc_o;
% 外部冲击
[name='生产力冲击']
　　log(a)=(1-rhoa)*log(ass)+rhoa*log(a(-1))+va;
[name='政府支出冲击']
　　g=(1-rhog)*gov+rhog*g(-1)+vg;
% 自定义变量
ylog=log(y);
clog=log(c);
wlog=log(w);
hlog=log(h);
klog=log(k);
ilog=log(i);
c_r_log=log(c_r);
c_o_log=log(c_o);
h_r_log=log(h_r);
h_o_log=log(h_o);
inc_o_log=log(inc_o);
inc_r_log=log(inc_r);

```
tax_l=(1-eta)*taul_o*w*h_o+eta*taul_r*w*h_r;
tax_c=tauc*c;
tax_k=(1-eta)*(tauk*rk*k_o(-1)-tauk*delta*k_o(-1));
tax_agg=tax_l+tax_c+tax_k+tax;
end;
steady_state_model;
pi=1;
y=1;
h=1/3;
h_o=h;
h_r=h;
rr=1/beta;
r=pi/beta;
q=1;
tauk=taukss;
taul_o=taulss;
taul_r=taulss;
rk=(1/beta-(1-delta)-tauk*delta)/(1-tauk);
mc=(epsilon-1)/epsilon;
k=alpha*mc*y/rk;
k_o=k/(1-eta);
i_o=delta*k_o;
i=(1-eta)*i_o;
w=(1-alpha)*mc*y/h;
tran=eta*t_r;
a=ass;
b=bss;
c=y-i-gov;
c_r=c;
c_o=c;
tauc=taucss;
lambda=c^(-sigma)/(1+tauc);
ylog=log(y);
clog=log(c);
```

```
wlog=log(w);
hlog=log(h);
klog=log(k);
ilog=log(i);
c_r_log=log(c_r);
c_o_log=log(c_o);
h_r_log=log(h_r);
h_o_log=log(h_o);
tax=taxss;
g=gov;
inc_r=w*h_r*(1-taul_r);
%inc_o=w*h_o*(1-taul_o);
inc_o=w*h_o*(1-taul_o)+(1-tauk)*rk*k_o+tauk*delta*k_o;
inc=eta*inc_r+(1-eta)*inc_o;
inc_o_log=log(inc_o);
inc_r_log=log(inc_r);
gini=1-(1-eta)*(2*eta*inc_r/inc+1);
tax_l=(1-eta)*taul_o*w*h_o+eta*taul_r*w*h_r;
tax_c=tauc*c;
tax_k=(1-eta)*(tauk*rk*k_o-tauk*delta*k_o);
tax_agg=tax_l+tax_c+tax_k+tax;
wel_o=(log(c_o)-kappaL*h_o^(1+phi)/(1+phi))/(1-beta);
wel_r=(log(c_r)-kappaL*h_r^(1+phi)/(1+phi))/(1-beta);
wel=(1-eta)*wel_o+eta*wel_r;
end;
steady;
check;
%% Shocks
shocks;
var va; stderr 0.0;
var vg; stderr 0.0;
var vm; stderr 0.00;
var epsi_tauc=0;
var epsi_taul; stderr 0.01;          //1/taulss;
```

```
var epsi_tauk=0;
var epsi_taul, epsi_tauk = 0;
end;
%% IRFs
stoch_simul(irf = 30, order = 2, periods = 10000, hp_filter = 1600, pruning, noprint, nograph);
```

二、需要调用的函数(param_rev.m)

```
clc; clear all; close all

% Author: Li Jianqiang

%% Structural Parameters (quarterly calibration)
beta=0.99;              % discount factor
alpha=1/3;              % elasticity of production wrt capital
epsilon=6;              % elasticity of substitution btw differentiated goods
delta=0.025;            % depreciation rate
sigma=1;                % relative risk aversion
phi=0.2;                % inverse of Frisch elasticity
eta=0.5;                % fraction of rule-of thumb
gov=0.2;                % public spending over GDP ratio
D=0.458;                % public debt over GDP ratio
taul=0.06;
tauk=0.25;
tauc=0.09;
psi=0.35;
%% Steady State
pi=1;                   % inflation targeting
y=1;                    % gdp
h=1/3;                  % hours of work
rr=1/beta;              % real interest rate
r=pi/beta;              % nominal interest rate
```

```
q=1;                                    % marginal value of investment (in terms of lambda)
rk=(1/beta-1)/(1-tauk)+delta;           % rental rate of capital
mc=(epsilon-1)/epsilon;                 % real marginal costs
k=alpha*mc*y/rk;                        % capital
w=(1-alpha)*mc*y/h;                     % real wage
i=delta*k;                              % investment
c=y-i-gov;                              % consumption
t_r=(1+tauc)*c-w*h*(1-taul);            % r taxes
b=4*D;                                  % public debt
tran=eta*t_r;
tax=gov+tran+b*(1-1/r)-taul*w*h-tauk*(rk-delta)*k-tauc*c;

lambda=c^(-sigma)/(1+tauc);             % marginal utlity of consumption
a=y/(k^(alpha)*h^(1-alpha));            % tfp
kappaL=lambda*w*(1-taul)/(h^(phi));     % labor preference parameter
%% Steady-state values
ass=a;
piss=pi;
rss=r;
bss=b;
taukss=tauk;
taucss=tauc;
taulss=taul;
taxss=tax;
yss=y;
%% Parameters not affecting the steady state
phipi=1.5;                              % mp response to inflation
phiy=0.0;                               % mp response to output
kappaI=2.48;                            % investment adjustment cost (as in CEE). If 0, q is constant
rhoa=0.9;                               % tfp persistence
rhog=0.9;                               % public spending persistence
```

```
rhom=0.0;                    % monetary policy inertia
calvo=0.75;                  % price rigidity in calvo framework
rho_taul=0.9;
rho_tauc=0.9;
rho_tauk=0.9;
% adjustment cost coefficient to have the same linear Phillips Curve of the
% Calvo framework ONLY IF PISS=1, otherwise the expression gets more
% complicated
kappaP=(epsilon-1)*calvo/((1-calvo)*(1-beta*calvo));

%% Save parameters
save par beta alpha delta sigma phi gov t_r ass bss kappaL piss rss epsilon eta...
         phipi phiy kappaI rhoa rhog rhom kappaP psi taukss taulss taucss
rho_taul rho_tauk rho_tauc yss taxss
```

本章附录　模型系统中所有一阶均衡方程

$$Wel_t = (1-\eta)Wel_t^w + \eta Wel_t^p \tag{附5.1}$$

$$Wel_t^w = u(C_t^w, L_t^w) + \beta Wel_{t+1}^w \tag{附5.2}$$

$$Wel_t^p = u(C_t^p, L_t^p) + \beta Wel_{t+1}^p \tag{附5.3}$$

$$(C_t^w)^{-\sigma} = \lambda_t (1+\tau_t^c) \tag{附5.4}$$

$$\chi (L_t^w)^\varphi = \lambda_t W_t (1-\tau_t^{lw}) \tag{附5.5}$$

$$\lambda_t = \beta E_t \lambda_{t+1} R_t \tag{附5.6}$$

$$\mu_t = \beta E_t [(1-\delta)\mu_{t+1} + \lambda_{t+1}(R_{t+1}^k(1-\tau_{t+1}^k) + \tau_{t+1}^k \delta)] \tag{附5.7}$$

$$\lambda_t = \mu_t \left[1 - \frac{\kappa}{2}\left(\frac{I_t^w}{I_{t-1}^w}-1\right)^2 - \kappa\left(\frac{I_t^w}{I_{t-1}^w}-1\right)\frac{I_t^w}{I_{t-1}^w}\right] + \beta E_t \mu_{t+1}\left[\kappa\left(\frac{I_{t+1}^w}{I_t^w}-1\right)\left(\frac{I_{t+1}^w}{I_t^w}\right)^2\right] \tag{附5.8}$$

$$\frac{1}{1+\tau_t^c}(C_t^p)^{-\sigma} W_t (1-\tau_t^{lp}) = \chi (L_t^p)^\varphi \tag{附5.9}$$

$$Y_t = A_t [K_t]^\alpha [L_t]^{1-\alpha} \tag{附5.10}$$

$$R_t^k = mc_t \alpha Y_t / K_t \tag{附 5.11}$$

$$w_t = mc_t(1-\alpha)Y_t / L_t \tag{附 5.12}$$

$$\pi_t(\pi_t - \bar{\pi}) = \beta E_t \left[\frac{\lambda_{t+1}}{\lambda_t} \pi_{t+1}(\pi_{t+1} - \bar{\pi}) \frac{Y_{t+1}}{Y_t} \right] + \frac{\varepsilon}{\kappa_p}\left(mc_t - \frac{\varepsilon-1}{\varepsilon}\right) \tag{附 5.13}$$

$$R_t = \frac{R_t^n}{E_t \pi_{t+1}} \tag{附 5.14}$$

$$G_t + Tran_t + B_{t-1} = (1-\eta)\tau_t^{lw} W_t L_t^w + \eta \tau_t^{lp} W_t L_t^p + \tau_t^c C_t$$
$$+ (1-\eta)(\tau_t^k R_t^k K_t^w - \tau_t^k \delta K_t^w) + \frac{1}{R_t} B_t + Tax_t \tag{附 5.15}$$

$$Tax_t = (1-\eta) Tax_t^w \tag{附 5.16}$$

$$\tau_t^{lp} = 1 - (1-\tau^l)\left(\frac{W L^p}{W_t L_t^p}\right)^\Psi \tag{附 5.17}$$

$$\tau_t^{lp} = 1 - (1-\tau^l)\left(\frac{W L^w}{W_t L_t^w}\right)^\Psi \tag{附 5.18}$$

$$K_t = (1-\eta) K_t^w \tag{附 5.19}$$

$$I_t = (1-\eta) I_t^w \tag{附 5.20}$$

$$L_t = \eta L_t^p + (1-\eta) L_t^w \tag{附 5.21}$$

$$C_t = \eta C_t^p + (1-\eta) C_t^w \tag{附 5.22}$$

$$Y_t = C_t + I_t + G_t + \frac{\kappa_p}{2}(\pi_t - \bar{\pi})^2 Y_t \tag{附 5.23}$$

$$(1+\tau_t^c) C_t^p = W_t L_t^p (1-\tau_t^{lp}) + Tran_t^p \tag{附 5.24}$$

$$Tran_t = \eta Tran_t^p \tag{附 5.25}$$

$$\frac{R_t^n}{R^n} = \left(\frac{R_{t-1}^n}{R^n}\right)^{\rho_r} \left[\left(\frac{\pi_t}{\bar{\pi}}\right)^{\varphi_\pi}\left(\frac{Y_t}{Y}\right)^{\varphi_y}\right]^{1-\rho_r} \exp(v_t^r) \tag{附 5.26}$$

$$Gini_t = 1 - (1-\eta)\left(\frac{2\eta Inc_t^p}{Inc_t} + 1\right) \tag{附 5.27}$$

$$Inc_t^p = W_t L_t^p (1 - \tau_t^{lp}) \tag{附 5.28}$$

$$Inc_t^w = W_t L_t^w (1-\tau_t^{lw}) + (1-\tau_t^k) R_t^k K_t^w + \tau_t^k \delta K_t^w \tag{附 5.29}$$

$$Inc_t = \eta Inc_t^p + (1-\eta) Inc_t^w \tag{附 5.30}$$

$$\log G_t = (1-\rho_g)\log G + \rho_g \log G_{t-1} + v_t^g \tag{附 5.31}$$

$$\log A_t = (1-\rho_a)\log A + \rho_a \log A_{t-1} + v_t^a \tag{附 5.32}$$

第六章 房产税、收入分配与金融稳定
——含房产交易和租赁的动态随机一般均衡模型

2021年3月23日,中共中央政治局常委、国务院副总理韩正在中国财政科学研究院召开财税工作座谈会,明确财税政策三大研究重点:房地产调控、碳达峰碳中和、平台经济。而从理论视角来看,本专著第六、七、八章有对应的理论探讨。

房产税是中国税制改革中最具争议的议题。在中国18个税种中,涉及个人的税种有两个——一个是房产税,另一个是个人所得税。因而,房产税的改革牵一发而动全身,涉及的社会公众面非常广。与此同时,中国土地财政模式之下地方政府对于房产税、土地出让金的依赖非常大。这又增加了房产税研究和改革推行的难度。本章突破就税收论税收的问题,着重从房产税的收入分配问题和金融风险问题进行系统论述。

第一节 改革背景与现实意义

一、改革的背景

2000年以来,中国快速城镇化创造出大量的刚性购房需求,带动房地产市场繁荣。自1998年住房体制改革后,中国房价开始呈上升趋势,且居高不下。2000年平均价格为2 112元/平方米,而2021年已上涨到10 139元/平方米,20年间增加了约3.8倍。[①] 同时,中国的房地产市场也衍生出大量的基建需求,促使地方财政过度依赖卖地收入。土地财政推高地价,高地价助推高房价,高房价又创造出大量投资需求。最终,房产占居民资产的比重持续提高。这不仅拉大居民贫富差距,还可能通过其自身的"高杠杆"特征,将金融体系裹挟其中而诱发系统性金融风险。

2010年以来,为抑制房地产市场过热,从中央到地方各部门推出了一系列限贷、限购、限售、限价等调控措施,试图遏制房价快速攀升的势头。

2011年,房产税在上海、重庆开始试点,中国房产税改革进入新的阶段。

---

① 根据国家统计局公布的年度数据估算。

2017年党的十九大以来，中央多次强调"房子是用来住的，不是用来炒的"，将其作为房地产市场的发展定位和指导思想。

2018年，房产税立法进程开始加快。2018年9月7日全国人大常委会立法工作则将房产税法列入十三届全国人大常委会立法规划。2018年和2019年的政府工作报告中都提出，要健全地方税体系，稳妥推进房地产税立法。

2019年，国家发改委指出：放宽城市落户限制并不等于放松房地产调控。2019年7月30日召开的中共中央政治局会议明确，"不能用房地产来作为短期刺激经济的手段"。

2020年，中共中央和国务院发布了《关于新时代加快完善社会主义市场经济体制的意见》，提出要加快建立现代财税制度，推进房地产税立法。

2021年3月，在"十四五"规划和2035远景目标中，提出要继续坚持"房子是用来住的、不是用来炒的"定位，租购并举、因城施策，促进房地产市场平稳健康发展。在2021年第十三届全国人民代表大会上，正式决定授权国务院在中国部分地区开展房地产税改革试点工作。2021年国务院研究部署要加快发展保障性租赁住房，全面落实房地产长效机制。

2022年，住房和城乡建设部提出要因城施策，增加保障性租赁住房的供给，保持房地产市场秩序稳定，加强政府的指导与监督。

由此可见，党和政府时刻关注房地产市场的发展，一直在积极探讨、研究房产税，以房产税来稳定房价、房地产市场的问题。这也是房地产市场过度发展、地方财政过度依赖"土地出让收入"以致积累了大量的政府金融风险，导致了社会分配的不公问题。具体而言：(1) 住房结构失衡。普通居民有住房需求但买不起房，高收入者不缺房却购置几套、十几套甚至几栋房闲置。(2) 房产市场存在投机炒作行为，并积累金融风险。有些房地产开发商囤积住房、虚假销售、恶意炒地、哄抬房价等，同时借用银行信贷资金加杠杆——采用重复抵押、结构性发债等措施积累了较大的系统性金融风险，加剧了经济的金融化、财政风险的金融化。(3) 挤出实体经济，影响经济结构转型和高质量发展。房价的飙升，使全社会热衷于投资房产，实体经济发展动力不足。

随着高增长时代进入到低增长时代，2020年以来的新冠肺炎疫情加剧了中国经济增速的放缓。过去许多被经济增长所弱化的收入分配、金融风险等问题逐渐凸显。在外部大环境已经改变的情况下，房产税改革必须在"稳增长""促改革"与"防风险"之间寻找一个平衡点，而这也成为下一步改革所面临的困境。房产税开征会不会引发系统性金融风险？目前还缺乏理论上的论证。这也是本章研究的出发点之一。

二、现有研究述评

房地产市场的快速发展带动了相关产业的发展，对实体经济发展产生冲击。不少学者对房地产行业与实体经济发展的关系进行了实证研究。丛屹和田恒(2017)研究认为房地产价格上升强化了房地产的虚拟经济效益，弱化了实体经济效益。陈志刚等(2018)也认为房地产泡沫显著抑制了实体经济投资。将增长速度和风向强度纳入分析，杨海生和杨祯奕(2019)认为短期房地产投资有利于实体经济增长，但长期房地产和实体经济的风险会占主要地位。依据不同城市的面板数据，利用双重差分设计和广义合成法，胡宁(2019)、白仲林等(2019)则研究发现：限购政策能够抑制房价过快上涨，对支持实体经济有着明显的"回馈效应"。通过建立双重差分模型，牛虎(2020)研究发现：推动企业"去房地产化"，会实现虚拟经济和实体经济的健康发展。利用DEA-Malmquist指数和空间计量模型，杜书云和田申(2020)研究发现：房价上升会对实体经济产生负面影响，房产税比重提高也会对实体经济产生不利影响。樊光义和张协奎(2022)构建了房地产行业的市场化指数，发现房地产行业的市场化有利于拉动实体经济的发展。

除了单向的影响，张馨月和滕越洋(2019)认为房价上涨对实体经济投资的影响呈倒U形，房价上涨会不利于实体经济的增长。也有研究区分了不同地区的影响，譬如郑东雅等(2019)发现：东部地区房价上升挤出了实体经济投资，而对西部地区的实体经济影响不显著。采用廊坊市的二手房交易数据，Li、Zhu和Zhao等(2020)研究发现：廊坊的高价政策并未显著降低研究区域内二手房价格，高房价政策对房价具有明显的空间异质性，而限购政策显著提高了房价。总之，引导实现"房住不炒"有利于房地产行业和实体经济的协调均衡发展(马理和范伟，2021)。

当然对于房地产市场，最新的文献也开始关注"开征房产税"对于实体经济的影响。张坤和陕立勤(2013)利用供求模型分析房产税扩围政策对房地产市场的调控，房产税扩围使得投资方向更多向实体经济倾斜。而以2011年上海市房产税改革为例，杨龙见等(2021)采用合成控制法发现：房产税可以提升上海市的生产率，在一定程度上改善资本和劳动要素的资源配置。周建军等(2021)认为：房产税降低了人们对房地产投资的吸引力，有利于将更多的资金投向实体部门，促进实体经济往"脱虚返实"的方向发展。张航和范子英(2021)采用群聚分析法分析上海住房微观数据，结果显示房产税能够抑制住房投机。也有研究发现了不同地区的异质性影响。譬如，通过比较分析2011年重庆与上海房产税试点改革，刘友金和曾小明(2018)发现：房产税对工业化中期的重庆有产值"促增作用"，但降低了房价很高、工业化后期的上海的产业产值。Wong(2021)分析了国际投资者在中国投资房地产行业面临的税务挑战。

在涉及房产税的政策应对方面，通过建立中国房地产行业的3D数据模型，Wu

等(2019)研究了 3D 建模在房产税、房地产开发和城市规划等领域的应用。Qiu(2021)认为应该注重房地产政策的公平性,避免粗放式的集中政策,建议建立税收机制的法制化结构以减少投机,还应加强对房地产行业的运营指导。运用传统的动态空间模型,Li、Anderson 和 Schmidt(2020)研究发现契税税率的提高对房地产价格有负面影响。使用香港的住房交易数据,Cheung 等(2021)采用一种新的机器学习算法研究发现:采用非本地买家的交易税政策干预后,非本地价格溢价转变为折扣。

最后,学界也开始关注房地产的金融风险问题。马树才等(2020)认为地方政府债务规模扩张的财政风险转化为房地产市场风险和商业银行风险,土地财政、信贷扩张和影子银行是地方政府债务风险的传导路径。通过建立多部门的 DSGE 模型,周闯和潘敏(2021)发现:长期征收房产税会通过对房价的"抑制效应"和对住房的"再分配效应"促进经济增长和居民消费,差别房产税在长期能够促进金融和实体经济的协调发展。基于房地产行业作为货币储备库的视角,Xiao 和 Lai(2021)发现:地方政府有进行信贷扩张和投资的动机,也有通过货币资产进行融资的动机,当财政投资的税收收益高于财政融资时,存在融资效应。Jiang(2021)研究发现房地产刺激政策会增加房地产市场对银行的风险,调控政策会影响房地产企业对银行的贴现率风险。

总结而言,现有研究存在如下三个方面的不足:(1)研究房地产市场对实体经济的实证影响较多,但讨论房产税与实体经济发展的理论讨论较少。(2)不同学者对房地产影响实体经济的观点结论不同,且已有研究多是针对上海、重庆房产税试点改革的实证或是模拟研究,理论建模讨论整体性房产税的经济影响较少。(3)大多数文献研究了房地产行业发展、房地产税开征对实体经济增长、税收收入的影响,但是对金融风险的考虑较少。

三、本章的创新点

鉴于以上的不足,本章力图实现以下几个方面的创新:

第一,采用 DSGE 模型研究房产税开征问题的经济效应,并结合宏观经济分析房产税开征对于实体经济的影响。

第二,置入金融因素,考察房产税开征对于系统性金融风险的影响,研究房产税开征对于金融稳定的影响。

第三,置入不同居民的情景设置,考察房产税开征对于居民财富的差异性影响,模拟分析房产税开征对于中国居民收入分配调节的影响。

四、改革的现实意义

(一)有利于抑制房价投机,促进经济健康发展

房产税改革将扩大个人拥有房产的征税范围,增加持有房产的成本。首先,征

收房产税会减少购房者的利益所得,降低房地产投资的回报率,引导合理预期并减少赚取差价的投机行为。投资回报率的改变会改变市场的投资结构,有利于实体制造业的发展,优化经济结构。其次,房产税的开征增加了持有成本,从而有利于强化"房子用来住而不是用来炒"的理念,推动刚性需求的实现。最后,通过税收的管理有利于政府掌握房地产企业更多的财务信息,从而有利于防范企业的金融风险。

(二)有利于完善财政收入制度,建立现代化财税体制

房产税改革将推动中国财税体制的完善,有利于完善现代财税体制。目前,中国地方政府缺乏主体税种,其对"土地财政"的依赖较重。这导致地方财政收入依赖于房地产经济。一旦房地产市场有变,则地方财政收入就不稳定,不利于地方公共产品的供给。开征针对存量房产的房产税,则可以建设地方政府的主体税种,推动地方公共财政收入结构的转型,为辖区基本公共服务提供资金支持,理顺财政关系。

(三)有利于理顺居民的收入分配关系

2010年以来,人们通过房产投资获得了大量财富,房产投资也会造成国民收入差距过大。而房产税作为财产税,对存量的房产征税可以相对减少房产拥有者所拥有的财富,从而调节有房者与无房者的收入分配。征税收入用于辖区的基本公共服务支出,也间接调节了居民的收入分配。

第二节 含房产交易和租赁的动态随机一般均衡模型

房地产是社会财富的主要载体,更公平的收入分配是经济增长的先决条件。对2021年以来经济面临的挑战来说,分好蛋糕是做大蛋糕的前提条件(蔡昉,2022)。《2018年中国居民收入与财富分配调查报告》显示:2017年房产净值占中国家庭财富构成的70%左右。2020年中国居民住房资产占家庭总资产的比重为59.1%,高于美国居民家庭28.5个百分点,住房已成为中国居民家庭的主要资产。

但是也要看到,房价上涨并不是在所有地方同时发生,也并不是所有人都同时从房价上涨中分享到等量的益处。其中,随着房价上涨,拥有房产的人群将改善财富状况,而对没有房产的人群则增加购房成本和利息支出,造成不同居民之间的收入差距。随着收入差距逐渐积累,市场主体之间形成了更大的财富不均,进一步扩大了收入分配差距。

此外,作为重要的融资抵押品,房地产还连接着实体经济和金融市场两端。房价波动不仅引起家庭持有资产总量的价值变动,也影响房产的抵押融资能力。在金融摩擦导致的金融加速器机制的传导和放大作用下,房地产泡沫破裂冲击金融经济稳定同时,导致实体经济陷入"资产负债表衰退",加大出现系统性风险的可

能。这些都是开征和推广房产税过程中应充分评估的问题。因此,客观评估和理论论证房产税对中国宏观经济和金融稳定的影响也就显得尤为重要。这正是本章研究的目的之一。

本章构建了一个包含房地产交易、租赁和金融摩擦的 DSGE 模型,以数值模拟的方式阐释——具有财富和抵押品特征的房产被课征税收后,其对收入分配和金融稳定的影响。

本章的模型是一个含有房地产交易和租赁的封闭型实体经济模型,包括三类居民:耐心居民、非耐心居民和租户居民。其中,耐心居民和非耐心居民都拥有房产(Iacoviello,2005),而耐心居民还拥有房产出租特征,非耐心居民以所购房产按揭贷款(Kiyotaki 和 Moore,1997)。在生产方面,非房产厂商租用资本和劳动服务生产产品,用于消费、投资和政府购买。在金融市场方面,引入两个金融摩擦:一个是非耐心居民向银行申请贷款时会面临信贷约束,从而限制其流动性;另一个是银行进行借贷融资过程中面临违约风险,限制其将存款转为贷款能力。此外,模型也刻画了资本和房产的生产过程,以及房产税、按揭偿还和收入分配等要素,见图 6-1。这些设置使得模型经济更贴近现实经济,可以反映金融市场的非完备性。

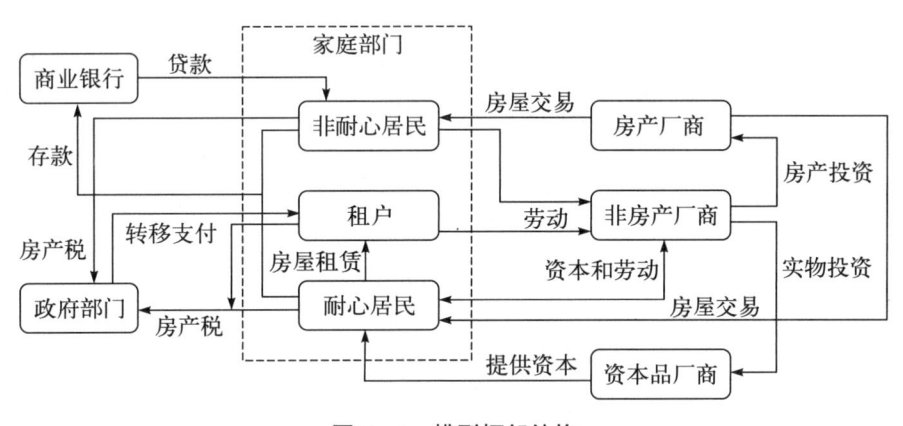

图 6-1　模型框架结构

具体模型的介绍如下:

一、家庭部门

(一)耐心居民

耐心居民不受约束进入金融市场,并通过选择消费 $c_{p,t}$、自住房持有 $h_{p,t}$、银行储蓄 d_t 以及劳动力 $l_{p,t}$ 来获得效用。最大化贴现终身的效用函数为:

$$E_t \sum_{\tau=t}^{\infty} \beta_p^{\tau-t} \left\{ \log(c_{p,\tau} - \zeta c_{p,\tau-1}) + \xi_h \log h_{p,\tau} - \frac{l_{p,\tau}^{1+\vartheta}}{1+\vartheta} \right\} \tag{6.1}$$

其中，β_p 表示主观时间贴现率，ζ 表示消费偏好，ξ_h 表示房屋需求，ϑ 表示劳动供给弗里希弹性的倒数。耐心居民的预算约束条件为：

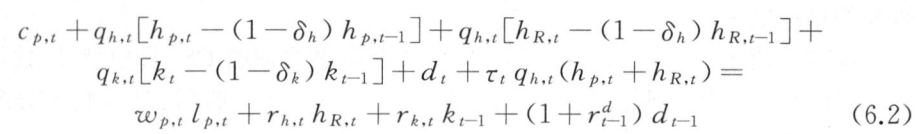

$$c_{p,t} + q_{h,t}[h_{p,t} - (1-\delta_h)h_{p,t-1}] + q_{h,t}[h_{R,t} - (1-\delta_h)h_{R,t-1}] + q_{k,t}[k_t - (1-\delta_k)k_{t-1}] + d_t + \tau_t q_{h,t}(h_{p,t} + h_{R,t}) = w_{p,t} l_{p,t} + r_{h,t} h_{R,t} + r_{k,t} k_{t-1} + (1 + r_{t-1}^d)d_{t-1} \quad (6.2)$$

其中，δ_h 和 δ_k 分别表示房产和资本折旧率，$h_{R,t}$ 表示租赁房产，$q_{h,t}$ 和 $q_{k,t}$ 分别表示房产和资本的价格，$w_{p,t}$ 表示工资率，$r_{h,t}$ 和 $r_{k,t}$ 分别表示房产和资本的租金率，r_{t-1}^d 表示居民储蓄收益率。τ_t 表示房产税，与对收入"流量"调节税收不同，是对"存量"财富房产的调节。式(6.2)左边表示耐心居民在 t 期的支出，包括消费、自住房投资、租赁房投资、实物投资、居民储蓄及缴纳房产税。右边表示耐心居民在 t 期的收入 $inc_{p,t}$，包括工资收入、租赁房屋收入、资本租金及储蓄收入。耐心居民的最优一阶条件分别为：

$$\lambda_{p,t} = \frac{1}{c_{p,t} - \zeta c_{p,t-1}} - \zeta \beta_p E_t \frac{1}{c_{p,t+1} - \zeta c_{p,t}} \quad (6.3)$$

$$l_{p,t}^{\vartheta} = \lambda_{p,t} w_{p,t} \quad (6.4)$$

$$(1+\tau_t) q_{h,t} = \frac{\xi_h}{\lambda_{p,t} h_{p,t}} + \beta_p E_t \frac{\lambda_{p,t+1}}{\lambda_{p,t}}(1-\delta_h) q_{h,t+1} \quad (6.5)$$

$$(1+\tau_t) q_{h,t} = \beta_p E_t \frac{\lambda_{p,t+1}}{\lambda_{p,t}}(1-\delta_h) q_{h,t+1} + r_{h,t+1} \quad (6.6)$$

$$q_{k,t} = \beta_p E_t \left\{ \frac{\lambda_{p,t+1}}{\lambda_{p,t}}[(1-\delta_k) q_{k,t+1} + r_{k,t+1}] \right\} \quad (6.7)$$

$$1 = \beta_p E_t \left\{ \frac{\lambda_{p,t+1}}{\lambda_{p,t}}(1 + r_t^d) \right\} \quad (6.8)$$

其中，$\lambda_{p,t}$ 表示耐心居民预算约束条件的拉格朗日乘数。式(6.3)表示耐心居民最优消费条件是消费带来的边际效用等于预算约束放松一单位的边际成本；式(6.4)表示耐心居民最优劳动供给条件是劳动与消费边际替代率等于工资率；式(6.5)表示耐心居民最优自住房产条件是获得住房边际成本等于房产效用和预期房产利得扣除税收后的贴现值；式(6.6)表示耐心居民最优租赁房产条件是租赁房产边际成本等于预期租金收入；式(6.7)表示耐心居民最优资本租赁条件是资本租赁边际成本等于预期资本收入；式(6.8)表示欧拉方程，即耐心居民最优储蓄条件是放弃消费而进行储蓄的效用损失等于储蓄收入。

（二）非耐心居民

非耐心居民是信贷受限居民，其与耐心居民的效用函数相同。不同的是，非耐心居民主观时间贴现率小于耐心居民主观时间贴现率，即 $\beta_I < \beta_p$。非耐心居民的预算约束条件为：

$$c_{I,t} + q_{h,t}[h_{I,t} - (1-\delta_h)h_{I,t-1}] + (1+r_{t-1}^l)b_{t-1} + \tau_t q_{h,t} h_{I,t} = w_{I,t} l_{I,t} + b_t + \varepsilon_t \quad (6.9)$$

其中，$c_{I,t}$ 表示非耐心居民消费，$h_{I,t}$ 表示自住房产，$w_{I,t}$ 表示工资率，b_t 表示非耐心居民从银行的贷款，r_{t-1}^l 表示贷款利率。ε_t 是非耐心居民贷款违约冲击，其值为正，表示商业银行对非耐心居民的转移支付，即银行遭受损失，非耐心居民则获益。式(6.9)左边表示非耐心居民在 t 期的支出，包括消费、自住房投资、居民贷款偿还及缴纳房产税。右边表示耐心居民在 t 期的收入 $inc_{i,t}$，包括工资收入和贷款收入。同时，非耐心居民在购买自住房产时，面临信贷抵押的约束条件为：

$$b_t \leqslant \rho_b b_{t-1} + \varphi E_t q_{h,t+1} h_{I,t} \quad (6.10)$$

其中，φ 表示房产抵押率，ρ_b 表示贷款摊销率，二者共同决定非耐心居民贷款的授信规模。非耐心居民的最优一阶条件分别是：

$$\lambda_{I,t} = \frac{1}{c_{I,t} - \zeta c_{I,t-1}} - \zeta \beta_I E_t \frac{1}{c_{I,t+1} - \zeta c_{I,t}} \quad (6.11)$$

$$l_{I,t}^\vartheta = \lambda_{I,t} w_{I,t} \quad (6.12)$$

$$(1+\tau_t) q_{h,t} = \frac{\xi_h}{\lambda_{I,t} h_{I,t}} + \beta_I E_t \frac{\lambda_{I,t+1}}{\lambda_{I,t}} (1-\delta_h) q_{h,t+1} + \mu_t \varphi q_{h,t+1} \quad (6.13)$$

$$1 - \mu_t = \beta_I E_t \left\{ \frac{\lambda_{I,t+1}}{\lambda_{I,t}} \left[(1+r_t^l) - \mu_{t+1} \rho_b \right] \right\} \quad (6.14)$$

其中，$\lambda_{I,t}$ 表示非耐心居民预算约束条件的拉格朗日乘数，μ_t 表示信贷抵押约束条件的拉格朗日乘数。式(6.11)表示非耐心居民的最优消费条件。式(6.12)表示非耐心居民的最优劳动供给条件。式(6.13)表示非耐心居民最优自住房产条件，即获得一个单位住房的边际成本等于边际效用和预期的税后净资本收益之和。但随着住房规模的增加，放松借贷约束后的"影子收益"抑制边际成本。式(6.14)表示非耐心居民最优贷款条件，即贷款边际收益等于预期贴现利息成本。

（三）租户居民

与 Iacoviello(2005)不同，模型经济中也存在租户居民，通过选择消费、租赁房屋及劳动来获得效用。这类居民收入水平较低，仅能通过租赁房屋满足自身住房需求。租户居民的预算约束条件为：

$$c_{R,t} + r_{h,t} h_{R,t} = w_{R,t} l_{R,t} + tran_t \quad (6.15)$$

其中，$c_{R,t}$ 表示租户居民消费，$h_{R,t}$ 表示租赁房产，$r_{R,t}$ 表示房租租金率，$w_{R,t}$ 表示租户居民工资率，$l_{R,t}$ 表示租户居民劳动，$tran_t$ 表示政府对租户居民的转移支付。式(6.15)左边表示租户居民在 t 期的支出，包括消费、租赁房屋支出。右边表示租户居民在 t 期的收入 $inc_{r,t}$，包括工资收入和政府对其转移支付。租户居民的最优一阶条件分别是：

$$\lambda_{R,t} = \frac{1}{c_{R,t} - \zeta c_{R,t-1}} - \zeta \beta_R E_t \frac{1}{c_{R,t+1} - \zeta c_{R,t}} \tag{6.16}$$

$$l_{R,t}^{\vartheta} = \lambda_{R,t} w_{R,t} \tag{6.17}$$

$$r_{h,t} = \frac{\xi_h}{\lambda_{R,t} h_{R,t}} \tag{6.18}$$

其中，$\lambda_{R,t}$ 表示租户居民预算约束条件的拉格朗日乘数。式(6.16)表示租户居民的最优消费条件，式(6.17)表示租户居民的最优劳动供给条件。式(6.18)表示租户居民最优租赁房产条件，即租赁房屋的边际成本等于租赁房屋自住带来的效用。

二、非房产厂商部门

模型经济中存在代表性非房产厂商，其生产函数可表示为：

$$y_t = z(k_{t-1})^{\alpha} (l_{P,t}^{\varphi_P} l_{I,t}^{\varphi_I} l_{R,t}^{\varphi_R})^{1-\alpha} \tag{6.19}$$

其中，y_t 表示厂商产出，z 表示全要素生产率，α 表示资本在产出中的份额，φ_P、φ_I 和 φ_R 分别表示三类居民劳动在产出中的份额。t 期厂商利润可表示为：

$$\Pi_t = y_t - w_{p,t} l_{p,t} - w_{I,t} l_{I,t} - w_{R,t} l_{R,t} - r_{k,t} k_{t-1} \tag{6.20}$$

厂商关于劳动和资本的最优一阶条件分别为：

$$w_{p,t} l_{p,t} = (1-\alpha) \varphi_P y_t \tag{6.21}$$

$$w_{I,t} l_{I,t} = (1-\alpha) \varphi_I y_t \tag{6.22}$$

$$w_{R,t} l_{R,t} = (1-\alpha) \varphi_R y_t \tag{6.23}$$

$$r_{k,t} k_{t-1} = \alpha y_t \tag{6.24}$$

其中，式(6.21)至(6.23)分别表示非房产厂商对三类不同劳动的最优需求条件，式(6.24)表示非房产厂商对资本的最优需求条件。

三、资本和房产厂商部门

在保证模型简洁的同时，使不同行为居民面对相同房价，假设资本和房产的积累都是由完全竞争的资本和房产厂商负责(Bernanke 等,1999;Roi 和 Mendes,2007)。资本生产厂商以相对价格 $q_{k,t}$ 向耐心居民购买折旧后资本,并从最终生产商购买投资品,生产资本品。借鉴 Christiano 等(2005)、Smets 和 Wouters(2007),定义资本品生产厂商的生产函数为:

$$k_t = (1-\delta_k)k_{t-1} + \left[1-\frac{\kappa_{ik}}{2}\left(\frac{i_{k,t}}{i_{k,t-1}}-1\right)^2\right]i_{k,t} \qquad (6.25)$$

其中,δ_k 表示资本折旧率,κ_{ik} 表示资本生产的投资调整成本参数,资本品生产后,又以价格 $q_{k,t}$ 返售给耐心居民,资本品生产厂商利润最大化为:

$$E_t \sum_{\tau=t}^{\infty} \beta_p^{\tau-t} \frac{\lambda_{p,\tau+1}}{\lambda_{p,t}}[q_{k,\tau}k_\tau - q_{k,\tau}(1-\delta_k)k_{\tau-1} - i_{k,\tau}] \qquad (6.26)$$

资本品生产厂商的最优一阶条件为:

$$q_{k,t} - q_{k,t}\frac{\kappa_{ik}}{2}\left(\frac{i_{k,t}}{i_{k,t-1}}-1\right)^2 - \kappa_{ik}q_{k,t}\left(\frac{i_{k,t}}{i_{k,t-1}}-1\right)\frac{i_{k,t}}{i_{k,t-1}}$$
$$+ \beta_P \frac{\lambda_{p,t+1}}{\lambda_{p,t}}q_{k,t+1}\kappa_{ik}\left(\frac{i_{k,t+1}}{i_{k,t}}-1\right)\left(\frac{i_{k,t+1}}{i_{k,t}}\right)^2 = 1 \qquad (6.27)$$

同理,房产厂商的生产函数为:

$$h_t = (1-\delta_h)h_{t-1} + \left[1-\frac{\kappa_{ih}}{2}\left(\frac{i_{h,t}}{i_{h,t-1}}-1\right)^2\right]i_{h,t} \qquad (6.28)$$

其中,δ_h 表示房屋折旧率,κ_{ih} 表示房产生产的投资调整成本参数,资本品生产厂商的最优一阶条件为:

$$q_{h,t} - q_{h,t}\frac{\kappa_{ih}}{2}\left(\frac{i_{h,t}}{i_{h,t-1}}-1\right)^2 - \kappa_{ih}q_{h,t}\left(\frac{i_{h,t}}{i_{h,t-1}}-1\right)\frac{i_{h,t}}{i_{h,t-1}}$$
$$+ \beta_P \frac{\lambda_{p,t+1}}{\lambda_{p,t}}q_{h,t+1}\kappa_{ih}\left(\frac{i_{h,t+1}}{i_{h,t}}-1\right)\left(\frac{i_{h,t+1}}{i_{h,t}}\right)^2 = 1 \qquad (6.29)$$

四、银行部门

借鉴 Iacoviello(2015)的研究,代表性商业银行最大化如下的函数,即:

$$E_0 \sum_{t=0}^{\infty} \beta_b^t \log c_{b,t}$$

商业银行的资产负债约束为:

$$c_{b,t} + (1+r_{t-1}^d)d_{t-1} + b_t + \frac{\kappa_b}{2}\frac{(b_t - b_{t-1})^2}{b} = d_t + (1+r_{t-1}^l)b_{t-1} - \varepsilon_t \qquad (6.30)$$

其中，β_b表示每期银行经理人的留任概率，$c_{b,t}$表示商业银行将吸收存款转为贷款后，在新发放贷款并支付上一期存款本息及贷款调整成本后的当期盈余。κ_b表示银行贷款资产调整成本参数。式(6.30)表示商业银行最大化预期的每期贴现后盈余之和。同时，根据《巴塞尔协议Ⅲ》的银行资本要求，商业银行受到中央银行监管约束，其资本金的约束条件为：

$$d_t \leqslant \gamma(b_t - E_t \varepsilon_{t+1}) \tag{6.31}$$

其中，γ表示银行资本金约束。式(6.31)表明商业银行以其计提资产减值准备之后的资产作为抵押品，进行负债融资。商业银行的一阶最优条件是：

$$\left[1 - \gamma + \kappa_b \frac{(b_t - b_{t-1})}{b}\right] c_{b,t+1} = \beta_b \left[(1 + r_t^l) - \gamma(1 + r_t^d)\right] c_{b,t} \tag{6.32}$$

式(6.32)表明商业银行存贷利差决定的最优条件，取决于商业银行贷款调整成本和资本约束等参数。

五、政府部门

政府部门实施收支平衡的财政政策，政府部门的行为主要是征税和转移支付，政府部门的税收收入来自耐心居民和非耐心居民购房所缴纳的房产税，政府支出为转移性支出，用于支付给租户家庭即低收入家庭。因此，财政预算平衡条件为：

$$\tau_t q_{h,t}(h_{p,t} + h_{R,t}) + \tau_t q_{h,t} h_{I,t} = tran_t \tag{6.33}$$

六、市场出清和外部冲击

给定家庭的预算约束、厂商利润和商业银行资本约束，可得产品市场的出清条件是：

$$y_t = c_{p,t} + c_{I,t} + c_{R,t} + i_{k,t} + i_{h,t} + c_{b,t} + \frac{\kappa_b}{2} \frac{(b_t - b_{t-1})^2}{b} \tag{6.34}$$

将房地产的总供给标准化为1，则房地产市场的出清条件为：

$$1 \equiv h_t = h_{p,t} + h_{I,t} + h_{R,t} \tag{6.35}$$

模型中外部冲击主要有两个，分别是违约冲击和房产税冲击，即：

$$\varepsilon_t = \rho_\varepsilon \varepsilon_t + \xi_{\varepsilon,t} \tag{6.36}$$

$$\log \tau_t = (1 - \rho_\tau) \log \tau + \rho_\tau \log \tau_{t-1} + \xi_{\tau,t} \tag{6.37}$$

其中，$\xi_{\varepsilon,t}$和$\xi_{\tau,t}$分别表示违约及房产税的冲击外部扰动，服从正态分布。

七、参数校准与稳态分析

（一）参数校准

以校准法为主对模型参数进行赋值,模型时期以季度为频率。在家庭部门,耐心居民的主观时间贴现率取 0.99,意味着年度实际利率 4%。非耐心居民和租户居民的主观时间贴现率取 0.98。参考黄志刚(2011)的研究,消费偏好取 0.7。参考张婧屹和李建强(2018)的研究,稳态的房屋需求取 0.3,以使稳态下房地产价值占 GDP 比例 7%。劳动供给弹性的倒数取 2,这意味着弗里希弹性为 0.5。中国居民购房首付比在 20%－30%之间,居民按揭贷款率取 75%。参考 Alpanda 和 Zubairy(2013)的研究,抵押贷款摊销率取 0.018 6,这意味着抵押贷款期限约为 18.5 年。在厂商部门,资本产出份额取 0.27,三类劳动份额分别取 0.19、0.54 和 0.27。资本折旧率取 0.025,这意味着年度折旧率 10%。按年限计提房屋折旧 20 年,房屋折旧率取 0.012 5。同样参考 Alpanda 和 Zubairy(2013)的研究,资本和房屋投资的调整成本分别取 8 和 30。这意味着对各自托宾 Q 的投资需求弹性约为 0.063 和 0.017。在银行部门,银行经理人的每期留任概率取 0.975,这意味着银行管理者平均在任期间为 10 年。银行贷款调整成本取 0.25,银行资本金要求取 0.92,这意味着银行资本充足率为 8%。违约冲击的标准差设为贷款稳态值的 2%,这意味着银行的不良贷款率为 2%。在政府部门,鉴于国际上房产税率在 0.5%到 3%之间,模型经济的房产税率取 0.6%为基准进行分析。具体参数校准如表 6-1 所示。

表 6-1 参数校准

参数模块	参数名称	参数描述	参数赋值	参数名称	参数描述	参数赋值
家庭部门	β_P	耐心居民的主观贴现率	0.99	ζ	消费偏好	0.7
	β_I	非耐心居民的主观贴现率	0.98	ξ_h	房屋需求	0.3
	β_R	租户居民的主观贴现率	0.98	ϑ	劳动供给弗里希弹性的倒数	2
	ρ_b	贷款摊销率	0.018 6	φ	房产抵押率	0.75
厂商部门		资本产出份额	0.27	φ_P	耐心居民劳动份额	0.19
	φ_I	非耐心居民劳动份额	0.54	φ_R	租户居民劳动份额	0.27
	κ_{ik}	资本生产的投资调整成本	8	κ_{ih}	房屋生产的投资调整成本	30
	δ_k	资本折旧率	0.025	δ_h	房屋折旧率	0.012 5

续表

参数模块	参数名称	参数描述	参数赋值	参数名称	参数描述	参数赋值
银行部门	β_b	每期银行经理人留任概率	0.975	γ	银行资本金约束参数	0.92
	κ_b	银行贷款调整成本	0.25			
政府部门与外生冲击	τ_l	房产税税率	0.048	ρ_τ	房产税冲击一阶自回归	0.9
	ρ_ε	违约冲击一阶自回归	0.9	σ_ε	违约冲击标准差	0.096 6
	σ_z	生产技术冲击标准差	0.01	σ_z	房产税冲击标准差	0.001

(二) 稳态分析

在房产税税率方面,鉴于前期沪渝两地试点的房产税税率从0.4%到1.2%,因此,此处选取房产税税率0%、0.2%、0.4%、0.6%和0.8%的情景进行稳态分析。

表6-2显示,房产税对宏观经济的影响远非房价一隅,房产税开征对不同家庭居民收入产生异质影响。具体而言:(1)随着房产税税率不断提高,耐心居民和租户居民收入逐步增加,非耐心居民收入却下降。这是因为:在房产交易市场上,房产税开征抑制购房需求,房价上涨。这相应地增加持房成本,依赖房产按揭贷款的非耐心居民借贷成本增加,收入相对下降。(2)但是,对耐心居民而言,其占有大量房产,可通过租赁市场获取租金。实质上房价上涨带动房屋租金上涨,拉大收入分配差距。(3)作为财政收入的一个重要税源,房产税开征意味着政府财政收入增加。相应地,租户居民可从政府那里获得更多转移支付,弥补收入不足。一般来讲,财产会带来收入,而收入也会变为财产;而收入分配最终将以财富保有的形式沉淀下来。因此,在对财产性收入缺乏有效引导与约束的背景下,以房产保有环节为课征对象的房产税,对房产差距及其带来的收入差距进行适度调节,发挥着收入再分配调节的经济效应。

从房价收入比角度看,房产税具有累进税特点,能够在一定程度上抑制房产分配引致的贫富两极分化。具体而言:(1)租户居民房价收入比明显下降。这是因为:房产税"楔子"嵌入,房屋需求下降,造成房价显著下跌。房产税开征增加财政转移支付能力,使得作为分母的家庭收入增加,房价收入比随之下降。相反,非耐心居民房价收入比缓慢上升。这是房产税效应的综合表现。(2)房产税对房价具有直接的"抑制效应"。同时,房屋抵押品价值下降,居民按揭购房需求下降,导致厂商劳动需求随住房投资下降而减少的"收入效应"。由于"抑制效应"大于"收入效应",因而最终非耐心居民的房价收入比上升。(3)因此建议房产税开征应采取有针对性的差别化政策。对租户居民家庭,政府要通过住房保障体系予以帮助;对非耐心居民家庭,可考虑将所缴纳房产税按照一定比例抵扣所得税或贷款利息,弥补因房屋抵押价值缩水带来的支付能力下降。要引导这部分群体依收入水平在"经济适用房—二手房—中小户型商品房—普通商品房—高档商品房"的梯度住房格局中各就其位;对耐心居民家庭租金收入合理征税,使房屋租赁税与房产税有效衔接。这既可以充分释放存量房产,满足刚性购房需求,又可以引导沉淀资产的流动,促进房地产市场中的投机资本回流到生产性行业,促进经济健康发展。

表 6-2　房产税对收入分配的影响

	耐心居民收入	非耐心居民收入	租户居民收入	耐心居民房价收入比	非耐心居民房价收入比	租户居民房价收入比
0%	1.006 3	0.876 5	0.438 2	0.993 7	1.141 0	2.281 9
0.2%	1.008 7 (0.24%)	0.871 8 (−0.54%)	0.470 9 (7.46%)	0.991 3 (−0.24%)	1.147 1 (0.53%)	2.123 7 (−6.93%)
0.4%	1.011 2 (0.49%)	0.868 1 (−0.96%)	0.499 3 (13.94%)	0.988 9 (−0.48%)	1.152 0 (0.96%)	2.002 7 (−12.24%)
0.6%	1.013 7 (0.74%)	0.865 1 (−1.30%)	0.524 3 (19.65%)	0.986 5 (−0.72%)	1.156 0 (1.31%)	1.907 3 (−16.42%)
0.8%	1.016 1 (0.97%)	0.862 6 (−1.59%)	0.546 4 (24.69%)	0.984 2 (−0.96%)	1.159 3 (1.60%)	1.830 1 (−19.80%)

注:括号内表示不同税率下相较房产税 0% 情景的变化率。

作为社会财富的主要载体和重要的融资抵押品,房产连接着实体经济和金融市场两端。房产税的开征不仅可能会影响房价,还可能对实体经济和金融市场中的资金资源配置产生影响,进而作用于宏观经济全局。表 6-3 量化测度了房产税对金融稳定的影响。

表 6-3　房产税对金融稳定的影响

	信贷规模	信贷占产出比重	房屋抵押品价值
0%	6.088 5	2.738 4	7.967 0
0.2%	5.599 0 (−8.04%)	2.531 8 (−7.54%)	7.326 5 (−8.04%)
0.4%	5.184 1 (−7.41%)	2.354 1 (−7.02%)	6.783 6 (−7.41%)
0.6%	4.827 5 (−6.88%)	2.199 8 (−6.55%)	6.317 0 (−6.88%)
0.8%	4.517 6 (−6.42)	2.064 5 (−6.15%)	5.911 4 (−6.42%)

注:括号内表示不同税率下相较上一级次房产税情景的变化率。

表 6-3 显示,随着房产税不断提高,信贷规模、信贷占产出比及房屋抵押品价值的稳态值也不断下降。其背后经济逻辑是:房产税增加了持房成本,减少炒房投机的回报预期,从而抑制房产投机需求、降低房屋空置率,更多地满足住房刚需。另一方面,房产税也抑制家庭杠杆过度上升,避免家庭债务和房地产市场的脆弱性不会对银行的偿付能力构成重大系统性威胁。

第三节 政策模拟与政策分析

一、房产税对收入分配的动态影响

为了考察房产税的"收入再分配"效应,本节直接模拟房产税对不同居民收入及相关经济变量的冲击影响。图 6-2 展示了房产税在增加 0.1% 的冲击下对不同居民收入产生的异质影响。

图 6-2 房产税对收入分配的动态影响

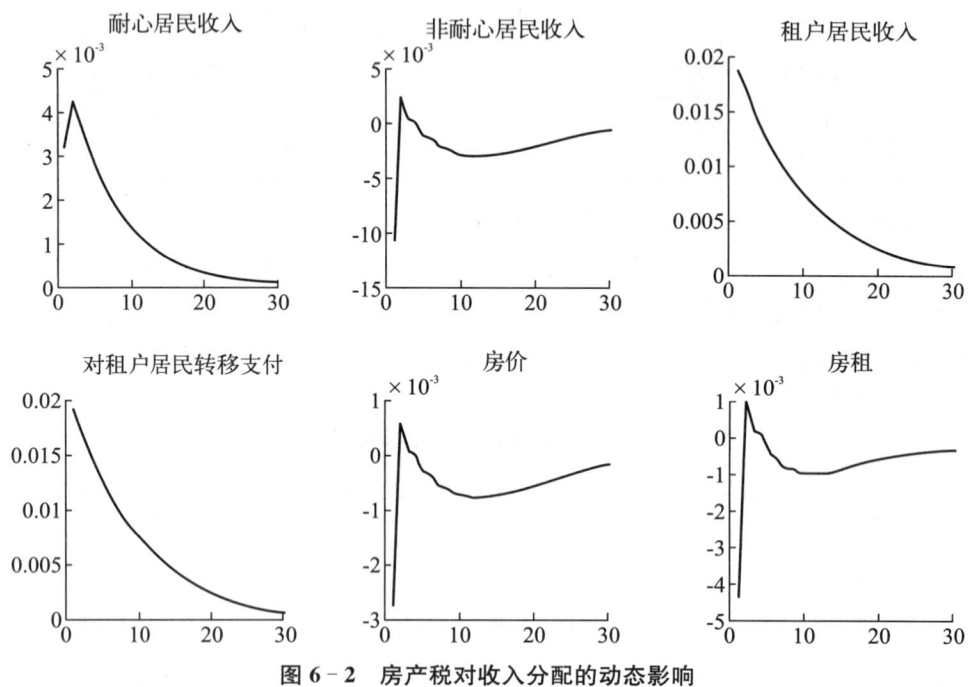

图中的结果表明:耐心居民收入呈"驼峰"式反馈,最多增加 0.5%;非耐心居民收入下降 0.15%;租户居民收入增加近 2%,政府对租户居民转移支付增加 2%。这表明:房产成了一种增量财富,而房产税具有"再分配效应"。在房产抵押约束的背景下,对家庭部门征收房产税增加了家庭部门的住房持有成本,并通过信贷渠道传导,从而改变其房屋持有的边际效用,影响不同居民之间的收入分配。尽管耐心居民和非耐心居民家庭均因持有房产而缴纳相应的房产税,但居民收入呈现相反的变化趋势。

房产税引起房价下降近0.3%,房租随之下降0.4%多。耐心居民购房动机主要是住房消费和租赁,通过增加房屋购置并租赁,增加居民收入。对非耐心居民而言,征收房产税之后会面临金融加速器机制放大冲击的效应;其本身无储蓄,主要通过抵押贷款进行投资买房。而房产税造成房产价格下跌,抵押贷款能力随之降低,增加其持有房产成本,减小居民收入。当然,房产税开征可以增加财政收入,提高政府对租户居民的转移支付能力,故租户居民收入显著提高。显然,征收房产税对不同家庭居民收入具有调节作用是明显的。

二、房产税对金融稳定的动态影响

为了考察房产税对房价具有直接的"抑制效应",此处通过数值模拟来更为直观地展示当房地产泡沫破裂后,持续的房贷违约冲击将对金融稳定造成的深远影响。假设银行房屋贷款2%的坏账率在12个季度(即三年)中不断均匀地暴露出来。

图6-3显示,当房地产泡沫破裂时,房价断崖式下跌,大批住房抵押贷款违约,银行发生巨额坏账,造成总产出下降,经济陷入衰退。由式(6.10)的抵押条件可知:

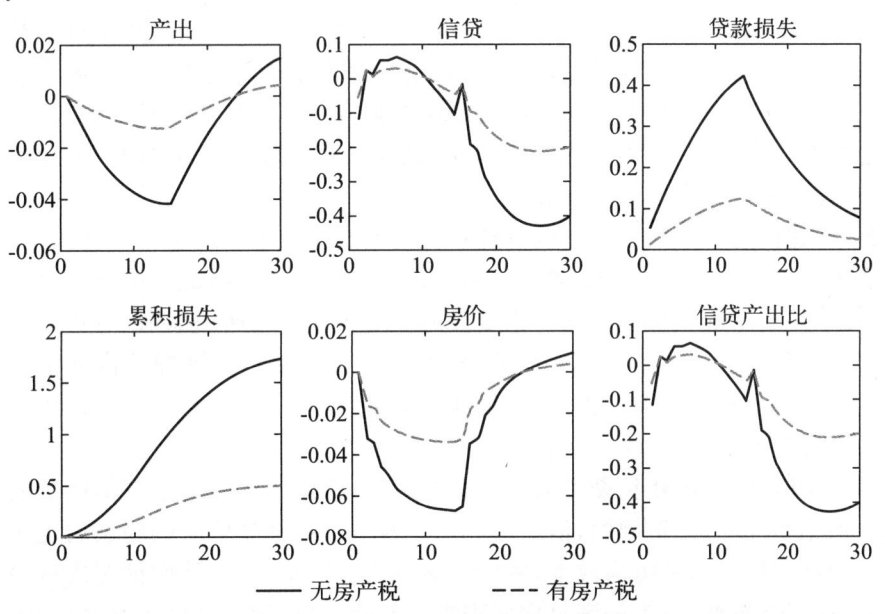

图6-3 房产税对金融稳定的动态影响

第一,预期未来房价将下跌,银行贷款利率将上升,二者又共同导致房屋抵押品价值不断缩水,非耐心居民家庭信贷约束收紧,加剧违约状况。

第二,在银行方面,由于遭受房贷无法收回,资产负债表恶化,银行资本金受损。在资本充足率的监管约束要求下,银行不得不大量抛售资产,再收紧贷款。进而市场上流动性枯竭,贷款下降幅度大于总产出下降幅度,信贷产出比大幅跳水。这最终会使经济被动去杠杆,经济陷入衰退。只有当资产负债表修复完成后,经济才开始缓慢复苏。

第三,值得注意的是,在面临系统性金融风险时,主要经济变量在征收房产税情形下的波动程度均小于无房产税情形。其中,衡量金融稳定性的房价和信贷两个金融变量的波动程度明显小于无房产税情形。这表明房产税也没有加大系统性金融风险的冲击强度,却显著缓解房产泡沫引起的金融危机。这是因为:在房产税征收时,房地产市场被打入"楔子",降低房屋需求;房价和房贷都在一个较低稳态水平,一定程度上挤压房产泡沫。

三、总结与展望

开征房产税是牵一发而动全身的改革,涉及社会的各个方面。其中理顺政府与房地产市场、企业与银行、家庭与社会之间的关系,是讨论房产税开征与否的前提。尽管本章的研究提出了一些独立的观点,但面临现实的房地产企业棘手的问题——债务高杠杆、结构化发债、企业股权嵌套控股商业银行等复杂方面,需要首先解决这些方面的问题。降低企业的融资杠杆、降低金融风险、避免地方依赖房地产经济而"放松企业融资杠杆"导致财政问题金融化、避免房地产杠杆风险依赖政府兜底——金融问题财政化,才能够讨论房产税开征与调节宏观经济的问题。

也只有这样,才能够结合本章的研究结论,完善中国未来的房地产税改革。最后,本章面向未来提出如下的发展建议:

第一,建议房产税开征应采取有针对性的差别化政策。对于租户居民家庭,政府要通过住房保障体系予以帮助。完善公租房、廉租房制度,优化配套环境是解决收入分配、挤出房地产市场泡沫的重要方面。对于非耐心居民家庭,可考虑将所缴纳房产税按照一定比例抵扣所得税或贷款利息,弥补因房屋抵押价值缩水带来的支付能力下降。对于该类居民而言,增加全社会的公共福利水平也是间接避免支付能力下降的重要方面。

第二,开征房产税在长期可以降低金融风险,应该坚定在未来开征的决心。随着房产税不断提高,信贷规模、信贷占产出比及房屋抵押品价值的稳态值也不断下降。因为房产税增加了持房成本,减少炒房投机的回报预期,从而抑制房产投机需求,降低房屋空置率,更多地满足住房刚需。与此同时,相应降低了金融杠杆,从而降低系统性金融风险。因而房产税在短期内可能会刺破泡沫、露出风险,但在长期却是在制度上降低系统性金融风险的。

第三,在面临系统性金融风险时,房地产市场关系理顺之后,开征房产税也是可行的。并且,房产税也没有加大系统性金融风险的冲击强度。当然该前提是财政收入对于房地产的依赖是相对稳定的,或者是较低的。在这一方面,降低地方财政对于房地产收入的直接依赖性,除了直接地降低财政风险之外,也是降低系统性金融风险的重要方面。在此基础上,开征房产税更加可以凸显对金融稳定的影响,因而在条件成熟时可以大力推进房产税,不用担心金融风险问题。

在具体的税制设计方面,未来可以考虑由中央政府完善包括存量房产在内的房产税制度。整合涉及房地产的其他税种之后,由中央政府制定中国房产税的总体思想和指导原则,省级层面制定各省的房产税实施方案,由市县(区)具体负责房产税的征收管理。具体考虑税制的设计如表6-4所示。

表6-4 中国未来房产税制的初步设计

	纳税人	税基	税率		备注
方案一	房屋所有人(城镇和农村)	房产评估价值(营业性和非营业性用房)	自住或空置房屋按评估价格的60%—80%征收0.1%—1%;二套房按评估价格征收1%—2%,税率逐套递增1%。出租房屋按租金10%,税率逐套增加	取消非营业性房屋的免税政策。非经营性住房按常住人口数确认其免税面积,譬如每人给予30平方米免税面积。按年计税,按期交税。将农村房屋纳入征税范围,由各省级或是市级地方政府决定对农村房屋是否实行免税政策。	1. 税务机关和房产交易中心两部门间建立信息系统。按房地产交易中心房产登记信息对房产税进行税源管控,并依托登记信息进行税收优惠政策的落实。2. 完善房产价格评估机构,按期确定房产评估价格、批量处理。3. 建立专用"预算池子",将房产税收入用于地方教育、医疗、社区服务、公共安全、消防等基本公共服务。4. 设立差别税率,调剂房屋分配不均现状。5. 加强房产税和个人所得税的联系,对有确实需要的无房户、低保户等生活有确实困难的纳税人进行多形式的补贴;或可设置房产税纳入个人所得税的附加扣除项目。
方案二	房屋所有人(城镇和农村)	房产公允价值(营业性和非营业性用房)	年度公允价值增值额的10%,购买价款的60%—80%征收1%—2%	取消非营业性住房免税政策。外购房屋按市场公允价值增值额计税,公允价值下降则缴纳购买价款的1%—2%,自建房屋由评估价值扣除建房耗材花费后为计税基础。按年计税,按期缴税。农村地区房产由省级或市级地方政府决定是否征税。	
方案三	房产所有者(仅城镇)	房产评估价值(营业性和非营业性用房)	保有环节按现行税制税率征税,在交易环节以房产增值额20%缴纳税款	取消非经营性住房的免税政策。设置合理的免税面积,对经营性住房交易环节税费政策保持不变。增加非经营性房屋交易环节的税负。	

211

第四节　相关程序代码

一、基本程序代码（Dynare code：Code6.mod）

```
%%%%%%%%%%%%%%%%%%%%%%%%%%%%%%%%%%%
%内生变量声明
%%%%%%%%%%%%%%%%%%%%%%%%%%%%%%%%%%%
var cp              //1.耐心居民消费
    labp            //2.耐心居民劳动
    hp              //3.耐心居民住房
    lambdap         //4.耐心居民边际消费效用
    wp              //5.耐心居民工资率
    qh              //6.房价
    qk              //7.资本价格
    rh              //8.房屋租金
    rk              //9.资本租金
    rd              //10.存款利率
    ci              //11.非耐心居民消费
    labi            //12.非耐心居民劳动
    hi              //13.非耐心居民购房
    lambdai         //14.非耐心居民消费边际效用
    wi              //15.非耐心居民工资率
    b               //16.非耐心居民贷款
    rl              //17.贷款利率
    mu              //18.贷款约束的拉格朗日乘数
    cr              //19.租户消费
    hr              //20.租户租房
    labr            //21.租户劳动
    wr              //22.租户工资率
    lambdar         //23.租户居民消费边际效用
    tran            //24.转移支付
    y               //25.非房产企业产出
    k               //26.资本
```

ik	//27.投资
h	//28.房产
ih	//29.房产投资
cb	//30.金融机构的盈利
d	//31.存款
tau	//32.房产税
z	//33.全要素生产率
abh	//34.违约率
ZETA	//35.房屋需求
incp	//36.耐心居民收入
inci	//37.非耐心居民收入
incr	//38.租户居民收入
c	//39.总消费

;

%%%%%%%%%%%%%%%%%%%%%%%%%%%%%%%%%%%%%
%外生冲击声明
%%%%%%%%%%%%%%%%%%%%%%%%%%%%%%%%%%
varexo eps_bh
  eps_tau
;

%%%%%%%%%%%%%%%%%%%%%%%%%%%%%%%%%%
%结构参数声明
%%%%%%%%%%%%%%%%%%%%%%%%%%%%%%%%%%
parameters BETAp
     XI
     ZETAl
     THETA
     ZETAh
     DELTAh
     DELTAk
     BETAr

```
            RHOb
            LTV
            BETAi
            ALPHA
            PSIp
            PSIi
            PSIr
            KAPPYk
            KAPPYh
            KAPPYb
            BETAb
            CAR
            TAU
            RHO_z
            RHO_ABH
    ;

    %%%%%%%%%%%%%%%%%%%%%%%%%%%%%%%%%%%%%
    %结构参数校准
    %%%%%%%%%%%%%%%%%%%%%%%%%%%%%%%%%
    BETAp=0.99;
    BETAi=0.98;
    BETAr=0.98;
    XI=0.0;
    THETA=2;
    ZETAh=0.3;
    ZETAl=1;
    RHOb=0.0186;
    LTV=0.75;
    ALPHA=0.27;
    PSIp=0.19;
    PSIi=0.54;
    PSIr=0.27;
    DELTAh=0.0125;
```

```
DELTAk=0.025;
KAPPYh=30;
KAPPYk=8;
BETAb=0.97;
CAR=0.08;
KAPPYb=0.25;
TAU=0;//0.006;
RHO_z=0.9;
RHO_ABH=0.9;

model_diagnostics;
```

%%%%%%%%%%%%%%%%%%%%%%%%%%%%%%%%%%%%
%模型系统组成
%%%%%%%%%%%%%%%%%%%%%%%%%%%%%%%%%%%%
model;
%家庭部门-耐心居民行为方程刻画
[name='1.边际消费']
　　lambdap = 1/(cp－XI * cp(－1))－XI * BETAp/(cp(+1)－XI * cp);

[name='2.最优劳动力供给']
　　ZETAl * labp^THETA = lambdap * wp;

[name='3.最优住房需求']
　　(1＋tau) * qh = ZETA/lambdap/hp＋BETAp * lambdap(+1)/lambdap * (1－DELTAh) * qh(+1);

[name='4.最优租赁房供给']
　　(1＋tau) * qh = BETAp * lambdap(+1)/lambdap * (1－DELTAh) * qh(+1)＋rh(+1);

[name='5.最优资本供给']
　　qk = BETAp * lambdap(+1)/lambdap * ((1－DELTAk) * qk(+1)＋rk(+1));

[name='6.欧拉方程']
    1 = BETAp * lambdap(+1)/lambdap * (1+rd);

%家庭部门－非耐心居民行为方程刻画
[name='7.预算约束条件']
    ci+qh*(hi-(1-DELTAh)*hi(-1))+(1+rl(-1))*b(-1)+tau*qh*hi = wi*labi+b;

[name='8.信贷抵押约束']
    b = RHOb*b(-1)+LTV*qh(+1)*hi;

[name='9.边际消费']
    lambdai = 1/(ci-XI*ci(-1))-XI*BETAi/(ci(+1)-XI*ci);

[name='10.最优劳动力供给']
    ZETAl * labi^THETA = lambdai * wi;

[name='11.最优购房需求']
    (1+tau) * qh = ZETA/lambdai/hi+BETAi * lambdai(+1)/lambdai * (1-DELTAh) * qh(+1)+mu * LTV * qh(+1);

[name='12.最优贷款需求']
    1- mu = BETAi * lambdai(+1)/lambdai * (1 + rl - mu(+1) * RHOb);

%家庭部门－租户居民行为方程刻画
[name='13.预算约束条件']
    cr+rh*hr = wr*labr+tran;

[name='14.边际消费']
    lambdar = 1/(cr-XI*cr(-1))-XI*BETAr/(cr(+1)-XI*cr);

[name='15.最优劳动力供给']

$$ZETAl * labr\hat{\ }THETA = lambdar * wr;$$

[name='16.最优租赁房需求']
$$rh = ZETA/lambdar/hr;$$

%非房产企业部门行为方程刻画
[name='17.生产函数']
$$y = z * k(-1)\hat{\ }ALPHA * (labp\hat{\ }PSIp * labi\hat{\ }PSIi * labr\hat{\ }PSIr)\hat{\ }(1-ALPHA);$$

[name='18.企业对耐心居民劳动力需求']
$$wp * labp = (1-ALPHA) * PSIp * y;$$

[name='19.企业对非耐心居民劳动力需求']
$$wi * labi = (1-ALPHA) * PSIi * y;$$

[name='20.企业对租户居民劳动力需求']
$$wr * labr = (1-ALPHA) * PSIr * y;$$

[name='21.企业对资本需求']
$$rk * k(-1) = ALPHA * y;$$

%资本和房产企业部门行为方程刻画
[name='22.资本企业生产函数']
$$k = (1-DELTAk) * k(-1) + (1-KAPPYk/2 * (ik/ik(-1)-1)\hat{\ }2) * ik;$$

[name='23.资本企业产品价格']
$$qk - qk * KAPPYk/2 * (ik/ik(-1)-1)\hat{\ }2 - KAPPYk * qk * (ik/ik(-1)-1) * (ik/ik(-1))$$
$$+ BETAp * lambdap(+1)/lambdap * qk(+1) * KAPPYk * (ik(+1)/ik-1) * (ik(+1)/ik)\hat{\ }2 = 1;$$

[name='24.房产企业生产函数']

h = (1−DELTAh)*h(−1)+(1−KAPPYh/2*(ih/ih(−1)−1)^2)*ih;

[name='25.房产企业产品价格']
qh−qh*KAPPYh/2*(ih/ih(−1)−1)^2−KAPPYh*qh*(ih/ih(−1)−1)*(ih/ih(−1))
+BETAp*lambdap(+1)/lambdap*qh(+1)*KAPPYh*(ih(+1)/ih−1)*(ih(+1)/ih)^2 = 1;

%金融机构行为方程刻画
[name='26.商业银行盈余']
cb+(1+rd(−1))*d(−1)+b+KAPPYb/2*(b−b(−1))^2/steady_state(b) = d+(1+rl(−1))*b(−1)−abh;

[name='27.商业银行资本金约束']
d = (1−CAR)*(b−abh(+1));

[name='28.商业银行最优一阶条件']
(CAR+KAPPYb*(b−b(−1))/steady_state(b))*cb(+1) = BETAb*((1+rl)−(1−CAR)*(1+rd))*cb;

%政府部门行为方程刻画
[name='29.财政预算平衡']
tau*qh*(hp+hr)+tau*qh*hi = tran;

[name='30.房产税规则']
tau = (1−RHO_z)*TAU+RHO_z*tau(−1)+eps_tau;

%市场出清与外部冲击
[name='31.商品市场出清条件']
y = cp+ci+cr+ik+ih+cb+KAPPYb/2*(b−b(−1))^2/steady_state(b);

[name='32.房地产市场出清']

h = hp + hi + hr;

[name='33.全要素生产率冲击']
z=1;

[name='34.违约冲击']
abh=RHO_ABH*abh(-1)+eps_bh;

[name='35.房屋需求冲击']
ZETA=ZETAh;

[name='36.耐心居民收入']
incp = wp*labp+rh*hr+rk*k(-1);

[name='37.非耐心居民收入']
inci = wi*labi;

[name='38.租户居民收入']
incr = wr*labr+tran;

[name='39.总消费']
c = cp+ci+cr;

end;

%%%%%%%%%%%%%%%%%%%%%%%%%%%%%%%%%%%%%%%
%求解稳态
%%%%%%%%%%%%%%%%%%%%%%%%%%%%%%%%%%%

steady_state_model;

x0 = solvess_rev(BETAp,BETAi,BETAr,BETAb,XI,ZETAh,TAU, DELTAh,LTV,DELTAk,RHOb,CAR,ALPHA,PSIi,PSIr);
[cp,labp,hp,lambdap,wp,qh,qk,rh,rk,rd,ci,labi,hi,lambdai,wi,b,rl,

```
mu,cr,hr,labr,wr,lambdar,tran,y,k,ik,h,ih,cb,d,tau,z,abh] = solvess_
all_rev(x0,BETAp,BETAi,BETAr,BETAb,XI,THETA,ZETAh,ZETAl,
TAU,DELTAh,LTV,DELTAk,RHOb,CAR,ALPHA,PSIi,PSIr,PSIp);
    ZETA=ZETAh;
    incp = wp * labp+rh * hr+rk * k;
    inci = wi * labi;
    incr = wr * labr+tran;
    c=cp+ci+cr;
end;
    resid;
    steady;
    check;

%%%%%%%%%%%%%%%%%%%%%%%%%%%%%%%%%%%%
%外部冲击
%%%%%%%%%%%%%%%%%%%%%%%%%%%%%%%%%%%
shocks;
    var eps_bh;    stderr 0.00;
    var eps_tau; stderr 0.001;
end;

%%%%%%%%%%%%%%%%%%%%%%%%%%%%%%%%%%%
%脉冲模拟
%%%%%%%%%%%%%%%%%%%%%%%%%%%%%%%%%%%
stoch_simul(order=1,irf=30) y c k;    //,nograph
```

二、基本程序需要切入的外部 matlab 程序之一 solvess_rev.m

```
function ff = solvess(BETAp,BETAi,BETAr,BETAb,XI,ZETAh,TAU,
DELTAh,LTV,DELTAk,RHOb,CAR,ALPHA,PSIi,PSIr)

rh=1+TAU-BETAp*(1-DELTAh);
rk=(1-BETAp*(1-DELTAk))/BETAp;
rd=1/BETAp-1;
```

```
qh=1;
qk=1;
rl=CAR/BETAb+(1-CAR)*(1+rd)-1;
mu=(1-BETAi*(1+rl))/(1-BETAi*RHOb);

eps1=ZETAh*(1-XI)/(1-XI*BETAp)/(1+TAU-BETAp*(1-
DELTAh));
eps2=ZETAh*(1-XI)/(1-XI*BETAi)/(1+TAU-mu*LTV-BETAi
*(1-DELTAh));

syms qhyh_y;
ci_y=(1-ALPHA)*PSIi/(1+(DELTAh+TAU+rl*LTV/(1-RHOb))
*eps2);
cr_y=((1-ALPHA)*PSIr+TAU*qhyh_y)/(1+ZETAh*(1-XI)/(1-
XI*BETAr));
cb_y=(rl-rd*(1-CAR))*LTV/(1-RHOb)*eps2*ci_y;
ik_y=DELTAk*ALPHA/rk;
ih_y=DELTAh*qhyh_y;
cp_y=1-ci_y-cr_y-cb_y-ik_y-ih_y;

qhhp_y=eps1*cp_y;
qhhi_y=eps2*ci_y;
qhhr_y=ZETAh*(1-XI)/((1-XI*BETAr)*rh)*cr_y;

eq=(qhhp_y+qhhi_y+qhhr_y)-qhyh_y;
qhyh_y=solve(eq,qhyh_y);
ff=double(qhyh_y);
```

三、基本程序需要切入的外部 matlab 程序之二 solvess_all_rev.m

```
function [cp,labp,hp,lambdap,wp,qh,qk,rh,rk,rd,ci,labi,hi,lambdai,wi,
b,rl,mu,cr,hr,labr,wr,lambdar,tran,y,k,ik,h,ih,cb,d,tau,z,abh] =
solvess_all(xx,BETAp,BETAi,BETAr,BETAb,XI,THETA,ZETAh,
ZETAl,TAU,DELTAh,LTV,DELTAk,RHOb,CAR,ALPHA,PSIi,PSIr,
PSIp)
```

```
rh=1+TAU-BETAp*(1-DELTAh);
rk=(1-BETAp*(1-DELTAk))/BETAp;
rd=1/BETAp-1;
rl=CAR/BETAb+(1-CAR)*(1+rd)-1;
mu=(1-BETAi*(1+rl))/(1-BETAi*RHOb);
qh=1;
qk=1;

eps1=ZETAh*(1-XI)/(1-XI*BETAp)/(1+TAU-BETAp*(1-DELTAh));
eps2=ZETAh*(1-XI)/(1-XI*BETAi)/(1+TAU-mu*LTV-BETAi*(1-DELTAh));


%%%%%%%%%% Steady State %%%%%%%%%%%%%%%%
qhyh_y=xx;
ci_y=(1-ALPHA)*PSIi/(1+(DELTAh+TAU+rl*LTV/(1-RHOb))*eps2);
cr_y=((1-ALPHA)*PSIr+TAU*qhyh_y)/(1+ZETAh*(1-XI)/(1-XI*BETAr));
cb_y=(rl-rd*(1-CAR))*LTV/(1-RHOb)*eps2*ci_y;
ik_y=DELTAk*ALPHA/rk;
ih_y=DELTAh*qhyh_y;
cp_y=1-ci_y-cr_y-cb_y-ik_y-ih_y;

labp=((1-XI*BETAp)*(1-ALPHA)*PSIp/(1-XI)/ZETAl/cp_y)^(1/(1+THETA));
labi=((1-XI*BETAi)*(1-ALPHA)*PSIi/(1-XI)/ZETAl/ci_y)^(1/(1+THETA));
labr=((1-XI*BETAr)*(1-ALPHA)*PSIr/(1-XI)/ZETAl/cr_y)^(1/(1+THETA));

z=1;
k_y=ALPHA/rk;
```

```
y=(z * k_y^ALPHA * (labp^PSIp * labi^PSIi * labr^PSIr)^(1-ALPHA))^(1/(1-ALPHA));
cr=cr_y * y;
ci=ci_y * y;
cp=cp_y * y;
cb=cb_y * y;
ik=ik_y * y;
ih=ih_y * y;
k=k_y * y;

hp=eps1 * cp;
hi=eps2 * ci;
hr=ZETAh * (1-XI) * cr/(1-XI * BETAr)/rh;
h=hp+hi+hr;

lambdap=(1-XI * BETAp)/(1-XI)/cp;
lambdai=(1-XI * BETAi)/(1-XI)/ci;
lambdar=(1-XI * BETAr)/(1-XI)/cr;
mu=(1-BETAi * (1+rl))/(1-BETAi * RHOb);

wp=(1-ALPHA) * PSIp * y/labp;
wi=(1-ALPHA) * PSIi * y/labi;
wr=(1-ALPHA) * PSIr * y/labr;

b=LTV * qh * hi/(1-RHOb);
tau=TAU;
tran=tau * qh * h;
d=(1-CAR) * b;
abh=0;
end
```

本章附录　模型系统中所有一阶均衡方程

$$\lambda_{p,t} = \frac{1}{c_{p,t} - \zeta c_{p,t-1}} - \zeta \beta_p E_t \frac{1}{c_{p,t+1} - \zeta c_{p,t}} \tag{附 6.1}$$

$$l_{p,t}^{\vartheta} = \lambda_{p,t}\, w_{p,t} \tag{附 6.2}$$

$$(1+\tau_t)\, q_{h,t} = \frac{\xi_h}{\lambda_{p,t}\, h_{p,t}} + \beta_p E_t \frac{\lambda_{p,t+1}}{\lambda_{p,t}} (1-\delta_h)\, q_{h,t+1} \tag{附 6.3}$$

$$(1+\tau_t) q_{h,t} = \beta_p E_t \frac{\lambda_{p,t+1}}{\lambda_{p,t}} (1-\delta_h)\, q_{h,t+1} + r_{h,t+1} \tag{附 6.4}$$

$$q_{k,t} = \beta_p E_t \left\{ \frac{\lambda_{p,t+1}}{\lambda_{p,t}} \left[(1-\delta_k)\, q_{k,t+1} + r_{k,t+1} \right] \right\} \tag{附 6.5}$$

$$1 = \beta_p E_t \left\{ \frac{\lambda_{p,t+1}}{\lambda_{p,t}} (1 + r_t^d) \right\} \tag{附 6.6}$$

$$c_{I,t} + q_{h,t}[h_{I,t} - (1-\delta_h)\, h_{I,t-1}] + (1+r_{t-1}^l)\, b_{t-1} + \tau_t\, q_{h,t}\, h_{I,t} = w_{I,t}\, l_{I,t} + b_t + \varepsilon_t \tag{附 6.7}$$

$$b_t \leqslant \rho_b\, b_{t-1} + \varphi E_t q_{h,t+1}\, h_{I,t} \tag{附 6.8}$$

$$\lambda_{I,t} = \frac{1}{c_{I,t} - \zeta c_{I,t-1}} - \zeta \beta_I E_t \frac{1}{c_{I,t+1} - \zeta c_{I,t}} \tag{附 6.9}$$

$$l_{I,t}^{\vartheta} = \lambda_{I,t}\, w_{I,t} \tag{附 6.10}$$

$$(1+\tau_t)\, q_{h,t} = \frac{\xi_h}{\lambda_{I,t}\, h_{I,t}} + \beta_I E_t \frac{\lambda_{I,t+1}}{\lambda_{I,t}} (1-\delta_h)\, q_{h,t+1} + \mu_t \varphi\, q_{h,t+1} \tag{附 6.11}$$

$$1 - \mu_t = \beta_I E_t \left\{ \frac{\lambda_{I,t+1}}{\lambda_{I,t}} \left[(1+r_t^l) - \mu_{t+1}\, \rho_b \right] \right\} \tag{附 6.12}$$

$$c_{R,t} + r_{h,t}\, h_{R,t} = w_{R,t}\, l_{R,t} + tran_t \tag{附 6.13}$$

$$\lambda_{R,t} = \frac{1}{c_{R,t} - \zeta c_{R,t-1}} - \zeta \beta_R E_t \frac{1}{c_{R,t+1} - \zeta c_{R,t}} \tag{附 6.14}$$

$$l_{R,t}^{\vartheta} = \lambda_{R,t}\, w_{R,t} \tag{附 6.15}$$

$$r_{h,t} = \frac{\xi_h}{\lambda_{R,t}\, h_{R,t}} \tag{附 6.16}$$

$$y_t = z\left(k_{t-1}\right)^{\alpha} (l_{P,t}^{\varphi_P}\, l_{I,t}^{\varphi_I}\, l_{R,t}^{\varphi_R})^{1-\alpha} \tag{附 6.17}$$

$$w_{p,t}\, l_{p,t} = (1-\alpha)\, \varphi_p\, y_t \tag{附 6.18}$$

$$w_{I,t}\, l_{I,t} = (1-\alpha)\, \varphi_I\, y_t \tag{附 6.19}$$

$$w_{R,t}\, l_{R,t} = (1-\alpha)\, \varphi_R\, y_t \qquad (附 6.20)$$

$$r_{k,t}\, k_{t-1} = \alpha\, y_t \qquad (附 6.21)$$

$$k_t = (1-\delta_k)\, k_{t-1} + \left[1 - \frac{\kappa_{ik}}{2}\left(\frac{i_{k,t}}{i_{k,t-1}} - 1\right)^2\right] i_{k,t} \qquad (附 6.22)$$

$$q_{k,t} - q_{k,t}\frac{\kappa_{ik}}{2}\left(\frac{i_{k,t}}{i_{k,t-1}} - 1\right)^2 - \kappa_{ik}\, q_{k,t}\left(\frac{i_{k,t}}{i_{k,t-1}} - 1\right)\frac{i_{k,t}}{i_{k,t-1}}$$

$$+ \beta_P\, \frac{\lambda_{p,t+1}}{\lambda_{p,t}}\, q_{k,t+1}\, \kappa_{ik}\left(\frac{i_{k,t+1}}{i_{k,t}} - 1\right)\left(\frac{i_{k,t+1}}{i_{k,t}}\right)^2 = 1 \qquad (附 6.23)$$

$$h_t = (1-\delta_h)\, h_{t-1} + \left[1 - \frac{\kappa_{ih}}{2}\left(\frac{i_{h,t}}{i_{h,t-1}} - 1\right)^2\right] i_{h,t} \qquad (附 6.24)$$

$$q_{h,t} - q_{h,t}\frac{\kappa_{ih}}{2}\left(\frac{i_{h,t}}{i_{h,t-1}} - 1\right)^2 - \kappa_{ih}\, q_{h,t}\left(\frac{i_{h,t}}{i_{h,t-1}} - 1\right)\frac{i_{h,t}}{i_{h,t-1}}$$

$$+ \beta_P\, \frac{\lambda_{p,t+1}}{\lambda_{p,t}}\, q_{h,t+1}\, \kappa_{ih}\left(\frac{i_{h,t+1}}{i_{h,t}} - 1\right)\left(\frac{i_{h,t+1}}{i_{h,t}}\right)^2 = 1 \qquad (附 6.25)$$

$$c_{b,t} + (1+r^d_{t-1})\, d_{t-1} + b_t + \frac{\kappa_b}{2}\frac{(b_t - b_{t-1})^2}{b} = d_t + (1+r^l_{t-1})\, b_{t-1} - \varepsilon_t \qquad (附 6.26)$$

$$d_t \leqslant \gamma(b_t - E_t\, \varepsilon_{t+1}) \qquad (附 6.27)$$

$$\left[1 - \gamma + \kappa_b\frac{(b_t - b_{t-1})}{b}\right] c_{b,t+1} = \beta_b\left[(1+r^l_t) - \gamma(1+r^d_t)\right] c_{b,t} \qquad (附 6.28)$$

$$\tau_t\, q_{h,t}\,(h_{p,t} + h_{R,t}) + \tau_t\, q_{h,t}\, h_{I,t} = tran_t \qquad (附 6.29)$$

$$y_t = c_{p,t} + c_{I,t} + c_{R,t} + i_{k,t} + i_{h,t} + c_{b,t} + \frac{\kappa_b}{2}\frac{(b_t - b_{t-1})^2}{b} \qquad (附 6.30)$$

$$1 \equiv h_t = h_{p,t} + h_{I,t} + h_{R,t} \qquad (附 6.31)$$

$$\varepsilon_t = \rho_\varepsilon\, \varepsilon_t + \xi_{\varepsilon,t} \qquad (附 6.32)$$

$$\log\tau_t = (1-\rho_\tau)\log\tau + \rho_\tau\log\tau_{t-1} + \xi_{\tau,t} \qquad (附 6.33)$$

第七章 碳交易、碳税与碳强度管控：孰优孰劣

——基于环境动态随机一般均衡模型

《中华人民共和国国民经济和社会发展第十四个五年规划和 2035 年远景目标纲要》指出，中国争取在 2030 年前实现"碳达峰"，2060 年前实现"碳中和"，以应对全球气候变化。

这就要求中国在实施现有碳交易制度的背景下，需要考虑更宽视域的管控措施，加大调节和减排的效果。总结发现：实现双碳目标的途径有多条，目前碳交易排放机制已经在中国开始运行，但总体作用较弱。放眼全球，已有不少国家开始征收碳税，碳减排效果逐渐开始显现。这对中国将来实施碳税政策具有借鉴意义。

第一节 改革背景与现实意义

一、改革的背景

2015 年《巴黎气候协定》之后，随着极端天气的不断增加，各国开始高度重视"碳中和""碳达峰"问题。根据世界银行在 2021 年 5 月 25 日发布的《2021 碳定价发展现状与未来趋势》报告，截至 2021 年 5 月，各国实施了 35 项碳税制度，涉及全球 27 个国家。芬兰、挪威、瑞典、丹麦等北欧国家从 20 世纪 90 年代初开始征收碳税，是世界上最早征收碳税的国家。进入 21 世纪，爱沙尼亚、拉脱维亚、瑞士、列支敦士登等欧洲国家也陆续开征碳税。2010 年以后，冰岛、爱尔兰、乌克兰、日本、法国、墨西哥、西班牙、葡萄牙、智利、哥伦比亚、阿根廷、新加坡、南非等越来越多的国家开征了碳税。[①] 关于碳税方面的相关情况如表 7-1 所示。

[①] 资料来自于斐《全球碳税最新进展：覆盖更多国家 税率不断提高》一文，《中国税务报》2021 年 6 月 16 日。

表 7-1 部分国家碳税的开征情况

国家	开征时间	征税对象	碳税税率	备注
日本	2012 年	煤炭、石油、天然气	对所有石油燃料加征 289 日元/吨二氧化碳	2012 年 10 月,日本将碳税更名为全球气候变暖对策税
葡萄牙	2015 年	排放二氧化碳的燃料	23.8 欧元/吨二氧化碳 2021 年开始,商业航班和客船的碳税为每位旅客 2 欧元	2020 年葡萄牙的碳税税率几乎翻了一番,从每吨二氧化碳当量 13 美元增至 26 美元,2021 年调整至 28.19 美元
卢森堡	2021 年	化石燃料	25 欧元/吨二氧化碳,2022 年	20 欧元/吨二氧化碳,2021 年;30 欧元/吨二氧化碳,2023 年

资料来源:根据各国公开的资料整理形成。

此外,也有国家采取直接控制减排的碳强度管控措施。为实现碳达峰、碳中和的目标,亟须中国做出相应的政策选择,制定更多合理的碳减排方案。在不同的政策方案之间,如何进行科学的政策组合安排?这些方面的政策主要涉及以下几个方面:(1)发展循环经济,这主要体现在循环使用能源资源,以减少石化能源的使用。(2)提高能源使用效率,在所得税上加大这类技术设备成本的抵扣,提供增值税的相应优惠。(3)政府优先采购低碳技术的产品,增加森林与植被的覆盖率。(4)开征碳税。

结合理论模型,在主体形式方面可以概括为碳配额交易(后文简称:碳交易)、碳税与碳强度管控等措施。从系统构建和政策比较的视角来看,本章重点从三种政策的比较来讨论中国未来的政策评估与选择问题。

二、现有研究述评

关于中国碳中和问题的讨论,首先从能源问题出发进行相关的研究。Hu、Wu 和 Zhao(2021)认为:提高区域外可再生能源,加强自身的能源接受度(包括加强储能建设,积极研究和推广燃气机组的碳捕获和利用),这都是实现碳中和目标的有效途径。Song 等(2022)认为:在碳中和能源系统中,电力系统和氢气系统将占主导地位;为了实现碳中和,现有的过渡目标需要在 2030 年后做出更多努力,基础设施投资将增加 115%。其次,在达成双碳目标方面,彭文生(2021)指出技术进步、碳价格和社会治理是实现碳中和的三个路径。Xu 等(2022)认为:在常规、加速和强化改善情景下,中国可能在 2027 年、2026 年和 2025 年达到碳排放峰值,然后分别在 2050 年、2044 年和 2040 年实现零碳排放目标。但是实现双碳目标取决于中国当前和未来应重点关注的经济发展质量的显著提高。最后,在相应的应对政策方面,Zhang等(2022)指出:及早达到峰值可以减少福利损失,防止过度依赖碳去除技术,实现碳中和迫切需要技术突破、生产和消费模式转变、政策强化。吴文佶等(2022)认为:财政激励可以降低城市碳排放量,有助于实现双碳目标。

税收作为宏观调控的重要手段之一,碳税对碳减排有着重要的作用。在肯定碳税对碳减排的作用方面,翁智雄、吴玉锋、李伯含等(2021)认为:碳税对实现碳减排有着明显的作用,碳税作为一种定价机制,可以利用税率的高低来调控产业的发展,对减排能力不同的企业形成激励与约束相结合的双重机制。熊若愚(2021)指出:碳税是应对全球气温上升、降低碳排放量的重要工具手段,应用好碳税政策需要从协调和发展两个角度进行考虑,就碳税政策在全球范围达成共识,并与发展水平相适应。关于开征碳税的经济增长效应,通过构建CGE模型,Xu等(2022)认为:碳税的开征可以缓解增值税改革带来的负面影响,并显著抑制传统能源消耗和排放,但会阻碍经济发展。通过构建DSGE模型,程娜和陈成(2021)认为:开征碳税确实会降低碳排放量,但是政府征收碳税会长期抑制经济增长,并且增加厂商的边际成本、降低居民的消费质量。对于碳税的具体减排效应,基于CGE模型,Hu、Dong和Zhou(2021)发现1元/吨二氧化碳的碳税可以减少2 100吨二氧化碳排放,并显著减少SO_2、NO_x、PM2.5和PM10排放。利用ARDL模型,Chen(2021)指出:城市化将加强碳税对排放和福利的政策效应,2015—2030年期间,城市化将对碳排放和强度产生负面影响,将会降低碳税下的GDP和家庭福利,增加碳的平均社会成本。最后,对比国内外的碳税差别,通过GTAP-E模型,尹伟华(2021)认为:中国实施与发达经济体有差异的碳税政策可以达到全球碳排放量下降的目的,同时缓解发达经济体对中国征收碳关税的冲击,有效控制中国实际GDP、居民福利的下降幅度。

碳交易也是实现双碳目标的重要经济手段之一。基于SICGE模型,马忠玉等(2019)指出:电价管控对碳交易市场有着明显作用,实行电价管控能够降低减排成本并且提升碳交易市场的减排效果。翁智雄、马中和刘婷婷(2021)认为:中国碳市场面临着扩大市场规模、提升碳价等诸多挑战,应当分阶段分行业全面推进碳交易市场,并且进行严格把控。在对比碳交易和碳税的减排效果方面,Jia等(2020)认为:在GDP效应不变的情况下,碳交易和碳税都具有较强的减排能力,但碳税的相对减排效率高于碳交易。采用构建动态CGE模型,董梅和李存芳(2020)认为:单一实行碳税或者碳交易都能在一定程度上实现碳减排,但是将两种减排政策配合实施,能够达到更好的减排效果。

在碳强度管控方面,Zhong等(2021)认为:技术变革可以通过降低能源消耗和优化能源结构来降低有色金属行业的碳强度,有效促进技术变革需要更有针对性的政策来减少区域异质性。基于空间面板滞后模型和分位数回归模型,Huang等(2021)探讨了不同类型的人力资本及其区域异质性对碳排放强度的影响。对

GDP与碳排放的脱钩效应进行分解,Pan等(2022)认为:中国的碳强度先下降,然后轻微上升,最后稳定下降,对于第一产业和第三产业,碳强度稳步下降,而碳强度与总体碳强度相应增加。在空间演变方面,不同省份之间的区域差异相应减小。在可再生能源技术和碳强度方面,Cheng和Yao(2021)指出:可再生能源技术创新水平每提高1%,碳强度就会显著降低0.051%,短期内可再生能源技术创新不会影响碳强度;但从长远来看,这些影响是消极而显著的。王宏森(2022)则认为:制造业服务化能够降低碳强度;低技术制造业服务化的碳减排效应最强。

总结而言,现有研究存在如下三个方面的不足:(1)除朱军(2015)在RBC模型框架中比较了"许可证"制度、"庇古税"和协议规则的环境污染治理效应之外,现有文献还未充分结合宏观经济模型对碳减排问题进行系统的论证;(2)在不同的碳减排政策之间,现有的文献仅对两种措施进行对比,还没有对三种政策的长期、短期效果进行系统的对比;(3)在考虑碳减排的过程中,金融部门的金融约束问题以及政府的金融稳定政策,对于碳减排政策可能存在影响,但是现有的文献还缺乏这方面的详细讨论。

三、本章的创新点

鉴于以上的不足,本章力图实现以下几个方面的创新:

第一,将碳减排纳入宏观经济模型并分别置入相应的公共应对政策,对碳减排问题进行系统的论证。

第二,在不同的碳减排政策之间,系统地对三种公共应对政策的长短期效果进行对比分析,并进一步进行长期的政策福利分析。

第三,在考虑碳减排的过程中,置入金融部门的金融约束问题以及政府的金融稳定政策,考虑金融稳定对于碳减排政策的相关影响。

四、改革的现实意义

碳中和、碳达峰目标是中国近年来在碳减排方面的重大任务目标。在目前实行碳交易的背景下,综合辅以开征碳税、改善居民的消费行为等方面,对于实现双碳目标有着重要的现实意义。具体而言:

(一)有利于推动实现双碳目标、降能耗

开征碳税和制定其他减排政策对于全社会提高低碳技术水平、加快产业结构优化升级、规范消费行为,以及优化能源结构等方面都具有现实的意义。特别是对于绿色经济发展、高质量发展,开征碳税、改善居民的消费行为具有引导性作用。

(二)有利于落实碳减排工作、体现大国担当

中国作为最大的发展中国家,每年碳排放量在世界排名靠前。积极实现碳减排是中国携手世界其他国家共同应对全球气候变暖的积极表现。这有利于中国获

得全世界各个国家的更多认可,可以提高中国产品在全球的贸易竞争力,也有助于加快中国经济发展方式的转变。

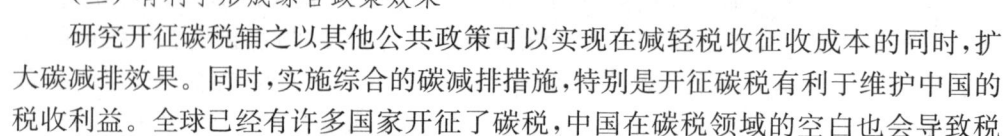

(三)有利于形成综合政策效果

研究开征碳税辅之以其他公共政策可以实现在减轻税收征收成本的同时,扩大碳减排效果。同时,实施综合的碳减排措施,特别是开征碳税有利于维护中国的税收利益。全球已经有许多国家开征了碳税,中国在碳税领域的空白也会导致税收的流失。在未来减税降费的背景下,整合相关税种的税目、建立与完善碳税制度非常必要。

第二节 环境动态随机一般均衡模型

本节在 Gertler 和 Karadi(2011)模型的基础上,借鉴 Heutel(2012)、Annicchiarico 和 Di Dio(2015)的研究,引入推动碳减排的三类政策工具——碳交易、碳税和碳强度管控,分析其对宏观经济的动态影响。在模型中,产出越多碳排放越多,这会增加大气碳存量。反过来,二氧化碳作为温室气体促进了全球气温升高,抑制全要素生产率对经济的促进作用。为解决碳排放的外部性,基于产权理论的碳交易、源自"庇古税"理论的碳税及目标导向的"碳强度管控"成为重要的政策工具,但在推动碳减排作用机理上存在差异。在金融加速器(BGG)和抵押品约束机制下,这种差异中的市场信号可能放大碳排放负外部性,加深经济顺周期性、加剧金融脆弱性。正因如此,本章分情景模拟分析三类政策工具的经济效应,量化评估其福利损失。

本章基本模型的框架图如图 7-1 所示。

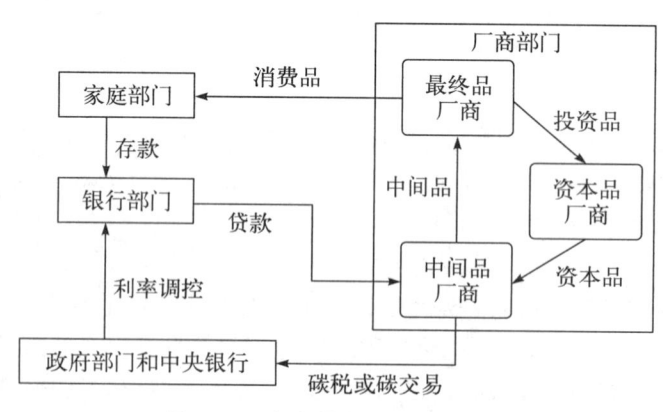

图 7-1 本章基本模型的框架图

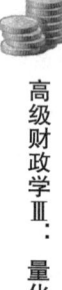

一、家庭部门

经济中存在连续一统的代表性居民,每期 $1-f$ 比例家庭成员是工人,f 比例是银行家。每个银行家下期仍是银行家的概率为 θ,$(1-\theta)f$ 比例银行家转为工人,也有相应比例工人转为银行家,保持家庭成员比例不变。银行家经营管理银行,向家庭转移利润。不同家庭成员之间完全分享异质的风险。在预算约束下,家庭部门最大化效用函数,即:

$$\max E_0 \sum_{t=0}^{\infty} \beta^t \left(\frac{c_t^{1-\sigma}}{1-\sigma} - \kappa_L \frac{h_t^{1+\varphi}}{1+\varphi} \right)$$

预算约束方程为:

$$c_t + d_t = r_{t-1}^n d_{t-1} / \pi_t + w_t h_t - t_t + \Gamma_t$$

其中,β 表示主观贴现率,σ 表示家庭跨期消费替代弹性的倒数,φ 表示劳动供给弗里希弹性的倒数,κ_L 表示家庭劳动在效用函数中权重。d_t 表示银行储蓄,r_t^n 表示名义储蓄利率,w_t 表示工资率,c_t 表示家庭消费,h_t 表示家庭劳动供给,t_t 表示家庭缴纳一次性税收,Γ_t 表示家庭获得红利和政府对家庭转移支付。

家庭的最优一阶条件为:

$$\lambda_t = c_t^{-\sigma} \tag{7.1}$$

$$\kappa_L h_t^{\varphi} = \lambda_t w_t \tag{7.2}$$

$$\lambda_t = \beta E_t \left(\lambda_{t+1} \frac{r_t^n}{\pi_{t+1}} \right) \tag{7.3}$$

其中,式(7.1)表示家庭消费的边际效用,式(7.2)表示家庭的最优劳动供给,式(7.3)表示消费的欧拉方程,即当期消费与未来消费之间的最优分配。

二、银行部门

银行从家庭吸收储蓄,向企业发放贷款,银行的资产负债约束为:

$$q_t k_t = n_t + d_t \tag{7.4}$$

其中,n_t 表示银行净值,$n_t = (r_t^b - r_{t-1}^n/\pi_t) q_{t-1} k_{t-1} + n_{t-1} r_{t-1}^n / \pi_t$,$r_t^b$ 表示银行贷款利率。设 $\beta^i \Lambda_{t,t+i}$ 表示 t 到 $t+i$ 的随机贴现率,$\Lambda_{t,t+i} \equiv \lambda_{t+i}/\lambda_t$。正如 Gertler 和 Karadi(2011)的研究,银行最大化终值财富,即:

$$V_t = \max E_t \left[\sum_{i=0}^{\infty} (1-\chi) \chi^i \beta^{i+1} \Lambda_{t,t+1+i} n_{t+1+i} \right] \tag{7.5}$$

家庭愿意向银行进行储蓄的激励约束条件为：

$$V_t \geqslant \theta q_t k_t \tag{7.6}$$

式(7.6)表示银行挪用资产规模不能超过 θ 比例，否则家庭将不再向银行储蓄，这也限制银行资产扩张和金融杠杆空间。利用系数待定法，猜解银行部门的值函数为：

$$V_t = v_{kt} q_t k_t + v_{nt} n_t \tag{7.7}$$

$$v_{kt} = E_t \left[\beta \lambda_{t+1}/\lambda_t \, v_{t+1} \left(r_{t+1}^b - r_t^n / \pi_{t+1} \right) \right] \tag{7.8}$$

$$v_{nt} = E_t \left[\beta \lambda_{t+1}/\lambda_t \, v_{t+1} \, r_t^n / \pi_{t+1} \right] \tag{7.9}$$

将式(7.6)与式(7.7)联立求解，可得金融杠杆为：

$$lev_t = \frac{v_{nt}}{\theta - v_{kt}} \tag{7.10}$$

银行的随机贴现率为 $v_t = (1-\chi) + \beta \chi E_t \left\{ \frac{\lambda_{t+1}}{\lambda_t} v_{t+1} \left[\left(r_{t+1}^b - \frac{r_t^n}{\pi_{t+1}} \right) lev_t + \frac{r_t^n}{\pi_{t+1}} \right] \right\}$。

设定家庭向新设银行家转移资产为存活银行家资产的 $\iota/(1-\chi)$ 比例，总净值可分为新设银行总净值和存活银行总净值，即：

$$n_t = \chi \left[\left(r_t^b - \frac{r_{t-1}^n}{\pi_t} \right) lev_{t-1} + \frac{r_{t-1}^n}{\pi_t} \right] n_{t-1} + \iota q_t k_{t-1} \tag{7.11}$$

三、厂商部门

代表性最终产品厂商采用 CES 加总函数产出为：

$$y_t = \left[\int_0^1 y_t(i)^{\frac{\epsilon-1}{\epsilon}} di \right]^{\frac{\epsilon}{\epsilon-1}} \tag{7.12}$$

其中，$y_t(i)$ 表示中间产品厂商 i 的一种中间投入，价格为 $p_t(i)$。中间产品需求函数为：

$$y_t(i) = y_t \left(\frac{p_t(i)}{p_t} \right)^{-\epsilon} \tag{7.13}$$

模型中连续一统的中间产品厂商生产函数为：

$$y_t(i) = A_t \left[k_{t-1}(i) \right]^\alpha \left[h_t(i) \right]^{1-\alpha} \tag{7.14}$$

其中，A_t 表示全要素生产率，也是大气碳存量 x_t 的二次递减函数，即：

$$A_t = [1 - d_3(d_0 + d_1 x_t + d_2 x_t^2)] a_t \tag{7.15}$$

其中，a_t 是全要素生产率（TFP）的外生部分，遵循一阶自回归过程，即：

$$\log a_t = (1 - \rho_a) \log \bar{a} + \rho_a \log a_{t-1} + v_t^a \tag{7.16}$$

其中，$v_t^a \sim N(0, \sigma_a^2)$ 是一个技术冲击。国内大气碳是由国内碳排放和世界其他地区外生碳排放构成，即：

$$x_t = \eta x_{t-1} + e_t + e^{row} \tag{7.17}$$

企业（或行业层面）碳排放是生产的递增函数，即：

$$e_t(i) = (1 - \mu_t(i)) \gamma_1 y_t(i)^{1-\gamma_2} \tag{7.18}$$

其中，$\mu_t(i)$ 表示中间产品厂商 i 的碳减排努力程度。企业（或行业层面）减排成本 z_t 与产出成正比，即：

$$z_t(i) = y_t(i) \theta_1 \mu_t(i)^{\theta_2} \tag{7.19}$$

在垄断竞争市场上，中间产品厂商在需求函数式（7.13）约束下，进行产品定价。厂商价格调整成本采用 Rotemberg（1982）方式，关于通胀目标 $\bar{\pi}$ 进行价格调整 $AC_t(i) = \kappa_p/2 \left[\frac{p_t(i)}{p_{t-1}(i)} - \bar{\pi}\right]^2 p_t y_t$。政府对中间产品厂商的碳排放征收碳税率为 τ_t，中间产品厂商完全通过银行贷款进行资本购买融资，$b_t(i) = q_t k_t(i)$。$b_t(i)$ 表示中间产品厂商 i 实际贷款规模，中间产品厂商从资本品厂商购买资本，并将折旧后资本返售给资本品厂商。则中间产品厂商 i 的利润最大化为：

$$\max E_0 \left\{ \sum_{t=0}^{\infty} \beta^t \frac{\lambda_t}{\lambda_0} \left[\frac{p_t(i)}{p_t} y_t(i) - w_t h_t(i) - r_t^b b_{t-1}(i) - q_t k_t(i) + \right. \right.$$
$$\left. \left. (1-\delta) q_t k_{t-1}(i) - \tau_t e_t(i) - z_t(i) - \frac{AC_t(i)}{p_t} \right] \right\} \tag{7.20}$$

中间产品厂商的最优一阶条件为：

$$r_t^k = mc_t(i) \alpha A_t [k_{t-1}(i)]^{\alpha-1} [h_t(i)]^{1-\alpha} \tag{7.21}$$

$$w_t = mc_t(i)(1-\alpha) A_t [k_{t-1}(i)]^{\alpha} [h_t(i)]^{-\alpha} \tag{7.22}$$

$$r_t^k = r_t^b q_{t-1} - (1-\delta) q_t \tag{7.23}$$

$$\tau_t y_t^{-\gamma_2} \gamma_1 \left(\frac{p_t(i)}{p_t}\right)^{\gamma_2 \varepsilon} = \theta_1 \theta_2 \mu_t(i)^{\theta_2-1} \tag{7.24}$$

$$\pi_t(\pi_t - \bar{\pi}) = \beta E_t \left[\frac{\lambda_{t+1}}{\lambda_t} \pi_{t+1} (\pi_{t+1} - \bar{\pi})^2 \frac{y_{t+1}}{y_t}\right]$$
$$+ \frac{\varepsilon}{\kappa_p} \left\{ \left[mc_t + (1-\gamma_2) \gamma_1 \tau_t y_t^{-\gamma_2} (1-\mu_t) + \theta_1 \mu_t^{\theta_2}\right] - \frac{\varepsilon-1}{\varepsilon} \right\} \tag{7.25}$$

其中，式(7.21)和式(7.22)分别表示厂商对资本和劳动的需求，式(7.23)表示资本回报率与购买资本贷款利率之间关系。式(7.24)表示厂商碳减排与碳税税率之间的关系。如果 $\tau_t = 0$，厂商没有任何激励去碳减排(则 $\mu_t = 0$)，这是因为：厂商没有内部化碳减排对 TFP 的外部影响。式(7.25)表示带有碳排放外部性的非线性菲利普斯曲线，如果 $\tau_t = 0$ 退化为标准菲利普斯曲线。

资本品厂商购买最终产品和折旧后的资本生产资本品，资本品厂商利润最大化的问题为：

$$\max E_0 \left\{ \sum_{t=0}^{\infty} \beta^t \frac{\lambda_t}{\lambda_0} \left[q_t k_t - (1-\delta) q_t k_{t-1} - i_t \right] \right\} \tag{7.26}$$

资本存量的运动方程为：

$$k_t = (1-\delta) k_{t-1} + \left[1 - \frac{\kappa_I}{2} \left(\frac{i_t}{i_{t-1}} - 1 \right)^2 \right] i_t \tag{7.27}$$

资本品厂商的最优一阶条件为：

$$q_t \left\{ 1 - \frac{\kappa_I}{2} \left(\frac{i_t}{i_{t-1}} - 1 \right)^2 - \kappa_I \frac{i_t}{i_{t-1}} \left(\frac{i_t}{i_{t-1}} - 1 \right) \right\}$$
$$+ \beta E_t \left[\frac{\lambda_{t+1}}{\lambda_t} q_{t+1} \left(\frac{i_{t+1}}{i_t} \right)^2 \kappa_I \left(\frac{i_{t+1}}{i_t} - 1 \right) \right] = 1 \tag{7.28}$$

四、政府部门

通常情况下，中央银行采取价格调控方式，其泰勒规则为：

$$\frac{r_t^n}{r^n} = \left(\frac{r_{t-1}^n}{r^n} \right)^{\rho_r} \left[\left(\frac{\pi_t}{\bar{\pi}} \right)^{\varphi_\pi} \left(\frac{y_t}{\bar{y}} \right)^{\varphi_y} \right]^{1-\rho_r} \exp v_t^m \tag{7.29}$$

其中，$v_t^m \sim N(0, \sigma_m^2)$ 表示货币政策冲击，φ_π 和 φ_y 反映中央银行政策利率调控对通胀缺口和产出缺口的反应程度，ρ_r 表示中央银行利率调控的持续性。政府支出通过一次性税和碳排放税的收入支持，满足基本的预算平衡法则，则有：

$$g_t = t_t + \tau_t e_t \tag{7.30}$$

此外，设政府支出服从自回归过程，即：

$$\log g_t = (1-\rho_g) \log \bar{g} + \rho_g \log g_{t-1} + v_t^g \tag{7.31}$$

其中，$v_t^g \sim N(0, \sigma_g^2)$ 表示财政政策冲击，ρ_g 表示财政政策的持续性。

五、市场出清

所有市场都达到出清均衡状态，在商品市场上有：

$$y_t = c_t + i_t + g_t + \frac{\kappa_p}{2} (\pi_t - \bar{\pi})^2 y_t + y_t \theta_1 \mu_t^{\theta_2} \tag{7.32}$$

六、参数校准与稳态分析

(一) 参数校准

校准法虽然不是严格意义上的统计估计方法,但校准法得到的参数源于现实的经济数据。其是对稳态变量之间长期关系的良好近似替代,能较好地解决"卢卡斯批判"问题。这里,我们"以校准法为主"对模型参数进行赋值,模型时期以季度为频率。在家庭部门,参考 Song 等(2011)的研究,主观贴现率取 0.99,意味着年度实际利率 4%。不失一般性,相对风险厌恶系数取 1,效用函数退化为对数形式。参照陈小亮和马啸(2016)的研究,弗里希劳动供给弹性取 2,季节调整后取 0.5。如果代表行为人时间禀赋被标准化为 1,则效用函数中劳动权重取值匹配稳态下劳动供给为 0.3,这意味着每天将 1/3 时间用于工作。在银行部门,1 年期存贷款基准利率调整为季度水平 1.012 6,通货膨胀率取 1。参考 Gertler 和 Karadi(2011) 的研究,商业银行存活率取 97.2%,根据稳态信贷溢价 0.25%,金融杠杆约为 4,银行挪用资产比例为 0.384 7,转移给新银行资产占存活银行资产比重为 0.21%。在厂商部门,参考许志伟和林仁文(2011)的研究,资本产出弹性取 0.45。根据王文甫(2010)的研究,中间产品替代弹性取 10。参考 Christiano 等(2005)的研究,投资调整成本取 2.48。通过 Calvo(1983)定价与 Rotemberg(1982)定价关系,价格调整成本取 104.854 4,相当于价格黏性为 0.75,这意味着厂商每四个季度调整一次价格。有关碳排放外部性方面,参考 Annicchiarico 和 Di Dio(2015)的研究方法,损失函数中 d_0、d_1、d_2 和 d_3 分别取 $1.395\,0e^{-3}$、$-6.672\,2e^{-6}$、$1.464\,7e^{-8}$ 和 1。碳减排函数 θ_2 与 Nordhaus(2008)相同,而 θ_1 经过校准,使减少成本与产出比为 0.15%。碳排放自然净化率取 0.997 9,碳排放函数 γ_1 和 γ_2 分别取 0.45 和 0,世界其他地区碳排放取 1.333 1。在碳交易配额、碳税及碳强度管控三种政策情景下,分别设碳交易配额上限为 1 030.6,碳税率为 5.12%,碳强度管控目标为 37.02%,以保证三种政策情景下稳态碳排放减少 20%。这是政策界经常考虑的温室气体排放的减排目标。具体的参数校准如表 7-2 所示。

表 7-2 参数校准

参数模块	参数名称	参数描述	参数赋值	参数名称	参数描述	参数赋值
家庭部门	β	主观贴现率	0.99	φ	劳动供给弗里希弹性的倒数	0.5
	σ	跨期消费替代弹性的倒数	1	κ_L	家庭劳动在效用函数中权重	4.695 3

参数模块	参数名称	参数描述	参数赋值	参数名称	参数描述	参数赋值
厂商部门	ε	中间产品替代弹性	10	α	资本产出弹性	0.45
	d_0	损失函数常数项	$1.395\,0e^{-3}$	d_1	损失函数一次项	$-6.672\,2e^{-6}$
	d_2	损失函数二次项	$1.464\,7e^{-8}$	d_3	损失函数漂移项	1
	η	碳排放自然净化率	0.997 9	γ_1	碳排放函数漂移项	0.45
	γ_2	碳排放函数凹度	0	θ_1	减排函数漂移项	0.185 0
	δ	资本折旧率	0.025	θ_2	减排函数凹度	2.8
	κ_I	投资调整成本	2.480 0	e_t^{row}	世界其他地区碳排放	1.333 1
	κ_p	价格调整成本	104.854 4	$\bar{a}$	稳态全要素生产率	1
银行部门	χ	银行存活率	0.972	ι	家庭向新银行转移资产占存活银行资产的比例	0.21%
	θ	挪用资产比例	0.384 7	$\bar{\pi}$	通货膨胀目标	1
政府调控	τ	政府征收碳税率	5.12%	$\bar{x}$	碳交易配额上限	1 030.6
	target	碳排放强度管控目标	37.02%	$\bar{g}$	稳态政府支出占产出比重	20%
	φ_π	利率对通胀缺口反馈	1.5	φ_y	利率对产出缺口反馈	0.125
外部冲击	ρ_a	生产率冲击平滑系数	0.95	ρ_g	财政支出规则平滑系数	0.97
	ρ_r	泰勒规则平滑系数	0.8	σ_a^2	生产率冲击方差	0.01
	σ_m^2	货币政策冲击方差	0.002 5	σ_g^2	财政支出冲击方差	0.01

（二）稳态分析

考虑两类情景，一类是无政策情景，即 $\tau_t = 0$，$\mu_t = 0$；另一类是政策情景，包括碳市场交易配额、碳排放税及碳强度管制。其中，碳市场交易配额 $e_t = \bar{e}$，τ_t 被内生解释为政府出售的碳排放许可证的市场价格；碳排放税又分为固定碳税税率规则 $\tau_t = \bar{\tau}$，和基于碳排放规模碳税税率规则 $\tau_t = \bar{\tau}\,(e_t/e)^{\varphi_e}$；碳强度管制 $e_t/y_t \leqslant \bar{e}\bar{y}$，政府对每单位产量设定一个排放目标。借鉴 Elekdag 和 Tchakarov(2007)的研究，用消费补偿(Consumption Equivalent)作为福利评价指标。所谓消费补偿即为在一种政策下，其对家庭部门的总效用水平等价于无政策下的消费增长或下降的百分比，也就是说一种政策的实施结果等同于给家庭"免费"发放了多少补贴或是额外多征一笔税。

设 $W_i = E_t \sum_{t=0}^{\infty} \beta^t \left(\log c_{i,t} - \kappa_L \frac{h_{i,t}^{1+\varphi}}{1+\varphi} \right)$，$i \in (po, no)$，$po$ 表示政策情景，no 表示无政策情景。根据消费补偿 λ 定义，则有 $W_{po} = E_t \sum_{t=0}^{\infty} \beta^t \left(\log[(1+\lambda)]c_{i,t} - \kappa_L \frac{h_{i,t}^{1+\varphi}}{1+\varphi} \right)$，可解得：

$$\lambda = \exp[(1-\beta)(W_{po} - W_{no})] - 1 \tag{7.33}$$

基于表 7-2 的参数校准，表 7-3 报告了无政策情景和政策情景（三种不同政策工具都使得碳排放减少 19% 作为目标）中所有相关宏观变量的确定性稳态。正如预期，由于厂商承担了碳排放管制政策成本，政策情景下的经济活动水平降低。其中，碳减排成本占产出的 0.15%，碳排放减少 19%，产出减少 1.45%。这是因为：中间产品厂商面临与减排政策相关的成本，最好的做法是通过减少生产来减少劳动和资本投入相关成本，那么均衡时较低产出就与较低消费和投资密切相关。在政策情景下，气候变化带来的生产率损失下降 18.55%，实现低碳排放水平的福利成本达到 1.4% 左右。

表 7-3 确定性稳态分析

	无政策情景	政策情景
产出	2.278 4	2.245 4（-1.448 4%）
消费	1.209 2	1.202 2（-0.578 9%）
投资	0.613 5	0.590 9（-3.683 8%）
边际成本	0.900 0	0.879 6（-2.266 7%）
碳排放流量	1.024 8	0.831 2（-18.891 5%）
碳排放存量	1 122.821 0	1 030.613 8（-8.212 1%）
碳减排努力	0	0.177 4
碳税率	0	0.051 2
碳减排成本占产出比重	0	0.001 5
损失函数	0.012 4	0.010 1（-18.548 4%）
福利水平	-43.184 2	-41.830 0（3.135 9%）
福利成本[1]	0	1.384 8%
福利成本[2]	0	1.420 3%

注：()表示相对于无政策情景的百分比变化。福利成本[1]表示无条件消费补偿，福利成本[2]表示条件消费补偿。

尽管如此,政策情景中这种效应需要若干年后才能完全实现,需要考虑动态转移即稳态之间切换的过程。图7-2显示,无论有无金融加速器,随着碳税提高,碳排放存量缓慢地收敛到新稳态,碳排放与气候变化相关损害存在明显时滞。与无金融加速器相比,有金融加速器时碳税对经济活动都产生负面影响,消费、资本及产出初始稳态水平都下降了,但碳减排政策对消费产生了积极的影响,因为政策收入被重新分配给了家庭。

从碳减排角度看,金融加速器也促使碳排放初始稳态水平下降,这说明金融摩擦放大碳减排政策冲击影响的效应。由于借贷双方信息不对称,导致金融市场上的信贷活动存在代理成本。当金融市场上外部融资的市场主体受到碳减排政策冲

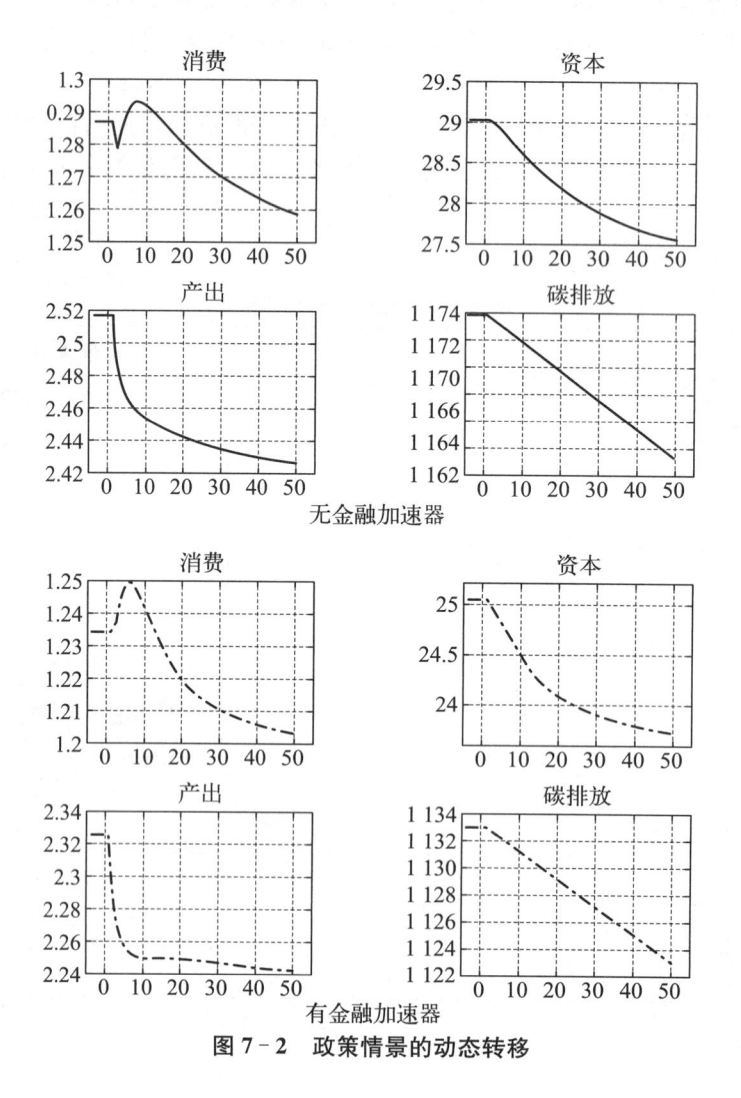

图7-2 政策情景的动态转移

击,导致其资产负债表质量变动,代理成本会相应变化,外部融资成本也相应改变。融资成本波动直接导致当期投资与产出的反向波动,进而影响下一期的资产负债表质量与外部融资成本,使之进一步变动。这一循环不断演化推进,便通过金融市场放大了初始碳减排政策冲击的影响。

第三节 政策模拟与政策分析

最后,对于模型的动态影响和福利损失问题,进一步进行不同情景的分析。

一、不同情景的动态分析

考虑到生产技术冲击是驱动经济周期的主要冲击(Kydland 和 Prescott,1982),本节以技术冲击作为模型经济主要外生冲击,分别比较四种政策情景下模型经济中关键核心变量的脉冲响应。

图7-3、图7-4显示:当生产率增长1%时,30个季度内关键经济变量偏离初始稳态的百分比。产出、消费、投资都持续上升,更高生产率带来企业边际成本的下降。经济向好使得金融机构信贷宽松,金融杠杆迅速抬高,碳排放水平迅速上升。在没有政策情景下,厂商可以不受约束地进行碳排放,故生产率增加导致相应碳排放增加。这与模型中设置产出和碳排放之间存在比例关系密切相关。在碳配额交易情景下,碳排放上限与碳排放总水平挂钩,企业面临更高减排成本,更严格的碳减排降低投资需求,从而减少了产出、消费、投资的增加幅度。在碳排放总量额度限制下,给定碳排放总量,然后通过发放许可证形式对排放权在不同经济主体间分配进行调整,这被认为"科斯定理"应用。

由于凸性的减排技术设置,减排成本比产出增加更多,减排努力作出实质性反应。随着碳减排成本增加,碳排放许可证购买需求增加,其价格随之上涨。在碳税情景下,碳税返还给家庭,生产率冲击带来产出增加的同时,也带动碳排放量的增加。更多生产导致更高的碳减排,相应地就需要更高碳减排努力和碳税。以恒定边际成本增加企业碳排放成本使私人成本和社会成本相等,碳排放的增加水平被降低,类似于经济学中的"庇古税"。

在碳强度管制情景下,碳排放强度是一个相对指标,相对产出增长来说,比碳排放配额更好地促进经济增长。预期成本更低,没有更多波动性,经济变量动态反应与无政策没有显著差异,碳排放水平与碳税情景相同,但碳排放许可价格和碳排放努力比碳税情景下低。

二、不同情景的福利分析

为了更好地理解不同政策情景下经济的动态行为,在二阶近似下计算模型条件福利及其波动。考虑到碳减排的长期滞后影响，本节做了1 000次持续时间为8年的冲击模拟。

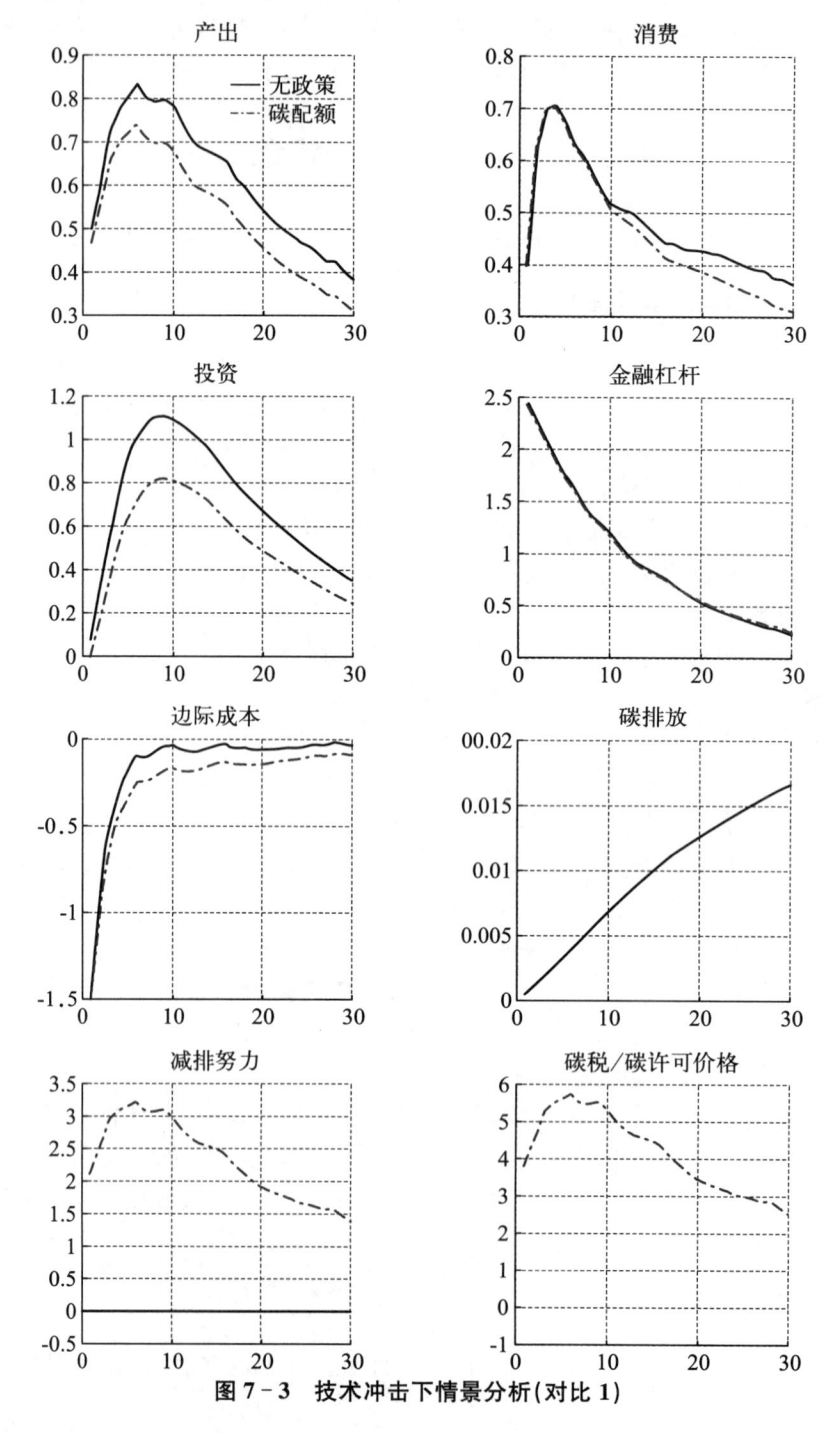

图7-3 技术冲击下情景分析(对比1)

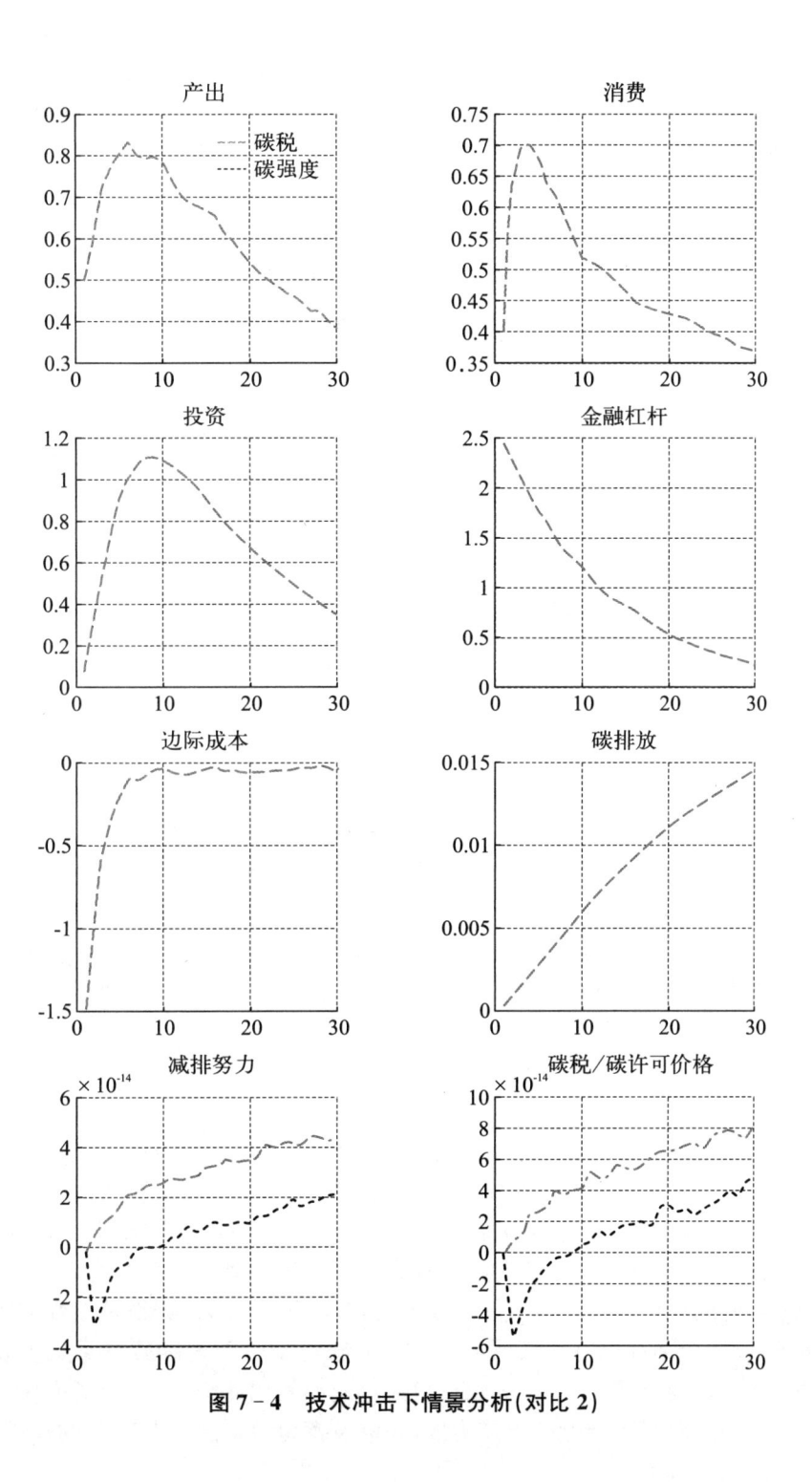

图 7-4 技术冲击下情景分析(对比 2)

表 7-4 中的模拟结果显示:相比起无政策情景,碳配额交易、碳税及碳强度管控等政策情景下,社会福利都有显著改善。其中,在 $\theta=0.407\,7$ 的金融供给摩擦下,碳配额交易政策福利改善 2.294 0%,碳强度管控政策福利改善 2.761 7%,而碳税政策在经济转型动态中对福利改善 3.159 5%。条件福利包括政策过渡(从无政策情景的稳态到达政策情景的稳态)的福利损失,由于碳税政策情景下福利标准差 0.339 4 相对较小,故获得较高福利改善程度,碳强度管控次之,碳配额交易最小。

表 7-4　不同情景下的福利评估

	无政策		碳配额交易		碳税		碳强度管控	
	均值	标准差	偏离基准值	标准差	偏离基准值	标准差	偏离基准值	标准差
$\theta=0.407\,7$	−45.449 7	0.340 6	2.294 0	0.339 8	3.159 5	0.339 4	2.761 7	0.339 6
$\theta=0.384\,7$	−45.480 6	0.341 7	2.284 5	0.340 8	3.145 1	0.340 3	2.749 7	0.340 5
$\theta=0.349\,1$	−45.503 6	0.341 5	2.283 1	0.340 7	3.143 3	0.340 2	2.748 1	0.340 4

注:"偏离基准值"表示相对无政策情景福利的改善程度,即偏离基准值 $=(Wel_{policy}-Wel_{no})/Wel_{no}\times 100\%$,其中 Wel_{policy} 表示政策情景下福利,Wel_{no} 表示无政策情景下福利。标准差是福利波动的标准差。

从金融摩擦的角度来看,随着金融监管放松,银行杠杆空间增大,无政策情景的福利下降,而碳配额交易、碳税及碳强度管控等政策情景的福利改善程度也下降。这表明金融稳定与否对碳减排具有重要的影响,这与 Capelle-Blancard 和 Laguna(2010)的研究一致。

反过来,金融稳定前提下,中央银行可通过商业信用评级、公开市场操作抵押品框架等渠道加大对绿色金融的支持力度,积极发挥绿色金融"加速器"的作用,推动实现碳达峰、碳中和的目标。

三、总结与展望

基于上述的研究,本章得出如下的结论:(1) 在碳配额交易情景下,碳排放上限与碳排放总水平挂钩,企业面临更高减排成本,更严格的碳减排降低投资需求,从而减少了产出、消费、投资的增加幅度。在碳排放总量额度限制下,给定碳排放总量,然后通过发放许可证形式对排放权在不同经济主体间分配进行调整,这被认为是"科斯定理"的应用。(2) 相比起无政策情景,碳配额交易、碳税及碳强度管控等政策情景下,社会福利都有显著改善。(3) 金融稳定与否对碳减排具有重要的影响;反过来,金融稳定前提下,中央银行可通过商业信用评级、公开市场操作抵押品框架等渠道加大对绿色金融的支持力度,积极发挥绿色金融"加速器"的作用,推动实现碳达峰、碳中和的目标。

结合上述的研究结论,本章提出如下的政策建议:

第一,未来整合资源税、环境保护税中的相关税种,开征中国特色的碳税是一个重要的选择。在环境问题方面,形成全社会一致认可的"认知意识"和"环境规则"非常重要。这方面的"认知意识"和"环境规则"包括:全社会认识到气候与环境保护的重要性,这样才可以接受开征碳税的情景;全社会遵循碳减排的意识,拥有自觉践行碳减排的消费和生产行为的规则,才能有利于减碳措施的制定和实施。

第二,明确碳税的目的是抑制碳排放,达成碳达峰、碳中和的目标,而不是充足财政收入。在制度设计上,在能源生产环节征收碳税,征管成本较低且效果较好。其次,利用碳税收入充实能源降耗基金。将该基金投放于减排技术、节能技术、新能源使用、循环经济的研发,以及用于优化风力发电、水力发电与现有电网的衔接。再次,完善碳配额交易。对电力、化工等重点排放行业设立排放总量标准,完善省内、全国省际之间的碳配额交易市场,将碳交易收入纳入企业利润总额,调动企业碳配额交易的积极性。最后,碳税税率应由低到高逐步提高,并且要提前公布碳税政策信息,增强政策预期,避免生产的波动。

第三,碳配额交易、碳税及碳强度管控等政策情景下,社会福利都有显著改善。在条件福利之下,碳税政策获得较高的福利改善程度,碳强度管控次之,碳配额交易最小。在实施减碳政策的过程中,综合主要的措施搭配使用非常重要,而不要局限于开征碳税这一种措施。

第四,对于碳减排和碳达峰的问题,需要充分发挥绿色金融的作用。金融加速器、金融抵押问题在实现碳中和、碳达峰目标的过程中也有着重要的机制作用。

在中国具体的"碳税"设计方面,本章设计如表7-5所示的方案供参考。

表7-5 中国未来碳税制度的初步设计

	纳税人	税基	税率	备注
方案一	能源生产企业	化石燃料消耗量	10—50元/吨	在能源供应环节征收碳税。在重点行业设置碳配额,通过碳配额引导企业降低碳排放。
方案二	涉及碳排放的所有企业	污染物排放量	2—5元/排放当量	考虑环境保护税的优惠政策和征管经验,通过测量温室气体排放当量,将二氧化碳等温室气体纳入碳税范围;通过检测确定纳税当量,对各个排量的企业均起到减排作用
方案三	能源生产企业及涉及碳排放的所有企业	化石燃料消耗量及污染物排放量	10—50元/吨;2—5元/排放当量	符合标准的大型企业加入碳配额交易市场控制碳排放总量,小型企业实行污染当量税,逐步完善碳交易市场后纳入更多企业。

第四节　相关程序代码

一、基本程序代码(Dynare code:Code7.mod)

```
% Define the policy regime
% tax=1: tax regime. If parameter tau=0, no policy regime
% cap=1: fixed amount of emissions
% target=1: emission target for unit of output
@#define tax    = 0
@#define cap    = 0
@#define target = 1
var
wel           % welfare metric
wel_c         % consumption part
wel_h         % labor part
c             % consumption
rk            % rental rate of capital
rr            % real interest rate
w             % real wage
h             % hours
y             % output
k             % capital
q             % Tobin Q
i             % investment
lambda        % marginal utility of consumption
rn            % nominal interest rate
pi            % inflation
mc            % net marginal cost
n             % bank capital
d             % bank deposit
nu            % bank SDF
lev           % bank leverage
sp            % credit spread
```

rb		% loan interest
g		% public spending
a		% exogenous TFP
e		% emissions
x		% atmospheric carbon
mu		% abatement effort
cost		% cost of emissions abatement
A		% endogenous TFP
tau		% tax/price of emission permits
cy		% cost of emissions abatement to output
DF		% damage function

%% log variables to have IRFs in percentage deviations from the ss
clog wlog hlog klog ilog xlog elog mulog ylog levlog nlog mclog taulog

;
varexo

va	% productivity shock
vg	% public spending shock
vm	% monetary policy shock

;
parameters

bet	% discount factor
alp	% elasticity of production wrt capital
eps	% elasticity of substitution btw differentiated goods
del	% depreciation rate
sig	% relative risk aversion
phi	% inverse of Frisch elasticity
eta	% pollution decay
gamma1	% shifter in the emission function
gamma2	% concavity of emission function
theta1	% shifter in the abatement function
theta2	% convexity in the abatement function
d0	% constant in damage function
d1	% 1st order coefficient term in damage function

```
    d2              % 2nd order coefficient term in damage function
    d3              % damage function shifter
    kappaL          % labor disutility shifter
    chi             % survival rate of bankers
    theta           % fraction of convertible assets
    iota            % transfer to new bankers
    erow            % row emissions
    tauss           % emission tax
    ey              % emission target
% steady state values
    gss ass piss kss rnss yss xss hss spss levss nuss
    calvo           % calvo parameter
    kappaP          % price adjustment costs
    kappaI          % investment adjustment cost
    phipi           % mp response to inflation
    phiy            % mp response to output
    rhoa            % tfp persistence
    rhog            % public spending persistence
    rhom            % monetary policy inertia
;
load dat;   % load mat file created in console
set_param_value('alp',alp);
set_param_value('bet',bet);
set_param_value('del',del);
set_param_value('sig',sig);
set_param_value('phi',phi);
set_param_value('kappaL',kappaL);
set_param_value('iota',iota);
set_param_value('theta',theta);
set_param_value('chi',chi);
set_param_value('eps',eps);
set_param_value('d0',d0);
set_param_value('d1',d1);
set_param_value('d2',d2);
```

```
set_param_value ('d3',d3);
set_param_value ('eta',eta);
set_param_value ('theta1',theta1);
set_param_value ('theta2',theta2);
set_param_value ('gamma1',gamma1);
set_param_value ('gamma2',gamma2);
set_param_value ('erow',erow);
set_param_value ('ey',ey);
set_param_value ('piss',pi);
set_param_value ('rnss',rn);
set_param_value ('tauss',tau);
set_param_value ('nuss',nu);
set_param_value ('gss',g);
set_param_value ('ass',a);
set_param_value ('yss',y);
set_param_value ('xss',x);
set_param_value ('hss',h);
set_param_value ('kss',k);
set_param_value ('levss',lev);
set_param_value ('spss',sp);
phipi=1.5;        % mp response to inflation
phiy=0.125;       % mp response to output
kappaI=2.48;      % investment adjustment cost (as in CEE). If 0, q is constant
rhoa=0.95;        % tfp persistence
rhog=0.97;        % public spending persistence
rhom=0.8;         % monetary policy inertia
calvo=0.75;       % price rigidity in calvo framework
kappaP=(eps-1)*calvo/(piss*(1-calvo)*(1-bet*calvo));
model;
% Households sector
[name='welfare metric']
wel=wel_c+wel_h;

[name='consumption part']
```

```
wel_c=log(c)+bet*wel_c(+1);


[name='labor part']
wel_h=-kappaL*h^(1+phi)/(1+phi)+bet*wel_h(+1);


[name='marginal consumption utlity']
lambda=c^-sig;


[name='eula equation']
1=bet*lambda(+1)/lambda*rn/pi(+1);


[name='labor supply']
kappaL*h^(phi)=w*lambda;


% Banking sector
[name='aggregate leverage']
lev=bet*lambda(+1)/lambda*nu(+1)*rn/pi(+1)/(theta-bet*lambda(+1)/lambda*nu(+1)*(rb(+1)-rn/pi(+1)));


[name='leverage define']
lev=q*k/n;


[name='balance sheet in bank']
q*k=d+n;


[name='bank net capital equation']
n=chi*((rb-rn(-1)/pi)*lev(-1)+rn(-1)/pi)*n(-1)+iota*q*k(-1);


[name='bank stochastic discount factor']
nu=1-chi+chi*bet*lambda(1)/lambda*nu(1)*((rb(+1)-rn/pi(+1))*lev+rn/pi(+1));


% Firms
```

[name='firm production function']
y=A*k(-1)^alp*h^(1-alp);

[name='labor demand']
(1-alp)*mc*y=w*h;

[name='capital demand']
alp*mc*y=rk*k(-1);

[name='loan demand']
rk=rb*q(-1)-(1-del)*q;

[name='emission demand']
mu=(tau*gamma1/(theta1*theta2)*y^(-gamma2))^(1/(theta2-1));

[name='Phillips curve']
(pi-piss)*pi=bet*(lambda(+1)/lambda*y(+1)/y*pi(+1)*(pi(+1)-piss))
    +eps/kappaP*(mc+(1-gamma2)*gamma1*tau*(1-mu)*y^(-gamma2)+theta1*mu^(theta2)-(eps-1)/eps);

% Capital-firms
[name='capital stock equation']
k=(1-del)*k(-1)+(1-kappaI/2*(i/i(-1)-1)^2)*i;

[name='Tobin Q']
1=q*(1-kappaI/2*(i/i(-1)-1)^2-kappaI*(i/i(-1)-1)*i/i(-1))+kappaI*bet*lambda(+1)/lambda*q(+1)*(i(+1)/i-1)*(i(+1)/i)^2;

% Environment
[name='Atmospheric carbon equation']
x=eta*x(-1)+e+erow;

```
[name='Firm-level emissions']
e=(1-mu)*gamma1*y^(1-gamma2);

[name='cost of emissions abatement']
cost=theta1*mu^(theta2)*y;

[name='cost of emissions abatement to output']
cy=cost/y;

[name='total factor productivity']
A=(1-d3*(d0+d1*x+d2*x^2))*a;

[name='damage function']
DF=d3*(d0+d1*x+d2*x^2);

% Market clearing
[name='goods market clearing']
y=c+i+g*y+(kappaP/2*(pi-piss)^2)*y+theta1*mu^(theta2)*y;

% Monetary Policy
[name='Taylor rule']
rn/(rnss)=((pi/piss)^(phipi)*(y/yss)^(phiy))^(1-rhom)*(rn(-1)/rnss)^(rhom)*exp(vm);

% Enviromental policy
@#if tax
tau=tauss;
@#endif
@#if cap
e=xss*(1-eta)-erow;
@#endif
@#if target
e=ey*y;
@#endif
```

```
% Shocks
[name='TFP shock']
log(a)=(1-rhoa)*log(ass)+rhoa*log(a(-1))+va;

[name='government spending shock']
log(g)=(1-rhog)*log(gss)+rhog*log(g(-1))+vg;

% Auxiliary variables
rr=rn/pi(+1);
sp=rb(+1)-rn/pi(+1);
clog=log(c);
wlog=log(w);
hlog=log(h);
klog=log(k);
ilog=log(i);
elog=log(e);
xlog=log(x);
mulog=log(mu);
ylog=log(y);
levlog=log(lev);
nlog=log(n);
mclog=log(mc);
taulog=log(tau);
end;

%% Steady State
steady_state_model;
tau=tauss;
pi=piss;
rr=1/bet;
rn=pi/bet;
q=1;
a=ass;
g=gss;
```

```
rb=spss+1/bet;
rk=rb-(1-del);
y=yss;
h=hss;
x=xss;
sp=spss;
n=kss/levss;
d=kss-kss/levss;
lev=levss;
nu=nuss;

e=x*(1-eta)-erow;
mu=(gamma1*tau/(theta1*theta2)*y^(-gamma2))^(1/(theta2-1));
A=(1-d3*(d0+d1*x+d2*x^2))*a;
mc=(eps-1)/(eps)-(1-gamma2)*gamma1*tau*y^(-gamma2)*(1-mu)-theta1*mu^(theta2);
k=alp*mc*y/rk;
i=del*k;
w=(1-alp)*mc*y/h;
c=y-i-g*y-y*theta1*mu^(theta2);
lambda=c^(-sig);
cost=theta1*mu^(theta2)*y;
cy=cost/y;
DF=d3*(d0+d1*x+d2*x^2);

wel_c=log(c)/(1-bet);
wel_h=-kappaL*h^(1+phi)/(1+phi)/(1-bet);
wel=wel_c+wel_h;

clog=log(c);
wlog=log(w);
hlog=log(h);
klog=log(k);
```

```
ilog=log(i);
elog=log(e);
xlog=log(x);
mulog=log(mu);
ylog=log(y);
levlog=log(lev);
nlog=log(n);
mclog=log(mc);
taulog=log(tau);
end;
steady;
check;

%% Shocks
shocks;
var va; stderr 0.01;
var vg; stderr 0.01;
var vm; stderr 0.0025;
end;

%% IRFs
stoch_simul(irf=30,order=1, hp_filter=1600,irf_shocks=(va),noprint,nograph);
```

二、运行该程序需要导入的数据(dat.mat)

Name	Value
a	1
alp	0.4500
bet	0.9900
chi	0.9720
d0	0.0014
d1	-6.6722e-06
d2	1.4647e-08
d3	1
del	0.0250
eps	10
erow	1.3331
eta	0.9979
ey	0.3792
g	0.2000
gamma1	0.4500
gamma2	0
h	0.3333
iota	-1.5727e-04
k	23.8092
kappaL	4.7215
lev	8
nu	3.1984
phi	0.5000
pi	1
rn	1.0101
sig	1
sp	0.0025
tau	0.0412
theta	0.4077
theta1	0.1850
theta2	2.8000
x	1.0415e+03
y	2.2522

本章附录　模型系统中所有一阶均衡方程

$$\lambda_t = c_t^{-\sigma} \tag{附7.1}$$

$$\kappa_L\, h_t^\varphi = \lambda_t\, w_t \tag{附7.2}$$

$$\lambda_t = \beta E_t \left(\lambda_{t+1}\, \frac{r_t^n}{\pi_{t+1}} \right) \tag{附7.3}$$

$$q_t\, k_t = n_t + d_t \tag{附7.4}$$

$$v_{kt} = E_t \left[\beta \lambda_{t+1}/\lambda_t\, v_{t+1} \left(r_{t+1}^b - r_t^n / \pi_{t+1} \right) \right] \tag{附7.5}$$

$$v_{nt} = E_t\left[\beta\lambda_{t+1}/\lambda_t\, v_{t+1}\, r_t^n/\pi_{t+1}\right] \tag{附7.6}$$

$$lev_t = \frac{v_{nt}}{\theta - v_{kt}} \tag{附7.7}$$

$$lev_t = \frac{q_t\, k_t}{n_t} \tag{附7.8}$$

$$n_t = \chi\left[\left(r_t^b - \frac{r_{t-1}^n}{\pi_t}\right)lev_{t-1} + \frac{r_{t-1}^n}{\pi_t}\right]n_{t-1} + \iota\, q_t\, k_{t-1} \tag{附7.9}$$

$$v_t = (1-\chi) + \beta\chi E_t\left\{\frac{\lambda_{t+1}}{\lambda_t}v_{t+1}\left[\left(r_{t+1}^b - \frac{r_t^n}{\pi_{t+1}}\right)lev_t + \frac{r_t^n}{\pi_{t+1}}\right]\right\} \tag{附7.10}$$

$$y_t = A_t k_{t-1}^a h_t^{1-a} \tag{附7.11}$$

$$r_t^k = mc_t \alpha A_t k_{t-1}^{a-1} h_t^{1-a} \tag{附7.12}$$

$$w_t = mc_t(1-\alpha) A_t k_{t-1}^a h_t^{-a} \tag{附7.13}$$

$$r_t^k = r_t^b q_{t-1} - (1-\delta) q_t \tag{附7.14}$$

$$\tau_t\, y_t^{-\gamma_2}\, \gamma_1\left(\frac{p_t(i)}{p_t}\right)^{\gamma_2\varepsilon} = \theta_1\, \theta_2\, \mu_t(i)^{\theta_2-1} \tag{附7.15}$$

$$\pi_t(\pi_t - \bar{\pi}) = \beta E_t\left[\frac{\lambda_{t+1}}{\lambda_t}\pi_{t+1}(\pi_{t+1}-\bar{\pi})^2\frac{y_{t+1}}{y_t}\right]$$
$$+ \frac{\varepsilon}{\kappa_p}\left\{\left[mc_t + (1-\gamma_2)\gamma_1\tau_t y_t^{-\gamma_2}(1-\mu_t) + \theta_1\mu_t^{\theta_2}\right] - \frac{\varepsilon-1}{\varepsilon}\right\} \tag{附7.16}$$

$$k_t = (1-\delta)k_{t-1} + \left[1 - \frac{\kappa_I}{2}\left(\frac{i_t}{i_{t-1}}-1\right)^2\right]i_t \tag{附7.17}$$

$$q_t\left\{1 - \frac{\kappa_I}{2}\left(\frac{i_t}{i_{t-1}}-1\right)^2 - \kappa_I\frac{i_t}{i_{t-1}}\left(\frac{i_t}{i_{t-1}}-1\right)\right\}$$
$$+ \beta E_t\left[\frac{\lambda_{t+1}}{\lambda_t}q_{t+1}\left(\frac{i_{t+1}}{i_t}\right)^2\kappa_I\left(\frac{i_{t+1}}{i_t}-1\right)\right] = 1 \tag{附7.18}$$

$$A_t = \left[1 - d_3(d_0 + d_1 x_t + d_2 x_t^2)\right]a_t \tag{附7.19}$$

$$x_t = \eta x_{t-1} + e_t + e^{row} \tag{附7.20}$$

$$e_t(i) = (1-\mu_t(i))\gamma_1 y_t(i)^{1-\gamma_2} \tag{附7.21}$$

$$z_t(i) = y_t(i)\theta_1\mu_t(i)^{\theta_2} \tag{附7.22}$$

$$g_t = t_t + \tau_t e_t \tag{附7.23}$$

$$y_t = C_t + I_t + g_t + \frac{\kappa_p}{2}(\pi_t - \bar{\pi})^2 y_t + y_t\theta_1\mu_t^{\theta_2} \tag{附7.24}$$

$$\frac{r_t^n}{r^n} = \left(\frac{r_{t-1}^n}{r^n}\right)^{\rho_r}\left[\left(\frac{\pi_t}{\bar{\pi}}\right)^{\varphi_\pi}\left(\frac{y_t}{y}\right)^{\varphi_y}\right]^{1-\rho_r}\exp v_t^m \tag{附7.25}$$

$$\log a_t = (1-\rho_a)\log\bar{a} + \rho_a\log a_{t-1} + v_t^a \tag{附7.26}$$

$$\log g_t = (1-\rho_g)\log\bar{g} + \rho_g\log g_{t-1} + v_t^g \tag{附7.27}$$

第八章 数字税收、价格黏性与货币政策有效性

——含线上企业与数字税的动态随机一般均衡模型

数字经济是依赖于数字化的知识与信息,引导、实现资源的快速优化配置与再生,通过产品、服务获利的一种经济形态。数字经济最重要的特征是体现"渠道价值"和"信息价值"。并且,在部分行业与产业,基于"渠道价值"和"信息价值"的独有垄断优势获得超额利润。2016 年以来,随着网络直播、线上购物、远程办公、在线教育等数字经济迅速发展,数据已成为继土地、资本和劳动之后的第四种要素,正在对经济社会各方面产生深刻的影响。特别是在新冠肺炎疫情全球大流行期间,大量的线下消费场景关闭,线下经济发展受较大抑制,而以线上经济为代表的数字经济一枝独秀,零接触式销售模式减轻了线下消费大幅受挫的影响,发挥着经济稳定器的作用。

第一节 改革背景与现实意义

一、改革的背景

在后疫情时代,许多公司转向基于互联网的系统,以提高效率、降低运营成本,实现在不同平台之间的实时交易。发展数字经济成为发展中经济体实现持续增长、在未来发展中占据主导地位的战略选择。2021 年 10 月 18 日,十九届中央政治局就推动中国数字经济健康发展进行第三十四次集体学习,习近平总书记主持学习并发表重要讲话。习近平总书记于 2021 年 1 月在《求是》杂志发表《不断做强做优做大我国数字经济》。在中国国家战略的推进过程中,《网络强国战略实施纲要》《数字经济发展战略纲要》相继颁布,地方政府竞相发展数字经济。以地区经济为例,浙江推动"数字经济化"、江苏面临"经济数字化"是典型的特征对照。2020 年 12 月 24 日浙江省十三届人大常委会第二十六次会议通过了《浙江省数字经济促进条例》,定期发布《浙江省数字经济发展白皮书》,制定《浙江省高质量推进数字经济发展年度工作要点》。2022 年 2 月 9 日,中共江苏省委江苏省人民政府发布《关于全面提升江苏数字经济发展水平的指导意见》;江苏省于 2022 年 8 月 1 日起施行《江苏省数字经济促进条例》,加快"智改数转"的步伐。

与此同时，随着数字经济的发展，税收和税源背离问题凸显。跨国数字企业由于缺乏税收实体，在用户创造价值的管辖区缴纳极少的税收，甚至通过一系列手段逃避在利润来源国的纳税责任，造成市场辖区内实体企业以及跨国企业间税负的不平等。为弥补现行国际税收规则对数字经济发展的不适应性，避免大型跨国企业依据现行国际税收规则逃避在本国的纳税责任，数字税收开始在全球范围内纷纷落地。数字经济已经逐渐成为税收征管中最不可忽视的领域。

特别地，随着数字经济时代的到来，传统税收征管体系已经无法满足现阶段的税收征管要求。一方面，由于数据市场机制不完善、交易过程虚拟化等问题使得涉税交易难以捕捉，增加了针对数字经济相关交易活动的税收工作开展难度，给税收带来了新的挑战。在传统的交易形式下，实体经济在交易过程中的税制要素易于确认，征税对象具有确定性。互联网的高速发展改变了交易模式，商品形态从有形变为无形，数字经济与传统经济相互交织，衍生出一系列税收问题。另一方面，数字经济使得运营去实体化，跨国企业数字业务不易被观察，在国际税收征管过程中利用制度漏洞进行逃税、避税的情况日趋严重。因而，如果税收制度不与时俱进，不仅会造成国家税款流失、影响地方企业的发展，可能还会引发大规模的跨国企业利润转移、企业间税负严重不公等问题。

在现实经济中，OECD 国家已经开始对数字经济行为征税，也就是数字服务税。据统计，全球范围内已经有 46 个国家宣布开始或拟开始以企业的营收和利润为基础征收数字税。部分国家数字服务税的征收情况如表 8-1 所示。

表 8-1 各国数字服务税的征收情况

国别或是地区		生效日期	纳税人	税种	税率	税基	征税标准
欧洲	法国	2019年1月1日	居民和非居民企业	数字服务税	3%	在线广告收入、销售用于广告目的的个人数据以及提供点对点在线平台服务的收入	全球年营业收入超过 7.5 亿欧元或本国年营业收入超过 2 500 万欧元
	奥地利	2020年1月1日	企业	数字服务税	5%	数字广告收入	全球年营业收入超过 7.5 亿欧元或本国年营业收入超过 2 500 万欧元
	意大利	2020年1月1日	大型科技企业	数字服务税	3%	基于数据接口的广告、商品与服务贸易、用户数据传输收入	全球年营业收入超过 7.5 亿欧元或本国年营业收入超过 550 万欧元

续表

国别或是地区		生效日期	纳税人	税种	税率	税基	征税标准
欧洲	土耳其	2020年3月1日	服务供应商	数字服务税	7.5%	在线广告服务、数字音频视频等规定的数字服务取得的收入	全球年营业收入超过7.5亿欧元或本国年营业收入超过2 000万土耳其里拉(约合400万美元)
	西班牙	2021年1月16日	大型数字服务企业	数字服务税	3%	线上广告服务与销售收入、用户数据销售收入等	全球年营业收入超过7.5亿欧元或本国年营业收入超过300万欧元
	英国	2020年4月1日	在英国的个人和在英国成立的企业	数字服务税	2%	社交媒体、线上市场、搜索引擎收入	全球年营业收入超过5亿英镑或本国年营业收入超过2 500万英镑。其中,对于利润较低或亏损的企业,可选择"安全港"计算方式缴纳,即可豁免或以较低税率征收
亚洲	日本	2015年10月	数字企业	数字税	8%	数字企业	年度起征点为营业额1 000万日元
	韩国	2019年7月	外国公司	增值税	10%	在线广告服务收入	外国企业的数字服务
	印度	2016年	外国公司	平衡税	6%	在线广告服务收入	对跨境在线广告单边实施6%税率,判断标准为"显著经济存在"
		2020年4月1日			2%	国外数字经济企业销售额	本地年销售额超过2 000万卢比(约合26万美元)的外国公司
	新加坡	2020年1月1日	境内和境外企业	消费税(商品与服务税)	7%	跨境数字企业的B2C业务及B2B业务	每年全球营业额超过100万新加坡元且其中包括对新加坡用户销售数字服务达10万新加坡元以上者。需要在新加坡注册并缴纳商品与服务税

续表

国别或是地区	生效日期	纳税人	税种	税率	税基	征税标准
亚洲	印度尼西亚	2019年11月25日	外国公司	数字税	10%	进行电子商品或服务贸易	在印尼积极进行电子商品或服务贸易的外国公司被视为"实际存在",必须任命该国代表并缴纳所适用税款,同时履行保护客户数据、提供客户服务、与当局共享统计数据等义务
	马来西亚	2020年1月	外国企业(外国数字服务供应商)	数字服务税	6%	进口的软件、音乐、视频和数字广告等在线服务	对数字和非数字交易征收10%的预扣税
	哈萨克斯坦		外国公司	增值税	12%	电商平台或网站销售商品或服务取得的收入	1. 外国互联网公司通过电商平台或网站销售商品或服务时,需按照12%的税率缴纳增值税。2. 从事数字"挖矿"的企业将按照所消耗的电量纳税,税率为每度电1坚戈
非洲	肯尼亚	2020年6月30日	数字服务提供商、数字市场提供商	数字服务税	1.5%	数字服务总交易价值	在肯尼亚通过数字市场提供服务的收入,并将按交易总额(不含增值税)的1.5%征收,且应在服务商收到服务付款时缴纳。向肯尼亚境内的用户提供或协助提供服务时,都需要缴纳数字服务税。需指出的是,肯尼亚数字服务税不是最终税,而是可以冲抵纳税人当年的其他应纳税款
	突尼斯	2020年1月1日	非居民企业	数字税	3%	数字应用程序和数字服务收入	通过互联网提供数字应用程序和数字服务征收数字税

续表

国别或是地区		生效日期	纳税人	税种	税率	税基	征税标准
美洲	加拿大	2022年1月1日	信托、合伙、公司和其他实体,但不包括个人和皇家公司	数字服务税	3%	数字服务收入。数字服务活动包括"在线市场服务""在线广告服务""社交媒体服务"和"用户数据利用"	纳税人上一年度(不早于2022年)的全球营业收入应不少于7.5亿欧元,且当年源自加拿大用户的数字服务收入不少于2 000万美元,营业收入以按照可接受会计原则(如IFRS)编制的财务会计报表确定
	墨西哥	2020年1月	提供数字服务(包括B2B和B2C)的跨国企业	增值税	5.4%	提供特定类型数字服务的获利所得	在数字环境中销售商品和服务的技术平台(如美客多、亚马逊、优步、奈飞等)必须遵守新的税收规定,专门对于允许个人或中小企业以市场形式在线销售的电子商务平台
	智利	2020年8月1日	非居民企业	增值税	19%	提供"远程服务"所获得收入	提供"远程服务"的非居民企业在对未登记增值税的智利居民或个人提供此类服务时,必须开始针对此类服务征收增值税

资料来源:根据龚辉文《数字服务税的实践进展及其引发的争议与反思》(《税务研究》2021年第1期)、陈赟《数字税的内卷与破圈——关于数字税基本问题的思考》(《通信企业管理》2022年第3期)、何代欣《东盟国家数字经济税:运行特征及经验启示》(《中国发展观察》2021年第9—10期)、张秀青和赵雪妍《全球数字税发展进程、特征与趋势及中国立场》(《全球化》2021年第4期)及其他公开的资料整理形成。

当然,对于数字服务征税也有不同的观点。Lowry(2019)认为:数字服务税是一种选择性税收(类似于消费税),而不是对企业利润征税,适用于应税活动产生的收入而不考虑企业的成本。受市场机制的影响,数字服务税的征收可能会提高产品或服务的价格,减少部分产品的供应量,并减少对这些部门的投资;某些设计特点也可能造成公司之间的不公平待遇,增加管理的复杂性。

在另一方面,数字经济发展之下,线上经济与线下经济存在明显的部门异质性和定价不对称性,线下市场定价成本是线上定价成本的4倍左右,且线上价格调整灵活容易(姜婷凤等,2020)。显然,数字经济降低了信息成本,提升了信息透明度,削弱了垄断定价能力和价格黏性。价格黏性(Price Stickiness)是凯恩斯经济理论分析的重要基础,也是货币政策有效的关键假设。那么,在数字经济不断深化发展的背景下,货币政策是否还能像过去一样发挥预期效果？相应地,从理论逻辑来看,数字税收的开征及其税率设定必然对市场价格产生一定的影响。而数字经济比重的提高又会使市场价格黏性降低,从而减弱货币政策的效果。由此可见,数字税收已经不再是一个简单的财税问题。在相当程度上,在数字经济环境下征收数字税收时,中央银行应如何调整货币政策的目标以应对价格黏性变化,其是必须要考虑的关键因素。

总之,对于中国而言,讨论开征数字税收并分析数字税收对于宏观经济的影响是未来前瞻性的考虑。因此,本章从价格黏性角度出发,主要侧重讨论数字税收开征及税率设定,对宏观经济主要变量及货币政策调控的影响,强调数字经济下开征数字税收的时机选择问题。

二、现有研究述评

关于数字经济的总体描述和经济体制方面,是现有研究首要关注的问题。在本质上数字经济是"去物质化"。当前的数字经济呈现虚拟化,所有产品逐步不再以物质形式出现。产品的研发、制造、营销和运营等生产过程也由传统方式转变为互联网方式(李海舰和李燕,2020)。通过研究数字化和数字经济与社会指数的影响,Forțea(2020)研究认为：新技术促进了新的商业模式,对现有的国际税收规则施加了压力,传统企业日益数字化以及纯数字化运营公司的出现,直接和间接地影响了国家和国际税收系统的运作。通过对比数字经济时代的税制与工业经济时代的税制,肖育才和杨磊(2022)研究认为：数字经济时代下经济特征发生变化,颠覆了传统经济时代的生产和营销模式。通过讨论政府在确保数字经济正常运行中的作用,Spence(2021)研究认为：需要政府来监督市场,鼓励更多创新,各国政府不应该将自己孤立在当代数字经济中,而是共同努力为数据财产分配制定有效的制度和法律框架,为数字经济设计有效的税收和激励体系,迎接数字时代的新挑战。

相关研究开始关注数字经济的理论问题,关注对现有经济体系的影响方面。采用动态随机一般均衡模型,Klinlampu等(2019)预测信息和通信技术对泰国经济部门的影响,研究发现：信息和通信技术投资可以积极促进消费和未来投资的增加。数字经济迅速发展,同时宏观经济的短期波动变得愈加频繁,理解宏观经济短期分析的基础——价格黏性、减少宏观政策时滞,变得愈加重要(姜婷凤等,2020)。通过新凯恩斯主义动态随机一般均衡模型,基于价格黏性视角研究数字经济对货币政策的影响,彭安兴等(2021)认为：在数字经济下商品价格黏性不显著,弱化了货币政策的效果。通过构建包含数字经济部门的DSGE模型,张良贵等(2022)研究认为：数字经济结构变化对研发效率的影响大于对闲暇时间的影响，数字经济推动高质量发展会呈现倒"U"形走势。当然，不可忽视的是，在数字经济中存有较特殊的数字货币问题。譬如，通过研究数字时代下加密资产的货币政策，何东(2018)认为政府要对数字货币采取严格监管，加强对消费者的保护，对加密资产进行有效的征税。运用 DSGE 模型来评估加密货币的经济影响，Asimakopoulos 等(2019)研究发现：政府货币和加密货币的实际余额在应对技术、偏好和货币政策冲击时存在替代效应。此外，加密货币生产率冲击对产出以及政府货币与加密货币之间的汇率有负面影响。通过构建 DSGE 模型，吕江林等(2020)研究认为：中央银行数字货币的发行不会给宏观经济带来较大波动，但会对中央银行数字货币等若干重要金融变量产生较明显的影响。由于数字货币方面的文献较多，为围绕主题此处不再赘述。

近几年来，数字经济对于税收征管的挑战引起了广泛的关注。随着数字经济对社会各领域产生的影响，消费者行为和商业模式已经发生了变化，为部分企业带来了益处，消除了进入市场的障碍，但带来新机会的同时也带来了新的税收征管挑战(Rujoiu, 2019)。数字技术提高了传统行业经营效率，但随着数字经济的不断扩大和经济的高度数字化，税收与基层税务部门的征管能力逐渐不匹配，对税收征管也带来更大的冲击和挑战(国家税务总局税收科学研究所课题组, 2020)。在欧盟理事会对数字经济的多次研究和汇报中，Șova and Popa(2020)研究认为：税收的主要缺陷是在实体存在的公司上建立，数字经济的发展使得实体不复存在，有必要对常设机构概念重新进行定义，以确保数字利润的获取地和征税地之间存在真正的联系。以罗马尼亚为例研究是否开征数字税收，Popoviciu 等(2021)研究认为：虽然罗马尼亚数字经济行业整体经济表现良好，但远落后于其他欧洲国家，欧洲委员会提出的流转税负在罗马尼亚无法支撑，数字税的制定要结合国情分析。秦思楠(2022)研究认为，由于数字经济的无形性和业务的模糊性，税收征管面临如下挑战：一是税务机关获取涉税信息能力不足；二是税收征管模式难以与线上交易平台相契合；三是税收征管信息化进程存在一定的迟滞。应对挑战，Richter(2019)认为：国家通常会干预价格管制，数字税的引入是实现数字经济公平征税的第一步，各国已经开始扩大对数字经济活动的来源征税。

结合国际经验，一些研究总结了其他国家开征数字税收对于中国的借鉴意义。通过分析数字经济对跨境业务的影响以及国际上的应对措施，石媛媛(2020)建议：中国不仅要紧跟数字经济税收政策的发展方向，防止各国单边做法，最重要的是从根本上改变判断所得来源地和利润归属规则，切实保障国内税款征收。从数字税的起源入手，赵永升和吕一彤(2021)分析了法国和美国关于数字税的争论，研究法国、美国等国家的经验对于中国开征数字税的启示意义。国家税务总局青岛市税务局课题组(2022)总结分析了美国和法国数字经济税制的改革经验。

从国际税收的角度，数字经济下的商业模式给税收制度带来了压力。Rigó 和 Tóth(2020)认为：提供数字服务的全球公司利用这些国家的公共服务、从中获得产生收入的数据的同时，不用承担国家的公共负担。并且在越开放、数字化越发达的国家，这种现象越普遍存在。因此，征收数字税对一个打算不在本国居住的纳税人构成挑战，从而说明了开征数字税的必要性。Cuenca(2021)认为当前的国际税收框架最初是为实体经济设计的，对无形资产(即商品和服务的数字和跨境流动)征税一直是税收政策制定者和管理者面临的一大挑战，特别是因为跨境背景下对数字交易征税对税收权和国家间利润分配提出了若干挑战。李香菊等(2020)认为：各国解决数字经济下主要税收问题措施通常从常设机构原则的调整、转让定价规则的完善、扩大间接税的征收范围和相关新技术的应用等方面下手。结合"数字税"改革的背景与目标，茅孝军(2020)认为：在现有国际税制框架内，国际税制的改革之一是运用数字经济对资源进行整合。通过对数字税存在的问题和风险进行分析，王飞(2021)认为：在面对数字经济带来的税收挑战时，要准确把握数字经济的发展特点，坚持税收的多边主义。通过国际社会对特许权使用费的界定和征税权进行划分，彭晓洁等(2022)发现：传统的税收征管方式已无法满足数字经济化下特许权使用费的跨境所得征税问题。针对数字经济的国际税收问题，Kurihara(2021)讨论了三个方面的问题：计算和分配可归属利润方法的要求是否明确；建立有效的制度——要求在市场国家进行登记、税务当局之间进行信息共享，以确保适当的税务申报和付款，并避免过高的遵守成本；促成国际共识以分配利润，并建立有效的多边争端解决框架。总之，国内外在税收方面的利益冲突已被视为一个既定的问题，数字税的引入具有引人注目的潜力，可以引导发展到一种以规范、协调的利润分配为特征的国际税收制度。

相应地，针对中国数字税收的制度讨论逐渐增加。在数字化快速发展的当代中国，智勐(2020)认为国家应加快转变税收管理方式，建设数字税务，完善数字税务建设工程，全面提升税收工作，发挥税收在国家治理中的支柱性作用。袁娇等(2021)建议构建新型数字税制体系，以推进精确执法、精诚共治；在征管需求层面，推动数字技术的全流程应用，实现税收征管"数智化"，精准分类为"纳税人画像"。薛榆淞(2022)认为将数字税收作为常设税种具有必要性和正当性，开征数字服务税有助于减轻税收负担分配不公的问题，保护本国税基。王雍君和王冉冉(2022)认为：数字经济税收治理还涉及尊重和保障财政自立性这一重大主题，建议把解决纳税地点与财政体制的兼容问题作为税收治理的一个中心主题。胡翔(2022)认为：在数字经济背景下落实税收法定原则有助于弥合税收治理现代化中的缺漏，建议从交易识别、漏洞填补和动态规制中寻求中国数字经济课税的一般标准、立法路径和治理方式。

综上所述，现有文献研究还存在以下几点不足：(1) 目前对数字经济及其税收方面的定性讨论较多,基于理论模型研究数字经济对宏观经济影响的相对较少;(2)针对数字税收的政策讨论较多,研究数字税收开征影响的理论研究较少,现有研究未区分线上企业和线下企业进行异质性讨论;(3)针对数字经济税收的研究局限于就税收论税收,缺乏结合宏观货币政策和价格黏性方面的理论思考。

三、本章的创新点

鉴于以上的不足,本章力图实现以下几个方面的创新:

第一,采用动态随机一般均衡模型研究数字经济对于宏观经济体系的影响,首次设置线上企业和线下企业并设置"数字税收",将其置入动态随机一般均衡模型中。

第二,研究开征数字税收对于异质性企业(线上企业和线下企业)的宏观经济影响,以及其对于其他宏观经济体系的影响,讨论数字税收征收与否对整个宏观经济稳态的影响。

第三,研究开征数字税收对于宏观货币政策传导的影响,跳出就税收论税收、脱离宏观经济体系研究税收问题的局限,分析数字税收开征的时机问题。

四、改革的现实意义

(一)有利于完善现有的税收制度

数字经济的出现颠覆了传统的生产销售模式,税制要素在数字经济下难以确定。通过研究数字经济可以更好地把握数字要素的来源和使用,特别是纳税主体、征税对象和征税范围等税制要素方面。将数字经济活动纳入征税范围,顺应新时代的呼唤和要求,完善现有的税收管理,对推动新时代税收现代化,实现经济高质量发展具有重要意义。

(二)有利于提高税收征收管理的效率

数字经济下的税收征管主要是运用信息技术手段,建立适合数字化产品和服务、数字经济下企业工作方式和应用体系的税收征管模式,以此实现税收治理的精准化、管理的智能化和服务的高效化,加快推动税收信息化建设。建立"数字服务税收"可以增加税收负担预测的可能性,避免错综复杂的数字经济行为导致的税款流失,强化全社会的纳税遵从,提高税收征收管理的效率。

(三)有利于完善宏观政策调控体系

讨论数字经济经由"渠道价值""信息价值"对微观主体的加总影响,研究数字税收在此背景下的宏观经济效应,讨论其对于宏观经济增长、货币政策的影响,可以前瞻性地规划、完善宏观调整框架。据此,研究开征数字税收有利于完善现有的宏观政策调控体系。

第二节 含数字税的动态随机一般均衡模型

在新凯恩斯理论框架内,本章引入线上厂商与线下厂商两类异质厂商。其基本经济结构如图 8-1 所示,代表性的家庭居民进行消费、投资和购买政府债券,并向企业提供劳动力。最终产品由最终产品厂商生产,该生产商使用垄断竞争中间产品厂商生产的连续中间产品作为投入,并将这些差异化产品组装成复合商品,再将其作为消费品和投资品出售给家庭和政府。中间产品厂商租用劳动力和资本生产中间产品,这些中间产品厂商面临着约束,采用 Calvo(1983)定价规则,根据复合商品价格确定和调整其差异化中间产品价格。更为重要的是,作为中间产品厂商的两个部门,存在明显的定价不对称性。线上厂商具有完全灵活的定价能力,而线下厂商定价存在一定滞后性。随着数字经济比重的上升,整个经济体系的平均价格黏性发生动态变化。

其次,两类厂商的生产模式也存在显著差异。相较线下厂商,线上厂商生产成本更低,居民提供线下劳动将会给其效用带来额外损失。

最后,数字税收的开征及其税率大小,也影响市场价格调整,关系到价格黏性问题。价格黏性是新凯恩斯货币理论的微观基础,也是货币政策传导有效性的重要前提。

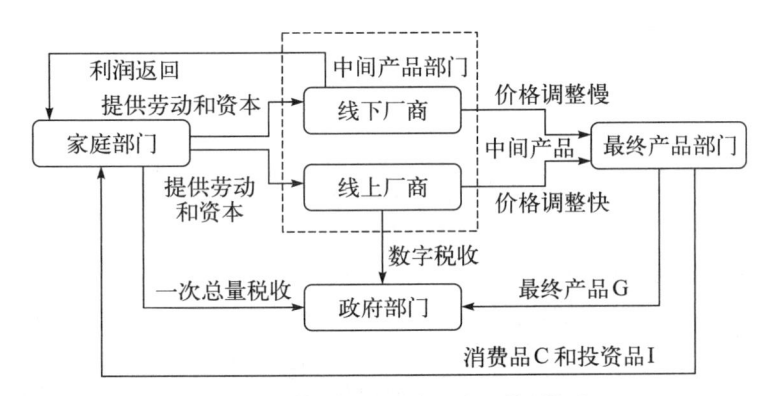

图 8-1 置入数字税的 DSGE 模型框架

一、家庭部门

在模型经济中,家庭部门由分布在[0,1]区间上的连续同质化居民组成。假设居民拥有永久性生命,在每一个时期内对消费、劳动和储蓄等进行理性决策,以使得在永久性生命期间获得效用最大化。居民的效用函数为:

$$U = E_0 \sum_{t=0}^{\infty} \beta^t \left\{ \frac{(C_t - \eta \bar{C}_{t-1})^{1-\sigma} - 1}{1-\sigma} - \Gamma_0 \frac{(H_t^{on} + H_t^{off})^{1+\xi}}{1+\xi} - \Gamma_1 \frac{\left(H_t^{off}\right)^{1+\varphi}}{1+\varphi} \right\} \tag{8.1}$$

其中，β 表示居民时间贴现率，η 表示相对滞后总消费的外部消费习惯，$1/\sigma$ 表示消费跨期替代弹性（σ 表示不变相对风险厌恶系数）。居民劳动提供分为两部分，一是线上劳动供给 H_t^{on}，另一是线下劳动供给 H_t^{off}。Γ 表示劳动在效用函数中的权重，ξ 和 φ 表示劳动供给弗里希弹性的倒数。居民消费，提供劳动力，拥有资本并出租给厂商，缴纳劳动所得税。家庭持有的资本存量，以 K_t 表示，根据如下方程进行演化积累，即：

$$K_{t+1} = (1-\delta) K_t + \left[1 - S\left(\frac{I_t}{I_{t-1}}\right)\right] I_t \tag{8.2}$$

其中，δ 表示固定资本折旧率，I_t 表示投资，S 表示关于投资调整成本函数，即：

$$S\left(\frac{I_t}{I_{t-1}}\right) = \frac{\varphi_I}{2} \left(\frac{I_t}{I_{t-1}} - 1\right)^2 \tag{8.3}$$

调整强度由参数 φ_I 控制。此外，市场完整性保证家庭居民能够通过预算约束平衡完成跨期消费平滑。家庭的预算约束条件为：

$$P_t C_t + P_t I_t + E_t Q_{t,t+1} B_{t+1} = W_t^{off} H_t^{off} + W_t^{on} H_t^{on} + R_t^k K_t + B_t + D_t + P_t T_t^{ls} \tag{8.4}$$

该约束条件左边表示家庭在消费品、投资品及资产投资方面的支出之和。假设在完备的金融市场中［交易阿罗-德布勒（Arrow-Debreu）证券］，B_{t+1} 表示第 t 期购买、第 $t+1$ 期卖出的政府债券资产状态或有收益，$Q_{t,t+1}$ 表示第 $t+1$ 期资产收益在第 t 期的随机贴现因子（Stochastic Discount Rate，简称 SDF）。资产的未来现金流按照随机贴现因子贴现的期望等于其当期资产价格。t 期到 $t+1$ 期的随机贴现因子，使得 $E_t Q_{t,t+1} B_{t+1}$ 表示 $t+1$ 期随机名义支付等于 t 期的价值[1]。W_t^{off} 和 W_t^{on} 分别表示居民在线下和线上工作的工资率，H_t^{off} 和 H_t^{on} 分别表示居民在线下和线上分别提供的劳动力。R_t^k 表示资本租金率，D_t 表示家庭获得企业扣除税后的预期利润，$P_t T_t^{ls}$ 表示家庭对政府缴纳的一次性名义税收。如果用 λ_t 表示家庭预算约束的拉格朗日乘数，即预算收入的边际效用，q_t 表示托宾 q 值，则家庭部门的一阶最优条件是：

---

[1] 由于市场完备性，$t+1$ 期一单位货币的投资资产组合在 t 期价值等于无风险利率的倒数，即 $E_t Q_{t,t+1} = R_t^{-1}$。

$$\lambda_t = (C_t - \eta \bar{C}_{t-1})^{-\sigma} \tag{8.5}$$

$$H_t^{\text{on}} + H_t^{\text{off}} = \lambda_t^{\frac{1}{\xi}} \left(\frac{W_t^{\text{on}}/P_t}{\Gamma_0}\right)^{\frac{1}{\xi}} \tag{8.6}$$

$$H_t^{\text{off}} = \lambda_t^{\frac{1}{\varphi}} \left(\frac{W_t^{\text{off}}/P_t - W_t^{\text{on}}/P_t}{\Gamma_1}\right)^{\frac{1}{\varphi}} \tag{8.7}$$

$$E_t Q_{t,t+1} = \beta E_t \frac{\lambda_{t+1}}{\lambda_t} \frac{P_t}{P_{t+1}} \tag{8.8}$$

$$q_t = \beta E_t \frac{\lambda_{t+1}}{\lambda_t} [R_{t+1}^k + q_t(1-\delta)] \tag{8.9}$$

$$1 = q_t \left[1 - \varphi_I \left(\frac{I_t}{I_{t-1}} - 1\right) \frac{I_t}{I_{t-1}} - \frac{\varphi_I}{2}\left(\frac{I_t}{I_{t-1}} - 1\right)^2\right]$$
$$+ \beta E_t \frac{\lambda_{t+1}}{\lambda_t} q_{t+1} \varphi_I \left(\frac{I_{t+1}}{I_t} - 1\right) \left(\frac{I_{t+1}}{I_t}\right)^2 \tag{8.10}$$

其中,式(8.6)描述家庭的劳动总供给,而式(8.7)描述了家庭对线下经济的最优劳动分配,其表明消费和闲暇之间的边际替代率等于实际工资。同时,相较线上劳动,线下劳动产生额外的负效用,只要线下与线上劳动之间的工资差异非负,家庭就会提供线下劳动。式(8.9)将托宾 q 值定义为以消费品衡量额外一单位资本的边际价值。式(8.10)表示投资边际价值。式(8.5)和式(8.8)联立求解可得含有消费习惯的消费欧拉方程为:

$$\frac{1}{R_t} = \beta E_t \left(\frac{C_t - \eta \bar{C}_{t-1}}{C_{t+1} - \eta \bar{C}_t}\right)^\sigma \frac{1}{\Pi_{t+1}} \tag{8.11}$$

式(8.11)反映了跨期消费之间的关系——当居民效用最大化时,不可能通过消费跨期转移而增加效用水平。$\Pi_{t+1} = P_{t+1}/P_t$,这是 t 期到 $t+1$ 期内的通货膨胀率。

二、厂商部门

产品市场是由一个连续的垄断竞争的中间产品生产商构成,标记为 $i \in [0,1]$,并以 Calvo(1983)交错价格方式定价。中间产品厂商将其差异化生产的产品卖给有竞争力的最终产品厂商,后者根据中间生产者设定的价格,将中间商品聚合成最终的同质消费品。

1. 最终产品厂商

在模型经济中,存在连续的中间产品生产厂商,中间产品厂商所生产的中间产品会被最终产品厂商采购,并通过迪克西特-施蒂格利茨技术加总为最终产品。最终产品厂商的生产函数为：

$$Y_t = \left(\int_0^1 Y_{i,t}^{\frac{\varepsilon-1}{\varepsilon}} \, di \right)^{\frac{\varepsilon}{\varepsilon-1}} \tag{8.12}$$

其中，$Y_{i,t}$ 表示中间产品投入，Y_t 表示最终产品，$\varepsilon > 1$ 表示不同中间产品之间的替代弹性。在式(8.12)的约束下，给定市场价格 P_t 和中间产品价格 $P_{i,t}$，最终产品厂商在每一期最大化自己的利润。中间产品厂商的需求函数为：

$$Y_{i,t} = \left(\frac{P_{i,t}}{P_t} \right)^{-\varepsilon} Y_t \tag{8.13}$$

式(8.13)表明每一种中间产品和自身价格成反向变化，反映了商品需求函数的特点，但和一般市场价格成正向变化。这意味着：当其他商品价格上涨时，由于替代效应这种商品的需求也会上升。同理，可由最终产品厂商零利润解得一般市场价格为：

$$P_t = \left(\int_0^1 P_{i,t}^{1-\varepsilon} \, di \right)^{\frac{1}{1-\varepsilon}} \tag{8.14}$$

2. 中间产品厂商

采用两部门设置，设中间产品厂商由两类不同生产模式组成，一是线上产出 Y_t^{on}，二是线下产出 Y_t^{off}。两类产品的生产函数分别为：

$$Y_{i,t}^{on} = A_t^{on} \left(H_{i,t}^{on} \right)^{\alpha} K_{i,t}^{1-\alpha} \tag{8.15}$$

$$Y_{i,t}^{off} = A_t^{off} \left(H_{i,t}^{off} \right)^{\alpha'} K_{i,t}^{1-\alpha'} \tag{8.16}$$

其中，α 和 α' 分别表示线上和线下劳动占各自产出的份额，A_t^{on} 和 A_t^{off} 分别表示线上和线下生产的全要素生产率。与线下生产相比，线上生产更多是劳动密集型[①]，故 $\alpha > \alpha'$ 且 $A_t^{off} > A_t^{on}$。这两部门生产的商品同质无差异，很难区分。$P_{i,t}^{on}$ 和 $P_{i,t}^{off}$ 分别表示线上和线下产品价格，这意味着 $P_{i,t}^{on} = P_{i,t}^{off} = P_{i,t}$，$P_{i,t}$ 表示中间产品价格。因此，中间产品的产出为：

$$Y_{i,t} = n Y_{i,t}^{on} + (1-n) Y_{i,t}^{off} \tag{8.17}$$

显然，式(8.17)表明线上与线下生产模式是完全替代的关系。n 表示线上产出的权重，也是数字经济占模型经济产出的比重。中间产品厂商的预期收入为：

---

① 据统计，互联网经济高度饱和，已经由虚拟经济变成了一个劳动密集型的产业，比如互联网公司阿里巴巴 25.5 万人，京东 40 万人，字节跳动 11 万人，美团 6 万人但是连接了 950 万骑着电动车的外卖骑手。

$$E_t \Lambda_{i,t} = P_{i,t}[n(1-\tau_y^{on}) Y_{i,t}^{on} + (1-n) Y_{i,t}^{off}] \quad (8.18)$$

其中，τ_y^{on} 表示对线上产出征收的数字税。厂商雇用工人，并在竞争激烈的市场上租赁资本。预期成本为：

$$E_t \Phi_{i,t} = W_t^{off} H_{i,t}^{off} + W_t^{on} H_{i,t}^{on} + R_t^k K_{i,t} \quad (8.19)$$

因此，厂商的名义预期利润为：

$$D_{i,t} = E_t(\Lambda_{i,t} - \Phi_{i,t}) \quad (8.20)$$

为获得对线上、线下劳动力和资本的最优需求，在中间产品需求式(8.13)、生产函数式(8.15)和式(8.16)及等价关系式(8.17)约束下，给定要素价格，厂商最大化其未来利润流的现值，厂商的最优一阶条件分别为：

$$W_t^{off} = (1-n) \frac{\alpha' MC_{i,t}^N Y_{i,t}^{off}}{H_t^{off}} \quad (8.21)$$

$$W_t^{on} = n(1-\tau_y^{on}) \frac{\alpha MC_{i,t}^N Y_{i,t}^{on}}{H_t^{on}} \quad (8.22)$$

$$R_t^k = MC_{i,t}^N \left[n(1-\tau_y^{on})(1-\alpha) \frac{Y_{i,t}^{on}}{K_{i,t}} + (1-n)(1-\alpha') \frac{Y_{i,t}^{off}}{K_{i,t}} \right] \quad (8.23)$$

其中，$MC_{i,t}^N$ 表示厂商的名义边际成本，也是式(8.17)的拉格朗日乘数。式(8.21)和式(8.22)分别描述了厂商对线下经济和线上经济的劳动需求，表明中间产品厂商对每种劳动的需求，直到劳动力边际成本等于其边际产出。式(8.23)描述了厂商对资本的需求，即一单位资本的边际产出等于其边际成本。由于中间产品厂商垄断市场，它们会通过产品定价进行利润最大化。在每一期，中间产品厂商中线上销售都可以重新定价，线下销售中仅有 $1-\psi$ 比例能够重新定价，余下 ψ 比例盯住上一期价格。随着时间推移，定价概率是固定不变的，与每个厂商的价格历史无关。因此，中间产品厂商在 t 期选择最优定价，使其利润最大化，直到下一次能够再重新定价为止，即：

$$\max E_t \left\{ \sum_{j=0}^{\infty} [(1-n)\psi]^j Q_{t,t+j} (\Lambda_{i,t} - MC_{i,t}^N Y_{i,t}) \right\} \quad (8.24)$$

在式(8.13)和式(8.17)约束下，厂商最优定价的一阶条件为：

$$\frac{P_{i,t}^*}{P_t} = \frac{\varepsilon-1}{\varepsilon} \frac{E_t \left\{ \sum_{j=0}^{\infty} [(1-n)\psi]^j Q_{t,t+j}^R MC_{i,t+j} \left(\frac{P_{t+j}}{P_t}\right)^\varepsilon Y_{t+j} \right\}}{E_t \left\{ \sum_{j=0}^{\infty} [(1-n)\psi]^j Q_{t,t+j}^R X_t \left(\frac{P_{t+j}}{P_t}\right)^{\varepsilon-1} Y_{t+j} \right\}} \quad (8.25)$$

其中，$X_t = n(1-\tau_y^{on}) + [(1-n) - n(1-\tau_y^{on})]\dfrac{Y_{i,t}^{off}}{Y_{i,t}}$，$Q_{t,t+j}^R = Q_{t,t+j}\dfrac{P_{t+j}}{P_t}$，$MC_{i,t+j} = MC_{i,t+j}^N / P_{t+j}$，给定总价格水平 $P_t = \left(\int_0^1 P_{i,t}^{1-\varepsilon} di\right)^{\frac{1}{1-\varepsilon}}$，根据 $P_t = \{(1-n)\psi P_{t-1}^{1-\varepsilon} + [1-(1-n)\psi](P_t^*)^{1-\varepsilon}\}^{1/(1-\varepsilon)}$，也就是说，价格水平是上期价格和当期调价后价格的加权平均，可整理改写为：

$$1 = (1-n)\psi \Pi_t^{\varepsilon-1} + [1-(1-n)\psi](p_t^*)^{1-\varepsilon} \tag{8.26}$$

其中，$p_t^* = P_t^* / P_t$。在确定的稳态下，不考虑通胀趋势，最优条件式(8.25)退化为：

$$p^* = \dfrac{\varepsilon-1}{\varepsilon} \dfrac{MC^N}{n(1-\tau_y^{on}) + [(1-n) - n(1-\tau_y^{on})]\dfrac{Y^{off}}{Y}} \tag{8.27}$$

显然，在不考虑线上经济的情况下，稳态价格的加成将仅取决于中间商品之间的替代弹性和线下税收。相反，稳态价格的加成将受线上经济份额及其税率的影响。

三、政府部门

每期的政府支出是 G_t，政府发行一期无风险债券是 B_t，税收是 T_t，政府实际预算约束为：

$$R_t^{-1} b_{t+1} \Pi_{t+1} = b_t + G_t - T_t \tag{8.28}$$

其中，$b_t = B_t / P_t$ 表示 t 期实际政府债券规模。式(8.28)表明政府赤字如何增加实际债务，而通胀又如何降低债务。模型经济中政府税收则由以下几个部分组成：

$$T_t = n\tau_y^{on} Y_{i,t}^{on} + T_t^{ls} \tag{8.29}$$

其中，T_t^{ls} 表示一次性总量税收。其遵循如下规则，即：

$$T_t^{ls} = T^{ls} + \tau^{ls}(b_t - \bar{b}) \tag{8.30}$$

其中，T^{ls} 表示一次总量税的稳态均衡水平，$\bar{b}$ 表示政府债务目标值，τ^{ls} 表示对实际债务偏离目标水平时一次总量税收调整的强度。根据泰勒规则，中央银行设定一期的名义利率为：

$$\log \dfrac{R_t}{R} = \rho_R \log \dfrac{R_{t-1}}{R} + (1-\rho_R)\left(\rho_y \log \dfrac{Y_t}{Y} + \rho_\Pi \log \dfrac{\Pi_t}{\Pi}\right) \tag{8.31}$$

其中，R、Y 和 Π 分别表示名义利率稳态、产出稳态和通胀稳态。ρ_R、ρ_y 和 ρ_Π 是政策参数，式(8.31)表明中央银行会根据产出和通胀偏离其稳态均衡水平的情况，逐步调整名义利率。根据朱军、李建强和张淑翠(2018)的研究，中国财政支出具有"逆周期"特征，设政府支出规则为：

$$G_t = G'_t + \kappa_G(Y_t - \bar{Y}) \tag{8.32}$$

$$\log(G'_t/\bar{G}) = \rho_G \log(G'_{t-1}/\bar{G}) \tag{8.33}$$

其中，G'_t 表示常规政府支出，服从 AR(1) 过程。ρ_G 是 AR(1) 一阶系数，反映财政支出连续性。非常规政府支出盯住产出缺口，$\kappa_G < 0$ 体现"逆周期"特点。

四、市场出清

由于所有中间产品厂商的边际成本是相同的，所有厂商将采取相同的定价策略得到相同的最优定价，故 $P^*_{i,t} = P^*_t$。当市场出清时，生产要素和产品市场都达到均衡，即：

$$H^{\text{on}}_t = \int_0^1 H^{\text{on}}_{i,t} \, di \tag{8.34}$$

$$H^{\text{off}}_t = \int_0^1 H^{\text{off}}_{i,t} \, di \tag{8.35}$$

$$K_t = \int_0^1 K_{i,t} \, di \tag{8.36}$$

$$Y^{\text{on}}_t \Delta_t = \int_0^n Y^{\text{on}}_{i,t} \, di \tag{8.37}$$

$$Y^{\text{off}}_t \Delta_t = \int_0^{1-n} Y^{\text{off}}_{i,t} \, di \tag{8.38}$$

其中，$\Delta_t = \int_0^1 \left(\frac{P_{i,t}}{P_t}\right)^{-\varepsilon} di$ 是价格分散因子。显然，价格分散因子遵循非线性一阶差分的形式，即：

$$\Delta_t = [1-(1-n)\psi] p_t^{*-\varepsilon} + (1-n)\psi \, \Pi_t^\varepsilon \Delta_{t-1} \tag{8.39}$$

总产出 $Y_t = n Y^{\text{on}}_t + (1-n) Y^{\text{off}}_t$，则可表示为：

$$Y_t = \Delta_t^{-1} \left[A^{\text{on}}_t \left(H^{\text{on}}_{i,t}\right)^\alpha K_{i,t}^{1-\alpha} + A^{\text{off}}_t \left(H^{\text{off}}_{i,t}\right)^{\alpha'} K_{i,t}^{1-\alpha'} \right] \tag{8.40}$$

显然，价格分散因子在总产出和生产投入之间嵌入了一个"楔子"，从而产生了随着价格刚性程度增加而增加的产出分散化。

最终,市场出清时总资源的约束条件为:

$$Y_t = C_t + I_t + G_t \qquad (8.41)$$

五、参数校准与稳态分析

(一)参数校准

根据中国经济的季度频率进行模型参数校准。在家庭部门,居民时间贴现率取 0.99,意味着年度实际利率 4%。参考黄志刚(2011)的研究,消费偏好取 0.7。不失一般性,居民消费跨期替代弹性的倒数取 1,居民效用函数退化为对数形式。一般而言,线下劳动供给弹性小,线上劳动供给弹性大,故总劳动供给弗里希弹性的倒数取 1.19,线下劳动供给弗里希弹性的倒数取 0.06。根据线上劳动就业人数占总就业人数比重,将总劳动时间标准化为 1/3(每天工作 8 小时),可分别估计总劳动供给在效用函数中权重为 9.31,线下劳动供给在效用函数中权重为 7.75。在厂商部门,资本折旧率取 0.025,意味着年度折旧率 10%。中间产品替代弹性取 6,价格黏性为 0.85,这意味着厂商每六个季度调整一次价格。根据《中国互联网发展报告 2021》研究,2020 年中国数字经济规模达到 39.2 万亿元,占 GDP 比重达 38.6%,故数字经济占产出比重取 0.39。根据行业经济投入产出表,估算线上劳动占产出份额为 0.61,线下劳动占产出份额为 0.65。投资调整成本取 2.48,通过线上产出与线下产出关系,可估算线上厂商全要素生产率为 0.71,线下厂商全要素生产率为 2.30。在政府部门,数字税税率取 2%,根据政府债务率 45.8% 估算稳态下政府债务水平为 1.83。政府稳态支出为 0.20,稳态总量税为 0.22。利率调控和政府支出连续性分别取 0.80。利率对产出缺口和通胀缺口反馈分别取 0.01 和 1.50,政府支出对产出缺口的反馈取 −1.10。具体的参数校准如表 8-2 所示。

表 8-2 参数校准

参数模块	参数名称	参数描述	参数赋值	参数名称	参数描述	参数赋值
家庭部门	β	居民时间贴现率	0.99	η	消费习惯	0.70
	σ	消费跨期替代弹性的倒数	1.00	ξ	总劳动供给弗里希弹性的倒数	1.19
	φ	线下劳动供给弗里希弹性的倒数	0.06	Γ_0	总劳动供给在效用函数中权重	9.31
	Γ_1	线下劳动供给在效用函数中权重	7.75			

续表

参数模块	参数名称	参数描述	参数赋值	参数名称	参数描述	参数赋值
厂商部门	ε	中间产品替代弹性	6.00	α	线上劳动占线上产出份额	0.61
	α'	线下劳动占线下产出份额	0.65	n	数字经济占比	0.39
	φ_I	投资调整成本	2.48	A^{on}	线上厂商全要素生产率	0.71
	A^{off}	线下厂商全要素生产率	2.30			
政府部门	τ_y^{on}	数字税率	0.02	$\bar{b}$	稳态政府债务	1.83
	$\bar{g}$	稳态政府支出	0.20	T^{ls}	稳态总量税收	0.22
	ρ_R	利率调控持续性	0.80	ρ_G	政府支出连续性	0.80
	ρ_y	利率对产出缺口反馈	0.01	κ_G	政府支出对产出缺口反馈	-1.10
	ρ_Π	利率对通胀缺口反馈	1.50			

(二) 稳态分析

为考察数字经济与数字税对宏观实体经济的稳态影响,基于上述校准参数进行比较静态情景分析。

情景1为传统经济,对应参数 $n=0.1\%$。

情景2为混合经济,对应参数 $n=39\%$。

情景3为数字经济,对应参数 $n=60\%$。

表8-3中的模拟结果显示:数字经济降低社会边际生产成本,提高商品生产效率。随着数字经济占比由0.1%提高至60%,社会边际成本从0.83下降至0.19,资本存量从8.22下降至1.91。这是因为:数字经济主体普遍具有轻资产的特征,对核心技术、人力资本、企业管理等无形资本的要求较高,相反对固定资产的需求相对较小。

表8-3 数字经济占比对主要客观经济变量的稳态影响

	数字经济占比	边际成本	资本存量	线上劳动工资	线下劳动工资	平均劳动工资
情景1	0.1%	0.833 0	8.218 7	0.001 6	3.024 1	3.021 1
情景2	39%	0.587 5	5.884 4	0.436 4	1.815 7	1.277 8
情景3	60%	0.189 0	1.909 2	0.218 3	0.527 5	0.342 0

平均劳动工资由3.02下降至0.34,这说明数字化的影响更多地体现在劳动要素方面。数字技术引导的企业生产智能化、自动化,改变了传统的生产关系,使机

器替代手工、算法替代人力的趋势更加明显，显著降低劳动成本；相反传统经济劳动成本较高，随着数字经济占比上升，社会平均劳动成本也表现出下降趋势。

在数字税税率方面，各国数字服务税征收税率为应税收入2%至14%不等。同样采用情景分析，比较三类情景下数字税税率调整对宏观经济主要变量的影响。其中：

情景1为不开征数字税收。
情景2是数字税税率为2%。
情景3是数字税税率为10%。

表8-4中的模拟结果显示：随着数字税开征及税率从0%提高至10%，社会边际成本从0.59上升至0.60，几乎没有显著变化。资本存量从5.88上升至5.90，平均劳动工资从1.28上涨至1.29。这说明数字税收的"楔子"作用不明显，可能作用更多表现在避免跨国数字企业利用经济体之间的税制差异，采用知识产权转移、特许权使用费等多种方式转移利润。

表8-4 数字税率对主要宏观经济变量的稳态影响

	数字税率	边际成本	资本存量	线上劳动工资	线下劳动工资	平均劳动工资
情景1	0%	0.585 0	5.878 8	0.443 4	1.808 0	1.275 8
情景2	2%	0.587 5	5.884 4	0.436 4	1.815 7	1.277 8
情景3	10%	0.597 4	5.904 8	0.407 6	1.846 4	1.285 3

第三节 政策模拟与政策分析

一、数字税收与货币政策

图8-2显示，中央银行收紧货币政策时（利率提高0.29%），在传统经济模式下（$n=0$），产出下降1.5%，价格下降多达0.2%，实际利率上升0.4%，就业下降多达0.4%。在数字经济模式下（$n=39\%$），产出下降0.5%，价格下降多达0.6%，实际利率上升近0.4%，就业下降不足0.2%。这表明在数字经济下，中间产品厂商可能通过平台上大数据和云计算的技术支持，以非常精准的水平随时动态改变价格，亦即价格黏性降低，价格调整较快，通胀的反应会变得敏感。这些发现与Cavallo（2018）的实证研究一致，该研究发现：以亚马逊为代表的电商平台正在加剧线上线下零售商的竞争，并且提高了价格调整的灵活度，降低了不同地区的价格离散程度，使得价格对宏观政策冲击变得更为敏感。

理论上，价格黏性是货币政策有效性的重要前提和基础。正是由于名义价格具有黏性，货币政策才影响到货币供给量，从而对产出等实际变量发生作用。若名义价格能够灵活调整,则名义货币量的变化只能通过替代效应对实际经济发生影响,货币政策效果被打折扣。这意味着:在数字经济下,货币政策效果被弱化了。但在数字经济模式下,开征数字税收后,货币政策冲击效果没有明显变化,这意味着数字税收开征对货币政策没有显著影响。

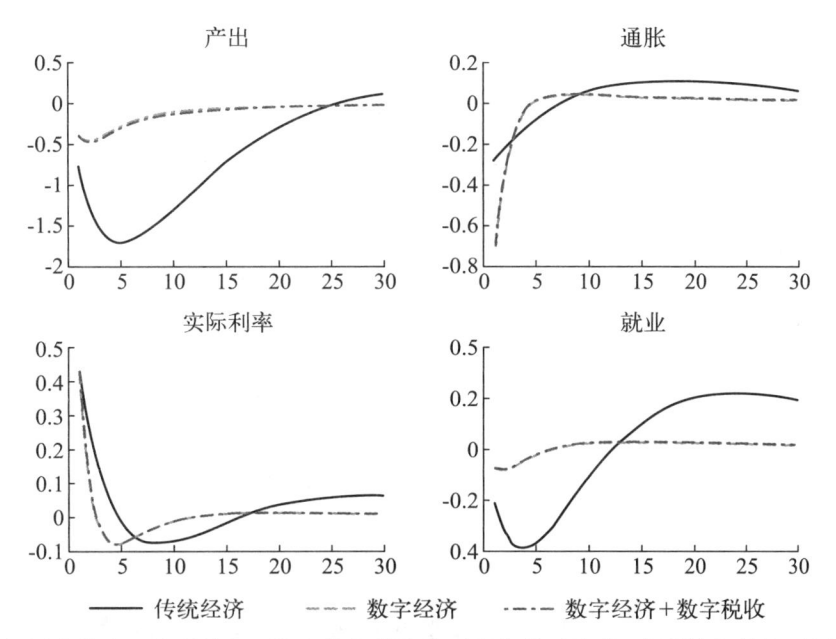

注:图中数字经济和数字经济+数字税收的两条线是重合的,表明数字税收开征对货币政策没有显著影响。

图 8-2　货币政策冲击脉冲响应

为了考察货币政策的传导效率,我们通过数值模拟来更为直观地展示。当经济过热、需要抑制总需求时,不同经济模式下,考虑中央银行连续收紧货币政策1年对宏观经济的影响。

图 8-3 显示,在传统经济模式下,由于名义价格黏性存在,总需求减少不会引起价格快速下跌,而引起产出大幅减少,货币政策调控经济作用比较明显。但在数字经济模式下,由于整个经济体系的平均价格黏性降低,总需求减少却引起价格迅速下降。而价格下降又会刺激需求增加,货币政策调控经济的边际影响反而减弱,无法引起产出减少,抑制过热总需求。同样,数字税收开征对货币政策没有显著影响。

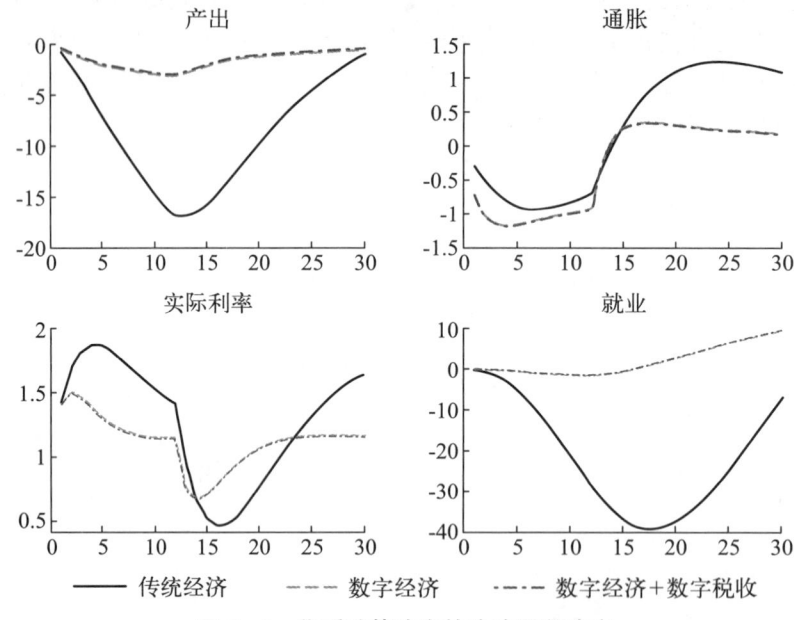

图 8-3 货币政策冲击的脉冲累积响应

二、数字税收与行业税负

数字经济给社会发展创造便利的同时,也带来相应的困扰和隐忧:与实体经济不同,数字经济的核心是用户流量、生态与数据,网络平台用户越多,价值越高。现有税收征管框架未能关注到这一新的重要价值创造来源,进而引致实体企业与平台数字企业之间税负不公问题,严重影响了市场机制在资源配置中的决定性作用。根据欧盟委员会评估,传统行业的平均税率为 23.2%,而数字行业的有效平均税率只有 9.5%,远低于传统行业的税负水平。开征数字税收后,数字税收能发挥产业引导作用,优化配置线上线下厂商劳动力资源。

图 8-4 显示:在数字税收冲击下,线上产出减少多达 3%,线下产出增加近 3%,总产出增加多达 0.6%。这说明数字税收开征对宏观经济影响是正面的。究其原因,数字化使得各类经济活动界限逐渐模糊,一些跨境交易可以在没有实体存在的情况下远程进行。与此同时,现行税制建立在工业经济发展基础上,比较强调物理存在和实体经济,从而数字经济新模式、新业态对传统产业生态造成冲击。这在一定程度上冲击传统业态,挤占线下市场。数字税收开征,调整税收分配关系,增加线上厂商生产成本,中间产品厂商边际成本随之上升,引导生产要素在线上线下合理分配。这既提升市场效率,又规制平台企业垄断不当竞争,促进社会总产出增加。并且数字税收发挥着替代效用,在抑制线上生产发展的同时也促进线下的

生产。这在一定程度上增加了社会平均价格黏性,强化了货币政策的有效性。

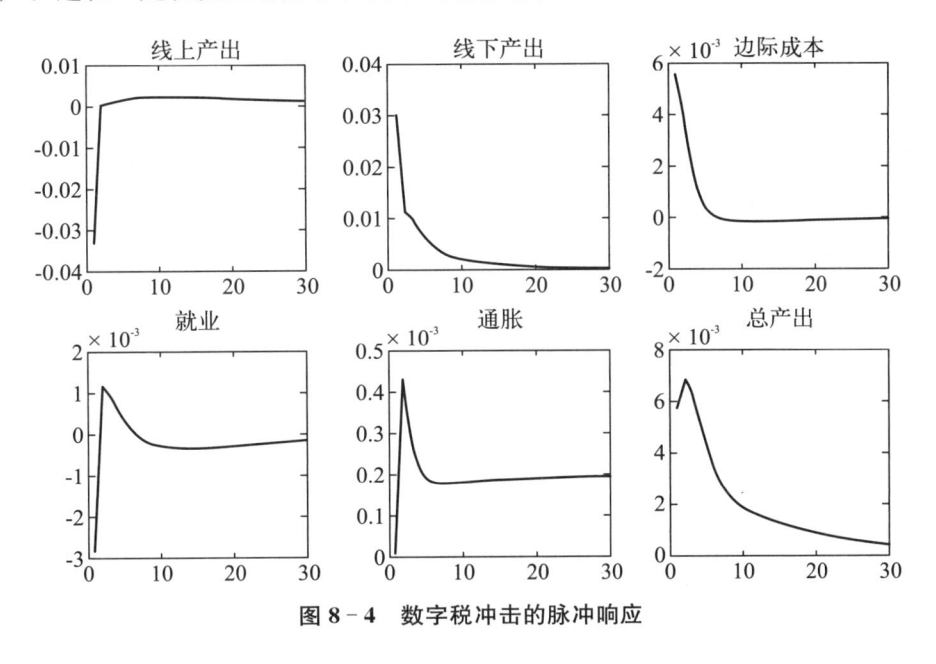

图 8-4 数字税冲击的脉冲响应

三、数字税收与数字经济

图 8-5 显示:随着数字经济占比增加,数字税收对经济影响逐渐增大。当数字经济占比为 10% 时,一个单位标准差的数字税收冲击,线上产出下降多达 3%,线下产出增加 0.4%,投资增加 0.1%,消费增加 0.02%,边际成本增加约 0.05%。

但在数字经济占比为 20% 时,同样的税收冲击却带来截然不同的影响。线上产出下降不变,线下产出增加 1%,投资增加 0.3%,消费增加 0.06%,边际成本增加 0.13%。这表明:随着数字经济的深度发展,数字税收的替代效应促进资源配置更合理,尽管增加生产边际成本,但在对线上经济的影响保持不变的同时,促进了线下产出、投资和消费的逐渐增加。

这表明:税收征管模式应当与经济的发展相契合。这也意味着数字税收的经济影响与数字经济发展阶段密切相关。随着数字经济的持续发展,数字经济的 GDP 占比显著提升,数字化的信息和服务则将成为重要甚至主要税源,开征数字税收显然是必要的。然而,在数字经济发展的初期,数字税收会给线上生产带来一定的成本负担,不利于线上经济发展,甚至不利于与线下经济的融合。

四、总结与展望

数字经济的发展影响到线上企业和线下企业的税收公平问题。中国在考虑征

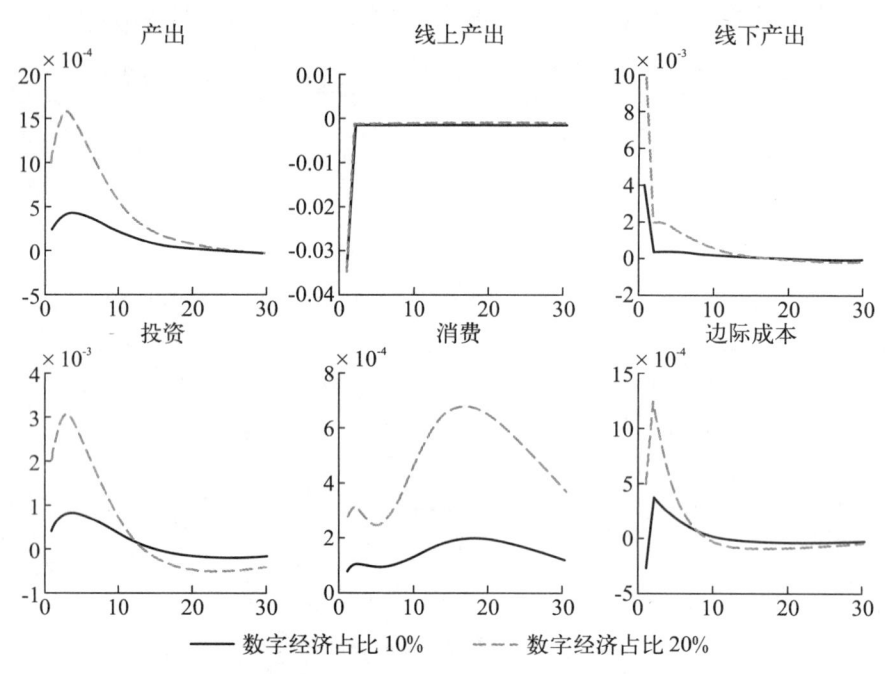

图 8-5 在不同规模数字经济下数字税冲击的经济影响

收数字税收的同时,也需要考虑其中数字经济、数字税收对于货币政策传导效果的影响。

本章的研究发现:(1) 在数字经济模式下,开征数字税收后,货币政策冲击效果没有明显变化,这意味着数字税收开征对货币政策没有显著影响。(2) 在数字经济模式下,由于整个经济体系的平均价格黏性降低,总需求减少却引起价格迅速下降。而价格下降又会刺激需求增加,货币政策调控经济的边际影响反而减弱,无法引起产出减少,抑制过热总需求。同样,数字税收开征对货币政策没有显著影响。(3) 开征数字税收后,数字税收能发挥产业引导作用,优化配置线上线下厂商劳动力资源。数字税收开征,调整了税收分配关系。这既提升市场效率,又规制平台企业垄断不当竞争,促进社会总产出增加。同时,数字税收发挥着替代效用,在抑制线上生产发展的同时也促进线下的生产。这在一定程度上增加了社会平均价格黏性,强化了货币政策的有效性。(4) 随着数字经济的深度发展,数字税收的替代效应促进资源配置更合理,尽管增加生产边际成本,但在对线上经济的影响保持不变的同时,促进了线下产出、投资和消费的逐渐增加。这表明:税收征管模式应当与经济的发展相契合。这也意味着数字税收的经济影响与数字经济发展阶段密切相关。

结合上述的研究框架,最后本章建议:

第一,数字税收的开征可以平衡内部的平均工资水平,使得全社会的平均工资差距相对减小。

第二,数字税收的开征并不会对货币政策的传导效果发生改变。货币政策的调整,不必过多担心数字税收的影响。

第三,开征数字税收需要考虑在数字经济发展到一定的阶段进行。在数字经济占比较低时,考虑视同线下经济同等对待;等到数字经济发展到一定的规模时,譬如占比在20%以上,届时考虑开征中国的数字税收。

在中国具体"数字服务税"的设计方面,本章设计如表8-5的方案供参考。

表8-5 未来中国数字服务税的初步设计

纳税人	税基	税率		备注
国内企业	专业提供数字服务的居民企业	其提供在线广告服务、数字音频视频等规定的数字服务取得的收入	3%-5%	对每年在线广告服务、数字音频视频等规定的数字服务收入额超过300万元的企业征收数字服务税,可以在所得税前抵扣。对于公益广告、教育服务等有利于提高社会公民素质、构建和谐社会的数字服务可以提供税收优惠政策。	国内外企业数字服务税起征点差异巨大的原因在于——欧洲开征数字服务税的国家,征税门槛并不高;对具有中国资本扩张行为的数字企业,将税收作为风险监管的措施之一。
跨国企业	专业提供数字服务的非居民企业	在我国境内取得的广告服务、数字音频视频等规定的数字服务取得的收入	3%-7.5%	对全球数字服务收入额超过20亿元人民币,在中国获利3 000万元以上的企业征税。	

第四节 相关程序代码

一、基本程序代码(Dynare code:Code8.mod)

```
var   y           //1.总产出
      c           //2.居民消费
      k           //3.资本
      i           //4.投资
      yon         //5.线上产出
      yoff        //6.线下产出
```

```
    lon           //7.线上劳动
    loff          //8.线下劳动
    won           //9.线上工资
    woff          //10.线下工资
    q             //11.Tobin Q
    lambda        //12.居民预算约束的拉格朗日乘数
    sdf           //13.居民随机贴现因子
    infl          //14.通胀率
    mc            //15.边际成本
    z1            //16.辅助变量
    z2            //17.辅助变量
    x             //18.辅助变量
    vp            //19.价格分散因子
    rn            //20.名义利率
    RB            //21.实际政府债务
    inflp         //22.重置通胀
    g             //23.政府支出
    tax           //24.税收
    tls           //25.一次性总量税
    rk            //26.资本回报率
    gtil          //27.常规政府支出
    rr            //28.实际利率
    lab           //29.就业劳动
    tau           //30.数字税率
    lab1
    infl1
    W             //33.社会福利
;

varexo eR         //货币政策冲击
       eT         //数字税率冲击
;
```

```
parameters   BETA          //居民时间贴现率
             ETA           //外部消费习惯
             SIGMA         //跨期消费替代弹性的倒数
             EPSILON       //总劳动供给的弗里希弹性的倒数
          PHI              //线下劳动供给的弗里希弹性的倒数
          DELTA            //资本折旧率
           PSI             //投资调整成本
           GAMMA0          //总劳动在效用函数中权重
          GAMMA1           //线下劳动在效用函数中权重
          Aon              //线上生产全要素生产率
          Aoff             //线下生产全要素生产率
          N                //线上产出占总产出的份额
          TAUY             //数字服务税收
          ALPHA1           //线上劳动占产出份额
          ALPHA2           //线下劳动占产出份额
          THETA            //价格黏性
          EPS              //中间产品之间替代弹性
           tauls           //总量税反馈系数
          rhor             //利率调控持续性
          rhoy             //产出反馈系数
          rhopi            //通胀反馈系数
          sR               //货币政策冲击方差
          sT               //数字税率冲击方差
          TLS              //一次性总量税稳态水平
          rho_g            //政府支出平滑性
          g_bar            //稳态政府支出
          y_bar            //稳态产出
          varsigma         //政府支出对产出波动反馈
;

load_params_and_steady_state（ss）；


//model_diagnostics；
```

```
model;
//家庭部门
[name='1.边际消费']
    lambda = (c-ETA*c(-1))^(-SIGMA);

[name='2.最优总劳动力配置']
    lon + loff = lambda^(1/EPSILON) * (won/GAMMA0)^(1/EPSILON);

[name='3.最优线下劳动配置']
    loff = lambda^(1/PHI) * ((woff-won)/GAMMA1)^(1/PHI);

[name='4.消费欧拉方程']
    sdf = BETA*lambda(+1)/lambda/infl(+1);

[name='5.最优资本配置']
    q = BETA*lambda(+1)/lambda*(rk(+1)+q*(1-DELTA));

[name='6.最优投资决策']
    1 = q*(1-PSI*(i/i(-1)-1)*i/i(-1)-PHI/2*(i/i(-1)-1)^2)
        +BETA*lambda(+1)/lambda*q(+1)*PHI*(i(+1)/i-1)*(i(+1)/i)^2;

[name='7.资本存量运动方程']
    k = (1-DELTA)*k(-1)+(1-PHI/2*(i/i(-1)-1)^2)*i;

//厂商部门
[name='8.线上生产函数']
    yon*vp = Aon*lon^ALPHA1*k(-1)^(1-ALPHA1);

[name='9.线下生产函数']
    yoff*vp = Aoff*loff^ALPHA2*k(-1)^(1-ALPHA2);
```

[name='10.总产出函数']
　y = N * yon +(1−N) * yoff;

[name='11.最优线上劳动需求']
　won = N * (1−tau) * ALPHA1 * mc * yon/lon;

[name='12.最优线下劳动需求']
　woff = (1−N) * ALPHA2 * mc * yoff/loff;

[name='13.最优资本需求']
　rk = mc * (N * (1−tau) * (1−ALPHA1) * yon/k(−1)+(1−N) * (1−ALPHA2) * yoff/k(−1));

[name='14.z1 定义']
　z1 = mc * y+(1−N) * THETA * sdf(+1) * infl(+1)^(EPS) * z1(+1);

[name='15.z2 定义']
　z2 = x * y + (1−N) * THETA * sdf(+1) * infl(+1)^(EPS−1) * z2(+1);

[name='16.x 定义']
　x = N * (1−tau)+((1−N)−N * (1−tau)) * yoff/y;

[name='17.重置通胀']
　inflp = (EPS/(EPS−1)) * z1/z2;

[name='18.价格水平方程']
　　1 = (1−N) * THETA * infl^(EPS−1) + (1−(1−N) * THETA) * inflp^(1−EPS);

[name='19.价格分散因子']
　vp = (1−(1−N) * THETA) * inflp^(−EPS) + (1−N) * THETA * infl^(EPS) * vp(−1);

[name='20.随机贴现因子与无风险利率之间关系']
   sdf = rn^(-1);

//政府部门
[name='21.政府预算约束']
   rn(-1)^(-1)*RB*infl = RB(-1)+g-tax;

[name='22.政府税收规则']
   tax = N*tau*yon+tls;

[name='23.政府一次性总量税收']
   tls = TLS+tauls*(RB-steady_state(RB));

[name='24.政府支出规则']
   g = gtil+varsigma*(y-y_bar);
   log(gtil/g_bar) = rho_g*log(gtil(-1)/g_bar);

[name='25.泰勒规则']
   log(rn/steady_state(rn)) = rhor*log(rn(-1)/steady_state(rn))
                  +(1-rhor)*(rhoy*log(mc/steady_state(mc))
+rhopi*log(infl/steady_state(infl)))+sR*eR;

//市场出清
[name='26.市场出清条件']
   y = c+i+g;

[name='27.实际利率']
   rr = rn/infl(+1);

[name='28.劳动就业']
   lab = N*lon + (1-N)*loff;

[name='29.数字税率冲击']
   tau = TAUY + sT*eT;

```
    lab1 = lab(+1);
    infl1= infl(+1);

[name='33.社会福利']
    W = ln(c - ETA * c(-1)) - GAMMA0 * (lon + loff)^(1+
EPSILON)/(1+EPSILON) - GAMMA1 * loff^(1+PHI)/(1+PHI) + W
(+1) * BETA;
end;

resid;
steady;
check;


shocks;
var eR = 0;
var eT = 1;
end;

stoch_simul(order=1,irf=30,nograph,noprint);
```

二、运行该程序需要导入稳态解(ss)

```
load_params_and_steady_state(ss);
调用封装的稳态程序 ss 即可运行。
限于篇幅,请自作者的个人主页下载:
http://csxy.nufe.edu.cn/info/1012/1681.htm
```

三、稳态值结果

```
BETA 0.99
ETA 0.7
SIGMA 1
EPSILON 1.1882
PHI 0.0559
```

DELTA 0.025
PSI 2.48
GAMMA0 3.103764933857299
GAMMA1 16.07394230668975
Aon 0.631366564517246
Aoff 1.605732547193871
N 0.1
TAUY 0.14
ALPHA1 0.6105
ALPHA2 0.6537
THETA 0.85
EPS 6
tauls 0.5
rhor 0.8
rhoy 0.0125
rhopi 1.5
sR 0.29
sT 0.1
TLS 0.2129160000000001
rho_g 0.8
g_bar 0.2
y_bar 1
varsigma −1.1
y 1
c 0.6038499297998416
k 7.846002808006331
i 0.1961500702001583
yon 0.386
yoff 1.068222222222222
lon 0.12
loff 0.18
won 0.1344790312529074
woff 2.780190092950247
q 1

```
lambda 5.520135333025929
sdf 0.99
infl 1
mc 0.7962774074074074
z1 3.28158832642657
z2 3.937905991711884
x 0.9555328888888889
vp 1
rn 1.01010101010101
RB 1.832
inflp 1
g 0.2
tax 0.2183200000000001
tls 0.2129160000000001
rk 0.03510101010101019
gtil 0.2
rr 1.01010101010101
lab 0.174
tau 0.14
lab1 0.174
infl1 1
W −429.9847159591595
eR 0
eT 0
```

本章附录　模型系统中所有一阶均衡方程

$$\lambda_t = (C_t - \eta \bar{C}_{t-1})^{-\sigma} \tag{附8.1}$$

$$H_t^{\text{on}} + H_t^{\text{off}} = \lambda_t^{\frac{1}{\xi}} \left(\frac{W_t^{\text{on}}/P_t}{\Gamma_0} \right)^{\frac{1}{\xi}} \tag{附8.2}$$

$$H_t^{\text{off}} = \lambda_t^{\frac{1}{\varphi}} \left(\frac{W_t^{\text{off}}/P_t - W_t^{\text{on}}/P_t}{\Gamma_1} \right)^{\frac{1}{\varphi}} \tag{附8.3}$$

$$E_t Q_{t,t+1} = \beta E_t \frac{\lambda_{t+1}}{\lambda_t} \frac{P_t}{P_{t+1}} \tag{附8.4}$$

$$q_t = \beta E_t \frac{\lambda_{t+1}}{\lambda_t}[R_{t+1}^k + q_t(1-\delta)] \qquad \text{(附 8.5)}$$

$$1 = q_t\left[1 - \varphi_I\left(\frac{I_t}{I_{t-1}} - 1\right)\frac{I_t}{I_{t-1}} - \frac{\varphi_I}{2}\left(\frac{I_t}{I_{t-1}} - 1\right)^2\right] +$$
$$\beta E_t \frac{\lambda_{t+1}}{\lambda_t} q_{t+1} \varphi_I\left(\frac{I_{t+1}}{I_t} - 1\right)\left(\frac{I_{t+1}}{I_t}\right)^2 \qquad \text{(附 8.6)}$$

$$Y_{i,t}^{\text{on}} = A_t^{\text{on}}\left(H_{i,t}^{\text{on}}\right)^{\alpha} K_{i,t}^{1-\alpha} \qquad \text{(附 8.7)}$$

$$Y_{i,t}^{\text{off}} = A_t^{\text{off}}\left(H_{i,t}^{\text{off}}\right)^{\alpha'} K_{i,t}^{1-\alpha'} \qquad \text{(附 8.8)}$$

$$Y_{i,t} = n Y_{i,t}^{\text{on}} + (1-n) Y_{i,t}^{\text{off}} \qquad \text{(附 8.9)}$$

$$W_t^{\text{off}} = (1-n)\frac{\alpha' MC_{i,t}^N Y_{i,t}^{\text{off}}}{H_t^{\text{off}}} \qquad \text{(附 8.10)}$$

$$W_t^{\text{on}} = n(1-\tau_y^{\text{on}})\frac{\alpha MC_{i,t}^N Y_{i,t}^{\text{on}}}{H_t^{\text{on}}} \qquad \text{(附 8.11)}$$

$$R_t^k = MC_{i,t}^N\left[n(1-\tau_y^{\text{on}})(1-\alpha)\frac{Y_{i,t}^{\text{on}}}{K_{i,t}} + (1-n)(1-\alpha')\frac{Y_{i,t}^{\text{off}}}{K_{i,t}}\right] \qquad \text{(附 8.12)}$$

$$\frac{P_{i,t}^*}{P_t} = \frac{\varepsilon-1}{\varepsilon} \frac{E_t\left\{\sum_{j=0}^{\infty}[(1-n)\psi]^j Q_{t,t+j}^R MC_{i,t+j}\left(\frac{P_{t+j}}{P_t}\right)^{\varepsilon} Y_{t+j}\right\}}{E_t\left\{\sum_{j=0}^{\infty}[(1-n)\psi]^j Q_{t,t+j}^R X_t\left(\frac{P_{t+j}}{P_t}\right)^{\varepsilon-1} Y_{t+j}\right\}} \qquad \text{(附 8.13)}$$

$$1 = (1-n)\psi \Pi_t^{\varepsilon-1} + [1-(1-n)\psi](p_t^*)^{1-\varepsilon} \qquad \text{(附 8.14)}$$

$$R_t^{-1} b_{t+1} \Pi_{t+1} = b_t + G_t - T_t \qquad \text{(附 8.15)}$$

$$T_t = n\tau_y^{\text{on}} Y_{i,t}^{\text{on}} + T_t^{\text{ls}} \qquad \text{(附 8.16)}$$

$$T_t^{\text{ls}} = T^{\text{ls}} + \tau^{\text{ls}}(b_t - \bar{b}) \qquad \text{(附 8.17)}$$

$$\log\frac{R_t}{R} = \rho_R \log\frac{R_{t-1}}{R} + (1-\rho_R)\left(\rho_y \log\frac{Y_t}{Y} + \rho_\Pi \log\frac{\Pi_t}{\Pi}\right) \qquad \text{(附 8.18)}$$

$$G_t = G_t' + \kappa_G(Y_t - \bar{Y}) \qquad \text{(附 8.19)}$$

$$\log(G_t'/\bar{G}) = \rho_G \log(G_{t-1}'/\bar{G}) \qquad \text{(附 8.20)}$$

$$\Delta_t = [1-(1-n)\psi] p_t^{*-\varepsilon} + (1-n)\psi \Pi_t^{\varepsilon} \Delta_{t-1} \qquad \text{(附 8.21)}$$

$$Y_t = \Delta_t^{-1}\left[A_t^{\text{on}}\left(H_{i,t}^{\text{on}}\right)^{\alpha} K_{i,t}^{1-\alpha} + A_t^{\text{off}}\left(H_{i,t}^{\text{off}}\right)^{\alpha'} K_{i,t}^{1-\alpha'}\right] \qquad \text{(附 8.22)}$$

$$Y_t = C_t + I_t + G_t \qquad \text{(附 8.23)}$$

第九章　税收激励、研发补贴与企业创新

——置入创新激励的动态随机一般均衡模型

科技是国家强盛之基,创新是民族进步之魂。科技创新对一国或地区的发展具有深远的影响。放眼全球,世界正处于百年未有之大变局,科技创新成为国际战略博弈的主要战场,围绕科技制高点的竞争空前激烈。以美国为首的西方发达国家不断出台政策措施,限制核心技术和产品出口来制约中国经济的可持续发展。其中,"中兴事件"和"华为事件"使中国社会各界意识到创新才是经济增长之源,开始反思企业的创新含量问题,并清楚认识到先进技术用钱是买不来的。另一方面,中国经济正处于转型升级、爬坡过坎的关键期,依靠要素投入、外需拉动、规模扩张的传统经济增长模式难以为继,经济高质量发展迫切需要科技创新的持续、集中的支持。

第一节　改革背景与现实意义

一、改革的背景

针对 2018 年以来扑朔迷离的国际环境和国内深层次矛盾显现的情况,习近平总书记强调:"科技创新是提高社会生产力和综合国力的战略支撑,必须摆在国家发展全局的核心位置"。从宏观层面看,近年来国家重大会议高度重视科技创新,国家也出台了多项重要政策,推动关键技术和战略新兴产业发展。

2012 年 11 月,中国共产党的十八大提出了创新驱动战略,提出:"科技创新是提高社会生产力和综合国力的战略支撑,必须摆在国家发展全局的核心位置。"党的十八大强调要坚持走中国特色自主创新道路、实施创新驱动发展战略。这是我们党放眼世界、立足全局、面向未来作出的重大决策。

2015 年 10 月,习近平总书记在党的十八届五中全会上创造性地提出了"创新、协调、绿色、开放、共享"的发展理念,强调创新发展注重的是解决发展动力问题。十八届五中全会通过的《中共中央关于制定国民经济和社会发展第十三个五年规划的建议》指出:"必须把创新摆在国家发展全局的核心位置,不断推进理论创

新、制度创新、科技创新、文化创新等各方面创新,让创新贯穿党和国家一切工作,让创新在全社会蔚然成风。"

2017年10月,中国共产党的十九大报告指出:"创新是引领发展的第一动力,是建设现代化经济体系的战略支撑。要瞄准世界科技前沿,强化基础研究,实现前瞻性基础研究、引领性原创成果重大突破。"要"建立以企业为主体、市场为导向、产学研深度融合的技术创新体系"。

2020年10月中国共产党的十九届五中全会通过的《中共中央关于制定国民经济和社会发展第十四个五年规划和二〇三五年远景目标的建议》强调:"坚持创新在我国现代化建设全局中的核心地位,把科技自立自强作为国家发展的战略支撑,摆在各项规划任务的首位,进行专章部署。"这在五年规划的历史上还是第一次,可见国家对科技创新的重视达到了前所未有的高度。

2021年11月中央全面深化改革委员会第二十二次会议,审议通过了《科技体制改革三年攻坚方案(2021—2023年)》,指出"开展科技体制改革攻坚,目的是从体制机制上增强科技创新和应急应变能力,突出目标导向、问题导向,抓重点、补短板、强弱项,锚定目标、精准发力、早见成效,加快建立保障高水平科技自立自强的制度体系,提升科技创新体系化能力。"

然而,由于企业创新活动的外溢效应和不确定性,仅依靠市场力量或企业自觉很难使企业创新能力得到有效提升。尤其是在2020年以来新冠肺炎疫情的肆虐下,科技创新面临更加错综复杂的不确定性。在竞争中,企业是提升国家科技创新能力的"主力军"。企业的研发创新活动不同于其常规经营,研发创新具有高成本、高风险的特点,且无法确定其回报期。针对这一问题,为了推动企业的研发活动,提升科技创新能力,各国政府通过出台一系列的税收优惠政策激励企业的创新发展。

2006年至今,中国也出台了以税收优惠和财政补贴为首的一系列税收激励政策。2009年进行"结构性减税"应对国际金融的外部冲击。2016年出台普惠性的"减税降费"政策,尤其针对高新技术等特殊企业及研发创新活动出台了大量的税收优惠政策,自2016年至2020年的"十三五"期间,全国累计减税降费超过7.6万亿元。2021年新增减税降费1.1万亿元,降低企业税收负担的同时极大地激励了企业的创新活动。现行的涉及企业创新的税收优惠政策如图9-1所示。

但在理论上,关于政府对企业创新的政策支持研究,仍是一个饱受争议的话题。由于创新活动本身具有较大的不确定性,创新成果又具有较强的外溢性,私人部门的创新投入往往不足。加之在研发成果转化中,企业往往面临融资难问题,市场创新投入就更加不足。此时,政府激励政策有助于降低创新不确定性,引导和刺激企业自主创新能力提升。另一方面,政府对企业创新研发的激励政策也受到诟病。本质上,政府对创新研发的投入是一种政府投资,政府资金分配过程中的信息

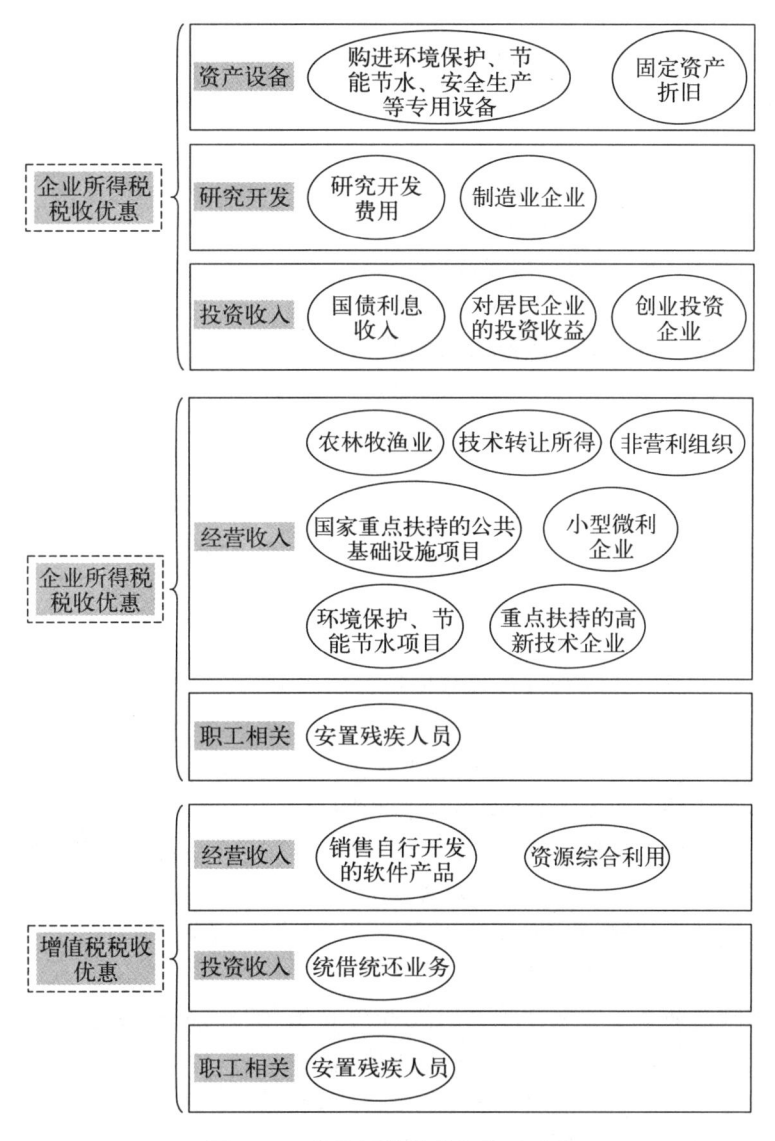

图 9-1 中国目前的税收激励政策

不对称和企业的逐利行为,不可避免地会造成资金的浪费和效率低下的问题。但尽管如此,政府对企业科技研发创新的税收激励和金融支持,不仅在发达国家得到普遍实施,更是处于创新落后状态或创新追赶阶段的发展中国家政府通常采取的创新激励手段。目前,在全球气候变暖的背景下,以低能耗、低污染为基础的"低碳技术"创新研发就是一个实证。

在实践中,为迎合国家战略,各级地方政府普遍采用较低所得税、研发费用加计扣除等事后优惠和研发补贴事前优惠，以及健全金融支持科技创新体系。然而，金融支持科技创新并不意味着金融机构会自发将信贷资金投向创新项目。政府支持科技创新政策在落地过程中，也出现许多政府失灵现象。不乏一些企业为获取政府对研发创新的政策支持，存在"骗补"行为，创新陷入"量多质不优"的困局。并且，长期研发补贴也容易使企业创新患上政策依赖症，反而弱化企业自身创新投入，阻碍企业创新。因此，政府激励科技创新的方式、有效性和效率问题值得关注。

鉴于此，本章分情景讨论税收政策、研发补贴、金融支持工具的创新激励效应，分析不同类型创新政策之间的相互抵消或相互促进效应。通过理论分析，本章力图揭示政府创新政策的混合激励效应，模拟展示市场机制和经济政策如何推动企业研发和创新的逻辑机制，试图为中国政府创新政策的调整和改革方向提供有价值的理论支持。

二、现有研究述评

现有研究主要分为以下几大方面：

（一）税收激励对企业创新的作用路径

1. 税收激励加大创新投入

利用英国企业人口的行政税收数据进行回归分析，Dechezleprêtre等（2016）研究发现：税收变化在统计和经济上都会对研发和专利产生重大影响，且税收激励对技术相关创新具有正向溢出效应。燕洪国和潘翠英（2022）研究发现：税收优惠能够显著提高企业的全要素生产率，激励作用明显。该激励作用主要通过促进企业加大创新要素的投入实现，同时研发资金与研发人员的投入发挥了中介作用。杨艳琳和胡曦（2021）研究发现：税收优惠政策可以通过研发投入以及非研发创新投入间接对企业的创新绩效产生促进作用。

2. 税收激励降低成本支出

以中国制造业企业税制改革为切入点，Cai等（2018）研究发现：较低的税收提高了企业创新的数量和质量，改革对财政拮据和参与逃税的公司产生了更大的影响。刘井建等（2020）研究发现：税收激励可以通过降低R&D投资的融资成本以及提升企业的研发强度来促进企业的创新产出。刘行和赵健宇（2019）研究发现：增值税转型改革可以通过增加企业可支配的现金流以及降低企业创新设备的投入成本这两条路径促进企业创新。

3. 税收激励的导向作用

李炳财等（2021）研究发现：税收激励可以通过提高风险投资金额加大对目标企业的扶持力度，对于风险资本投资具有一定引导作用。许玲玲等（2021）研究发现：通过高新技术企业的认定可以显著激励企业技术的创新。郑婷婷等（2020）研究发现：税收优惠可以从增加企业创新的数量与优化创新的质量结构两个方面提升企业创新质量,但税收优惠对于企业创新数量及质量的促进作用在非高新技术企业中比较显著,在高新技术产业中无明显作用。陈玥卓(2020)研究发现:税收激励政策主要通过融资约束、企业避税行为等路径来发挥作用。

(二) 税收激励对企业创新的政策效应

1. 税收激励与研发投入

部分学者认为税收激励对研发投入有一定的积极效应。林志帆和刘诗源(2022)认为:固定资产加速折旧政策对于企业的研发投入力度以及专利申请数量具有显著的正向促进作用。陈洋林等(2018)研究发现:税收优惠政策能够激励战略性新兴产业的创新投入。孙启新等(2020)研究发现:孵化器税收优惠政策能在一定程度上促进在孵企业的研发投入及创新行为。

但有部分学者持有不同观点。运用双重差分法对法国2008年的科研税收抵免改革进行事后评估,Bozio等(2014)研究发现:法国2008年的科研税收抵免改革在广度和深度上都对研发产生了积极影响,但对创新的影响可能低于预期。采用精确匹配的双重差分法研究中国2004年增值税改革对企业创新活动的影响,Howell(2016)发现:私营部门流动性的缺乏对企业创新活动产生了持续的负面影响,降低了研发密集型企业的创新成功。李香菊和贺娜(2019)研究发现:企业所得税率会对企业研发投入以及专利产出的数量产生消极影响,且税收激励对于企业技术创新的长期促进效应不具有稳健性,同时也增大了科技成果转化的难度。

2. 税收激励与创新产出

部分学者认为税收激励有利于企业的创新产出。针对税收抵免对加拿大制造企业创新活动的影响进行研究,Czarnitzki等(2011)研究发现:税收抵免增加了企业层面R&D的参与度,财政激励引起的R&D活动导致了额外的创新产出。贺康等(2020)研究发现:加计扣除的税收优惠政策对于企业的创新产出及效率有着显著的正向促进效应。王钊和王良虎(2019)研究发现:税收优惠政策能够显著提升中国高技术产业的创新效率。李香菊和杨欢(2019)、张继彤和朱佳玲(2018)、杨旭东(2018)研究发现:税收优惠政策可以有效激励企业的自主创新,同时对于企业的研发投入及专利产出有着一定促进作用。姜安等(2020)研究发现:R&D增值税优惠政策促进企业对R&D投资的增加,对企业创新产出的数量及质量有一定的激励效果。

但也有学者认为以创新产出来评价税收激励对企业的创新效果太过片面,缺乏说服力。王瑶等(2021)研究发现:"营改增"会降低企业的创新效率,对企业创新产生负面影响。通过实证研究,陈远燕等(2018)认为:虽然财政补贴与税收优惠政策能够提升企业的专利授权数量,但对于代表核心技术创新产出的发明授权数量均无显著影响。

3. 税收激励与财政补贴

税收优惠与财政补贴往往被广泛应用于激励企业的创新发展,大多数学者认为这两大税收激励政策对于企业创新有着显著的积极效应,同时学者们也就两类税收激励的政策效果做出讨论。邓卫红(2021)研究发现:税收优惠与财政补贴政策可以显著提升企业的研发创新强度。闫华红等(2019)研究发现:政府补助与税收优惠政策均可对企业创新产生显著的正向作用,但税收优惠政策对企业创新的效果优于政府补助。黄宇虹(2018)研究发现:财政补贴容易引发小微企业的寻租行为,所以税收优惠的正向效应相对较强。

但也有部分学者认为税收优惠与财政补贴对于企业创新的激励效果还有不足之处。对此,Akcigit 和 Stantcheva(2020)研究认为:所得税会在宏观国家层面以及个人和企业方面对创新的数量和质量产生负面影响。韩凤芹和陈亚平(2021)研究发现:税收优惠政策对于企业的创新性意愿、技术市场的认可度以及企业的产业链位置均没有显著的正向效果。常青青(2020)研究发现:税收优惠只能显著提升企业外观型和实用新型创新效率,对于企业的发明型创新效率并未产生显著的促进效应。

4. 不同税收激励效果

随着学者对税收激励政策研究的深入,部分学者开始研究一些具体的税收激励政策。李远慧和徐一鸣(2021)研究发现:增值税优惠比所得税优惠的促进作用更显著。通过实证研究,孙自愿等(2020)认为:税收优惠政策对企业创新质量的激励作用更显著,且研发费用加计扣除政策比优惠税率政策更能激励企业的创新产出。杨晓妹和刘文龙(2019)研究发现:R&D 补贴和税收优惠政策均对制造业的创新活动有正向作用,但 R&D 补贴的激励效果优于税收优惠政策。

部分学者认为一些具体的税收激励政策会对企业创新产生消极效用。何凌云等(2020)研究认为:财政补贴、低利率贷款等均可以有效促进环保企业的技术创新,但随着企业环保投资的增加,低利率贷款的政策会使企业忽略环保投资的效率而只关注数量,从而造成资金冗余,抑制企业的创新发展。王春元和叶伟巍(2018)研究发现:双重税收优惠政策以及融资约束的负效应会抑制企业的自主创新。

(三) 税收激励政策效应的影响因素

1. 内部环境因素

企业规模方面,王春元和于井远(2020)研究发现:资金充足的大企业偏向于税收优惠政策,而面临着融资压力的中小企业更偏向财政补贴政策。吴松彬等(2018)研究发现:企业创新投入及产出 R&D 税收激励作用效果受企业规模的影响,小规模企业对于创新投入的激励效果显著,大规模企业对于创新支出的激励效果显著。

企业生命周期方面,刘诗源等(2020)研究发现:税收激励对于成熟期的企业有着显著的税收激励作用,而对于成长期和衰退期的企业并不产生显著影响。段姝和杨彬(2020)认为:政府的财政补贴政策对于成长期和成熟期民营科技型企业的创新强度有着较为显著的激励作用,而对于初创期和衰退期民营科技型企业的创新强度并未产生显著影响。

产权性质方面,王彦超等(2019)发现:税收优惠和财政补贴等措施针对不同行业、不同产权性质的企业存在不同的激励效果,其中对于民营企业以及税收敏感企业的激励效果较为显著。陈洋林等(2018)研究发现:税收优惠对民营企业创新投入的激励效果强于非民营企业。常青青(2020)研究发现:税收优惠政策对于非国有企业的创新效率具有更显著的提升作用。

除此之外还有其他内部因素,陈玥卓(2020)研究发现:税收优惠政策会对发明专利申请产生显著的正向效应,而对于非发明专利申请无显著影响。潘孝珍(2019)研究发现:随着门槛变量的门槛区域的不同,税收优惠的创新激励效应也会呈现出一定的差异。李香菊和贺娜(2019)研究发现:税收激励对企业技术创新的促进效应容易受到长期融资约束、管理层短视等因素影响。

2. 外部环境因素

根据一项专门调查的结果,Gokhberg等(2014)研究认为:对研发和创新税收激励措施的需求会因规模、经济、国家隶属的不同而产生较大差异。在所处地区方面,运用双重差分法研究中国 2006 年的企业所得税基础改革对企业创新的影响,Shao 和 Xiao(2019)发现:企业税收减免会对企业的专利产生积极效应,这种效应受企业规模和所处地区的影响,如果一家公司规模较大或位于东部省份,这种效应尤为显著。宋清和杨雪(2021)研究发现:企业在不同地区的税收优惠作用效果具有明显差异,其中税收优惠对于东部地区企业的创新和科研投入的影响效应较为显著,对西部地区则无显著影响。刘井建等(2020)研究发现:税收激励对于 R&D 投资的影响效应具有区域差异性,在税率较低和研发强度较高的区域具有显著的激励效应,而在税率较高或研发强度较低的区域激励效应较弱。

制度环境方面,吴松彬和黄惠丹(2020)研究发现:制度环境可以促进企业创新,尤其在东部地区和外资企业更能体现税收激励的强化作用。潘孝珍和燕洪国(2018)认为:法律制度环境对于发挥创新税收优惠政策的激励效果有重要作用,只有拥有良好的法律制度环境,政府审计才能更好地调节科技创新税收优惠政策。

市场环境方面,黄宇虹(2018)认为:市场环境会对企业创新投入的激励效应产生影响,市场化程度越高,财政补贴对于企业创新投入的激励作用越弱。杨旭东(2018)认为:相较于环境不确定性较低的企业,税收优惠对环境不确定性较高的企业具有更强的促进效果。

行业类型方面,李香菊和杨欢(2019)研究发现:税收优惠政策对于企业创新的影响会根据不同企业的产业性质呈现较大差距。贺康等(2020)研究发现:加计扣除政策的激励效果在不同性质的企业中存有一定的差异,其中在非国有企业、大规模企业以及非高新技术企业中更能体现税收优惠对于创新产出及效率的激励效果。

综合而言,现有研究仍存在以下几个方面的不足:首先,现有关于国家税收优惠政策的研究大多是实证研究,对于税收优惠政策的理论探讨不多。其次,关于税收优惠政策和研发补贴的宏观作用机理缺乏深入的探究,相关激励政策的宏观效应、增长效应缺乏比较。最后,对于税收激励政策与其他激励政策的政策比较和配合效果,目前局限于与财政补贴的比较,还没有与其他的政策进行比较。

三、本章的创新点

鉴于以上的不足,本章力图实现以下几个方面的创新:

第一,创新应用动态随机一般均衡模型研究税收激励、研发补贴和金融支持激励企业创新的理论机制。

第二,比较税收激励、研发补贴和金融支持激励的经济稳态效应和宏观经济刺激效应。

第三,从宏观视角讨论不同激励政策协同配合的创新效果,寻找最优的政策组合排序。

四、改革的现实意义

(一)有利于促进企业的创新发展

由于研发创新活动具有收益的不确定性、投资成本高、承担风险大的特点,从而很多企业对"研发参与"非常谨慎。而税收激励、财政补贴或是金融支持从人力成本及融资成本等多个方面降低企业研发创新的成本支出,引导企业加大创新投入,激励企业的研发活动。研究政策的取舍有利于促进企业的创新发展,激发微观主体的经济活力。

(二)有利于推动产业的转型升级

"产业兴则经济兴,产业强则经济强。"国家通过优化一系列的税收激励政策引导企业投资于核心关键技术、"卡脖子"技术,推动产业向新能源、数字化的创新发展,有利于助力产业转型升级。同时低碳、节能、高效的导向也可以刺激新兴行业的出现,为市场增添新的活力,推动中国经济的高质量发展。

(三)有利于提升国际竞争力

各国之间综合国力的竞争不仅仅是经济总量的竞争,更是科技的较量。创新是国际竞争中极为重要的因素,"唯创新者进,唯创新者强,唯创新者胜"。国家的创新主要在于微观主体的创新。优化税收激励政策能够极大地激发微观主体的创新能力,提升国家整体的科技创新水平。这有利于提升中国的国际竞争力。

第二节 置入创新激励的理论模型

考虑到传统经济学通常假定技术进步是外生给定或自然发生,忽视内生技术进步对经济增长的决定作用,本章借鉴 Romer(1986)的内生增长理论,在标准中等规模的新凯恩斯主义动态随机一般均衡模型的基础上,把技术研发创新、转化应用与政府激励纳入宏观经济分析(见图 9-2)。

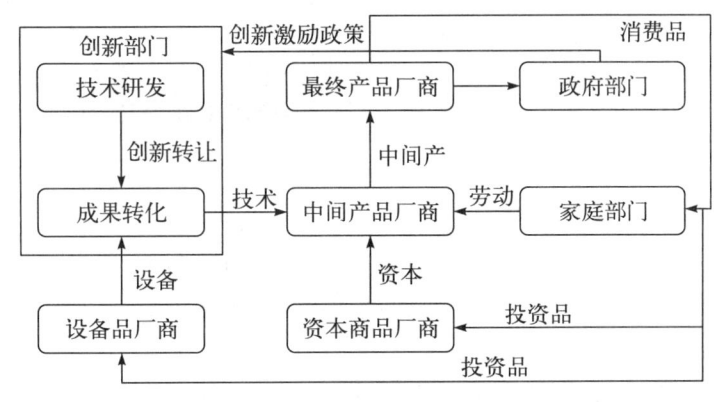

图 9-2 模型框架结构

技术创新表现为中间产品多样化。生产率增长来自中间产品种类数量不断递增所引起的劳动专业化分工的增加,又来自创新研发的外溢效应,每一个新创新都可以从整个已有的创新存量中受益。这契合了中国"创新驱动"发展战略,也在微观上为企业转型提供了战略引领。具体而言,通过研发创造新技术以及采用这些新技术都是内生过程。创新过程分为两个阶段:一是将技术创新投入,研发人员以及研发设备等转化为新的生产技术;二是将新技术转化为市场产品,从而形成经济产出。内生技术不是传统理论模型中的普通产品或公共产品,而是一种可重复共享而不受损和不增加成本非争夺性和部分排他的产品,结果形成垄断竞争均衡。

由于技术创新有溢出效应,可被转让购买而用于垄断定价,因此在均衡状态下,技术研发会因补偿不充分而有所不足,并且对利率水平比较敏感,相反政府对技术创新的激励政策可以促进私营部门研发,提高创新效率,促进经济长期增长。这些激励政策的效力取决于它们是如何设计和执行的。

一、创新部门

借鉴 Moran 和 Queralto(2018)的研究,继承 Romer(1990)提出的技术进步表现为产品种类不断增多的基础创新。模型中创新表现为中间产品的新品种,这是由私人部门内生研发的转化发明。现存技术总量,也就是技术前沿为 Z_t,在[0,

Z_t]之间任意一点上都表示不同技术创新。每种技术创新都面临过时被淘汰,其发生概率为 $1-\varphi$。在 t 期内,技术创新总量为 V_t。技术前沿演化规律为:

$$Z_{t+1} = \varphi Z_t + V_t \tag{9.1}$$

式(9.1)表明每期技术前沿包括两部分,现有技术存量中未过时技术和刚发现新技术。新技术被发明后,不能立即投入生产应用,仍需要经过一个消耗时间和资源的技术成果转化过程。具体地说,每期完全竞争的推广应用厂商投入一定资源,将技术成果转为可使用技术。技术成果转化成功概率为 λ_t,这是所投入资源的递增函数。如果不成功,将在后续时期内继续尝试技术成果转化。因此,技术成果转化是多期的,成功概率与转化中的投入资源、经济政策等外部环境密切相关。目前,可获得技术为 A_t,$A_t < Z_t$,而 A_t 决定了总全要素生产率(TFP),其演化运动规律为:

$$A_{t+1} = \varphi[\lambda_t(Z_t - A_t) + A_t] \tag{9.2}$$

式(9.2)两端同时除以 A_t 后,得到一个描述 TFP 增长率的方程,由相对可获得技术的技术总量 Z_t/A_t 和技术成果转化概率 λ_t 共同决定。

1. 技术研发

竞争性的创新厂商在研发方面投入资源,生产新中间产品种类(专利技术),然后将其产权出售给应用厂商获利,而应用厂商则将新产品推广转为生产要素。具体而言,每个创新厂商的生产函数为:

$$V_{i,t} = \zeta Z_t \frac{1}{Z_t^\eta S_t^{1-\eta}} S_{i,t} \tag{9.3}$$

其中,$V_{i,t}$ 表示创新厂商生产的新产品,$S_{i,t}$ 表示创新厂商的研发支出,总研发支出 $S_t \equiv \int_i S_{i,t} di$。总技术存量 Z_t 对私人研发活动具有外溢性(Romer, 1990),同时 $\frac{1}{Z_t^\eta S_t^{1-\eta}}$ 产生研发拥挤效应(最好创新是最先发现)。η 反映技术创新的研发弹性,$0 < \eta < 1$。研发拥挤效应取决于总技术存量 Z_t,它捕捉随着经济变得越来越复杂,研发效率下降的客观事实,这有助于新中间产品产出的增长率是平稳的。ζ 表示技术因子,保证模型驱动的 TFP 在均衡经济增长路径上。设 J_t 是新创新的价值,t 期研发创新在 $t+1$ 期可获得。设 $\varphi_t \equiv \zeta\left(\frac{Z_t}{S_t}\right)^{1-\eta}$,则创新厂商利润最大化为:

$$\max_{S_i, t+j} E_t \left\{ \sum_{j=0}^{\infty} \Lambda_{t,t+1+j} [Inco_{i,t+j} - \Delta_t^f (1-\tau_t^{sub}) Cost_{i,t+j} - \tau_t^{inc} (Inco_{i,t+j} - (1+\tau_t^{dep}) Cost_{i,t+j})] \right\} \quad (9.4)$$

其中,$\Lambda_{t,t+1}$是家庭居民在t和$t+1$期之间随机贴现因子。$Inco_{i,t+j}$表示创新厂商的收入,$Inco_{i,t+j} = J_{t+1+j} V_{i,t+j}$。$Cost_{i,t+j}$表示创新厂商的成本,$Cost_{i,t+j} = [1 + f_s(S_{i,t+j}/S_{i,t+j-1})] S_{i,t+j}$。凸函数$f_s(\cdot)$刻画创新研发调整成本,其满足$f_s(\bar{g}) = f_s'(\bar{g}) = 0$,$\bar{g}$是均衡增长路径上创新研发支出稳态增长率。$\tau_t^{sub}$表示政府对研发的税式支出(财政补贴),$\tau_t^{inc}$表示政府对研发厂商利润为基数征收的所得税,$\tau_t^{dep}$表示政府对研发厂商给予研发费用加计扣除,$\Delta_t^f$表示研发创新融资便利程度。在完全竞争市场上,创新厂商的最优一阶条件是:

$$E_t \Lambda_{t,t+1} (1-\tau_t^{inc}) J_{t+1} \varphi_t = [\Delta_t^f (1-\tau_t^{sub}) - \tau_t^{inc} (1+\tau_t^{dep})] \left\{ 1 + f_s'(S_t/S_{t-1}) \frac{S_t}{S_{t-1}} + f_s(S_t/S_{t-1}) - E_t \left[\Lambda_{t,t+1} f_s'(S_{t+1}/S_t) \left(\frac{S_{t+1}}{S_t} \right)^2 \right] \right\} \quad (9.5)$$

式(9.5)表明创新研发的边际收益等于边际成本,包括税收楔子。研发的边际收益$E_t(\Lambda_{t,t+1} J_{t+1})$是未应用的新技术预期贴现价值,总量创新决定了技术前沿演化运动,$V_t \equiv \int_i^1 V_{i,t} \mathrm{d}i = \zeta Z_t^{1-\eta} S_t^{\eta}$。$\eta$控制着$V_t$对$S_t$的弹性,利用式(9.1)可得$Z_t$增长率由$S_t/Z_t$和弹性参数$\eta$共同决定。因此,技术前沿的长期增长率是完全内生的,税率的变化会导致Z_t增长率的变化。

2. 成果转化

为在成果转化中引入调整成本,假设竞争性应用厂商的投入是一种特殊商品(譬如科研设备),其被设备厂商使用最终产品进行生产。每个应用厂商在任一期内成功将研发成果转化的概率都为λ_t。如果在t期不成功,将在$t+1$期继续成果转化,显然成果转化的成功概率取决于应用厂商设备投入$M_{i,t}$,即:

$$\lambda_t = \kappa_\lambda (S_t/A_t)^\nu M_{i,t}^\nu \quad (9.6)$$

其中,κ_λ表示创新转化技术因子,式(9.6)表明相对可获得技术的总研发支出S_t/A_t对成果转化成功率产生"溢出"影响,ν衡量这种溢出程度大小。这是因为:总研发可能会对采用现有创新的可能性产生良性的外部影响,譬如应用厂商从总研发中学到新知识。在完全竞争市场上,应用厂商从创新厂商购买创新产权,购买价格为J_t。应用厂商设备投入$M_{i,t}$,以成功概率λ_t将研发技术转化为生产技术。一旦成果转化成功后,应用厂商将生产技术以价格H_t卖给中间产品生产商,即:

$$H_t = \Pi_t + \varphi E_t(\Lambda_{t,t+1} H_{t+1}) \tag{9.7}$$

其中,技术创新是非竞争的。这意味着:创新可被新的创新者在他们自己的研发中免费使用;创新又是排他的,每一个创新者都可以获得垄断租金。正是对于这些租金预期,才激励旨在创新新技术的研发行为。Π_t 表示新技术创新带来的垄断利润。设 Q_t^m 表示应用厂商设备投入价格,应用厂商利润最大化为:

$$J_t = \max_{M_{i,t}} \varphi E_t\{\Lambda_{t,t+1}[\lambda_t H_{t+1} + (1-\lambda_t)J_{t+1}]\} - \Delta_t^s Q_t^m M_{i,t} \tag{9.8}$$

式(9.8)表明应用厂商转化成果的预期价值取决于成果转化成功概率和下期创新价值,而且转化成果的预期价值扣除其成本后,应等于购买研发创新的价值,否则应用厂商没有动力继续成果转化。Δ_t^s 表示成果转化融资便利程度,由于研发创新与成果转化存在密切关系,故设二者存在如下的关系:

$$\log \Delta_t^s = \nu \log \Delta_t^f \tag{9.9}$$

其中,ν 是研发创新对成果转化的溢出影响。而应用厂商的最优一阶条件是:

$$\nu \kappa_\lambda \varphi (S_t/A_t)^\nu E_t[\Lambda_{t,t+1}(H_{t+1} - J_{t+1})] = \Delta_t^s Q_t^m M_t^{1-\nu} \tag{9.10}$$

式(9.10)表明应用厂商的投入是成果转化前后价值差(未转化技术与已转化技术的价值差异)预期贴现的增函数。此外,在其他条件相同的情况下,由于总研发支出增加了应用支出的边际收益,进而也带动应用转化支出上升,故总研发支出与成果转化支出是互补的。在 t 期,存在 $Z_t - A_t$ 的研发技术需要应用厂商进行转化,每种技术转化的设备投入为 M_t,因此应用厂商的成果转化支出为:

$$I_t^m = (Z_t - A_t) M_t \tag{9.11}$$

二、厂商部门

1. 中间产品生产商

技术研发和成果转化造成专业化中间产品种类不断增加,因此拥有和经营一种新中间产品的利润是技术研发和成果转化的内生驱动力。中间产品厂商是垄断竞争的,批发产品 Y_t^w 是中间产品 $Y_{i,t}^m$ 的 CES 加总函数,即:

$$Y_t^w = \left[\int_0^{A_t} (Y_{i,t}^m)^{\frac{\vartheta-1}{\vartheta}} di\right]^{\frac{\vartheta}{\vartheta-1}} \tag{9.12}$$

其中,$Y_{i,t}^m$ 表示第 i 个中间产品厂商的产出,每个中间产品的价格为 $P_{i,t}$。批发品价格与中间产品价格的关系为 $P_t^w = \left[\int_0^{A_t} P_{i,t}^{1-\vartheta} di\right]^{\frac{1}{1-\vartheta}}$。中间产品厂商投入资本 $K_{i,t}$ 和劳动 $L_{i,t}$ 进行生产,生产函数为:

$$Y_{i,t}^m = K_{i,t}^\alpha L_{i,t}^{1-\alpha} \tag{9.13}$$

设名义工资为 W_t，实际资本租金率为 R_t^k。中间产品厂商成本最小化，可得最优一阶条件为：

$$W_t / P_t = \frac{\vartheta-1}{\vartheta} \frac{P_t^w}{P_t}(1-\alpha) \frac{Y_t^w}{L_t} \tag{9.14}$$

$$R_t^k = \frac{\vartheta-1}{\vartheta} \frac{P_t^w}{P_t} \alpha \frac{Y_t^w}{K_t} \tag{9.15}$$

其中，$\vartheta/(\vartheta-1)$ 表示中间产品不完全竞争的价格加成，P_t^w 表示批发品价格，P_t 表示最终产品价格。中间产品厂商的实际每期利润 Π_t 为：

$$\Pi_t = \frac{1}{\vartheta} \frac{P_t^w}{P_t} \frac{Y_t^w}{A_t} \tag{9.16}$$

式(9.16)表明利润流的贴现值包括了技术采用和最终创新的主要驱动。将式(9.11)代入中间产品厂商的一阶最优条件可得总批发品产出为：

$$Y_t^w = A_t^{\frac{1}{\vartheta-1}} K_t^\alpha L_t^{1-\alpha} \tag{9.17}$$

其中，$K_t \equiv \int_0^{A_t} K_{i,t} \mathrm{d}i$，$L_t = \int_0^{A_t} L_{i,t} \mathrm{d}i$。式(9.17)表明全要素生产率是由中间产品 A_t 种类增加驱动。

2. 零售产品生产商

连续一统的零售产品厂商以批发品作为生产投入，生产最终产品。每个零售产品厂商购买批发品，无成本贴标差异化后，销售给最终用户。最终产品 Y_t 是零售产品 $Y_{i,t}^r$ 的 CES 加总函数，即：

$$Y_t = \left(\int_0^1 Y_{i,t}^{r\frac{\omega}{\omega-1}} \mathrm{d}i\right)^{\frac{\omega}{\omega-1}} \tag{9.18}$$

零售产品价格为 $P_{i,t}$，最终产品价格 $P_t = \left(\int_0^1 P_{i,t}^{1-\omega} \mathrm{d}i\right)^{\frac{1}{1-\omega}}$。最终产品成本最小化，可得对零售产品的需求函数为：

$$Y_{i,t}^r = \left(\frac{P_{i,t}}{P_t}\right)^{-\omega} Y_t \tag{9.19}$$

每个零售厂商可重新定价的概率为 $1-\theta$。无法重新定价的零售厂商将指数化盯住通胀，即：

$$P_{i,t} = P_{i,t-1} \pi_{t-1}^{\iota p} \bar{\pi}^{1-\iota p} \tag{9.20}$$

其中，$\pi_t \equiv P_t/P_{t-1}$ 表示通胀水平，$\bar{\pi}$ 表示稳态通胀。零售产品厂商的名义边际成本为批发品价格 P_t^w。在式(9.18)需求约束下，零售产品厂商进行最优定价为：

$$\max_{P_t^*} E_t \sum_{j=0}^{\infty} \theta^j \Lambda_{t,t+j} \left[\frac{P_t^* \prod_{k=1}^{j} \pi_{t+k-1}^{\iota_p} (\bar{\pi})^{1-\iota_p}}{P_{t+j}} - \frac{P_{t+j}^w}{P_{t+j}} \right] Y_{i,t+j}^r \tag{9.21}$$

价格指数的运动方程为：

$$P_t = \left[(1-\theta) \left(P_t^* \right)^{1-\omega} + \theta \left(P_{i,t-1} \pi_{t-1}^{\iota_p} \bar{\pi}^{1-\iota_p} \right)^{1-\omega} \right]^{1/(1-\omega)} \tag{9.22}$$

价格分散因子的方程为：

$$\Delta_t^A = (1-\theta)(\pi_t^*)^{-\omega}(\pi_t)^{\omega} + (\pi_{t-1}^{\iota_p} \bar{\pi}^{1-\iota_p})^{-\omega}(\pi_t)^{\omega} \theta \Delta_{t-1}^A \tag{9.23}$$

3. 资本商品和设备生产商

资本商品厂商以最终产品作为投入，生产新的资本商品，并受到调整成本约束。他们以价格 Q_t 将资本商品出售给家庭部门，最大化预期贴现利润为：

$$\max_{I_t} E_t \left\{ \sum_{j=0}^{\infty} \Lambda_{t,t+j} [Q_{t+j} I_{t+j} - (1 + f_i(I_{t+j}/I_{t+j-1})) I_{t+j}] \right\} \tag{9.24}$$

其中，f_i 是投资调整成本函数，利润最大化要求资本商品价格等于投资品生产的边际成本，即：

$$Q_t = 1 + f_i(I_t/I_{t-1}) + \frac{I_t}{I_{t-1}} f_i'(I_t/I_{t-1}) - E_t \left[\Lambda_{t,t+1} \left(\frac{I_{t+1}}{I_t} \right)^2 f_i'(I_{t+1}/I_t) \right] \tag{9.25}$$

总量资本的演化方程为：

$$K_{t+1} = (1-\delta) K_t + I_t \tag{9.26}$$

如同资本商品厂商，设备厂商生产面临调整成本 f_m，最大化预期贴现利润为：

$$\max_{I_t^m} E_t \left\{ \sum_{j=0}^{\infty} \Lambda_{t,t+j} [Q_{t+j}^m I_{t+j}^m - (1 + f_m(I_{t+j}^m/I_{t+j-1}^m)) I_{t+j}^m] \right\} \tag{9.27}$$

设备厂商的最优一阶条件为：

$$Q_t^m = 1 + f_m(I_t^m/I_{t-1}^m) + \frac{I_t^m}{I_{t-1}^m} f_m'(I_t^m/I_{t-1}^m) - E_t \left[\Lambda_{t,t+1} \left(\frac{I_{t+1}^m}{I_t^m} \right)^2 f_m'(I_{t+1}^m/I_t^m) \right] \tag{9.28}$$

三、家庭部门

家庭部门由分布在[0,1]区间上的连续同质化居民个体组成,在每一个时期内所有家庭将对消费、储蓄、投资和劳动等进行决策,以使得各个家庭在永久性生命期间获得效用最大化。同质化的假设使得我们可以将家庭加总为一个代表性的家庭,代表性居民最大化预期效用,其效用函数为:

$$E_t\left\{\sum_{i=0}^{\infty}\beta^i\left[\log(C_{t+i}-hC_{t+i-1})-\frac{\chi L_{t+i}^{1+\zeta}}{1+\zeta}\right]\right\} \tag{9.29}$$

其中,β 是主观贴现率,h 和 χ 分别反映消费习惯和劳动在效用函数中权重,ζ 表示劳动供给弗里希弹性的倒数,C_t 是居民消费,L_t 是劳动供给。家庭拥有企业和资本,家庭的预算约束为:

$$C_t+D_t+Q_tK_t=w_tL_t+\frac{R_{t-1}D_{t-1}}{\pi_t}+[R_t^k+(1-\delta)Q_t]K_{t-1}+\Pi_t \tag{9.30}$$

其中,Q_t 和 w_t 分别表示实际资本价格和实际工资,K_t 表示资本商品,R_t^k 表示实际资本租金,δ 表示资本折旧率,D_t 表示储蓄存款,Π_t 表示企业利润,$\pi_t=P_t/P_{t-1}$ 表示通货膨胀。在式(9.30)约束下,最大化式(9.28)可得最优一阶条件分别是:

$$\Lambda_{t,t+1}=\frac{\beta U_{c,t+1}}{U_{c,t}} \tag{9.31}$$

$$U_{c,t}=\frac{1}{C_t-hC_{t-1}}-\beta h E_t\left(\frac{1}{C_{t+1}-hC_t}\right) \tag{9.32}$$

$$1=E_t\Lambda_{t,t+1}\frac{R_t}{\pi_{t+1}} \tag{9.33}$$

$$1=E_t\Lambda_{t,t+1}\frac{R_t^k+(1-\delta)Q_{t+1}}{Q_t} \tag{9.34}$$

$$\chi L_t^\zeta=U_{c,t}w_t \tag{9.35}$$

其中,式(9.31)表示家庭居民随机贴现率,式(9.32)表示家庭消费的边际效用,式(9.33)表示家庭居民消费的欧拉方程,式(9.34)和式(9.35)分别表示家庭资本和劳动力的最优决策。

四、政府部门与市场出清

中央银行设定政策利率服从泰勒规则,即:

$$R_t = \frac{g}{\beta}\pi \left(\frac{\pi_t}{\pi}\right)^{\kappa_\pi} \left(\frac{y_t}{y^{pot}}\right)^{\kappa_y} \xi_t^r \tag{9.36}$$

其中，$y_t = Y_t/A_t$ 是去趋势产出，y^{pot} 是去趋势的稳态产出。g 是全要素生产率增长率，π 是稳态下通胀率，ξ_t^r 表示货币政策冲击。目前，中国政府对研发创新的支持主要表现在两方面：一是财政方面，给予创新利润较低的企业所得税优惠、研发费用加计扣除及研发补贴等措施；二是金融方面，给予研发创新融资便利性和较低利率等措施。在动态随机一般均衡模型的文献中，表示政策冲击的一种常见方法是对政策工具变量设定一个自回归过程，刻画政策连续性。这里，重点考虑四类政策工具：

一是企业所得税率规则，即：

$$\tau_t^{inc} = (1 - \rho_{inc})\tau^{inc} + \rho_{inc}\tau_{t-1}^{inc} + \xi_t^{inc} \tag{9.37}$$

二是企业研发费用加计扣除规则，即：

$$\tau_t^{dep} = (1 - \rho_{dep})\tau^{dep} + \rho_{dep}\tau_{t-1}^{dep} + \xi_t^{dep} \tag{9.38}$$

三是企业研发补贴规则，即：

$$\tau_t^{sub} = (1 - \rho_{sub})\tau^{sub} + \rho_{sub}\tau_{t-1}^{sub} + \xi_t^{sub} \tag{9.39}$$

四是金融支持规则，即：

$$\log\Delta_t^f = \rho_f \log\Delta_{t-1}^f + \xi_t^f \tag{9.40}$$

其中，变量不带下标 t 表示该变量稳态值，$\rho_i(i \in (inc, dep, sub, f))$ 刻画政策工具的连续性，ξ_t^i 表示不同政策工具下的政策冲击。当商品市场均衡时，最终产品分别被家庭消费、资本商品厂商投资、设备厂商投资、应用厂商和研发厂商创新投资消耗殆尽，即：

$$Y_t = C_t + [1 + f_i(I_t/I_{t-1})]I_t + [1 + f_m(I_t^m/I_{t-1}^m)]I_t^m + [1 + f_s(S_t/S_{t-1})]S_t \tag{9.41}$$

五、参数校准与稳态分析

（一）参数校准

由于科技创新是一个周期较长的过程，故模型经济参数根据年度频率进行校准。居民主观贴现率取 0.997 5，匹配年度实际利率 4%。不失一般性[①]，资本产出

[①] 根据现有 DSGE 的研究文献中常用取值。

份额取 0.43，资本折旧率取 10%。劳动供给的弗里希弹性取 2[①]，η 为 0.5。居民消费偏好取 0.5，略低于通用取值 0.7，以反映年度模型与季度模型之间差异。零售产品之间替代弹性取 6(Christiano 等，2005)，意味着稳态价格加成 20%，这在文献研究常见取值范围内。将季度估计转为年度，价格黏性取 0.75，盯住价格指数取 0.5，稳态下年通胀率为 2%。政策规则方面，利率对通胀和产出缺口的反馈分别取 1.5 和 1.0，这保证在不同模型结构中具有良好的稳定特性(Taylor，1999)。批发品之间替代弹性取 2.49，使技术水平采取纯粹的劳动增强形式，相当于施加了 $(1-\alpha)(\vartheta-1)=1$ 约束。这一约束意味着：存在一个平衡的增长路径，其产出与全要素生产率(TFP)成正比，因此每周期垄断利润是平稳的，这在一定程度上简化了对平衡增长路径的描述。给定资本产出份额，中间产品的价格加成取 1.67。采用 Anzoategui 等(2019)的研究估计，技术淘汰率取每年 10%，转化采用对转化费用的弹性取 0.925，这既保证与技术扩散周期的衡量一致，也有助于在稳态下提供研发占产出比重的现实比率。盯住模型平衡增长路径的特征，设定劳动效用的权重、研发生产率与成果转化规模因子。具体而言，标准化稳态劳动水平为 1/3(8 小时/24 小时)，TFP 增长率为 0.5% 及成果转化成功概率为 0.2。给定这些目标，我们搜索估计参数，从而确保估计始终与平衡增长路径的目标值一致。由于年度调整成本没有季度明显，投资调整成本参数取 1，略低于 Primiceri(2006)、Smets 和 Wouters(2007)文献研究取值。研发调整成本参数取 4，匹配实际数据中研发增长与投资增长的相对波动性。由于转化支出数据无法获得，假定转化调整成本与研发调整成本一致也取 4。最后，设定政府支持研发创新的政策工具与货币政策的持续性参数均取 0.8，而利率对产出缺口和通胀缺口反馈分别取 0.03 和 1.50。具体的参数校准如表 9-1 所示。

表 9-1 参数校准

参数模块	参数名称	参数描述	参数赋值	参数名称	参数描述	参数赋值
创新部门	φ	技术创新未被淘汰的概率	90%	ζ	创新研发的技术因子	0.210 9
	η	技术创新的研发弹性	0.25	κ_λ	创新转化的技术因子	1.039 4
	ν	技术溢出效应	0.3	υ	转化支出弹性	0.5

[①] 对弗里希弹性值在 1 到 0.75 之间进行敏感性分析，发现关键结果在这些替代值下相对不变。

续表

参数模块	参数名称	参数描述	参数赋值	参数名称	参数描述	参数赋值
厂商部门	ϑ	中间产品之间替代弹性	2.492 5	α	资本产出份额	0.43
	ω	零售产品之间替代弹性	6	ι_p	盯通胀价格指数	0.5
	θ	价格黏性	0.75	f_i''	投资调整成本	1
	f_s''	研发调整成本	4	f_m''	转化调整成本	4
	δ	资本折旧率	10%			
家庭部门	β	家庭居民主观贴现率	0.997 5	h	居民消费偏好	0.5
	χ	居民劳动在效用的权重	3.544 3	ζ	劳动弗里希供给弹性的倒数	0.5
政府部门	g	全要素生产率增长率	1.011 8	κ_π	利率对通胀缺口反馈	1.5
	κ_y	利率对产出缺口反馈	0.03	ρ_{inc}	企业所得税持续性	0.80
	ρ_{dep}	研发费用加计扣除持续性	0.80	ρ_{sub}	企业研发补贴持续性	0.80
	ρ_s	金融支持持续性	0.80	τ^{inc}	稳态下企业所得税率	15%
	τ^{dep}	稳态下费用加计扣除比例	1	τ^{sub}	稳态下研发补贴比例	0

（二）稳态分析

税收激励和金融支持是企业科研创新和技术应用推广的重要手段。从经济稳态角度看，较低研发所得税、研发补贴、研发费用加计扣除及金融支持等一揽子措施对整体研发创新和成果转化两阶段创新效率具有重要影响。图9-3显示，随着研发企业所得税率提高，研发创新和成果转化阶段效率逐渐下降，而研发支出相应地逐渐增加。这说明：较低研发所得税税率确实能减少企业的研发负担，增加企业创新积极性。随着金融支持加强，企业研发创新融资约束放松，创新与转化效率也随之逐渐增加，研发支出水平呈现先增后减趋势。这表明事后所得税优惠和金融支持政策，从创新要素投入到创新成果输出缓解企业内生和外部融资约束，促进企业研发创新和成果转化两阶段的效率改进。

图9-4显示，研发补贴与研发创新、成果转化效率及研发支出之间呈现非单调关系。当研发补贴率在80%以内，随着研发补贴率增加，创新研发和成果转化效率逐渐下降，研发支出水平缓慢增加；当研发补贴率超过80%时，随着研发补贴率增加，创新研发和成果转化效率逐渐上升，研发支出水平迅速下降。随着研发加计扣除率增加，企业研发创新和成果转化效率下降，研发支出水平上升。

图9-4中的结果表明：事前研发补贴和研发加计扣除政策对创新的影响具有

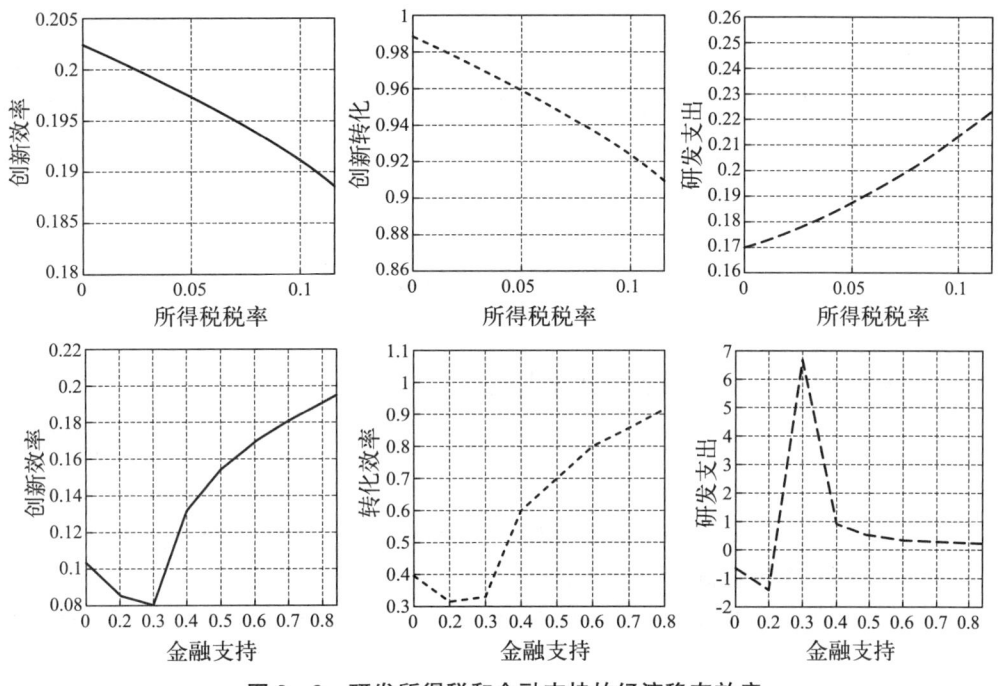

图 9-3 研发所得税和金融支持的经济稳态效应

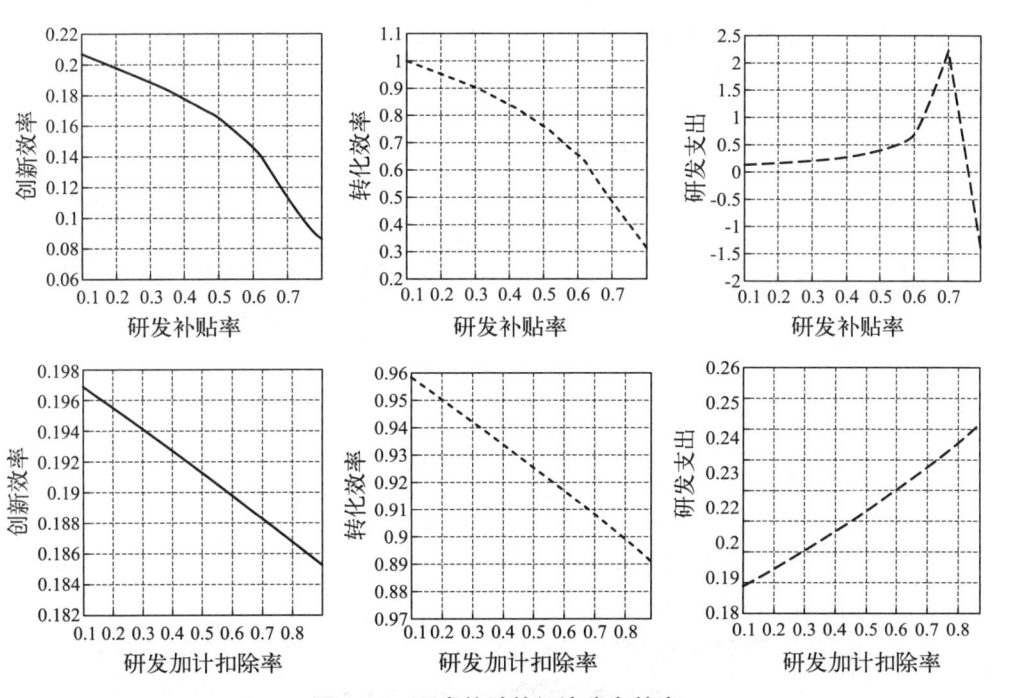

图 9-4 研发补贴的经济稳态效应

促进效应和抑制效应两面性。政府对研发补贴和研发费用加计扣除尽管缓解了企业创新面临的资本投入约束,补充了创新投入的资金短板,但也可能导致创新投入低效率配置,进而对企业创新效率产生制约作用。这说明事前激励政策应与创新项目筛选相挂钩,否则将创新项目甄别与创新支持政策分开,难以有效提升研发技术效率。

第三节 政策模拟与政策分析

一、创新研发投入的"顺经济周期"特征

技术创新与经济周期关系是激励政策制定的重要参考依据。图 9-5 显示,在模型经济受到一个负向需求冲击时,模拟经济处于衰退期,产出、消费与投资等关键经济变量都不同程度下降。市场不确定性增加了研发创新风险和成本,进一步导致企业创新的市场收益明显低于社会效益。受此影响,创新活动和创新增长率与经济萧条表现出高度正相关性。同时,企业研发投资受经济基本面影响,研发创新和转化应用的边际价值下降,企业利润下降,现金流干涸,研发支出随之下降,这说明研发投入表现出"顺周期"特征。

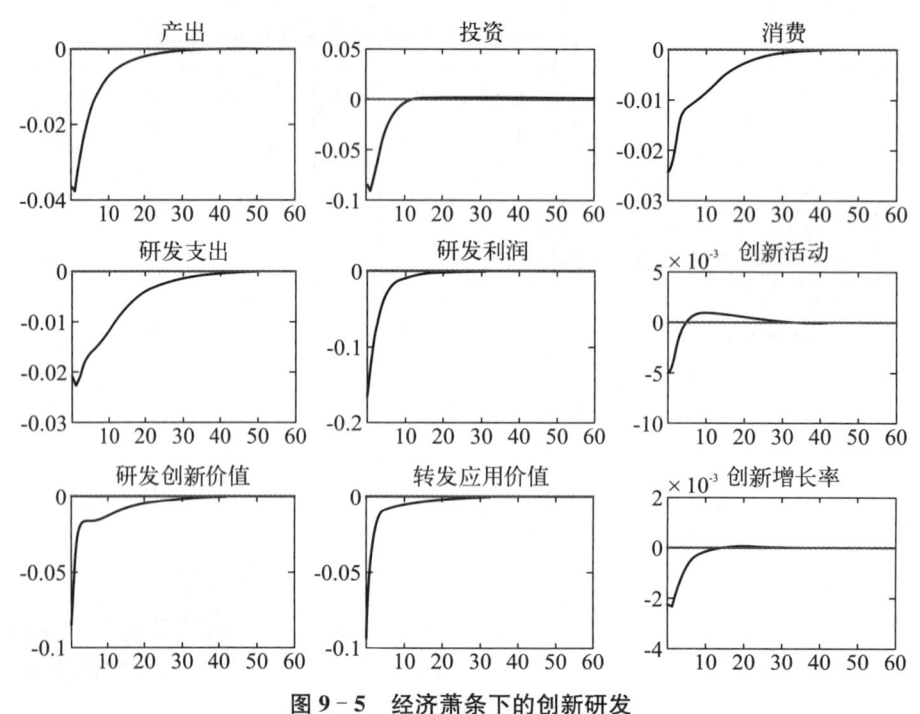

图 9-5 经济萧条下的创新研发

企业研发投资是促进企业技术创新的重要保障,而研发投入下降必然造成创新活动及其增长率下降。总体上,由于研发创新是高投入、长周期及高风险的投资,企业在面对资金不足及经济波动的情况下,难免会减少创新研发的投入。因此,在创新活动处于低谷时,政府应通过税收减免、研发补贴、研发费用加计扣除及金融支持等政策方式,减少私人研发成本,激励企业创新进而带动经济走向复苏。相反,在经济过热,创新活动出现"过度竞争"时,政府应积极调整激励创新活动方式,减少对创新活动的干预,尤其是降低对"短视"创新活动的补贴,提高对长期经济增长具有重大意义的创新活动的扶持力度。

二、政策激励工具的经济效应

根据不同政策工具对研发创新及相关经济变量的影响,评价政策工具激励效应的优劣。图9-6显示,不同政策工具分别施加一个单位标准差冲击,对研发创新及相关宏观经济变量的影响。一方面,不同政策工具其背后激励研发的逻辑一致,即通过较低所得税税率、研发补贴、研发费用加计扣除及金融支持等措施,减小企业研发创新成本或负担,增加研发创新利润,从而内生地提高了创新研发和转化

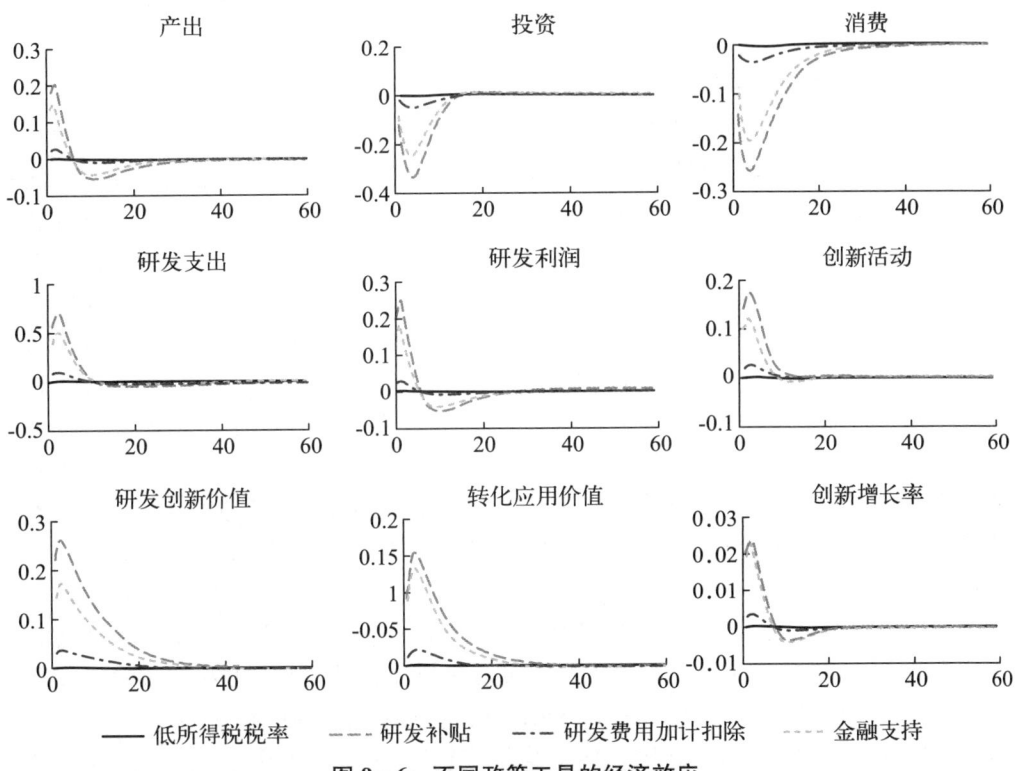

图9-6 不同政策工具的经济效应

应用的市场价值,激励企业追加研发支出投入,活跃创新活动,进而提高社会全要素生产率,促进总产出增加。由于采用创新替代要素驱动经济内生增长模式,尽管投资和消费并未表现出增长,但创新带动生产率提高足以促进经济增长。

另一方面,从各政策工具的激励效果看,金融支持和研发补贴显著高于研发费用加计扣除和较低所得税率。这是因为:(1)就创新而言,从实验室到市场,结合研发阶段成果和研发性质,更需要资金支持,保证项目的持续性。通过金融市场机制分散、转移和共担风险,打通创新研发和转化应用中融资断点、堵点和难点,关注点往创新链前端转移,缩短科研成果从"书架"到"货架"的时空距离和周期。(2)研发补贴次之。相比金融支持,财政补贴更多表现出"政府信号",释放了国家的创新倾向,将创新政策支持与创新方向偏好相挂钩,难以有效提升研发技术效率。(3)研发费用加计扣除仅针对研发创新的第一阶段,对于研发成果的转化应用并没有包括在内,故激励效应有限。(4)研发企业所得税在创新边际收益与边际成本之间打入一个楔子,通过较低税率征收降低研发企业税负,变相鼓励企业增加研发措施,相比其他政策激励,这种间接激励效果有限。

三、政策激励工具的协调与配合

作为宏观经济调控的重要工具,货币政策职责是币值稳定(物价稳定)、充分就业、经济增长、国际收支平衡和金融稳定。图9-7显示,当经济过热时,中央银行采取紧缩性货币政策,提高政策利率1%,减少消费、投资等需求,使得总供给和总需求重新趋于平衡,降低通货膨胀率同时,产出随之下降。在紧缩货币政策下,信贷传导机制对微观企业主体行为产生影响,其主要体现在改变企业的融资成本和限制融资规模,进而影响企业的外部融资水平,并最终影响企业的投资行为。研发作为企业的重要投资活动,持续稳定的资金投入是企业研发活动的关键,紧缩的货币政策直接收紧研发企业外部融资约束,提高研发成本,内生地降低创新研发和转化应用的市场价值,企业研发创新积极性下降,研发支出投入减少,进而导致创新活动不足,创新增长率下降。究其原因,企业研发创新资金主要来源于内源融资和外部融资。相比大量持续投资且高风险的研发活动而言,仅依靠内源融资可能面临资金供应不足的难题,外部融资水平无疑将直接或间接影响企业的研发投入,而货币政策调整影响着企业外部可融资水平,进而间接影响企业研发投资所需的资金供给。

相反,如果在中央银行实施紧缩性货币政策的同时,配合实施有关研发创新的激励政策,在一定程度上将缓解企业研发支出的融资约束,减少研发创新的风险和成本。在此背景下,创新研发和转化应用的市场价值下降幅度有限,企业自主研发支出下降较少,创新活动与其增长率下降幅度也减小。这说明研发投入需要持续稳定的资金供给,且受国家宏观货币政策波动影响较大。货币政策与企业研发投

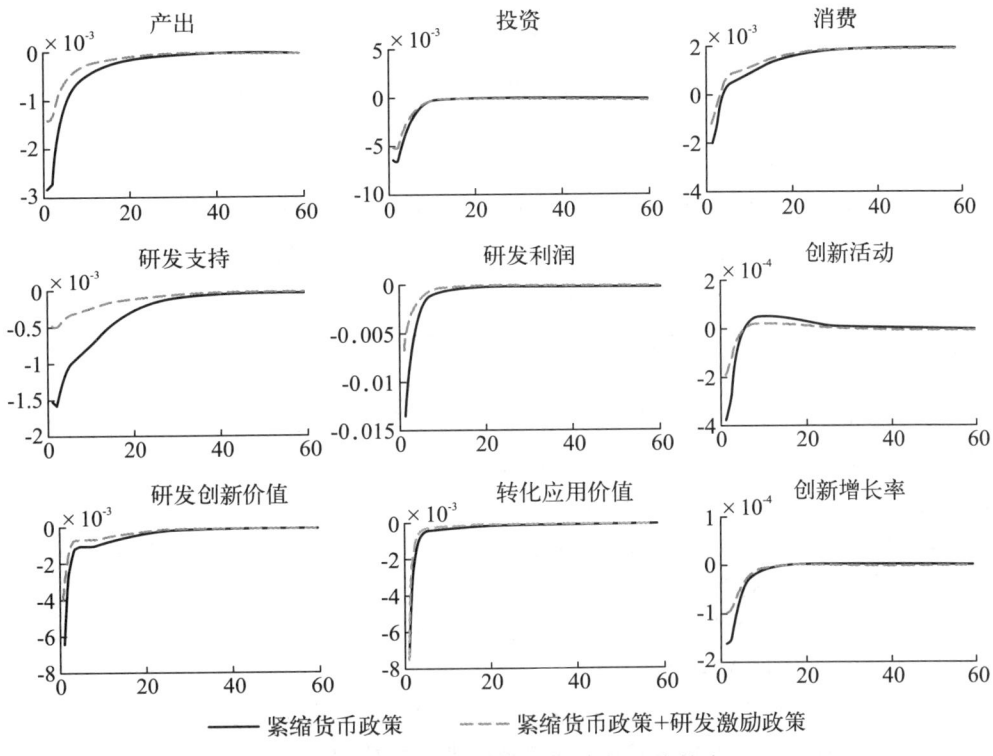

图 9-7　政策工具协调与配合的经济效应

资呈显著负相关关系,政策制定者在实施紧缩性货币政策时,企业研发投入强度会相应减弱,更需要配合实施刺激企业研发投资的政策性工具(如财政补贴和税收支出等),以缓解货币政策导致的企业融资困境与研发投资不足。

四、总结与展望

基于以上的研究,本章得到如下的结论:(1)研发投入表现出"顺周期"特征。在创新活动处于低谷时,政府应通过税收减免、研发补贴、研发费用加计扣除及金融支持等政策方式,减少私人研发成本,激励企业创新进而带动经济走向复苏。相反,在经济过热,创新活动出现"过度竞争"时,政府应积极调整激励创新活动方式,减少对创新活动的干预,尤其是降低对"短视"创新活动的补贴,提高对长期经济增长具有重大意义的创新活动的扶持力度。(2)从各政策工具的激励效果看,金融支持和研发补贴显著高于研发费用加计扣除和较低所得税税率。研发费用加计扣除、研发企业所得税优惠等政策的间接激励效果有限。(3)货币政策与企业研发投资呈显著负相关关系,政策制定者在实施紧缩性货币政策时,企业研发投入强度会相应减弱,更需要配合实施刺激企业研发投资的政策性工具(如财政补贴和税收支出等），以缓解货币政策导致的企业融资困境与研发投资不足。

结合本章的结论，最后本章提出如下的政策建议：

第一，在考虑研发的激励政策时，持续的激励是鼓励企业研发的重要方面，这就需要各种政策的协调配合。

第二，在税收激励、研发补贴和金融支持方面，首先应该选择金融支持，其次是选择研发补贴政策，最后才是税收激励措施。因而除了国家基础性的研究工作之外，更多的研究应通过金融支持——特别是金融激励政策和私募基金风险投资参与。这有利于私人参与的及时信息获取和投资反馈，增加对研发资金的绩效管理。对于科技创新激励中的财政补贴政策，应设计合理的补贴力度，避免企业的财政依赖和"骗补"行为。

第三，所有的税收优惠政策应具有连续性，及时预告政策内容。按期反馈税收政策效果，优化税收优惠政策的实施理念，深化拓展税收共治格局，构建良好的税收营商环境。从降低征纳双方成本的角度出发，未来对于较低享受金额的税收优惠政策，可考虑采用"企业有需求—税务100%落实，企业无需求—税务确认"的模式，减轻征纳双方负担。

对于小微企业，建议：(1)加强实质性创新的认定，对于滥竽充数、以次充好甚至弄虚作假等行为计入企业的纳税信用档案，取消其享受的税收优惠政策，约束企业和法人3—5年内不能享受税收优惠政策。(2)对于有突出技术创新贡献的企业，给予再投资的税收优惠政策，鼓励该类企业做大做强。

对于高新技术企业，建议：(1)加强实质性创新的认定，在行业比较、资格认定、政策执行、事后反馈上形成全流程监管，杜绝"人为制造"高新技术企业。(2)高新技术企业一经认定，所有收入都可享受优惠。同时建议加强针对创新人员的优惠政策，激励研发人员参与。譬如降低研发人员个人所得税的最高边际税率，由现在的45%降至25%－30%，提高创新参与的积极性。(3)鼓励产业链相关企业合作研发创新专利，根据贡献比例分享额外的税收优惠比例。

对于其他企业，建议：(1)在保持现有税收优惠政策不变的同时，将某一行业、某一地区试点的优惠政策及时调整、推广至所有企业，将特惠政策转为普惠政策。(2)对于关联企业的合作创新，按比例分享额外税收优惠比例和财政补贴。设置适当财税政策补贴鼓励企业跨区域合作。

当然，中国大部分鼓励创新的税收优惠政策是事后的直接优惠政策（减税、免税），未考虑到创新企业事前的高额投入和不确定性。这意味着企业在成功之后才能够享受税收优惠政策。未来，中国激励创新的税收优惠政策"以事前激励为主"是改革的发展趋势。这就要求加大对科技研发人员支出的激励，加大对固定资产折旧、加计扣除的力度，乃至设计对固定资产当期一次性扣除、亏损逐年弥补等更有力度、更具有原始创新动力的税收优惠政策。

第四节 相关程序代码

一、基本程序代码(Dynare code:Code9.mod)

```
close all;
%==========================================%
%                  变量声明                 %
%==========================================%
var g        % 1.全要素生产率增长率
    ZD       % 2.去趋势技术总量
    lambda   % 3.研发成果转化成功率
    VD       % 4.去趋势新的创新
    M        % 5.成果转化设备投入
    J        % 6.创新研发成果价值
    H        % 7.创新技术转让价格
    PI       % 8.创新技术带来利润
    ND       % 9.去趋势研发支出
    YD       % 10.去趋势产出
    CD       % 11.去趋势消费
    LAMBDA   % 12.家庭随机贴现因子
    UCD      % 13.去趋势消费边际效用
    L        % 14.劳动
    KD       % 15.去趋势资本
    Q        % 16.托宾Q值
    wD       % 17.去趋势工资
    ID       % 18.去趋势投资
    Qm       % 19.成果转化设备价格
    Qn       % 20.研发价格
    ImD      % 21.去趋势研发投资支出
    mkup     % 22.价格加成
    pi       % 23.通胀
    pi_star  % 24.最优通胀
    x1D      % 25.最优定价分子
```

```
    x2D              % 26.最优定价分母
    R_nom            % 27.利率
    SD               % 28.去趋势存量价值
    d_I              % 29.投资增长率
    d_N              % 30.研发增长率
    omega            % 31.批发商品替代弹性

    zeta             % 32.创新生产率冲击
    DELTAB           % 33.流动性需求冲击
    MONSHK           % 34.货币冲击
    OMEGASHK         % 35.价格加成冲击
    TFPSHK           % 36.外生 TFP 冲击

    tau_inc          % 37.研发所得税
    tau_sub          % 38.税式减免/财政补贴
    tau_dep          % 39.加速抵免

    DELTAN           % 40.financial shock affecting innovators
    DELTAM           % 41.financial shock affecting adopters

    mar_inno         % 42.创新边际价值
    mar_adop         % 43.应用边际价值
;

varexo
    epsilon_chi      % 1.创新冲击的扰动项
    epsilon_m        % 2.货币冲击的扰动项
    epsilon_b        % 3.流动需求的扰动项
    epsilon_omega    % 4.价格加成的扰动项
    epsilon_tfp      % 5.外生 TFP 冲击扰动项
    epsilon_n        % 6.研发金融冲击扰动项
    epsilon_inc      % 7.研发所得税扰动项
    epsilon_sub      % 8.研发补贴的扰动项
    epsilon_dep      % 9.研发加速抵免扰动项
```

;

%==%
%%%%   参数声明   %%%%
%==%
parameters
    //家庭部门
        beta   % 1.居民主观贴现率
        habit   % 2.居民外部消费偏好
        chi   % 3.劳动在效用中权重
        epsilon   % 4.劳动弗里希供给弹性的倒数

    //创新部门
        phi   % 5.技术没被淘汰概率
        zeta_bar   % 6.创新生产技术因子
        eta   % 7.创新的研发弹性
        vartheta   % 8.中间产品之间替代弹性
        lambda_bar   % 9.成果转化技术因子
        rho_lambda   % 10.设备投入产出弹性
        alpha_N   % 11.创新溢出效应
        psi_Im   % 12.转化设备调整成本
        psi_N   % 13.创新研发调整成本

    //厂商部门
        alpha   % 14.中间产品生产资本产出弹性
        theta   % 15.Calvo定价中价格黏性
        iotap   % 16.价格指数化
        delta   % 17.资本折旧率
        psi_I   % 18.投资调整成本
        omegabar   % 19.稳态价格加成

    //政府部门
        gamma_pi   % 20.利率对通胀反馈
        gamma_y   % 21.利率对产出反馈

```
    gamma_r             % 22.利率平滑性
    tau_inc_bar         % 23.稳态研发所得税率
    tau_sub_bar         % 24.稳态研发补贴率
    tau_dep_bar         % 25.稳态研发加速扣除率

//外部冲击
    rhom                % 26.货币政策平滑性
rhob                    % 27.流动冲击可持续性
rhoomega                % 28.成本加成可持续性
rhotfp                  % 29.外生 TFP 可持续性
    rhozeta             % 30.创新技术冲击可持续性
rhon                    % persistence of financial shock on innovators


    rhofin              % 31.金融冲击可持续性
    rhoinc              % 32.科研税收可持续性
    rhosub              % 33.科研补贴可持续性
rhodep                  % 34.科研折旧可持续性

    sigmam              % 35.货币政策冲击的标准差
    sigmab              % 36.流动冲击的标准差
    sigmaomega          % 37.成本加成的标准差
    sigmatfp            % 38.外生 TFP 冲击的标准差
    sigmazeta           % 39.创新生产率冲击的标准差
    sigman              % 40.研发创新金融冲击的标准差

sigmainc                % 41.研发所得税冲击的标准差
sigmasub                % 42.研发补贴冲击的标准差
sigmadep                % 43.研发加速折旧冲击的标准差

//变量稳态
    g_ss                % 44.稳态增长率
    L_ss                % 45.稳态劳动
    lambda_ss           % 46.稳态成果转化率
```

```
    mkup_ss         % 47.稳态价格加成
    pi_ss           % 48.稳态通胀
    ;
```

%==%
%%%%   校准参数   %%%%
%==%

//家庭部门
```
beta        = 0.9975;       % 匹配1%实际利率
habit       = 0.5;          % 消费偏好
epsilon     = 1/2;          % 弗里希弹性的倒数0.5,弗里希弹性为2；
```

//创新部门
```
phi         = 0.90;
eta         = 0.25;         % 研发的创新弹性
vartheta    = 2.4925;       % 不同中间产品之间替代弹性
rho_lambda  = 0.50;         % 成果转化的成功概率弹性
alpha_N     = 0.3;          % 创新溢出效应
psi_Im      = 4.0;          % 成果转化投资的调整成本
psi_N       = 4.0;          % 研发调整成本
```

//厂商部门
```
alpha       = 0.43;         % 资本份额
theta       = 0.75;
iotap       = 0.50;         % 通胀指数化
delta       = 0.1;          % 资本折旧率
psi_I       = 1.0;          % 投资调整成本
omegabar    = 6.00;         % 价格加成
```

//政府部门
```
gamma_pi    =   1.50;
gamma_y     =   0.50;
gamma_r     =   0.00;
tau_inc_bar =   0.15;
```

```
tau_sub_bar    =  0.3;
tau_dep_bar    =  0.7;

//外生冲击
rhom           = 0.55;
sigmam         = 0.01;
rhob           = 0.65;
sigmab         = 0.115;
rhoomega       = 0.33;
sigmaomega     = 0.01;
rhotfp         = 0.80;
sigmatfp       = 0.01;
rhozeta        = 0.00;
sigmazeta      = 0.01;

rhofin         = 0.70;
sigmafin       = 1.00;
rhoinc         = 0.80;
sigmainc       = 0.01;
rhosub         = 0.70;
sigmasub       = 1;
rhodep         = 0.70;
sigmadep       = 1;

rhon           = 0.70;
sigman         = 1.00;

//变量稳态
g_ss       = 1.0118;   % 校准增长率 lambda_ss = 0.15;   % 校准转化成功率
L_ss       = 8/24;     % calibrate SS L
mkup_ss    = omegabar/(omegabar-1);
pi_ss      = 1.0;      % 稳态通胀
```

%===============================%
%%%%   模型均衡系统   %%%%
%===============================%
model;
//定义中间变量
#g_fcn   = (psi_I / 2) * ((exp(ID) * exp(g(-1)) / exp(ID(-1))) - g_ss)^2;
#g_fcn_prime = psi_I * ((exp(ID) * exp(g(-1)) / exp(ID(-1))) - g_ss);
#g_fcn_prime1 = psi_I * ((exp(ID(+1)) * exp(g) / exp(ID)) - g_ss);
#gm_fcn   = (psi_Im / 2) * ((exp(ImD) * exp(g(-1)) / exp(ImD(-1))) - g_ss)^2;
#gm_fcn_prime = psi_Im * ((exp(ImD) * exp(g(-1)) / exp(ImD(-1))) - g_ss);
#gm_fcn_prime1 = psi_Im * ((exp(ImD(+1)) * exp(g) / exp(ImD)) - g_ss);
#f_fcn   = (psi_N / 2) * ((exp(ND) * exp(g(-1)) / exp(ND(-1))) - g_ss)^2;
#f_fcn_prime = psi_N * ((exp(ND) * exp(g(-1)) / exp(ND(-1))) - g_ss);
#f_fcn_prime1 = psi_N * ((exp(ND(+1)) * exp(g) / exp(ND)) - g_ss);

//家庭部门
[name='1.消费边际效用']
exp(UCD) = (exp(CD) - habit * exp(CD(-1))/exp(g(-1)))^(-1) - beta * habit * (exp(CD(+1)) * exp(g) - habit * exp(CD))^(-1);

[name='2.居民随机贴现率']
exp(LAMBDA) = ((beta * exp(UCD)) / exp(UCD(-1))) * exp(g(-1))^(-1);

[name='3.欧拉方程']

1 = exp(LAMBDA(+1)) * exp(R_nom) / exp(pi(+1)) * exp(DELTAB);

[name='4.劳动供给']
exp(wD) = chi * exp(L)^epsilon / exp(UCD);

[name='5.资本欧拉方程']
exp(Q) = exp(LAMBDA(+1)) * ((exp(g) * (vartheta - 1) * exp(YD(+1)) * alpha/(exp(mkup(+1)) * exp(KD) * vartheta) + exp(Q(+1)) * (1 - delta));

//创新部门
[name='6.创新过程']
exp(g) = exp(lambda) * phi * (exp(ZD)-1) + phi;

[name='7.技术前沿演变']
exp(ZD) * exp(g(-1)) = phi * exp(ZD(-1)) + exp(VD(-1));

[name='8.创新创造过程']
exp(VD) = zeta_bar * exp(zeta) * exp(ZD)^(1-eta) * exp(ND)^eta ;

[name='9.创新价值']
exp(J) = -DELTAM * exp(M) * exp(Qm) + phi * exp(LAMBDA(+1)) * (exp(lambda) * exp(H(+1)) + (1-exp(lambda)) * exp(J(+1)));

[name='10.创新转化价格']
exp(H) = exp(PI) + phi * (exp(LAMBDA(+1)) * exp(H(+1)));

[name='11.创新利润']
exp(PI) = (1/vartheta) * (1/exp(mkup)) * exp(YD);

[name='12.科研创新一阶条件']
exp(LAMBDA(+1)) * exp(J(+1)) * zeta_bar * exp(zeta) * (1-tau_inc) = (exp(ND)/exp(ZD))^(1-eta) * (DELTAN * (1-tau_sub)-tau_

inc * (1+tau_dep)) * exp(Qn);

[name='13.成果转化一阶条件']
rho_lambda * lambda_bar * phi * (exp(ND)^alpha_N) * exp(LAMBDA(+1)) * (exp(H(+1)) − exp(J(+1))) * (1 / DELTAM) = exp(Qm) * exp(M) ^ (1 − rho_lambda);

[name='14.转化成功概率']
exp(lambda) = lambda_bar * (exp(ND)^alpha_N) * exp(M) ^ rho_lambda;

[name='15.转化投资']
exp(Qm) = 1 + gm_fcn + ((exp(ImD) * exp(g(−1))) / exp(ImD(−1))) * gm_fcn_prime − exp(LAMBDA(+1)) * ((exp(ImD(+1)) * exp(g)) / exp(ImD))^2 * gm_fcn_prime1;

[name='16.研发投资']
exp(Qn) = 1 + f_fcn + ((exp(ND) * exp(g(−1))) / exp(ND(−1))) * f_fcn_prime − exp(LAMBDA(+1)) * ((exp(ND(+1)) * exp(g)) / exp(ND))^2 * f_fcn_prime1;

//厂商部门
//批发品企业
[name='17.生产函数']
exp(YD) = exp(TFPSHK) * ((exp(KD(−1)) / exp(g(−1)))^alpha) * exp(L)^(1−alpha);

[name='18.劳动需求']
exp(wD) = (1/exp(mkup)) * ((vartheta − 1)/vartheta) * (1 − alpha) * (exp(YD)/exp(L));

//零售产品企业
[name='19.价格演化方程']

exp(pi)^(1－exp(omega)) = theta * (exp(pi(－1))^iotap * pi_ss^(1－iotap))^(1－exp(omega)) + (1－theta) * exp(pi_star)^(1－exp(omega));

[name='20.最优定价']
exp(pi_star) = (exp(omega) / (exp(omega) － 1)) * (exp(x1D) / exp(x2D)) * exp(pi);

[name='21.最优定价分子']
exp(x1D) = exp(UCD) * (1/exp(mkup)) * exp(YD) + beta * theta * exp(pi)^(－exp(omega) * iotap) * pi_ss^(－exp(omega) * (1－iotap)) * exp(pi(+1))^exp(omega) * exp(x1D(+1));

[name='22.最优定价分母']
exp(x2D) = exp(UCD) * exp(YD) + beta * theta * exp(pi)^((1－exp(omega)) * iotap) * pi_ss^((1－exp(omega)) * (1－iotap)) * exp(pi(+1))^(exp(omega)－1) * exp(x2D(+1));

//资本商品企业
[name='23.资本积累']
exp(KD) = (1－delta) * (exp(KD(－1)) / exp(g(－1))) + exp(ID);

[name='24.投资']
exp(Q) = 1 + g_fcn + ((exp(ID) * exp(g(－1))) / exp(ID(－1))) * g_fcn_prime － exp(LAMBDA(+1)) * ((exp(ID(+1)) * exp(g)) / exp(ID))^2 * g_fcn_prime1;

//government sector
[name='25.泰勒规则']
exp(R_nom) = (exp(R_nom(－1)))^gamma_r * ((exp(pi)/pi_ss)^gamma_pi * ((1/exp(mkup)) / (1/mkup_ss))^gamma_y * pi_ss/(beta * g_ss^(－1)))^(1－gamma_r) * exp(MONSHK);

//市场均衡
[name='26.市场出清']

$\exp(YD) = \exp(CD) + (1 + g\_fcn) * \exp(ID) + (1 + gm\_fcn) * \exp(ImD) + (1 + f\_fcn) * \exp(ND);$

[name='27.创新投资']
$\exp(ImD) = (\exp(ZD) - 1) * \exp(M);$

//外部冲击
[name='28.货币政策冲击']
MONSHK = rhom * MONSHK(−1) + sigmam * epsilon_m;

[name='29.流动性冲击']
DELTAB = rhob * DELTAB(−1) + sigmab * epsilon_b;

[name='30.成本冲击']
$\exp(omega) = omegabar * \exp(OMEGASHK);$

[name='31.成本扰动']
OMEGASHK = rhoomega * OMEGASHK(−1) + sigmaomega * epsilon_omega;

[name='32.TFP 冲击']
TFPSHK = rhotfp * TFPSHK(−1) − sigmatfp * epsilon_tfp;

[name='33.技术冲击']
zeta = rhozeta * zeta(−1) − sigmazeta * epsilon_chi;

[name='34.研发所得税冲击']
  tau_inc = (1−rhoinc) * tau_inc_bar + rhoinc * tau_inc(−1) + sigmainc * epsilon_inc;

[name='35.研发补贴冲击']
  tau_sub = (1−rhosub) * tau_sub_bar + rhosub * tau_sub(−1) + sigmasub * epsilon_sub;

[name='36.研发加速扣除冲击']
tau_dep = (1 - rhodep) * tau_dep_bar + rhodep * tau_dep(-1) + sigmadep * epsilon_dep;

[name='37.对研发金融冲击']
log(DELTAN) = rhon * log(DELTAN(-1)) - sigman * epsilon_n;

[name='38.对转化金融冲击']
log(DELTAM) = alpha_N * log(DELTAN);

//自定义变量
[name='39.去趋势存量价值']
exp(SD) = exp(Q) * exp(KD) + (exp(H) - exp(PI)) + (exp(J) + exp(M) * exp(Qm)) * (exp(ZD) - 1);

[name='40.投资增长率']
exp(d_I) = exp(ID) * exp(g(-1)) / exp(ID(-1));

[name='41.研发增长率']
exp(d_N) = exp(ND) * exp(g(-1)) / exp(ND(-1));

[name='42.创新边际价值']
exp(mar_inno) = exp(LAMBDA(+1)) * exp(J(+1));

[name='43.应用边际价值']
exp(mar_adop) = exp(LAMBDA(+1)) * (exp(H(+1)) - exp(J(+1)));

end;
shocks;
var epsilon_chi   = 1;
var epsilon_m   = 1;
var epsilon_b   = 1;
var epsilon_omega = 1;

```
var epsilon_tfp  = 1;
var epsilon_n    = 1;

var epsilon_inc  = 1;
var epsilon_sub  = 1;
var epsilon_dep  = 1;

end;

load_params_and_steady_state (innovation_ss);
steady;
check;
stoch_simul(order=1, irf =60) YD ID CD ND PI VD mar_inno mar_adop g;
```

二、稳态值结果

beta	0.9975000000000001
habit	0.5
chi	5.619752409437142
epsilon	0.5
phi	0.9
zeta_bar	0.1883134339628067
eta	0.25
vartheta	2.4925
lambda_bar	0.9073052160368089
rho_lambda	0.5
alpha_N	0.3
psi_Im	4
psi_N	4
alpha	0.43
theta	0.75
iotap	0.5
delta	0.1
psi_I	1

omegabar	6
gamma_pi	1.5
gamma_y	0.5
gamma_r	0
tau_inc_bar	0.15
tau_sub_bar	0.3
tau_dep_bar	0.7
rhom	0.55
rhob	0.65
rhoomega	0.33
rhotfp	0.8
rhozeta	0
rhon	0.7
rhofin	0.7
rhoinc	0.8
rhosub	0.7
rhodep	0.7
sigmam	0.01
sigmab	0.115
sigmaomega	0.01
sigmatfp	0.01
sigmazeta	0.01
sigman	1
sigmainc	0.01
sigmasub	1
sigmadep	1
g_ss	1.0118
L_ss	0.3333333333333333
lambda_ss	0.15
mkup_ss	1.2
pi_ss	1
g	0.0117309228756987
ZD	0.6033035135928033
lambda	−1.897119984885881

VD	−1.587740204668335
M	−2.710318412292222
J	−0.5274691591647833
H	0.4635075427793031
PI	−1.719341710348136
ND	−1.482281349608813
YD	−0.6237339307003245
CD	−1.956937854307205
LAMBDA	−0.01423405309381722
UCD	1.959377236889735
L	−1.09861228866811
KD	0.01748690855127604
Q	0
wD	−0.7823957735489464
ID	−2.185287732585561
Qm	0
Qn	0
ImD	−2.898881630009653
mkup	0.1823215567939546
pi	0
pi_star	0
x1D	2.532144095676645
x2D	2.7144656524706
R_nom	0.01423405309381713
SD	1.089190952297123
d_I	0.0117309228756987
d_N	0.0117309228756987
omega	1.791759469228055
zeta	0
DELTAB	0
MONSHK	0
OMEGASHK	0
TFPSHK	0
tau_inc	0.15

```
tau_sub      0.3
tau_dep      0.7
DELTAN       1
DELTAM       1
mar_inno    －0.5417032122586005
mar_adop    －0.01469073118856887
epsilon_chi    0
epsilon_m      0
epsilon_b      0
epsilon_omega  0
epsilon_tfp    0
epsilon_n      0
epsilon_inc    0
epsilon_sub    0
epsilon_dep    0
```

本章附录　模型系统中所有一阶均衡方程

$$Z_{t+1} = \varphi Z_t + V_t \qquad (附9.1)$$

$$A_{t+1} = \varphi [\lambda_t (Z_t - A_t) + A_t] \qquad (附9.2)$$

$$V_{i,t} = \zeta Z_t \frac{1}{Z_t^\eta S_t^{1-\eta}} S_{i,t} \qquad (附9.3)$$

$$E_t \Lambda_{t,t+1}(1-\tau_t^{inc}) J_{t+1} \varphi_t = [\Delta_t^f (1-\tau_t^{sub}) - \tau_t^{inc}(1+\tau_t^{dep})]\left\{1 + f_s'(S_t/S_{t-1})\frac{S_t}{S_{t-1}}\right.$$
$$\left. + f_s(S_t/S_{t-1}) - E_t\left[\Lambda_{t,t+1} f_s'(S_{t+1}/S_t)\left(\frac{S_{t+1}}{S_t}\right)^2\right]\right\} \qquad (附9.4)$$

$$\lambda_t = \kappa_\lambda (S_t/A_t)^\nu M_{i,t}^\nu \qquad (附9.5)$$

$$H_t = \Pi_t + \varphi E_t(\Lambda_{t,t+1} H_{t+1}) \qquad (附9.6)$$

$$J_t = \max_{M_{i,t}} \varphi E_t\{\Lambda_{t,t+1}[\lambda_t H_{t+1} + (1-\lambda_t)J_{t+1}]\} - \Delta_t^s Q_t^m M_{i,t} \qquad (附9.7)$$

$$\log \Delta_t^s = \nu \log \Delta_t^f \qquad (附9.8)$$

$$\nu \kappa_\lambda \varphi (S_t/A_t)^\nu E_t[\Lambda_{t,t+1}(H_{t+1} - J_{t+1})] = \Delta_t^s Q_t^m M_t^{1-\nu} \qquad (附9.9)$$

$$I_t^m = (Z_t - A_t) M_t \qquad (附9.10)$$

$$W_t/P_t = \frac{\vartheta-1}{\vartheta}\frac{P_t^w}{P_t}(1-\alpha)\frac{Y_t^w}{L_t} \tag{附9.11}$$

$$R_t^k = \frac{\vartheta-1}{\vartheta}\frac{P_t^w}{P_t}\alpha\frac{Y_t^w}{K_t} \tag{附9.12}$$

$$\Pi_t = \frac{1}{\vartheta}\frac{P_t^w}{P_t}\frac{Y_t^w}{A_t} \tag{附9.13}$$

$$Y_t^w = A_t^{\frac{1}{\vartheta-1}}K_t^{\alpha}L_t^{1-\alpha} \tag{附9.14}$$

$$\max_{P_t^*} E_t \sum_{j=0}^{\infty}\theta^j \Lambda_{t,t+j}\left(\frac{P_t^*\prod_{k=1}^{j}\pi_{t+k-1}^{\iota_p}(\bar{\pi})^{1-\iota_p}}{P_{t+j}}-\frac{P_{t+j}^w}{P_{t+j}}\right)Y_{i,t+j}^r \tag{附9.15}$$

$$P_t = [(1-\theta)(P_t^*)^{1-\omega}+\theta(P_{i,t-1}\pi_{t-1}^{\iota_p}\bar{\pi}^{1-\iota_p})^{1-\omega}]^{1/(1-\omega)} \tag{附9.16}$$

$$\Delta_t^A = (1-\theta)(\pi_t^*)^{-\omega}(\pi_t)^{\omega}+(\pi_{t-1}^{\iota_p}\bar{\pi}^{1-\iota_p})^{-\omega}(\pi_t)^{\omega}\theta\Delta_{t-1}^A \tag{附9.17}$$

$$Q_t = 1+f_i(I_t/I_{t-1})+\frac{I_t}{I_{t-1}}f_i'(I_t/I_{t-1})-E_t\left[\Lambda_{t,t+1}\left(\frac{I_{t+1}}{I_t}\right)^2 f_i'(I_{t+1}/I_t)\right] \tag{附9.18}$$

$$K_{t+1} = (1-\delta)K_t+I_t \tag{附9.19}$$

$$Q_t^m = 1+f_m(I_t^m/I_{t-1}^m)+\frac{I_t^m}{I_{t-1}^m}f_m'(I_t^m/I_{t-1}^m)-E_t\left[\Lambda_{t,t+1}\left(\frac{I_{t+1}^m}{I_t^m}\right)^2 f_m'(I_{t+1}^m/I_t^m)\right] \tag{附9.20}$$

$$\Lambda_{t,t+1} = \frac{\beta U_{c,t+1}}{U_{c,t}} \tag{附9.21}$$

$$U_{c,t} = \frac{1}{C_t-hC_{t-1}}-\beta h E_t\left(\frac{1}{C_{t+1}-hC_t}\right) \tag{附9.22}$$

$$1 = E_t\Lambda_{t,t+1}\frac{R_t}{\pi_{t+1}} \tag{附9.23}$$

$$1 = E_t\Lambda_{t,t+1}\frac{R_t^k+(1-\delta)Q_{t+1}}{Q_t} \tag{附9.24}$$

$$\chi L_t^{\zeta} = U_{c,t}w_t \tag{附9.25}$$

$$R_t = \frac{g}{\beta}\pi\left(\frac{\pi_t}{\pi}\right)^{\kappa_\pi}\left(\frac{y_t}{y^{pot}}\right)^{\kappa_y}\xi_t^r \tag{附9.26}$$

$$\tau_t^{inc} = (1-\rho_{inc})\tau^{inc}+\rho_{inc}\tau_{t-1}^{inc}+\xi_t^{inc} \tag{附9.27}$$

$$\tau_t^{dep} = (1-\rho_{dep})\tau^{dep}+\rho_{dep}\tau_{t-1}^{dep}+\xi_t^{dep} \tag{附9.28}$$

$$\tau_t^{sub} = (1-\rho_{sub})\tau^{sub}+\rho_{sub}\tau_{t-1}^{sub}+\xi_t^{sub} \tag{附9.29}$$

$$\log\Delta_t^f = \rho_f\log\Delta_{t-1}^f+\xi_t^f \tag{附9.30}$$

$$Y_t = C_t+[1+f_i(I_t/I_{t-1})]I_t+[1+f_m(I_t^m/I_{t-1}^m)]I_t^m+[1+f_s(S_t/S_{t-1})]S_t \tag{附9.31}$$

$$Y_t = C_t+I_t+G_t \tag{附9.32}$$

第十章 政策效应预测与评估的其他方法

对于税收理论与政策的问题,除了采用 CGE 模型进行政策模拟、采用 DSGE 模型进行更多的现实建构(及其中的政策"反事实"模拟、短期冲击比较、长期福利对比)之外,还有其他政策效应预测和评估的方法。其中,实证分析方法是较多采用的方法。本章最后介绍了其他两个方法:一个是 TaXSiM 模型下的收入预测方法,另一个是最新的实证方法的总结。

第一节 税收收入的预测方法之一
——TaXSiM 模型下含糖饮料消费税的收入预测

为了减少含糖饮料的消费,降低肥胖率,控制非传染性疾病风险,全球已有多个国家、城市和地区对含糖饮料征税。大量国家的实践证据表明对含糖饮料征收消费税可以做到"双赢"——不仅有助于预防疾病、促进健康,还能增加政府财政收入。中国也应当把握消费税改革酝酿提速推进的发展契机,对含糖饮料征收消费税,以此降低"后疫情"时代的健康风险,并为经济高质量发展提供重要的制度支撑与财力保障。

由世界卫生组织慢性病与非传染性疾病预防司、世界卫生组织烟草控制与经济政策合作中心以及中国财政部税政司共同开发完成的世界卫生组织 TaXSiM 中国模型,已应用于对中国烟草税日常管理、烟草税政策调整方面的模拟评估。世界卫生组织 TaXSiM 中国模型能够全面描述中国卷烟消费市场和税收收入情况,并可以预测税收政策调整对卷烟零售价格、消费量及税收收入的影响。

借鉴该模型的设计思路与框架,本节将构建适用于含糖饮料产品的税收收入模拟模型,以此为中国消费税制度的进一步改革和完善提供有益的参考。

一、含糖饮料消费税的开征设计

据不完全统计,全球已有四十余个国家、地区或城市对含糖饮料征收消费税。然而,不同国家的含糖饮料消费税制在征税范围、计税方式、税率和征收环节各方面都有差异。

中国的饮料品种繁多,按照 GB/T 10789—2015《饮料通则》,饮料可分为包装饮用水、果蔬汁类及其饮料、蛋白饮料、碳酸饮料、特殊用途饮料、风味饮料、茶(类)饮料、咖啡(类)饮料、植物饮料、固体饮料、其他类饮料共 11 大类。研究发现,中国市售含糖饮料中游离糖含量处于较高水平——78.4%的饮料中游离糖含量≥5 g/100 g(刘玉洁等,2021)。因此,本节将除包装饮用水外的其他饮料均纳入含糖饮料的范畴。

目前,对含糖饮料征收消费税主要有三种方式:从价计征、从量定额和从价从量复合计税。纵览含糖饮料征税的全球实践,几乎有四分之三的国家都采用了从量税,仅有少数国家对含糖饮料实施从价计征消费税。另外,含糖饮料消费税的税率在减少糖消费和促进居民健康方面也起着至关重要的作用。一般而言,税率越高,消费量下降越多;小幅度征税,比如使得零售价格提高 5%左右,并不会对消费者的购买行为产生较大的影响。为了有效地改变消费者的消费行为,世界卫生组织建议对含糖饮料征税至少需要将零售价格提高 20%以上(WHO,2016)。

中国消费税通常实行一次课征制,并且大部分应税商品是在生产环节计征。参考含糖饮料消费税的全球经验,并结合中国的实际情况,本节将模拟预测在生产环节加征从量税,研究零售价格分别上涨 20%、30%、40%和 50%时含糖饮料总税收收入的规模。

二、基于 TaXSiM 模型的税收收入预测

(一) TaXSiM 中国模型构建的数据基础

1. 代表性品牌

因为中国市场上含糖饮料的种类较多,且每一类饮料又有不同的品牌和规格,我们选取 500 ml 一瓶的可口可乐为代表性含糖饮料产品,该规格可口可乐的官方零售价为 3 元。本节将以此零售价为基准进行税收收入的估算。

2. 价格需求弹性

国外已有许多关于含糖饮料需求价格弹性分析的研究文献,然而目前中国还没有这一参数的准确估值。根据已有文献的估测结果,Teng 等(2019)运用系统性综述法研究得出含糖饮料的需求价格弹性均值约为-1.0。这表明:理论上,零售价格每上涨 10%,含糖饮料的消费量就会减少 10%(Teng 等,2019)。

3. 含糖饮料产量

根据国家统计局数据显示,2021 年中国饮料行业总产量为 18 333.8 万吨,其中包装饮料水为 9 335.5 万吨[①]。假设饮料密度与水密度一致,2021 年中国饮料行

---

① 数据来源:https://www.huashengfe.com/p/1106786。

业总产量(包装饮料水除外)则为 899.83 亿升。进一步,以 500 ml 为一瓶进行换算,2021 年中国饮料总产量约为 1 800 亿瓶。

(二)含糖饮料税 TaXSiM 模型构建

未开征消费税情况下,容量为 500 ml/瓶含糖饮料的税收分析如下(仅考虑增值税,未包含附加税费)。将增值税记为 V,则单位增值税额为:

$$V = (P_s + P_\pi)v$$

其中 P_s 是生产者价格;P_π 是从生产者生产到消费者消费过程中整个供应链的利润,即流通过程中所有的卖家所获得的利润;v 是增值税率。

模型中一瓶含糖饮料的零售价格为 P_r,则有:

$$P_r = P_s + P_\pi + V = (P_s + P_\pi)(1 + v)$$

若供应链的利润率为 t_π,则可得供应链利润为:

$$P_\pi = t_\pi \times \frac{P_r}{1+v}$$

由零售价格可到推出生产者价格 P_s 为:

$$P_s = P_r - P_\pi - V = \frac{P_r(1 - t_\pi)}{1+v}$$

若在生产环节加征从量消费税,则征税后生产价格为:

$$P_s^* = P_s + E = \frac{P_r(1 - t_\pi)}{1+v} + E$$

加征从量消费税后,容量为 500 ml 一瓶的含糖饮料零售价格为:

$$P_r^* = P_s^* + P_\pi^* + V^*$$

其中,

$$P_\pi^* = t_\pi \times \frac{P_r^*}{1+v}$$

$$V^* = \frac{P_r^*}{1+v} \times v$$

整理可得征税后每瓶含糖饮料的零售价格为:

$$P_r^* = P_r + E \times \frac{1+v}{1-t_\pi}$$

征税会导致单位含糖饮料的价格上涨，从而降低产品消费量，这也是含糖饮料消费税可以引导居民健康消费的理论基础。为了估测征收含糖饮料税对消费量的影响，我们首先需要含糖饮料的需求价格弹性（μ）：

$$\mu = \frac{dQ}{dP_r} \frac{P_r}{Q} = \frac{\%\Delta Q}{\%\Delta P_r}$$

其中，征收含糖饮料税后，单位含糖饮料的价格变化和消费量变化分别如下：

$$\%\Delta P_r = \frac{P_r^* - P_r}{P_r} \times 100\%$$

$$\%\Delta Q = \frac{Q^* - Q}{Q} \times 100\%$$

整理可得征税后含糖饮料消费量（Q^*）为：

$$Q^* = \left(1 + \mu \times \frac{P_r^* - P_r}{P_r}\right) * Q$$

$$= \left(1 + \mu \times \frac{E}{P_r} \times \frac{1+v}{1-t_\pi}\right) * Q$$

由此可推算出消费税收入总额 ER 为：

$$ER = Q^* * E$$

税收收入总额 TR 为：

$$TR = Q^* * (E + V)$$

（三）含糖饮料消费税开征后税收收入预测分析

2016 年，世界卫生组织在《关于饮料和预防非传染性疾病的财政政策》中提议各国应对含糖饮料征税使得零售价至少提升 20%，以此有效地改变消费者的消费行为。因此，本节以 500 ml 容量的可口可乐零售价（3 元）为基准，在生产环节分别增加 0.45 元/500 ml、0.68 元/500 ml、0.90 元/500 ml 和 1.13 元/500 ml 的从量税，使得零售价格上涨 20%、30%、40% 和 50%，并据此模拟开征含糖饮料消费税对税收收入的影响。

从表 10-1 中可以看出，在四档税率设置下，含糖饮料消费税收入将对国内消费税收入额外贡献 5%～7%。当在生产环节加征 0.45 元/500 ml 的消费税时，一瓶饮料的零售价格增加 0.6 元，需求量下降 360 亿瓶（180 亿升），年总税收收入为 1 246.30 亿元。与未征收消费税相比，总税收收入增加 625.06 亿元。当生产环节消费税增至 0.68 元/500 ml 时,年总税收收入增加 797.10 亿元;当消费税增至 0.90 元/500 ml 时,年总税收收入增加 875.47 亿元。当征税使得含糖饮料零售价格提高至 4.5 元/500 ml 时,年总税收收入为 1 481.42 亿元,与未征税时相比,增加 860.18 亿元。

由此可以看出,在中国开征含糖饮料消费税同样可以做到既减少含糖饮料消费,又增加财政税收收入。这一财税政策的实施,无论是对于改善国民健康还是缓解政府财政压力,都有重要的现实意义。

表 10-1 含糖饮料税收收入

项目	征税模拟前	①	②	③	④
不含税生产价格(元)	2.26	2.71	2.93	3.16	3.38
含税生产价格(元)	2.55	3.06	3.32	3.57	3.83
不含税零售价格(元)	2.65	3.19	3.45	3.72	3.98
含税零售价格(元)	3.00	3.60	3.90	4.20	4.50
零售价格变动百分比	—	20%	30%	40%	50%
单位消费税(元)	0.00	0.45	0.68	0.90	1.13
单位增值税(元)	0.35	0.41	0.45	0.48	0.52
单位总税收(元)	0.35	0.87	1.13	1.39	1.65
需求价格弹性	−1.00	−1.00	−1.00	−1.00	−1.00
年产量(亿瓶)	1 800	1 440	1 260	1 080	900
年总消费税收入(亿元)	—	649.91	853.01	974.87	1 015.49
占 2021 年消费税比重	—	4.68%	6.15%	7.02%	7.32%
年总税收收入(亿元)	621.24	1 246.30	1 418.34	1 496.71	1 481.42
年总税收收入增加额(亿元)	—	625.06	797.10	875.47	860.18

注:由于没有官方的统计数据,在此模型中我们假设供应链利润率为 15%。

第二节 计量实证视角的税收政策评估

一、税收政策评估的基本思路

对于一项税收政策,如何正确地评估其政策效应,是学界以及政策制定者都比较关心的话题。如何正确评估税收政策,其基本思想是:在其他条件不变的情况下,实施政策时与没有实施政策时,所关注的变量是否发生变化。所以,进行政策评估的要求比较严苛。例如,想要研究开征遗产税是否会促进社会公平,首先需要观察到开征遗产税时的社会公平程度 X_1。再去另一个没有开征遗产税但其他情况完全一致的平行世界,观察其社会公平程度 X_2。此时,就是开征遗产税对社会公平改善的程度。从上面的例子中可以看出,评价税收政策的效应并非易事。关键在于现实生活中并不存在平行世界,从这个角度而言,税收政策似乎无法评估。

现实生活中,经常会采用以下方式进行政策评估:一种是比较政策实施前后的差异;另一种是比较是否接受政策干预二者之间的差异。这两种方法在实际运用中都会产生很大的偏误。第一种方法假定如果政策并未实施,关心的变量应该保持不变。但在现实中出现的概率很少,例如遗产税的开征,即使没有开征遗产税,基于共同富裕的理念,中国的社会公平程度仍然是有所改善的。因此,如果采用第一种方法进行评估,就会出现明显高估政策效应的情况。而第二种方法则需要找到几乎完全一致的处理组与对照组,否则甚至会出现与政策目的相反的情况。例如 Angrist 和 Pischke(2009)评估医疗对健康的改善程度,通过对比去过医院和没去过医院的人的健康程度,甚至得出医疗服务提升恶化健康这一结论。

因此,正确评估税收政策效应的本质是找到一个反事实,即合理的对照组。对照组需要满足两个条件:(1)政策前对照组与处理组的基本特征应保持一致;(2)对处理组实施政策时不会影响到对照组。在自然科学中,构造对照组的方式主要有数据筛选与随机试验。数据筛选最常用的例子是用双胞胎做实验,双胞胎的体态特征近乎一致,是完美的对照组与处理组。而随机试验或者说随机干预实验(Randomized Controlled Treatment,RCT),核心在于随机。例如,对于同一种疾病的病人,采用抛硬币的方法确定是否采取药物治疗,观察药物的效果。

但对于税收政策而言,这两种方法的实际应用性不强。一是税收政策无法利用双胞胎进行研究,二是随机试验存在伦理问题,以及随机性不易满足。因此,在对税收政策进行评估时,首先要厘清不同的政策类型,进而进行合理的科学论证。

范子英(2018)将公共政策分为三类,对于税收政策而言,这种划分也是合适的,具体如表 10-2 所示。

表 10-2 税收政策的分类

分类	定义	举例
先行先试	挑选一些地区或者行业做政策试点,进而全国层面推广	"营改增"、房地产税试点
一刀切	选择地区、行业施加政策	高新技术企业、集成电路行业税收优惠
一次性推开	全国、全行业范围进行政策干预	分税制改革

目前主流的政策评估方法有双重差分法、合成控制法、断点回归、倾向匹配得分、聚束分析法等。这几种方法都可以对上述政策进行评估。本节以下部分对这几种方法进行细致的介绍。①

二、双重差分法(Difference in Difference, DID)

（一）潜在因果框架

在介绍双重差分之前，首先引入潜在因果框架。

为更好地说明潜在因果框架，本节以开征遗产税为例。那么是否开征遗产税为一个二元变量，定义为 $D_i=\{0,1\}$。我们所关心的是遗产税开征之后社会公平情况是否得到改善，将社会公平改善水平记为 Y_i。我们所需要考虑的问题即开征遗产税社会公平改善情况如何，没有开征遗产税社会公平情况又如何。因此，Y_i 的具体情况如下：

$$潜在结果 = \begin{cases} Y_{1i} & 如果\ D_i=1 \\ Y_{0i} & 如果\ D_i=0 \end{cases}$$

Y_{1i} 表示某地区开征遗产税后社会公平改善水平，Y_{0i} 表示某地区没有开征遗产税后社会公平改善水平。值得注意的是，此处讨论的是潜在因果，因此不论事实上有没有开征。而开征遗产税对社会公平是否有所改善即为 $Y_{1i}-Y_{0i}$，就是需要去研究的因果效应，"因"是是否开征遗产税，"果"是两种情况下不同的社会公平改善水平。

通过对潜在因果 Y_i 进行线性组合，可表示为：

$$\begin{aligned} Y_i &= \begin{cases} Y_{1i} & 如果\ D_i=1 \\ Y_{0i} & 如果\ D_i=0 \end{cases} \\ &= Y_{0i}+(Y_{1i}-Y_{0i})D_i \end{aligned}$$

对于不同地区，开征遗产税对社会公平改善水平应该是不同的。但由于无法观测到一个地区两种不同结果，因此我们需要观察相似地区是否开征遗产税对改善社会公平的影响。

那么我们想要得出的开征遗产税对社会公平改善水平的平均处理效应如下：

---

① 微观视角的实证研究不是作者擅长的领域，仅作一个方法的学习介绍。其中也是限于结合专业视角的数据缺乏，使得作者偏好于宏观财税问题的研究。后者对于数据的要求范围和深度、细化范畴相对较低。

$$E[Y_i \mid D_i = 1] - E[Y_i \mid D_i = 0]$$
$$= \underbrace{E[Y_{1i} \mid D_i = 1] - E[Y_{0i} \mid D_i = 1]}_{\text{平均处理效应}}$$
$$+ \underbrace{E[Y_{0i} \mid D_i = 1] - E[Y_{0i} \mid D_i = 0]}_{\text{选择性偏误}}$$

其中：$E[Y_{1i} \mid D_i = 1] - E[Y_{0i} \mid D_i = 1] = E[Y_{1i} - Y_{0i} \mid D_i = 1]$ 就是开征遗产税对社会公平改善水平的平均处理效应。其中 $E[Y_{0i} \mid D_i = 1]$ 是开征遗产税的地区在没有开征遗产税时的社会公平改善水平的平均处理效应，由于其观测不到，所以在研究平均处理效应的同时，也存在选择性偏误。选择性偏误是指开征遗产税与没有开征遗产税的地区如果都不开征遗产税的平均差别。

从实际情况来讲，社会发展越不公平的地区越迫切需要开征遗产税，因此那些地区初始的社会公平程度 Y_{0i} 偏低，最终会导致选择性偏误为负，从而会夸大遗产税对社会公平改善的作用。因此，在进行税收政策评估时，需要减少选择性偏误，尽可能降低其对政策效果评估的干扰。

（二）双重差分模型

在进行税收政策评估时，政策制定者通常会关心政策最终的效果。假定政策于 t 期实施，可以观测到的是政策之前的个体状态，以及政策实施之后的个体状态，但将两者相减并不能说明二者之间的差异是由政策所带来的。因此，在政策评估中，最重要的是找到一个反事实：政策开始实施之后但未受影响的个体。

而双重差分法则将所有个体分为两组，两组事前都没有受到政策干预，但在政策实施后，有一组受到政策影响（为处理组），而另一组则不受政策影响（为对照组）。假定实施的政策定义为 D，实施的时点定义为 T，则处理组与控制组的平均效应如表 10-3 所示。

表 10-3 双重差分的各组平均效应

	$T=0$	$T=1$
$D=0$	Y_{00}	Y_{01}
$D=1$	Y_{10}	Y_{11}

双重差分法最重要的假设是平行趋势假定（共同趋势假定），即如果处理组没有受到政策干预时，其变化趋势应该和对照组保持一致。换言之，除政策干预之外，其他因素对处理组、对照组影响应该是相同的。

图 10-1 可以清晰地看出在政策实施前处理组和对照组存在相同的趋势。需要估计的是图中的政策效应，但无法直接观测。此时，对可以观测到的变量进行两次差分处理便可以得到估计值。第一次对政策实施前后处理组与控制组分别进行

差分,得到$(Y_{10}-Y_{00})$和$(Y_{11}-Y_{01})$。第二次则是对第一次差分的两个差分形式再次进行差分,得到$(Y_{11}-Y_{01})-(Y_{10}-Y_{00})$,此即为想要得到的政策效应。

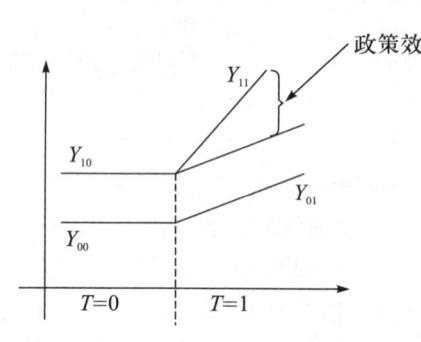

图 10-1 双重差分的平行趋势假设

除了平行趋势假定之外,双重差分模型还需要满足以下几个假设:

(1) 共同区间假设:即要求总体样本中既要有处理组样本,也要有控制组样本。

(2) 外生性假设:$X_{1it}=X_{0it}=X_{it}$。其中,X_{1it}与X_{0it}代表控制变量的潜在因果,即税收政策只会对所关心的变量起作用,而控制变量X_{it}则不受政策干预的影响。

(3) 税收政策冲击只会影响处理组,不会产生政策溢出效应,亦不会对控制组产生交互影响。

基于上述理论分析,双重差分的具体模型设定如下:

$$y=\alpha_0+\alpha_1 D+\alpha_2 T+\alpha_3 D\times T+\varepsilon$$

根据处理组与控制组、政策前后,可估计出以下四类形式:

$$y=\begin{cases}\alpha_0 & D=0,T=0\\ \alpha_0+\alpha_1 & D=1,T=0\\ \alpha_0+\alpha_2 & D=0,T=1\\ \alpha_0+\alpha_1+\alpha_2+\alpha_3 & D=0,T=1\end{cases}$$

通过上式,得:

$$(Y_{11}-Y_{01})-(Y_{10}-Y_{00})=[(\alpha_0+\alpha_1+\alpha_2+\alpha_3)-(\alpha_0+\alpha_2)]\\-[(\alpha_0+\alpha_1)-\alpha_0]=\alpha_3$$

α_3的估计系数则为双重差分法下政策效应的估计系数。

(三) 双重差分法的应用

在税收政策评估领域,双重差分法得到了广泛的应用。周黎安和陈烨(2005)

运用双重差分法估计农村税费改革对农民收入增长所产生的政策影响。聂辉华等（2009）考察了增值税转型政策对企业固定资产投资、雇佣和研发行为以及生产率的影响。在大规模减税降费的背景下，国家税务总局陆陆续续出台了许多税收政策，对于这些政策的评估，大多数文献都运用了双重差分法进行研究。例如陈钊和王旸（2016）研究了"营改增"对专业化分工的影响。刘啟仁等（2019）利用2014年固定资产加速折旧政策实验分析税收优惠增加对企业固定资产投资行为的影响机制。孙雪娇等（2019）基于纳税信用评级制度，研究柔性税收征管对企业融资约束的影响。以投资抵扣税收优惠政策的实施为"准自然实验"并采用双重差分方法评估政策效果，彭涛等（2021）发现：投资抵扣税收优惠增加风险投资基金对初创科技型企业的投资。运用双重差分方法并利用西部大开发战略中所涉及的所得税优惠政策，冯俊诚（2022）发现已经存在的地方性优惠政策和地方政府在政策落实中的策略性行为制约了减税政策效果的发挥。通过构建双重差分模型考察共同申报准则（CRS）对中国跨国企业税收遵从行为的影响，樊勇等（2022）发现：共同申报准则的实施有效提高了中国跨国企业的税收遵从水平。

三、合成控制法（Synthetic Control Methods, SCM）

（一）合成控制法概述

双重差分法处理组和控制组都包含了较多的样本。但许多政策的实施尤其是税收政策，往往是从试点开始进行逐步推广。此时，政策实施的个体往往只有一个或少数几个。例如，2011年，重庆和上海成为中国首批房产税试点城市，该如何评价这项政策的效应呢？此时，潜在的控制组（donor pool）个体，比如中国的其他城市，这些城市并没有实施试点政策，但是上海与重庆都是中国的直辖市，其他城市与它们存在巨大的差异。因此需要通过一种方法构造合理的控制组，来反映房产税改革试点的政策效应。这就需要利用合成控制法进行构造

合成控制法出现的时间较晚，它由Abadie和Gardeazabal（2003）提出。该方法的基本思路是：处理组只有一个，而控制组虽然有多个但与处理组存在差异。此时，就可以赋予每个控制组一个相应的权重，通过加权来合成一个新的控制组。合成控制组的标准是：在政策实施之前，合成的控制组与处理组在政策干预之前具有相似的趋势，这样，在实施政策后，合成的控制组可以作为处理组的一个反事实。处理组与合成的控制组之间则是政策差异。

（二）合成控制法的具体操作

假设存在$(1+J)$个个体，税收政策的实施时点为T_0。其中，仅有一个个体受到政策冲击，即处理组。剩下的J个个体均不受税收政策的影响，即为潜在的控制组。

将我们所需要关注的被解释变量记为y，对y产生影响的因素共有k个，构成

一个 k 维矩阵,记为 X。X_1($k×1$ 维)为处理组各影响因素的均值,X_0($k×j$ 维)为控制组各影响因素的均值,其中,第 j 列为第 j 个个体。基于此,合成控制法的核心就是找到一个权重矩阵,将控制组 X_0 合成为一个与 X_1 相似的 $k×1$ 维向量,进而求出 y_1 与 y_0 的差距,即为税收政策效应。

权重的估计主要通过二次线性规划实现,设合成的权重为 W(J 维向量):

$$W = (w_2, w_3, \cdots, w_{J+1})$$

其中,向量中的每个 w 都大于 0,且 $\sum_{n=1}^{J+1} w_n = 1$,即合成控制组是控制组个体的凸组合。若存在 W 使得 $X_0 × W$ 近似于 X_1,则表示经过加权后,我们已经找到了一个比较完美的控制组,在税收政策发生之前,合成的控制组的行为趋势与处理组大致一样。

为使 $X_0 × W$ 近似于 X_1,考虑到每个影响因素 k 都会对 y 产生不同的影响,可采用二次型(类似于欧式距离),构建以下约束问题:

$$\min_w (X_1 - X_0 W)' V (X_1 - X_0 W)$$
$$\text{s.t. } W_j \geqslant 0 (j = 2, 3, \cdots, J)$$
$$\sum_j W_j = 1$$

其中,V 是 k 维对角矩阵,对角线元素都大于 0,取值大小取决于影响因素对被解释变量的重要程度。此时,该约束问题转变为寻找最优的 V,记为 $W^*(V)$。最优的 V 可以使政策实施前合成控制组与处理组的被解释变量相接近。

具体而言,用 z_1($T_0 × 1$ 维)表示处理组政策干预前的被解释变量,用 z_0($T_0 × J$ 维)表示合成控制组政策干预前的被解释变量。选择合适的 V,用 $z_0 w^*(V)$ 预测 z_1,以最小化合成的"均方预测误差"(Mean Squared Prediction Error,MSPE),即将每期的预测误差平方后再求各期的平均:

$$\min_r \frac{1}{T_0} (z_1 - z_0 w^*(V))'(z_1 - z_0 w^*(V))$$

求解此最小化问题,可得出最优权重:$W = w^*(V^*)$。

借助计算距离或均方误差的思想,通过两次最优化求解,解出最优权重矩阵。通过合成后的控制组与处理组进行下一步的估计。

(三)合成控制法的应用

采用合成控制法,杨得前等(2020)评估了河北省水资源税改革对其用水效率的影响,发现河北省水资源税改革显著提高了其用水效率,节水效应显著。利用 2008 年汶川大地震作为研究窗口并综合使用合成控制法,姚东旻等(2021)检验了地震后财政支出、银行信贷和经济增长的具体变化以及相互作用方向。

当然,合成控制法虽然适用很多范围,但依旧存在局限,最大的不足在于无法处理极端的处理组(范子英,2018)。因为 $\sum_{n=1}^{J+1} w_n = 1$ 且 w 为正,因此无法对极端样本进行拟合。如需外推的话就要用到 Hsiao 等(2012)提出的回归合成的方法。在税收政策评估领域,由于税收政策试点期短,无法获得政策实施后的多期样本,因此合成控制法的应用不是特别广泛。

四、断点回归设计(Regression Discontinuity Design,RDD)

(一)断点回归设计概述

断点回归设计最早由 Thistlethwait 和 Campbell(1960)提出,他们主要研究奖学金制度对学生成绩的影响。由于获得奖学金需要一定的门槛,所以分析门槛附近学生成绩的变化可以识别奖学金制度所带来的影响。在 Hahn 等(2001)对断点回归设计的识别、估计等进行了理论说明后,大量文献开始使用断点回归设计进行政策效应的评估。对于税收政策的评估相应的文献也比较多。

断点回归设计适用于"一刀切"的一些制度,依据"一刀切"门槛的执行程度,可以进一步分为模糊断点设计(Fuzzy RDD)和清晰断点设计(Sharp RDD)。以税收政策举例:小微企业增值税起征点的设置就是一种清晰断点设计,根据《中华人民共和国增值税暂行条例》,小规模纳税人增值税起征点为月销售额 15 万元,15 万以内无须缴纳增值税。此时 15 万元是一个门槛,在 15 万处会发生一个比较明显的跳跃。而模糊断点回归设计则没有一个明确的跳跃,它是以某种概率或者一定时间慢慢变化。例如"营改增"改革,"营改增"是分地区、分批次试点实施,2012 年之后并不是所有企业同时受到营改增政策的影响,企业是逐步进入改革范围的,所以视作模糊断点回归设计较为合理。二者的主要区别如图 10-2 所示。

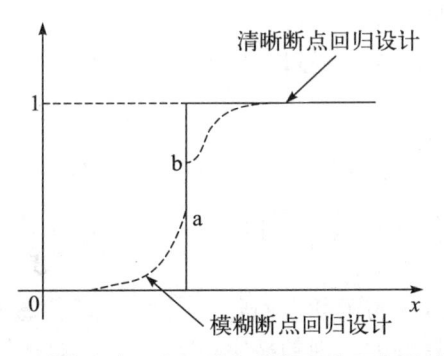

图 10-2 清晰断点回归设计与模糊断点回归设计的区别

(二) 精确断点回归

当存在一个明确的门槛值 X_0 时,此时就是一个精确断点回归。处理变量 D_i 满足以下函数:

$$D_i = \begin{cases} 1 & X_i \geqslant X_0 \\ 0 & X_i < X_0 \end{cases}$$

从上式中可以看出,D_i 是一个不连续的函数,在 X_0 的左右两侧,存在一个跳跃间断点。

对间断点两侧的样本分别取条件期望:

$$E(Y_{0i} \mid x_i) = f_0(x_i) = \alpha + \beta_{01}\tilde{x}_i + \beta_{02}\tilde{x}_i^2 + \cdots + \beta_{0p}\tilde{x}_i^p$$

$$E(Y_{1i} \mid x_i) = f_0(x_i) = \alpha + \rho + \beta_{11}\tilde{x}_i + \beta_{12}\tilde{x}_i^2 + \cdots + \beta_{1p}\tilde{x}_i^p$$

其中 $\tilde{x}_i = x_i - x_0$。由 D_i 的定义,$E(Y_i \mid x_i) = E(Y_{0i} \mid x_i) + E(Y_{1i} - Y_{0i} \mid x_i)D_i$,将上述两式代入:

$$Y_i = \alpha + \beta_{01}x_i + \beta_{02}\tilde{x}_i^2 + \cdots + \beta_{0p}\tilde{x}_i^p + \rho D_i + \beta_1^* D_i \tilde{x}_i + \beta_2^* D_i \tilde{x}_i^2 + \cdots + \beta_p^* D_i \tilde{x}_i^p + \eta_i$$

其中 $\beta_1^* = \beta_{11} - \beta_{01}, \beta_2^* = \beta_{12} - \beta_{02}, \beta_p^* = \beta_{1p} - \beta_{0p}$,考察间断点附近数据的变化,即在区间 $[x_0 - \Delta, x_0 + \Delta]$,亦即在 x_0 的邻域内,得出 $Y_{1i} - Y_{0i}$ 即可得出政策的处理效应:

$$LATE = E(Y_{1i} - Y_{0i} \mid x_i = x_0) = \lim_{\Delta \to 0} E(Y_i \mid x_0 \leqslant x_i < x_0 + \Delta) - \lim_{\Delta \to 0} E(Y_i \mid x_0 - \Delta < x_i < x_0)$$

(三) 模糊断点回归

在模糊断点的情境中,个体通过一定的概率进入处理组。

$$P(D_i = 1 \mid x_i) = \begin{cases} g_1(x_i) & x_i \geqslant x_0 \\ g_0(x_i) & x_i < x_0 \end{cases}$$

其中 $g_1(x_0) \neq g_0(x_0)$,这里假设 $g_1(x_0) > g_0(x_0)$,即 $x_1 \geqslant x_0$ 时,个体被处理的概率也会增加。

在模糊断点回归中,与精确断点回归不同的是,即使 x 的值超过了 x_0,也有一定的概率不被处理,而只是被处理的概率得到了一个跳跃。从这个角度而言,精确断点回归可看作模糊断点回归的特殊化,即 $g_1(x_0) = 1, g_0(x_0) = 0$。

由精确断点回归的相关定义,可得:

$$\lim_{\Delta \to 0} E(D_i \mid x_0 \leqslant x_i < x_0 + \Delta) - \lim_{\Delta \to 0} E(D_i \mid x_0 - \Delta < x_i < x_0) \neq 0$$

此时平均处理效应为：

$$LATE = E(Y_{1i} - Y_{0i} \mid x_i = x_0) = \frac{\lim_{\Delta \to 0} E(Y_i \mid x_0 \leqslant x_i < x_0 + \Delta) - \lim_{\Delta \to 0} E(Y_i \mid x_0 - \Delta < x_i < x_0)}{\lim_{\Delta \to 0} E(D_i \mid x_0 \leqslant x_i < x_0 + \Delta) - \lim_{\Delta \to 0} E(D_i \mid x_0 - \Delta < x_i < x_0)}$$

（四）断点回归的应用

由于断点回归方法的特殊性，其使用也逐渐频繁。刘行等(2017)利用中国2002年所得税征管体制改革这一"准自然实验"，采用断点回归分析方法，考察企业避税程度变化如何影响其债务融资行为。王钊和王良虎(2019)分析了税收优惠政策对中国高技术产业创新效率的影响。师博和张瀚禹(2018)通过模糊断点回归识别逐步试点政策对企业创新行为的差异化影响。基于2002年企业所得税征管范围改革的"准自然实验"并利用断点回归方法，杜鹏程等(2021)发现：所得税征管范围改革提高了企业劳动收入份额。采用基于被赡养人年龄阈值的模糊断点回归设计考察赡养老人专项附加扣除对医疗、非医疗和总赡养支出的影响，程欣炜等(2021)发现：赡养老人专项附加扣除具有税收激励和孝亲示范效应，对非医疗赡养支出的处理效应明显高于医疗赡养支出且存在过度反应。基于断点回归方法研究上市公司实际报告业绩在股权激励计划预定的业绩目标处聚集的现象，甄红线等(2021)发现：实施股权激励计划的上市公司存在明显的业绩条件"踩线"达标现象。当然由于数据的可获得性、政策影响程度等因素，与合成控制法类似，目前断点回归方法在税收政策的评估依旧较少。

五、倾向得分匹配(Propensity Score Matching, PSM)

（一）倾向得分匹配概述

我们通常希望评估某项税收政策实施后的效应，为此，我们构建"处理组"和"控制组"以评估处理效应(Treatment Effect)。然而，我们的数据通常来自非随机的观察研究中，处理组和控制组的初始条件不完全相同，故存在选择偏差(Selection Bias)问题。倾向得分匹配法使用倾向得分函数将多维向量的信息压缩到一维，然后根据倾向得分进行匹配。这样可以在既定的可观测特征变量下，使得处理组个体和控制组个体尽可能相似，因而可以缓解处理效应的选择偏差问题。

传统匹配方法对单个协变量匹配精准度较高，可以很好地解决处理组和控制组之间的差异。但协变量过多时，匹配的维度也会上升，因此会出现数据稀疏的问题，在控制组很难找到与处理组相匹配的样本。而倾向得分匹配则可以对协变量进行降维处理。其中的具体思想是：定义个体的倾向得分，即在给定协变量的基础上,确定个体进入处理组的概率。其中,在确定概率时,可以采用 logit 或者 probit 进行回归。这样,不仅可以达到降维的效果,同时可以将取值固定于[0,1]之间。

倾向得分匹配的主要步骤:

(1) 选择协变量 D:尽可能涵盖影响 X 与 Y 的相关变量;

(2) 获取概率:可以使用 probit 或 logit 模型估计;

(3) 检验平行假设是否满足:使得在匹配后的处理组均值和控制组均值较接近,保证数据平衡;

(4) 根据匹配得分将处理组个体和控制组个体进行配对:匹配的方法有最近邻匹配、半径匹配、核匹配等;

(5) 根据匹配后样本计算 ATT(平均处理效应)。

(二) 倾向得分匹配的应用

基于倾向得分匹配法,许多文献探讨了税收优惠对企业的影响。陈洋林等(2018)运用倾向得分匹配法考察了 2011—2015 年间税收优惠对沪、深证券交易所 558 家战略性新兴产业上市公司创新投入的激励效应。程瑶和闫慧慧(2018)采用倾向得分匹配法估计不同税收优惠方式对企业研发投入的政策效应。以 2007—2017 年 A 股上市公司高管减持为研究对象并采用 PSM-DID 方法,罗宏和黄婉(2020)发现:多个大股东的存在能够有效抑制高管的机会主义减持行为。选取与城市等级紧密相关的行政审批制即国家级开发区和撤县设区为指标并运用 PSM-DID 方法,魏守华等(2020)研究发现:设立国家级开发区或撤县设区的政府偏爱均有助于城市人口增长,同时有利于发挥产业政策和土地政策的协同效应。基于《高新技术企业认定管理办法》这一产业政策研究其激励效应与迎合效应,杨国超和芮萌(2021)发现:公司获得高新技术企业认定后,其创新投入以及创新产出的数量和质量均显著提升。

但作为一种匹配方法,主要是为了解决可观测的选择性偏误,因此倾向得分匹配往往不单独在文献中进行运用,一般都与上述的双重差分法进行结合,形成 PSM-DID 的研究方法进行研究。

六、聚束分析法(Bunching)

(一) 聚束分析法概述

对于政策断点问题,除了上文所述的断点回归外,还可以用聚束分析法。二者也有较为明显的区别,聚束分析法的断点发生于决策前,例如税收政策发生之后,行为人将如何进行主观决策。聚束分析法聚焦于描绘出制度断点中个体的群聚式分布,以此来解释政策对行为人的影响。目前,聚束分析法分为两种类型,一种是由 Saez(2010)提出的拐点型聚束(Kint point)——选择集斜率的离散变化;另一种设计是由 Kleven 和 Waseem(2013)提出的断点型聚束(Notch point)——选择集水平的离散变化。在税收的背景下,这种区别对应于边际税率或平均税率都出现了不连续性,而这种变化用超额累进税率与全额累进税率更好理解。从表 10-4 可知,当收入从 1 000 上升至 1 100 时,运用超额累进税率进行征税时,平均税率并没有明显的变化,而边际税率得到了显著上升。对比之下,运用全额累进税率时,平均税率也有极为明显的提升。

表 10-4 超额累进与全额累进税率下平均税率与边际税率的比较

	收入 1 000（免税）	收入 1 100（超额,10%）	收入 1 100（全额,10%）
应纳税额	0	10	110
平均税率	0	0.009	0.1
边际税率	0	0.1	1.1

1. 拐点型聚束(Kint point)

拐点型聚束最初应用于边际税率不连续所产生的拐点(Saez,2010)。首先考虑个人对税后收入(消费价值)和税前收入(工作成本)的偏好。设定效用函数为:

$$U = u(z - T(z), z/n)$$

其中,z 代表收入,$T(z)$ 代表所要支付的税收,n 表示能力。此外,$f(n)$ 的密度分布体现了能力的异质性,假设能力分布、偏好和税收制度是平滑的,个体最优化决策产生的收益分配也是平滑的。在基准情况下,假定税收是线性的,即:$T(z) = t \times z$。

在平滑的收入曲线上,假设政府实施超额累进税率,那么便会存在一个拐点(kint) z^*,在该点右侧附近,加征 Δt 的税率(如图 10-3a),此时效用函数可以写为:

$$U = u(z - t \times z - \Delta t \times (z - z^*) I(z > z^*), z/n)$$

其中:

$$I(z > z^*) = \begin{cases} 1 & z > z^* \\ 0 & z < z^* \end{cases}$$

可以看出,由于边际税率的突然提升,收入的激励效应会随着收入的增加而降低,因此在拐点右侧的样本会出现同比例的向右收缩,从而形成边际群聚束(如图 10-3)。

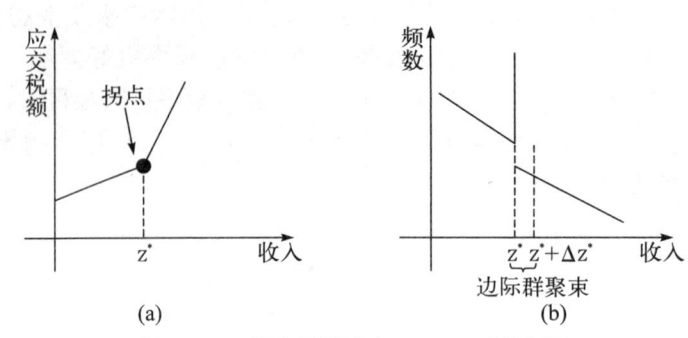

图 10-3 拐点型聚束(Kint point)的图示

聚束的观点是通过边际群聚束推断出补偿后的收益弹性 Δz^*，并且与边际群的聚束量进行比较。在较小的聚束范围内 $(z^*, z^* + \Delta z^*)$，聚束值是可以通过样本量观察得知，记为 B。

假设市场分布曲线是光滑的，记为 $h_0(z)$。那么聚束范围内的总量 B 可以表示为：

$$B = \int_{z^*}^{z^* + \Delta z^*} h_0(z) \mathrm{d}z$$

当 Δz^* 趋于 0 时，该式可以近似为：

$$B \approx h_0(z^*) \times \Delta z^*$$

在聚束量 B 以及拐点 z^* 处的频数可知的情况下，可以推断出补偿后的收益弹性 Δz^*。

2. 断点型聚束(Notch point)

假定上述假设条件均不发生变化，政府将超额累进税率变为全额累进税率，此时，由于平均税率的上升，便会出现断点(notch) z^*（如图10-4a）。当收入超过该点时，收入全额的税率变为 $t + \Delta t$。此时，效用函数变为：

$$U = u(z - t \times z - \Delta t \times z I(z > z^*), z/n)$$

同样，由于边际税率的突然提升，收入的激励效应会随着收入的增加而降低，因此在拐点右侧的样本会出现同比例的向右收缩，从而形成边际群聚束。但需要注意的是，由于实施全额累进税率，因此在断点右侧附近，收入的增加值 Δz 会小于应纳税额的增加值 $\Delta T(z)$。例如，在上述的例子中，收入从1 000变为1 100，收入增加值为100，而在全额累进税率的情况下，应纳税额的增加额为110。在这种情况下，工作的收益会出现负值，因此在这范围内的样本会减少工作时间，将收入保持在 z^* 的水平。此时便会出现"空缺域"(dominated region)，理论上该区域内的频数分布为0（如图10-4b）。同样，可以采用以上方法进行估计。

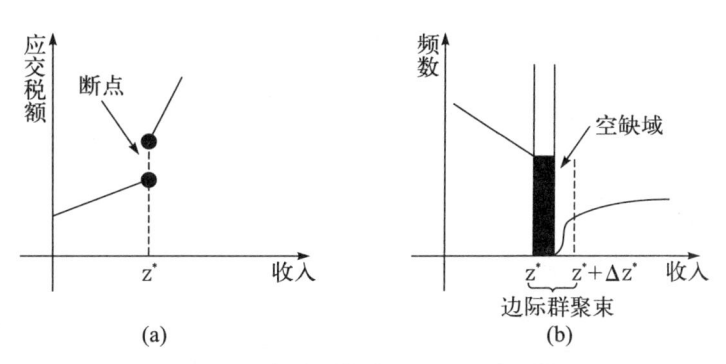

图 10-4 断点型聚束(Notch point)图示

在现实情况中,个体的最优决策不仅要从税率的角度出发,而且需要综合考虑多方面因素(如调整成本等),因此会存在最优化摩擦。所以需要注意的一点是,边际群聚束不一定是等比例的变动,并且在空缺域中频数也不一定为 0。

(二)聚束的估计方法与注意事项

1. 估计方法

聚束最主要的估计就是要识别出光滑的市场曲线 $h_0(z)$。即在没有拐点或断点的情况下分布会是什么样子。不同于双重差分法,聚束的方法更为直接,即从已有的分布中推断反事实分布。

依旧用累进税率的例子进行说明,标准的方法是将一个多项式拟合到观察到的分布上,排除拐点(断点) z^* 周围范围内的数据,并将拟合的分布外推到拐点(断点)上。设定如下的回归方程:

$$c_j = \sum_{i=0}^{p} \beta_i \cdot (z_j)^i + \sum_{i=z_-}^{z_+} \gamma_i \cdot 1[z_j = i] + v_j$$

其中,等式左侧 c_j 为收入区间 j 的样本数量。等式右侧主要包括两项,$\sum_{i=0}^{p} \beta_i \cdot (z_j)^i$ 为用高阶回归刻画无制度扭曲时的频数分布,p 为阶数,z_j 为区间 j 的收入水平。$\sum_{i=z_-}^{z_+} \gamma_i \cdot 1[z_j = i]$ 提取出点 z^* 附近受政策扭曲的部分,用于吸收现实分布中偏离反事实(无聚束)分布的程度,其中 z_- 和 z_+ 为受制度扭曲段的上下界,$1[z_j = i]$ 为指示函数,当括号内等式成立,也就是 $z_- \leqslant z_j \leqslant z_+$ 时,$1[z_j = i] = 1$,否则取 0。

通过回归,只需要提取系数 β,就可拟合反事实分布在收入区间 j 的频数,进而计算出补偿后的收益弹性 Vz^*。

2. 识别假设和问题

上面描述的研究设计允许研究人员从聚束在拐点或断点处去估计密集的边缘

弹性。该方法依赖于一套识别假设,作者对此进行了总结。

(1) 平滑度

主要假设是"反事实"分布的平滑度。此假设有两个潜在风险:(a)如果其他政策在同一阈值处发生变化,则在没有分析特定政策的情况下,分布可能不是很平滑。在这种情况下,聚束代表了对一揽子政策的简化反应,而不是对某项具体政策的反应,因此很难揭示结构参数。(b)如果阈值作为参考点,或者因为与政策无关的原因而自然成为焦点,或者因为政策本身使其成为参考点,那么聚束会混淆激励效应和参考点效应。当(a)和(b)存在时,一般的解决方案是获取更多的聚束观察结果,例如,根据相同的混杂效应,从随时间或横截面的变化的不连续性的规模而得出。

(2) 反事实的形状

除了平滑度之外,该方法还依赖于对反事实分布的特定形状的估计。该方法不需要对这种形状有全局认知,仅需要了解拐点(断点)附近的局部属性。对于拐点,行为反应通常非常局限,而对于断点,行为反应则不太明显。

(三) 聚束的相关文献

Saez(2010)利用美国个人所得税税率级次产生的拐点进行估计,发现第一个拐点的应税收入弹性为0.25,但异质性分析表明应税收入弹性基本来自个体经营者,而非依靠工资收入的纳税人。Kleven 和 Waseem(2013)利用巴基斯坦税率级次点产生的间断点,发现应税收入弹性不到0.05,优化摩擦可能是导致这一现象的重要原因。Devereux 等(2014)、Bastani 和 Selin(2014)等也做了类似研究。国内运用聚束方法开展研究起步较晚,张航和范子英(2019)对聚束方法进行了系统的梳理。樊勇等(2020)采用聚束和双重差分法检验小微企业所得税优惠政策间断点的聚束效应。张航和范子英(2021)运用聚束方法,通过房产税试点政策估计了房产税对住房投机行为的"精准"打击作用。李昊楠(2021)利用2011—2013年小微企业所得税优惠形成的间断点,采用聚束方法对小微企业应税收入弹性进行了估计。

七、本节方法的代码实现

本节主要方法的关键代码如下。

```
双重差分法:
diff  y, t(treat)  p(t)  cov(x1 x2 x3)  robust
y:结果变量;
t(treat):政策变量;
p(t):时间变量;
cov(x1 x2 x3):协变量;
robust:稳健标准误。
```

合成控制法：
synth depvar predictorvars(x1 x2 x3)，trunit() trperiod()
depvar：结果变量；
predictorvars(x1 x2 x3)：预测变量；
trunit()：用于指定处理地区；
trperiod()：用于指定政策干预开始的时期。

断点回归设计：
Rd y D x，z0(real) mbw(numlist) cov(x1 x2 x3) x(x1 x2 x3)
y：结果变量；
D：处理变量；
X：分组变量；
z0(real)：选择断点位置；
mbw(numlist)：选择最优带宽；
cov(x1 x2 x3)：加入局部回归协变量；
x(x1 x2 x3)：检验协变量在断点的跳跃情况。

倾向得分匹配：
psmatch2 D x1 x2 x3 ，outcome(y) logit ties ate common
D：处理变量；
x1 x2 x3：协变量；
outcome(varname)：输出变量；
logit：表示计算得分的时候使用 logit 模型，默认为 probit 模型计算得分；
ties：包括所有倾向得分相同的并列个体；
ATE：同时汇报 ATE、ATU、ATT；
common：仅对共同取值范围内的个体进行匹配。

聚束：
bunching y x，kink(#) s0(#) s1(#) m(#)
kink(#)：拐点出现的位置；
s0(#)：拐点前的斜率；
s1(#)：拐点后的斜率；
m(#)：多次项系数的最大值。

八、简要小结

综合国内外的实证分析，在这一部分中，数据问题仍然是困扰中国学者税收理论研究和政策评估科学性的先导约束。建议中国在未来适时开放一些以前年度的微观企业税收数据，开放市县层面的税收、财政数据是财政透明的重要方面。这也是在制度构建上体现中国理论自信、道路自信的地方。

其次，对于政策的评估，什么样的税收政策能够发挥大的冲击效应并能够区别其他政策发生明显的差别效果。但在实际工作中，政府往往不倾向于实施激进的政策以免引起大的社会振动或是激烈的社会响应。实际上大家识别的"准自然实验"可能只是微小的边际变化，因而很多研究得不到"新的发现"。因果推断分析背景中，更大的制度问题往往被视为既定的，而后者对经济的影响更大。

再次，解释变量中采用"离散变量"进行因果识别需要进一步论证。这在多大程度上与税收的问题是紧密联系的？或者是发生间接的、可理解的传导效应？有一些数据和结果可能是显著的，但是与直观的理解和现实的情景存在差别；而社会更关注微观的问题，譬如如何避税、税负越轻越好。思想深刻的理论研究，社会接受度高、形成普遍的非政治宣传带来的学术认知，还需要更多思想深邃的研究。例如，在税收理论研究中形成如"差序格局""胡焕庸线""马太效应""木桶定律"等这样广泛认知的观点，这还需要一段时间。当然，无论如何，关于税收问题的实证分析是非常重要和需要的，有了"量"才能有"质"的提升，形成中国特色的税收理论和观点创新。

最后，在实证研究中检验已知的研究，缺乏现实感和更多的决策层关注。即使有数据考察的实证结果，但人们往往认为——以前回不去了，一项政策也不能够取消再回到以前的状态。对于决策者和更多的研究人员而言，"检验未知"是面临更多的现实需求，这也是很多智库正在做的工作。但是纳入更多的结构模型的方法，做好各种未来政策实施的评估、福利比较、利弊取舍乃至战略实施，需要更多的基础性学习的积累，需要更多的人参与讨论。这也是本专著第三、四、五、六、七、八、九章试图做的一些工作。

参 考 文 献

白阳.我国个人所得税制度对城镇居民劳动供给影响的分析[J].北方经济,2014,(8):90-92.

白仲林,孙艳华,高泽铭.商品房限购政策的实体经济发展效应研究[J].统计研究,2019,(11):37-48.

蔡昉.从"共享生产率"看共同富裕[J].理论导报,2022,(1):47.

常青青.税收优惠对高新技术企业创新效率的差异化影响[J].财经科学,2020,(8):83-92.

陈建东,王平,祝遵宏.我国个人所得税收入主要影响因素分析[J].税务研究,2020,(2):51-58.

陈强.高级计量经济学及Stata应用(第二版)[M].北京:高等教育出版社,2014.

陈小亮,马啸."债务-通缩"风险与货币政策财政政策协调[J].经济研究,2016,(8):28-42.

陈洋林,宋根苗,张长全.税收优惠对战略性新兴产业创新投入的激励效应评价[J].税务研究,2018,(8):80-86.

陈烨,张欣,寇恩惠,等.增值税转型对就业负面影响的CGE模拟分析[J].经济研究,2010,(9):29-42.

陈远燕,何明俊,张鑫媛.财政补贴、税收优惠与企业创新产出结构[J].税务研究,2018,(12):48-54.

陈玥卓.税收优惠影响企业创新产出的多元机制研究[J].科技进步与对策,2020,(18):123-132.

陈钊,王旸."营改增"是否促进了分工[J].管理世界,2016,(3):36-45+59.

陈志刚,吴国维,张浩.房地产泡沫如何影响实体经济投资[J].财经科学,2018,(3):93-106.

程娜,陈成.海洋碳汇、碳税、绿色技术:实现"双碳"目标的组合策略研究[J].山东大学学报(哲学社会科学版),2021,(6):150-161.

程瑶,闫慧慧.税收优惠对企业研发投入的政策效应研究[J].数量经济技术经济研究,2018,(2):116-130.

丛屹,田恒.房地产"双重效应"下的实体经济与虚拟经济失衡分析及对策[J].新疆师范大学学报(哲学社会科学版),2017,(5):69-75.

邓卫红.税收优惠对企业创新的影响[J].系统工程,2021,(3):37-47.

董梅,李存芳.碳减排目标的实现机制比较与选择[J].中国环境管理,2020,(4):120-128.

杜鹏程,王姝勋,徐舒.税收征管、企业避税与劳动收入份额[J].管理世界,2021,(7):105-118+8.

杜书云,田申.房价波动对金融服务实体经济效率的影响[J].经济经纬,2020,(3):142-150.

段姝,杨彬.财政补贴与税收优惠的创新激励效应研究[J].科技进步与对策,2020,(16):120-127.

樊光义,张协奎.房地产市场化改革与实体经济发展[J].南方经济,2022,(1):35-55.

樊勇,李昊楠,管淳.小微企业所得税优惠间断点是否存在聚束效应[J].世界经济,2020,(3):167-192.

樊勇,朱沁瑶,李昊楠.第三方信息、税收遵从与国际税收竞争[J].世界经济,2022,(4):107-133.

范子英.如何科学评估经济政策的效应?[J].财经智库,2018,(3):42-64.

冯俊诚.减税与减负——来自所得税优惠政策的经验证据[J].经济学(季刊),2022,(1):67-86.

冯楠,韩树煜,陈治国.人口老龄化背景下个人所得税改革对劳动供给的影响[J].税务与经济,2021,(5):42-48.

国家税务总局青岛市税务局课题组.数字经济的特征与税收应对[J].税收经济研究,2022,(1):47-52.

国家税务总局税收科学研究所课题组.数字经济对我国税制和征管的影响及相关政策建议[J].国际税收,2022,(3):3-11.

韩凤芹,陈亚平.税收优惠真的促进了企业技术创新吗?[J].中国软科学,2021,(11):19-28.

韩学丽.共同富裕视角下个人所得税的作用机理及优化路径[J].地方财政研究,2022,(1):7-14.

何东.数字时代的货币政策[J].中国金融,2018,(17):55-56.

何凌云,黎姿,梁宵,等.政府补贴、税收优惠还是低利率贷款?[J].中国地质大学学报(社会科学版),2020,(6):42-58.

贺康,王运陈,张立光,等.税收优惠、创新产出与创新效率[J].华东经济管理,2020,(1):37-48.

洪永淼.提倡定量评估社会经济政策,建设中国特色新型经济学智库[J].经济研究,2015,50(12):19-22.

胡海生,王克强,李其豪.营改增后银行业流转税税负变化研究[J].上海金融,2020,(10):21-28.

胡宁,王雪方,孙莲珂,等.房产限购政策有助于实体企业"脱虚返实"吗[J].南开管理评论,2019,(4):20-31.

胡翔.数字经济背景下落实税收法定原则的价值、难点与对策[J].税务研究,2022,(4):90-96.

胡祖光.基尼系数理论最佳值及其简易计算公式研究[J].经济研究,2004,(9):60-69.

黄宇虹.补贴、税收优惠与小微企业创新投入[J].研究与发展管理,2018,(4):74-84.

黄赜琳,朱保华.中国的实际经济周期与税收政策效应[J].经济研究,2015,(3):4-17.

黄志刚.货币政策与贸易不平衡的调整[J].经济研究,2011,(3):32-47.

姜安,黄惠丹,吴松彬.如何识别R&D税收激励效应?[J].云南财经大学学报,2020,(8):92-103.

姜婷凤,汤珂,刘涛雄.基于在线大数据的中国商品价格黏性研究[J].经济研究,2020,(6):56-72.

匡浩宇.个人所得税、居民收入结构与再分配调节[J].经济体制改革,2021,(4):158-165.

李炳财,倪骁然,王昆仑.税收激励、风险投资与企业创新[J].财政研究,2021,(10):63-76.

李海舰,李燕.对经济新形态的认识:微观经济的视角[J].中国工业经济,2020,(12):159-177.

李昊楠.减税效率的提升路径[J].管理世界,2021,(11):90-105+7.

李建强,朱军,张淑翠.政府债务何去何从:中国财政整顿的逻辑与出路[J].管理世界,2020,(7):41-54.

李立,李铭.通货膨胀对个人所得税调节收入分配的影响研究[J].财政研究,2019,(10):100-113.

李文.税收认知影响个人所得税的劳动供给效应吗[J].财贸研究,2018,(9):66-75.

李香菊,贺娜.税收激励有利于企业技术创新吗?[J].经济科学,2019,(1):18-30.

李香菊,刘硕,姚琴.数字经济背景下税收征管体系的国际经验与政策建议[J].经济体制改革,2020,(1):156-163.

李香菊,王洋.完善我国激励企业科技创新的税收政策研究[J].税务研究,2021,(7):39-43.

李香菊,杨欢.产业异质性、税收激励与自主创新[J].科技进步与对策,2019,(9):60-68.

李雪松,刘明.降低增值税税率的宏观经济效应评估[J].财经问题研究,2020,(2):72-80.

李远慧,徐一鸣.税收优惠对先进制造业企业创新水平的影响[J].税务研究,2021,(5):31-39.

梁俊娇,李想,王怡璞.增值税税率简并方案的设想、测算与分析[J].税务研究,2018,(10):45-52.

林志帆,刘诗源.税收激励如何影响企业创新?[J].统计研究,2022,(1):91-105.

刘柏惠,寇恩惠,杨龙见.增值税多档税率、资源误置与全要素生产率损失[J].经济研究,2019,(5):113-128.

刘成龙,牛晓艳.增值税税率简并的价格效应与收入分配效应[J].税务研究,2018,(8):36-42.

刘华,马卓,李丹.个人所得税减免对城镇职工劳动供给的影响研究[J].税务研究,2022(10):36-42.

刘行,赵健宇,叶康涛.企业避税、债务融资与债务融资来源[J].管理世界,2017,(10):113-129.

刘行,赵健宇.税收激励与企业创新[J].会计研究,2019,(9):43-49.

刘井建,赵革新,李惠竹.企业税收激励对R&D投资的影响机理及效应[J].科研管理,2020,(10):40-53.

刘磊,张永强.增值税减税政策对宏观经济的影响[J].财政研究,2019,(8):99-110.

刘啟仁,赵灿,黄建忠.税收优惠、供给侧改革与企业投资[J].管理世界,2019,(1):78-96.

刘蓉,林志建.个人所得税新政对劳动收入分配效应的影响[J].财政研究,2019,(4):63-74.

刘诗源,林志帆,冷志鹏.税收激励提高企业创新水平了吗?[J].经济研究,2020,(6):105-121.

刘怡,聂海峰,邢春冰.个人所得税费用扣除调整的劳动供给效应[J].财贸经济,2010,(6):52-59.

刘友金,曾小明.房产税对产业转移的影响[J].中国工业经济,2018,(11):98-116.

刘玉洁,史末也,潘峰等.我国市售饮料中游离糖含量研究[J].中国食品卫生杂志,2021,(1):93-96.

罗宏,黄婉.多个大股东并存对高管机会主义减持的影响研究[J].管理世界,2020,(8):163-178.

吕冰洋,詹静楠,李钊.中国税收负担:孰轻孰重[J].经济学动态,2020,(1):18-33.

吕江林,郭珺莹,张澜弘.央行数字货币的宏观经济与金融效应研究[J].金融经济学研究,2020,(1):3-19.

马理,范伟.促进"房住不炒"的货币政策与宏观审慎"双支柱"调控研究[J].中国工业经济,2021,(3):5-23.

马树才,华夏,韩云虹.地方政府债务影响金融风险的传导机制[J].金融论坛,2020,(4):70-80.

马忠玉,冶伟峰,蔡松锋,等.基于SICGE模型的中国碳市场与电力市场协调发展研究[J].宏观经济研究,2019,(5):145-153.

茅孝军.新型服务贸易壁垒[J].国际经贸探索,2020,(7):98-112.

聂辉华,方明月,李涛.增值税转型对企业行为和绩效的影响[J].管理世界,2009,(5):17-24+35.

牛虎.房地产税与实体企业"去房地产化"[J].会计之友,2021,(10):30-36.

潘孝珍,燕洪国.税收优惠、政府审计与国有企业科技创新[J].审计研究,2018,(6):33-40.

潘孝珍.税收优惠的科技创新激励效应存在门槛吗?[J].科研管理,2019,(10):48-57.

彭安兴,胡春田,陈晓东.数字经济弱化了货币政策效果吗[J].财经科学,2021,(10):15-30.

彭涛,黄福广,孙凌霞.税收优惠能否激励风险投资:基于准自然实验的证据[J].管理世界,2021,(1):33-46+87.

彭文生.中国实现碳中和的路径选择、挑战及机遇[J].上海金融,2021,(6):2-7.

彭晓洁,颜希,李欣芸.数字经济下特许权使用费跨境所得征税问题研究[J].财政科学,

2022，(3)：123-132.

秦思楠.数字经济对税收征管的挑战与对策研究[J].南方金融，2022，(3)：28-38.

沈向民，吴健.我国当前个人所得税的劳动供给效应分析[J].税务研究，2016，(2)：53-57.

师博，张瀚禹."营改增"的创新效应：基于模糊断点回归的经验证据[J].财经科学，2018，(11)：51-60.

石媛媛.论我国经济数字化的税收应对[J].税务研究，2020，(3)：108-111.

史明霞.后"营改增"时代增值税税率简并方案的选择[J].中央财经大学学报，2017，(4)：21-29.

宋清，杨雪.税收优惠、营商环境与企业创新绩效[J].中国科技论坛，2021，(5)：99-107.

孙启新，李建清，程郁.科技企业孵化器税收优惠政策对在孵企业技术创新的影响[J].科技进步与对策，2020，(4)：129-136.

孙雪娇，翟淑萍，于苏.柔性税收征管能否缓解企业融资约束[J].中国工业经济，2019，(3)：81-99.

孙伊凡，谷彦芳.个人所得税调节收入分配功能及其在中国的新突破[J].税务与经济，2019，(4)：68-72.

孙自愿，梁晨，卫慧芳.什么样的税收优惠能够激励高新技术企业创新[J].北京工商大学学报(社会科学版)，2020，(5)：95-106.

田志伟，胡怡建."营改增"对财政经济的动态影响：基于CGE模型的分析[J].财经研究，2014，(2)：4-18.

田志伟，孔庆凯，王再堂.简并优化增值税税率结构对增值税收入影响的测算[J].税务研究，2018，(8)：26.

万莹，陈恒.2019年我国增值税减税改革的政策效应[J].当代财经，2020，(4)：27-37.

万莹，熊惠君.我国增值税税率简并方案设计与政策效应预测[J].税务研究，2020，(10)：41-48.

万莹.营改增后增值税税率简并方案设计[J].税务研究，2018，(3)：37-43.

王春元，叶伟巍.税收优惠与企业自主创新[J].科研管理，2018，(3)：37-44.

王春元，于井远.财政补贴、税收优惠与企业自主创新：政策选择与运用[J].财经论丛，2020，(10)：33-43.

王弟海，龚六堂.持续性不平等的动态演化和经济增长[J].世界经济文汇，2007，(6)：1-18.

王飞."数字税"的实践与评价——基于平台经济学视角[J].税收经济研究，2021，(4)：21-27.

王宏森，周辉，何冬妮.制造业服务化对碳强度的影响研究[J].技术经济，2022，(2)：96-107.

王静，邓晓兰.我国个人所得税改革收入分配效应评价[J].西安财经大学学报，2021，(4)：54-63.

王军.在新时代新征程上奋力推进税收现代化[N].学习时报，2022-05-16.

王凯风，吴超林.个税改革、收入不平等与社会福利[J].财经研究，2021，(1)：18-31.

王文甫.价格黏性、流动性约束与中国财政政策的宏观效应[J].管理世界,2010,(9):11-25.

王晓佳,吴旭东.个人所得税专项附加扣除的收入再分配效应[J].当代经济管理,2019,(9):83-86.

王彦超,李玲,王彪华.税收优惠与财政补贴能有效促进企业创新吗?[J].税务研究,2019,(6):92-98.

王瑶,彭凯,支晓强.税收激励与企业创新[J].北京工商大学学报(社会科学版),2021,(1):81-91.

王雍君,王冉冉.数字经济税收治理[J].税务研究,2022,(1):49-58.

王钰,田志伟,王再堂.2018年个人所得税改革的收入再分配效应研究[J].财经论丛,2019,(8):31-38.

王钊,王良虎.税收优惠政策对高技术产业创新效率的影响[J].科技进步与对策,2019,(11):109-116.

卫梦星."反事实"思想在宏观政策效应评估中的应用[D].北京:中国社会科学院大学,2013.

魏守华,杨阳,陈珑隆.城市等级、人口增长差异与城镇体系演变[J].中国工业经济,2020,(7):5-23.

翁智雄,马中,刘婷婷.碳中和目标下中国碳市场的现状、挑战与对策[J].环境保护,2021,(16):18-22.

翁智雄,吴玉锋,李伯含,等.征收差异化行业碳税对中国经济与环境的影响[J].中国人口·资源与环境,2021,(3):75-86.

吴松彬,黄惠丹.R&D税收激励、制度环境与高新制造企业创新[J].河北经贸大学学报,2020,(3):34-45.

吴松彬,张凯,黄惠丹.R&D税收激励与中国高新制造企业创新的非线性关系研究[J].现代经济探讨,2018,(12):61-69.

吴文值,王帅,陈能军.财政激励能否降低二氧化碳排放?[J].江苏社会科学,2022,(1):159-169.

夏明,张红霞.投入产出分析:理论、方法与数据(第二版)[M].北京:中国人民大学出版社,2019.

肖育才,杨磊.数字经济时代与工业经济时代税制的比较分析[J].税务研究,2022,(2):81-85.

熊若愚.基于协调与发展视角的碳税问题初探[J].国际税收,2021,(12):39-42.

许玲玲,杨筝,刘放.高新技术企业认定、税收优惠与企业技术创新[J].管理评论,2021,(2):130-141.

许志伟,林仁文.我国总量生产函数的贝叶斯估计[J].世界经济文汇,2011,(2):87-102.

薛榆淞.论数字服务税确立为常设税种的正当性[J].地方财政研究,2022,(2):57-67.

闫华红,廉英麒,田德录.政府补助与税收优惠哪个更能促进企业创新绩效[J].中国科技论坛,2019,(9):40-48.

燕洪国,潘翠英.税收优惠、创新要素投入与企业全要素生产率[J].经济与管理评论,2022,(2):85-97.

杨得前,赵磊,杨豆.水资源税提高了用水效率吗?[J].税务研究,2020,(8):36-42.

杨国超,芮萌.高新技术企业税收减免政策的激励效应与迎合效应[J].经济研究,2020,(9):174-191.

杨海生,杨祯奕.把握"脱虚向实"力度[J].中山大学学报(社会科学版),2019,(4):184-196.

杨龙见,岳童,王佳文,等.房产税、资源配置与城市生产效率[J].财经研究,2021,(10):50-64.

杨晓妹,刘文龙.财政R&D补贴、税收优惠激励制造业企业实质性创新了吗?[J].产经评论,2019,(3):115-130.

杨旭东.环境不确定性、税收优惠与技术创新[J].税务研究,2018,(3):86-91.

杨艳琳,胡曦.税收优惠与企业创新绩效[J].产经评论,2021,(1):85-103.

姚东旻,陈翊婧,罗勇,等.财政支出、银行信贷与经济增长[J].财政研究,2021,(2):78-95.

叶菁菁,吴燕,陈方豪,等.个人所得税减免会增加劳动供给吗?[J].管理世界,2017,(12):20-32.

尹伟华.不同减排政策下碳税征收的影响及政策选择[J].广东财经大学学报,2021,(5):16-26.

尹音频,杨晓妹.劳动供给对个人所得税改革敏感吗[J].财经科学,2013,(10):99-107.

袁娇,陈俊言,王敏.数字经济时代的税制改革路径[J].税务研究,2021,(12):28-34.

张航,范子英.房产税能否抑制住房投机[J].世界经济,2021,(9):154-179.

张航,范子英.群聚分析法[J].数量经济技术经济研究,2019,(9):152-168.

张继彤,朱佳玲.税收政策对我国制造业创新激励的影响研究[J].南京审计大学学报,2018,(6):47-54.

张建华,陈立中.总量贫困测度研究述评[J].经济学(季刊),2006,(2):675-694.

张金水.可计算非线性动态投入产出模型[M].北京:清华大学出版社,2000.

张婧屹,李建强.房地产调控、金融杠杆与社会福利[J].经济评论,2018,(3):13-30.

张坤,陕立勤.税收政策对我国实体经济发展影响研究[J].西安财经学院学报,2013,(6):14-18.

张良贵,王立勇,孙久文.数字经济结构优化与高质量发展效应[J].贵州财经大学学报,2022,(2):14-22.

张世伟,周闯,万相昱.个人所得税制度改革的劳动供给效应[J].吉林大学社会科学学报,2008,(4):98-106.

张淑翠,李建强,秦海林.增值税税率三档并两档改革对制造业的影响研究[J].经济与管理评论,2019,(4):75-82.

张欣,陈烨.增值税理论探讨:为什么说生产型增值税才是中性的[J].财政研究,2009,(4):51-57.

张欣.可计算一般均衡模型的基本原理与编程(第二版)[M].上海:格致出版社,2017.

张馨,郝联峰,杨志勇.当代财政与财政学主流[M].大连:东北财经大学出版社,2000.

张馨月,滕越洋.房地产增长有利于实体经济增长吗?[J].山东社会科学,2019,(11):146-152.

张玄,岳希明.新一轮个人所得税改革的收入再分配效应研究[J].财贸经济,2021,(11):5-19.

赵永,王劲峰.经济分析:CGE模型与应用[M].北京:中国经济出版社,2008.

赵永升,吕一彤.试析法国对美数字税之争的策略[J].现代国际关系,2021,(9):36-43.

甄红线,王玺,史永东.公司业绩聚集现象研究[J].管理世界,2021,(6):159-172+10.

郑东雅,皮建才,刘志彪.中国的房价上涨与实体经济投资[J].金融评论,2019,(4):1-13.

郑婷婷,王虹,干胜道.税收优惠与创新质量提升[J].现代财经(天津财经大学学报),2020,(1):29-40.

智勐.加快数字税务建设高质量推动新时代税收现代化[J].税务研究,2020,(8):31-35.

周闯,潘敏.房产税改革、经济增长与金融稳定[J].财贸经济,2021,(11):20-35.

周建军,任娟娟,鞠方.房产税能否抑制实体经济"脱实向虚"[J].财经科学,2021,(2):84-94.

周黎安,陈烨.中国农村税费改革的政策效果:基于双重差分模型的估计[J].经济研究,2005,(8):44-53.

朱军,李建强,陈昌兵.金融供需摩擦、信贷结构与最优财政援助政策[J].经济研究,2020,(9):58-73.

朱军,李建强,张淑翠.财政整顿、"双支柱"政策与最优政策选择[J].中国工业经济,2018,(8):24-41.

朱军,李建强,张淑翠.一种策略博弈式DSGE模型的设计及其应用[J].数量经济技术经济研究,2019,(9):117-131.

朱军,吴健.中国税制(第二版)[M].南京:南京大学出版社,2019.

朱军,吴健.中国税制[M].上海:上海财经大学出版社,2018.

朱军,张敬亭,李建强."十四五"中国绿色税制改革的经济与碳减排效应预测[R].南京财经大学公共财政研究中心工作论文01,2022.

朱军,邹韬略,张敬亭.中国未来消费税制改革的经济效应与政策选择[J].经济与管理评论,2022,(3):67-76.

朱军.百年党史中的中国财政经验与未来发展——"系统平衡财政观"的视角[J].学习与探索,2022a,(10):90-95.

朱军."系统平衡财政观"是财政基础理论创新的新综合[J].云南社会科学,2021,(5):67-75.

朱军.高级财政学:现代公共财政前沿理论分析[M].上海:上海财经大学出版社,2010a.

朱军.高级财政学Ⅱ——DSGE的视角及应用前沿:模型分解与编程[M].上海:上海财经大学出版社,2019.

朱军.基于DSGE模型的"污染治理政策"比较与选择[J].财经研究,2015,(2):41-53.

朱军.所得税改革的要素分配与长期增长效应[J].中南财经政法大学学报,2022b,(4):42-54.

朱军.新动态公共财政理论新进展[J].经济学动态,2010b,(10):92-96.

朱军.中国财政学基础理论创新:亟待多维视角的完美融合[J].财政监督,2020,(4):20-28.

朱军.中国宏观DSGE模型中的税收模式选择及其实证研究[J].数量经济技术经济研究,2015,(1):67-81.

Abadie, A. & Gardeazabal, J. The Economic Costs of Conflict[J]. American Economic Review, 2003, 93(1): 113-132.

Agha, A. & Haughton, J. Designing Vat Systems: Some Efficiency Considerations[J]. The Review of Economics and Statistics, 1996, 78(2): 303-308.

Akcigit U. & Stantcheva S. Taxation and Innovation: What Do We Know? [R]. NBER Working Paper No. 27109, 2020.

Alpanda, S. & Zubairy, S. Housing and Tax Policy [R]. Bank of Canada Working Papers 2013-33, 2013.

Alves, J. A DSGE Model to Evaluate the Macroeconomic Impacts of Taxation[R]. Working Papers REM 2018/62, 2018.

Angrist, J. D. & Keueger, A. B. Does Compulsory School Attendance Affect Schooling and Earnings? [J]. The Quarterly Journal of Economics, 1991, 106 (4): 979-1014.

Angrist, J. D. & Pischke, J. Mostly Harmless Econometrics [M]. Princeton: Princeton University Press, 2009.

Angrist, J. D. Lifetime Earnings and the Vietnam Era Draft Lottery: Evidence from Social Security Administrative Records: Errata [J]. American Economic Review, 1990, 80 (5): 1284-1286.

Annicchiarico, B. & Dio, F. D. Environmental Policy and Macroeconomic Dynamics in a New Keynesian Model[J]. Journal of Environmental Economics and Management, 2015, 69(1): 1-21.

Anzoategui, D., Comin, D., Gertler, M. & Martinez, J. Endogenous Technology Adoption and R&D as Sources of Business Cycle Persistence [J]. American Economic Journal: Macroeconomics, 2019, 11(3): 67-110.

Asimakopoulos, S., Lorusso, M. & Ravazzolo, F. A New Economic Framework: A DSGE Model with Cryptocurrency[R]. CAMP Working Papers No 07/2019, 2019.

Barro, R. Government Spending in a Simple Model of Endogenous Growth[J]. Journal of Political Economy, 1990, 98(S5), 102-125.

Bastani, S. & Selin, H. Bunching and Non-Bunching at Kink Points of The Swedish Tax Schedule[J]. Journal of Public Economics, 2014, 109: 36-49.

Bell, B., Blundell, R. & Reenen, J. Getting the Unemployed Back to Work: The Role of Targeted Wage Subsidies[J].International Tax and Public Finance, 1999, 6(3): 339-360.

Bernanke, B. S., Gertler, M. & Gilchrist, S. The Financial Accelerator in a Quantitative Business Cycle Framework[J]. Handbook of Macroeconomics, 1999, 1(21): 1341–1393.

Bloom, D. E., Canning, D. & Fink, G. Population Aging and Economic Growth[R]. PGDA Working Papers 3108, 2008.

Bozio, A., Irac, D. & Py, L. Impact of Research Tax Credit on R&D and Innovation: Evidence from the 2008 French Reform[R]. EcoMod2014 6873, 2014.

Cai, J., Chen, Y. & Wang, X. The Impact of Corporate Taxes on Firm Innovation: Evidence from the Corporate Tax Collection Reform in China[R]. NBER Working Paper No. 25146, 2018.

Calvo, G. A. Staggered Prices in a Utility-Maximizing Framework[J]. Journal of Monetary Economics, 1983, 12(3): 383–398.

Capelle-Blancard, G. & Laguna, M. How Does the Stock Market Respond to Chemical Disasters?[J]. Journal of Environmental Economics and Management, 2010, 59(2): 192–205.

Cassou, S. P. & Lansing, K. J. Optimal Fiscal Policy, Public Capital, and the Productivity Slowdown[J]. Journal of Economic Dynamics and Control, 1998, 22(6): 911–935.

Cavallo, A. Scraped Data and Sticky Prices[J]. The Review of Economics and Statistics, 2018, 100(1): 105–119.

Cawley, J. & Frisvold, D. E. The Pass-Through of Taxes on Sugar-Sweetened Beverages to Retail Prices[J]. Journal of Policy Analysis and Management, 2017, 36(2): 303–326.

Chang, C. Chen, K. Waggoner, D. F. & Zha, T. Trends and Cycles in China's Macroeconomy[R]. NBER Working Paper No. 21244, 2015.

Chen, S. The Urbanisation Impacts on the Policy Effects of the Carbon Tax in China[J]. Sustainability, 2021, 13(12): 1–11.

Chen, S. X. VAT Rate Dispersion and TFP Loss in China's Manufacturing Sector[J]. Economics Letters, 2017, 155(C): 49–54.

Cheng, Y. & Yao, X. Carbon Intensity Reduction Assessment of Renewable Energy Technology Innovation in China[J]. Renewable and Sustainable Energy Reviews, 2021, 135(C).

Cheung, K. S., Chan, J. T., Li, S. & Yiu, C. Y. Anchoring and Asymmetric Information in the Real Estate Market[J]. Journal of Risk and Financial Management, 2021, 14(9): 423.

Christiano, L. J., Eichenbaum, M. & Evans, C. L. Nominal Rigidities and the Dynamic Effects of a Shock to Monetary Policy[J]. Journal of Political Economy, 2005, 113(1): 1–45.

Cuenca, J. S. Emerging Tax Issues in the Digital Economy[R]. Discussion Paper Series 2021-08, 2021.

Czarnitzki, D., Hanel, P. & Rosa, J. M. Evaluating the Impact of R&D Tax Credits on Innovation[J]. Research Policy, 2011, 40(2): 217–229.

Dechezleprêtre, A., Einio, E., Martin, R., Nguyen, K. & Reenen, J. V. Do Tax Incentives for Research Increase Firm Innovation?[R]. NBER Working Paper No. 22405, 2016.

Devereux, M. P., Liu, L. & Loretz, S. The Elasticity of Corporate Taxable Income: New

Evidence From UK Tax Records[J]. American Economic Journal: Economic Policy, 2014, 6(2): 19-53.

Ding, K., Xu. H. & Yang, R. Taxation and Enterprise Innovation: Evidence from China's Value-Added Tax Reform[J]. Sustainability, 2021, 13(10): 1-20.

Elekdag, S. & Tchakarov, I. Balance Sheets, Exchange Rate Policy, and Welfare[J]. Journal of Economic Dynamics and Control, 2007, 31(12): 3986-4015.

Fair, R. C. "The optimal distribution of income", The Quarterly Journal of Economics, 1971, 85, 557-579.

Forțea, C., Ioan, V. & Lăzărescu, I. The Digital Economy[J]. Ovidius University Annals, 2020,(2): 914-921.

Galí, J., López-Salido, J. D. & Vallés, J. Understanding the Effects of Government Spending on Consumption[J]. Journal of the European Economic Association, 2007, 5(1): 227-270.

Galor, O. & Moav, O. From Physical to Human Capital Accumulation: Inequality in the Process of Development[J]. Review of Economic Studies, 2004, 71(4): 1001-1026.

Gandullia. L, Iacobone, N. & Thomas, A. Modelling the Tax Burden on Labour Income in Brazil, China, India, Indonesia and South Africa[R]. OECD Taxation Working Papers, 2012.

Gertler, M. & Karadi, P. A Model of Unconventional Monetary Policy[J]. Journal of Monetary Economics, 2011, 58(1): 17-34.

Glomm, G. & Ravikumar, B. Public Investment in Infrastructure in a Simple Growth Model [J]. Journal of Economic Dynamics and Control, 1994, 18(6): 1173-1187.

Gokhberg, L., Kitova, G. & Roud, V. Tax Incentives for R&D and Innovation: Demand versus Effects[J]. Foresight and STI Government, 2014, 8(3): 18-41.

Guerreiro, J., Sergio Rebelo and Pedro Teles, 'Should Robots be Taxed?' 2022, Review of Economic Studies., 89(1), 279-311.

Heckman, J., Ichimura, H. & Todd, P. Matching as an Econometric Evaluation Estimator: Evidence from Evaluating a Job Training Programme[J]. The Review of Economic Studies, 1997,64(4): 605-654.

Heish, C. & Klenow, P. J. Misallocation and Manufacturing TFP in China and India[J]. Quaterly Journal of Economics, 2009, 124(4): 1403-1448.

Heutel, G. How should Environmental Policy Respond to Business Cycles? [J]. Review of Economic Dynamics, 2012, 15(2): 244-264.

Howell, A. Firm R&D, Innovation and Easing Financial Constraints in China: Does Corporate Tax Reform Matter? [J]. Research Policy, 2016, 45(10): 1996-2007.

Hsiao, C., Ching, H. S. & Wan, S. K. A Panel Data Approach for Program Evaluation: Measuring the Benefits of Political and Economic Integration of Hong Kong with Mainland China [J]. Journal of Applied Econometrics, 2012, 27(5): 705-740.

Hu, H., Dong, W. & Zhou, Q. A Comparative Study on the Environmental and Economic

Effects of a Resource Tax and Carbon Tax in China[J]. Energy Policy, 2021, 156(C).

Hu, J., Wu, J., Zhao, C. & Wang, P. Challenges for China to Achieve Carbon Neutrality and Carbon Peak Goals[J]. PLOS ONE, 2021, 16(11): 1–16.

Huang, C., Zhang, X. & Liu, K. Effects of Human Capital Structural Evolution on Carbon Emissions Intensity in China[J]. Renewable and Sustainable Energy Reviews, 2021, 135(C).

Iacoviello, M. Financial Business Cycles[J]. Review of Economic Dynamics, 2015, 18(1): 140–163.

Iacoviello, M. House Prices, Borrowing Constraints, and Monetary Policy in the Business Cycle[J]. American Economic Review, 2005, 95(3): 739–764.

Jain-Chandra, S., Wingender, P., Mano, R., Schauer, J., Khor, N. & Zhuang, J. Inequality in China-Trends, Drivers and Policy Remedies[R]. IMF Working Papers 2018/127, 2018.

Jia, Z. & Lin, B. Rethinking the Choice of Carbon Tax and Carbon Trading in China[J]. Technological Forecasting and Social Change, 2020, 159(C).

Jiang, J. Can Real Estate Regulatory Policies Constrain Real Estate Risks to Banks? [J]. Journal of Chinese Economic and Business Studies, 2021, 19(1):35–53.

Keen, M. & Lockwood, B. The Value Added Tax: Its Causes and Consequences[J]. Journal of Development Economics, 2010, 92: 138–151.

Keen, M. & Mintz, J. The Optimal Threshold for a Value-added Tax[J]. Journal of Public Economics, 2004, 88(3–4): 559–576.

Kiyotaki, N. & Moore, J. Credit Cycles[J]. Journal of Political Economy, 1997, 105(2): 211–248.

Kleven, H. J. & Waseem, M. Using Notches to Uncover Optimization Frictions and Structural Elasticities[J]. The Quarterly Journal of Economics, 2013, 128(2): 669–723.

Klinlampu, C., Chaiboonsri, C., Saosaovaphak, A. & Sirisrisakulchai, J. An Analysis of the Impact of the Digital Economy on Change in Thailand's Economic Trends Using Dynamic Stochastic General Equilibrium (DSGE) [C]. Structural Changes and their Econometric Modeling, 2019: 423–438.

Kurihara, K. Taxation on the Digital Economy-Issues on Implementation and Enforcement [J]. Public Policy Review, 2021, 17(1): 1–24.

Kydland, F. & Prescott, E. Time to Build and Aggregate Fluctuations [J]. Econometrica, 1982, 50(6): 1345–1370.

Lam, W. R. & Wingender, P. China: How Can Revenue Reforms Contribute to Inclusive and Sustainable Growth? [R]. IMF Working Paper No. 15/66, 2015.

Lee, D. S. Randomized Experiments from Non-Random Selection in U.S. House Elections [J]. Journal of Econometrics, 2008, 142(2): 675–697.

Li, W., Anderson, J. E. & Schmidt, J. R. The Effect of Deed Taxes on Real Estate Prices in China[J]. Asia-Pacific Journal of Regional Science, 2020, (4): 317–341.

Li, Y., Zhu, D., Zhao, J., Zheng, X, & Zhang, L. Effect of the Housing Purchase

Restriction Policy on the Real Estate Market[J]. Land Use Policy, 2020, 94(C).

Lin, H. & Zeng, T. The Distributional Impact of Income Tax in Canada and China: 1997-2005[J]. Journal of Chinese Economic and Foreign Trade Studies, 2010, 3(2): 132-145.

Liu, Y., Kong, L. & Zhang, Y. Impact of the Reduction of VAT Rate on Southeast Coastal Real Estate Enterprises[J]. Discrete Dynamics in Nature and Society, 2021: 1-11.

Liu, Z., Yang, W. & Dickinson, D. Asymptotic Marginal Tax Rate of Individual Income Tax in China[J]. Economic and Political Studies, 2014, 2(02): 121-138.

Lowry, S. Digital Services Taxes (DSTs): Policy and Economic Analysis[EB/OL]. Congressional Research Service, https://crsreports.congress.gov/product/pdf/R/R45532, 2019.

Lucas, R. E. J. Models of Business Cycles[M]. New York: Basil Blackwell, 1987.

Mankiw, N. G. The Savers-Spenders Theory of Fiscal Policy[J]. American Economic Review, 2000, 90(2): 120-125.

Mattesini, F. & Rossi, L. Monetary Policy and Automatic Stabilizers: The Role of Progressive Taxation[J]. Journal of Money, Credit and Banking, Blackwell Publishing, 2012, 44(5): 825-862.

Mirrlees, J. A. "An Extrapolation in the Optimal Theory of Income Taration", Review of Economic Studies, 1971, 38, 175-208.

Moran, P. & Queralto, A. Innovation, Productivity, and Monetary Policy[J]. Journal of Monetary Economics, 2018, 93(C): 24-41.

Nordhaus, W. A Question of Balance: Weighing the Options on Global Warming Policies[M]. New Haven, CT: Yale University Press, 2008.

Pan, X., Guo, S., Xu, H., Tian, M., Pan, X. & Chu, J. China's Carbon Intensity Factor Decomposition and Carbon Emission Decoupling Analysis[J]. Energy, 2022, 239(C).

Peng, F., Peng, L. & Wang, Z. How Do VAT Reforms in the Service Sectors Impact TFP in the Manufacturing Sector[J]. Economic Modelling, 2021, 99(1-2).

Pirttilä, J. & Selin, H. Income Shifting within a Dual Income Tax System: Evidence from the Finnish Tax Reform of 1993[J]. The Scandinavian Journal of Economics, 2011, 113(1): 120-144.

Popoviciu, A. S., Horobet, A. & Belascu, L. Taxing the Digital Economy-Rethinking Romania's Prospects[J]. Proceedings of the International Conference on Business Excellence, 2021, 15(1): 338-351.

Primiceri, G. Why Inflation Rose and Fell: Policymakers' Beliefs and US Postwar Stabilization Policy[J]. The Quarterly Journal of Economics, 2006, 121(8): 867-901.

Qiu, B. Thoughts on China's Real Estate Policies[A]. In: Wang, B., Just, T. (eds) Understanding China's Real Estate Markets[C]. Management for Professionals, 2021, 267-271.

Richter, W. F. The Economics of the Digital Services Tax[R]. CESifo Working Paper No. 7863, 2019.

Rigó, C. B. & Tóth, A. The Symbolic Significance of Digital Services Tax and its Practical

Consequences[J]. Public Finance Quarterly, 2020, 65(4): 515-530.

Roi, M. B. & Mendes, R. R. Should Central Banks Adjust Their Target Horizons in Response to House-Price Bubbles? [R] Bank of Canada Working Papers 2007-4, 2007.

Romer, P. M. Endogenous Technological Change[J]. Journal of Political Economy, 1990, 98(2): 337-367.

Romer, P. M. Increasing Returns and Long-Run Growth[J]. Journal of Political Economy, 1986, 94(5): 1002-1037.

Rotemberg, J. J. Sticky Prices in the United States[J]. Journal of Political Economy, 1982, 90(6): 1187-1211.

Rujoiu, O.L. The Digital Economy[J]. Ovidius University Annals, 2019, (1): 299-302.

Saez, E. Do Taxpayers Bunch at Kink Points? [J]. American Economic Journal: Economic Policy, 2010, 2(3): 180-212.

Saez, E., Schoefer, B. & Seim, D. Payroll Taxes, Firm Behavior, and Rent Sharing: Evidence from a Young Workers' Tax Cut in Sweden[J]. American Economic Review, 2019, 109(5): 1717-1763.

Schmitt-Grohe, S. & Uribe, M. Optimal Fiscal and Monetary Policy under Sticky Prices[J]. Journal of Economic Theory, 2004, 114(2): 198-230.

Shao, Y. & Xiao, C. Corporate Tax Policy and Heterogeneous Firm Innovation: Evidence From a Developing Country[J]. Journal of Comparative Economics, 2019, 47(2): 470-486.

Smets, F. & Wouters, R. Shocks and Frictions in US Business Cycles[J]. American Economic Review, 2007, 97(3): 586-606.

Song, S., Li, T., Liu, P. & Li, Z. The Transition Pathway of Energy Supply Systems Towards Carbon Neutrality Based on a Multi-Regional Energy Infrastructure Planning Approach [J]. Energy, 2022, 238(PC).

Song, Z., Storesletten, K. & Zilibotti, F. Growing Like China[J]. American Economic Review, 2011, 101(1): 169-236.

Șova, R. & Popa, A. Challenges of the Digital Era Development in Relation to Tax Systems [J]. CECCAR Business Review, 2020, (3): 65-70.

Spence, M. Government and Economics in The Digital Economy[J]. Journal of Government and Economics, 2021, 3(C).

Taylor, J. B., A Historical Analysis of Monetary Policy Rules[A] in Taylor, J.B. (eds), Monetary Policy Rules[C]. Chicago: University of Chicago Press, 1999.

Teng A M, Jones A C, Mizdrak A, et al. Impact of Sugar-Sweetened Beverage Taxes on Purchases and Dietary Intake: Systematic Review and Meta-Analysis[J]. Obes Rev, 2019, 20(9): 1187-1204.

Thistlethwaiite, D. & Campbell, D. Regression-Discontinuity Analysis: An Alternative to the Ex Post Facto Experiment[J]. Journal of Educational Psychology, 1960, 51(6): 309-317.

Torres, J. L. Introduction to Dynamic Macroeconomic General Equilibrium Models[M].

Wilmington: Vernon Press, 2014.

Wang, Y., Xu, D., Wang, Z. & Zhai, F. Implicit Pension Debt, Transition Cost, Options, and Impact of China's Pension Reform[R]. Policy Research Working Paper Series 2555, 2001.

WHO. Fiscal policies for diet and prevention of noncommunicable diseases[DB/OL]. https://www.who.int/docs/default-source/obesity/fiscal-policies-for-diet-and-the-prevention-of-noncommunicable-diseases-0.pdf? sfvrsn=84ee20c_2,20016.

Wong, M. Tax Framework for Accessing Real Estate Asset Classes[A]. In: Wang, B. & Just, T. (eds) Understanding China's Real Estate Markets[C]. Management for Professionals, 2021. 127-136.

Wu, C., Ding, Y. & Zhou, X. Three-Dimensional Data Modeling of Real Estate Objects in China[J]. Journal of Geographical Systems, 2019, 21(3):433-450.

Xiao, S., Lai, X. & Peng, J. China's Easily Overlooked Monetary Transmission Mechanism: Real Estate Monetary Reservoir[R]. Papers 2111.15327, arXiv.org, 2022.

Xu, G., Dong, H., Xu, Z. & Bhattarai, N. China Can Reach Carbon Neutrality Before 2050 by Improving Economic Development Quality,[J]. Energy, 2022, 243(C).

Xu, J. & Wei, W. Would Carbon Tax Be an Effective Policy Tool to Reduce Carbon Emission in China?[J]. Applied Economics, 2022, 54(1): 115-134.

Yu, J. & Qi, Y. BT-to-VAT Reform and Firm Productivity: Evidence from a Quasi-Experiment in China[J]. China Economic Review, 2022, 71(C).

Zhan, P., Li, S. & Xu, X. Personal Income Tax Reform in China in 2018 and Its Impact on Income Distribution[J]. China & World Economy, 2019, 27(3): 25-48.

Zhang, S. & Chen, W. Assessing the Energy Transition in China Towards Carbon Neutrality with a Probabilistic Framework[J]. Nature Communications, 2022, 13(1): 1-15.

Zhong, M., Xiao, S., Zou, H., Zhang, Y. & Song, Y. The Effects of Technical Change on Carbon Intensity in China's Non-Ferrous Metal Industry[J]. Resources Policy, 2021, 73(C).

Zhuang, J. & Li, S. Understanding Recent Trends in Income Inequality in the People's Republic of China[R]. ADB Economics Working Paper Series 489, 2016.

后　记

十四年,弹指一挥间!

从 2010 年的《高级财政学:现代公共财政前沿理论分析》到 2019 年的《高级财政学 II——DSGE 的视角及应用前沿:模型分解与编程》,再到 2022 年的《高级财政学 III:量化税收政策评估》,多年的财政学研究积累不断凝练为自己对专业的一些原创性理解。从对国外前沿理论模型的总结整理,再到专著性的中国问题专辑,体现了中国式现代化之中的学术责任与道路历程。

这也似乎经历了一个逐渐成熟的过程,也感悟到生命存在的一些意义。社会的生存规则和马克斯·韦伯(Max Weber,1864—1920)对于人类社会追求工具理性的过度投入、太多学习下的急功近利,及现实生活的感受让人看到学术回报对于生存的意义。但是生存之外呢?似乎做一些真正感兴趣的研究可以寻找一些精神的家园,特别是获得了正教授职称之后。尤尔根·哈贝马斯(Jürgen Habermas,1929—)面向生活世界的交往让人体会了理性的幸福感,能帮我们找到"精神的家园",让我们通过自身的专业特色与莘莘学子在未来进行思想的交流。创作这个系列就是帮助自己寻找精神的家园,并期盼使之成为更多人精神的家园。

人间行路难,踏地出赋租。从中国几千年前的奴隶制社会开始,税收便以实物税的形式诞生演变。中国在建立现代税收制度的过程中,远观未来的税收政策需要我们进一步思考税收理论的问题。同时,随着中国的发展进入新时代,税收政策也在面临新的挑战、新的需求。首先,数字经济和新经济将带来全新挑战,如何打造公平、高效的税收营商环境,打造增强纳税意识、促进社会公平的税制体系?其次,如何致力于走向全民共同富裕的目标?这是新时代税收改革的重要目标需求之一。最后,如何以更加开放包容的税收环境应对变幻莫测的国际环境,从而提升中国税收制度的国际竞争力?

总之,我们需要寻求面向数字化、智能化、简洁化、服务化的税收政策,以更加优越的制度体系服务人民,满足新发展理念的需要,助力国家治理体系和治理能力的现代化,凸显中国制度的国际竞争力。而研究这些方面的税收问题,隶属于财税学人的现实担当,也是建设中国财税学学科体系、学术体系、话语体系的重要内涵。

然而,中国的税收理论还存在数据缺乏、实证经验少、研究方法难与现实问题相结合等问题。并且,现有的许多实证研究,讨论的多是以前的事情,怎么对未来的事情,对未知的世界进行思考是值得我们关注的重要问题。中共中央办公厅2022年4月27日印发的《国家"十四五"时期哲学社会科学发展规划》就将"把握当代、面向未来"作为哲学社会科学工作的要求之一。

可能也有学者认为学术论文更重要,但是系统化的论著、开放的可复制过程、完整的逻辑体系和逻辑思考可能也是创新。编辑的应景偏好、审稿人的不确定评价、因未知的技术质疑和模仿学习的细节索取、迎合发表的需要都对原始创新有不利的思考。投稿与发表文章多年的经历告诉我们,有些好文章出于发表目的不得不勉强接受审稿人的某些意见,经过反复修改,原本虽然幼稚但不乏创新的内容往往给磨掉了"棱角",锋芒少了许多。故而有些会议论文比之正式刊物发表的论文,更能激发研究者的思考。[①] 似乎,作者一气呵成的原貌更重要,更有利于创新。

多年以来,本人致力于中国财政、税收的纯理论研究,每周三晚上带领研究生科研团队进行财税热点问题和财税理论交流,自出国访学归来后坚持到今天。知识信息的分享与思想灵感的贯通往往可以碰撞出不一样的火花。团队在实干中学习、在交流中提升,于分享中探索真知,于展示中追寻自我。这本书正是基于总结当下、远观未来进行的政策思考,也是本人对学术理想的追求,对研究思考的不懈坚持。在承担日常的行政工作之外,每个晚上的闲暇之余、周末时光,尽管工作事项与日俱增,但坚持阅读、思考和写作几乎从未中断。也正因为行政、学术、身体和家庭等方面的考量,为更好地解决税收高端理论专著缺乏的问题,在第三辑中吸纳中国人民银行金融研究所李建强博士共同参与研究、写作,合著了这一成果。

即使如此,个人也在同时将家庭的重担归于爱人刘香、儿子朱寅杰,也常常拒绝了几乎所有的社会交往。长期两地工作、个人专注于行政工作和论著的研究撰写忽视了家庭事务,也使家人承担了巨大的精神压力。作者也对儿子波动不定的学业成绩深感不安,也深感歉意!也对追求"出世"的学术事务时倍感"入世"的现实压力。但每每感到苦闷彷徨之时,总会想起苏轼的"休对故人思故国,且将新火试新茶。诗酒趁年华""竹杖芒鞋轻胜马,谁怕?一蓑烟雨任平生"。感同北宋苏轼一生的坎坷历程仍"也无风雨也无晴",面临的任何困难和压力顿消。

腹有诗书气自华!有志之年,在习近平新时代中国特色社会主义思想的指导下,对中国税收理论问题作出一点自己的贡献,这便是在世态浮华之时建造自己的"精神家园"!也感谢南京财经大学财政与税务学院及同仁给我提供的优越的学术环境和同事氛围。此心安处是吾乡!

---

① 源自赵伟《空间经济学:聚焦中国》前言,浙江大学出版社2013年版。

最后,作者邀请中央财经大学副校长马海涛教授、清华大学经济管理学院经济系主任陆毅教授指导、作序,两位专家欣然应允!在此衷心地感谢他们的支持。还要衷心感谢关心、参与本专著的助研人员,特别是我的学生杨志伟、张敬亭提供的部分技术助研支持,感谢2021级专业硕士研究生荆笑杰、梁梦瑶、吴晓青、徐筱、徐昊堃、于鑫炼、湛颖、张旻、张悦等同学做的资料搜集工作和校对工作。正是由于团队的共同努力,本书才得以最终问世。书中如有观点不当之处,烦请各位专家批评指正(247937882@qq.com)。

第 十 届 中 国 财 政 学 会 理 事

南京财经大学财政与税务学院教授、原院长   朱　军

2022 年 9 月